中国社会科学院创新工程学术出版资助项目

贸易投资开放、汇率调整与中国经济发展

毛日昇 著

中国社会科学出版社

图书在版编目（CIP）数据

贸易投资开放、汇率调整与中国经济发展/毛日昇著．—北京：中国社会科学出版社，2017.3

ISBN 978-7-5203-0071-1

Ⅰ.①贸… Ⅱ.①毛… Ⅲ.①国际贸易—投资—研究—中国②人民币汇率—汇率波动—研究 Ⅳ.①F752②F832.63

中国版本图书馆 CIP 数据核字（2017）第 060697 号

出 版 人	赵剑英	
责任编辑	田　文	徐沐熙
责任校对	李　莉	
责任印制	王　超	

出　　版	中国社会科学出版社
社　　址	北京鼓楼西大街甲 158 号
邮　　编	100720
网　　址	http://www.csspw.cn
发 行 部	010-84083685
门 市 部	010-84029450
经　　销	新华书店及其他书店

印　　刷	北京君升印刷有限公司
装　　订	廊坊市广阳区广增装订厂
版　　次	2017 年 3 月第 1 版
印　　次	2017 年 3 月第 1 次印刷

开　　本	710×1000　1/16
印　　张	25.5
字　　数	308 千字
定　　价	96.00 元

前　　言

改革开放近40年来，中国经济经历了持续的高速增长，经济社会得到了全面发展，取得了令人赞叹的成就。特别是从2001年中国加入世界贸易组织（WTO）以来，随着对外开放程度和水平的快速提升，中国的经济增长潜力得到了前所未有的释放。对外贸易、外商直接投资的大规模进入无疑是推动中国经济增长和发展的最为重要的因素之一。长期以来，围绕贸易开放、外商直接投资的进入以及人民币汇率变化引起的贸易平衡等问题受到了广泛的关注，也引起了较多的争议，国内外学者围绕这些主题进行了多角度的研究。贸易投资开放以及人民币汇率调整究竟如何影响中国经济发展，特别是贸易和投资开放以及人民币汇率调整如何影响国内产业结构的调整和升级？对国内企业的绩效会产生哪些方面的影响？对外贸易和外商直接投资的进入对中国的就业市场和工资调整产生了哪些影响？人民币汇率调整如何影响外资企业进入、退出以及人民币汇率调整如何影响出口规模的扩张和结构转换？对外贸易、外商直接投资以及汇率调整对资源的重新配置以及配置效率会产生怎样的影响？回答上述问题对于进一步提高对外开放水平，充分、合理利用国内国外两个市场提高资源配置效率；对于深入认识对外贸易、外商直接投资、汇率调整政策在促进中国经济发展方面的重要作用都具有重要的理论和现实意义。

从出口开放的角度来看，出口增长一方面会直接并且显著地促进相关部门的产出增长，创造新的就业机会。伴随出口开放程度的不断扩大，技术和知识外溢的可能性也不断增强，同时，通过"干中学"的渠道促进国内企业技术水平的不断提高和资源配置效率的提升；但是从出口扩张的另一个角度来看，长期以来中国的出口快速增长主要是建立在要素成本比较优势的基础之上的，在中国加入WTO之后，大量并不具备生产率优势的企业进入出口市场，加剧了出口企业的低价恶性竞争，导致中国出口的贸易条件长期难以改善，造成通过出口渠道获取的贸易福利水平越来越低，同时也加剧了中国和主要贸易伙伴国之间持续不断的贸易摩擦问题。不仅如此，出口企业长期依赖低成本或者通过出口补贴方式获取的价格优势参与市场竞争，从长期来看不利于出口企业竞争力水平的提高和资源配置效率的提升，特别是近年来中国劳动力和其他生产要素成本持续快速上升，出口企业的低成本优势已经逐渐丧失，原有的出口扩张模式已经变得越来越不具有可持续性。当前中国正处于经济转型和结构调整的关键时期，经济转型的一个重点就是转变原有单纯依赖低成本的数量扩张出口模式，逐步提高出口产品的质量和技术水平，提升出口企业的生产率和市场竞争力，摆脱长期依赖出口退税和低成本优势参与国际竞争的不利局面，同时也要逐步增强内需的比重，降低对出口市场的依赖程度，为经济增长注入长期发展的活力。

从进口扩张的角度来看，近20年来中国进口规模虽然也呈现出极为快速的增长趋势，但是与出口规模相比进口增长速度仍然较低，直接导致了中国近20年来贸易顺差的持续扩张。虽然在2001年中国加入 WTO 以来，中国的贸易自由化程度得到了显著提升，关税和非关税壁垒都得到了大幅的削减，但总体来看中国的贸易自由化程度与许多国家相比仍然处于较低的水平。从进口扩张的贸易福利来看，首先进口最终产品的增加会直接导致进口和国内产品之间的竞争和相互替代，持续的进口竞争会显著削弱国内企业的市场势力，促进总体资源配置效率的提升。虽然持续的进口竞争会对国内竞争力较弱的企业和产业带来激烈的竞争，特别是对于长期受到保护和补贴行业产生严重冲击，导致低生产效率企业被迫退出，从而对经济增长和就业产生一定的负面影响，但从长期来看进口竞争也会促进国内企业增强应对市场竞争的能力，促进企业积极提升和更新技术水平，激发创新活力，提升市场资源配置效率；另外，进口中间产品的增长，特别是具有较高技术含量的进口中间产品的增加，会显著促进本行业及其下游行业产品技术水平和竞争力的提升。从已有的研究文献来看，贸易自由化水平提升带来的福利增长效应，不仅仅来自最终产品进口增加导致的促进竞争效应（Pro-competitive effects），更重要的是来自进口中间产品对生产率和产出水平提升所产生的促进作用。中国当前经济结构的转型和升级的一个关键性问题是淘汰落后、低效以及产能严重过剩的低技术、高能耗、高污染的企业，而积极扩大行业的进口渗透率，促进贸易自由化水平的提升，从过度依赖出口逐步转向更多地依赖进口渗透来提升产品质量和生产效率，这具有特别重要的现实意义。

从外资企业进入的角度来看，外资企业从 20 世纪 90 年代中期开始大规模进入中国市场，无疑是促进中国经济增长的重要驱动力之一。大量外资企业进入中国制造业部门，主要从事加工贸易活动，不仅显著地促进了对外贸易和经济规模的快速攀升，还创造了大量的就业机会，为大量农村剩余劳动力转移提供了众多的就业机会，同时对于缓解国有企业改制对就业市场的负面冲击也产生了重要作用。不仅如此，由于外资企业相对于内资企业普遍具有较为显著的技术、管理、市场等方面的优势，加入外资企业的全球价值生产链条同样可能会对国内企业的生产率产生显著的外溢效应，促进国内企业技术水平和市场竞争能力的提升。但是，外资企业进入东道国市场同样可能存在一些潜在的负面影响，最为明显的是外资在带动东道国经济增长的同时也会凭借其显著的技术优势扩大市场份额，对东道国企业产生市场窃取或者就业挤出效应，增强外资企业自身的市场垄断势力，降低整个市场的资源配置效率。尤其是在包括中国在内的很多发展中国家，为了吸引更多的外资企业进入，通常会在较长的时期内给予外资企业一些税收、土地利用等超国民的优惠待遇，这同样会进一步加剧外资企业的市场竞争优势，扭曲资源的配置效率。由于跨国公司对本土企业能否产生显著的技术外溢效应，很大程度上取决于东道国企业本身与跨国公司之间的技术差距和对技术的吸收能力，因此如果东道国企业本身与跨国公司的技术存在显著差距，那么，大量引进跨国公司并不会显著带动东道国企业技术水平和市场竞争力提升，反而会对本土企业成长带来较大的生存压力。在全球化的生产体系链条中，跨国公司将大量简单的加工制造、组装等生产环节转移到发展中国家，充分利用东道国的生产成本优势来提升最终产品的综合竞争力，这同样会在很大程度上限制外资企业对东道国本土企业的技术外溢效应。当然，东道国企业可以通过不断地融入跨国公司的生产链条，为下游产业的跨国公司提供中间配套产品的过程中增强自己的产品技术质量标准和竞争力，或者可以采用上游跨国公司的中间产品来提升自己最终产品的质量和技术水平。但是，总体来看，由于跨国公司进入东道国主要是从事劳动密集型的生产环节，所以，外资企业进入东道国制造业究竟对东道国本土企业能否或者能在多大程度上产生技术外溢和带动作用仍然是一个需要继续深入研究的问题。这一点似乎在中国尤为明显，从20世纪90年代中期以来，中国一直是吸引外商直接投资最多的发展中国家，70%以上的外资企业都进入了制造业，从事加工贸易活动，这些外资企业大规模进入制造业究竟对中国经济的发展产生了怎样的影响显然值得细致探讨。另外一个值得关注的话题是，外资企业在中国的行业分布极不均衡，大量的外资企业集中在制造业部门，主要从事加工、组装等生产活动，本身与国内企业的关联性较弱；而大量的服务业部门由于市场化推进程度缓慢，外资企业并未真正地进入多数的服务业部门，这也是导致中国的服务业部门总体上垄断程度较高，但市场竞争力较弱的一个重要原因。虽然目前中国已经从外资利用的主要流入国家逐步转变成为世界重要的对外直接投资国家，但继续积极有效地利用外资，特别是改善利用外资的结构同样是实现经济转型和结构升级的一项重要任务。

从人民币汇率调整的角度来看，自2005年人民币汇率改革以及之后的汇率形成机制改革措施实施以来，无论是实际汇率还是名义汇率都经历了极为明显的变化特征。人民币汇率调整一直是国内外关注的热点和重点话题，特别是2008年金融危机之前，在中国贸易顺差持续升高的背景下，人民币面临持续升值的压力，但一个显著的事实是：从2005年7月开始近10年的时间里，人民币实际和名义汇率升值幅度均超过了30%以上，但中国的贸易顺差并未出现明显的下降趋势，对外贸易顺差仍然在不断地快速积累。这也从很大程度上表明汇率并不能减缓中国与主要国家的贸易失衡问题，甚至人民币能在多大程度上影响出口都是一个受到广泛争论的话题，大量的研究并未形成一致的结论。原因在于人民币实际汇率变化对出口的影响作用和机制较为复杂：一是汇率本身会同时影响出口企业的定价和出口数量；二是汇率变化会同时影响出口产品的价格和数量，同时也会通过进口中间产品对出口产品的价格和成本产生显著影响；三是汇率在贬值和升值的情况下对出口企业的价格和数量影响具有不对称性。汇率变化除了会直接影响进出口外，同样会对外资企业的进入和退出产生显著影响，汇率升值和贬值究竟会引起资本流出还是流入同样是一个广受争议的问题。问题的复杂性主要体现在几个方面：首先，汇率变化对短期资本和直接投资资本的流入影响存在明显区别，直接投资更多地注重东道国长期的汇率变化风险和稳定情况，而短期金融资本则主要受到未来短期汇率预期变化的影响。其次，汇率变化对外资企业进入和退出东道国市场的行为抉择，以及汇率变化对外资进入以后企业的继续追加投资和降低投资的行为抉择是两个不同的概念，需要区别对待。最后，汇率变化对外商直接投资进入和退出的影响，与外资企业的市场导向存在密切关系，汇率变化对出口导向型外资企业、东道国市场导向型外资企业、出口替代型外资企业的影响作用会存在较大的差别。汇率变化除了通过影响出口、进口以及外资进入和退出的渠道对经济发展起到直接影响之外，还可以通过上述渠道对就业变化、产业结构升级以及资源配置等影响对经济发展起到多方面的作用。由于人民币汇率改革和调整一直是受到广泛关注的话题之一，特别是近年来在外部市场需求低迷、出口增长乏力、资本流出规模显著增加的现实背景下，人民币汇率的调整及其预期变化是一个更为敏感的讨论话题。深入探讨人民币汇率调整对进出口、外资流动、就业增长以及资源配置效率的影响显然具有特别重要的现实和理论意义。

　　基于贸易投资开放以及人民币汇率调整对经济发展的潜在影响作用和机制，作者在这本专著中主要围绕上述相关内容展开论证和阐述。由于经济发展涉及的内容十分宽泛，作者这里主要基于已有的研究工作和学术基础从三个方面总体上论述贸易开放和人民币汇率调整对经济发展的影响：论著的第一编主要关注贸易投资开放与产业升级问题。由于当前我国正处于产业结构转型升级的关键时期，关于贸易投资开放如何影响中国的产业转型和升级问题具有十分突出的现实意义。为了具体考察这一主题，作者主要从外资进入对国内产业的技术外溢效应、中国出口产品质量的国际比较以及外资渗透与中国出口产品质量分布特征变化的角度来展开深入的分析和阐述。论著的第二编主要关注贸易开放、人民币汇率调整对中国劳动力市场的影响作用及其分析。作为一个人口和劳动资源相当充裕的发展中国家，就业和工资增长一直是我国经济社会发展中最为重要的问题，如何缓解巨大的就业压力和实现收入增长始终是我们经济发展中最为重要的目标之一。作者主要从三个方面阐述了贸易开放、人民币汇率调整对中国劳动力市场的总体影响作用：一是贸易开放和外资进入对中国制造业就业和工资增长的拉动及外溢效应；二是贸易开放和外商直接投资对就业市场的转换和流动的总体影响作用；三是人民币实际汇率变化对就业增长的影响分析和论证。论著的第三编主要关注人民币汇率变化对出口和外资流动的影响。由于人民币汇率问题近年来受到了广泛的关注，其中汇率变化对出口和资本流动的影响的问题最为显著，因此作者专门就这两个具有重要现实意义的问题进行了专题研究，从而进一步深入认识人民币汇率变化对经济发展的影响作用。

目 录

第三编　人民币汇率调整与贸易投资的相互关系

第一编

外资渗透与中国产业和
贸易结构升级

在这一部分我们主要关注外资进入对中国产业和贸易结构升级的影响作用。为了考察外资对中国产业的贸易结构的影响，这部分主要包括两章，分别从外资进入对国内产业的生产率外溢效应、外资渗透与中国产品质量升值变化的国际比较来进行全面的理论和实证分析。

第一章

外商直接投资的产业技术
外溢效应研究

  本章从多角度、多层次考察外商直接投资对中国内资企业的生产率外溢效应。通过建立一个理论分析框架来说明外商直接投资对东道国产品市场、要素市场、产业部门、消费者和生产者福利可能产生的影响及其决定因素,从理论上明确外资对东道国在宏观和微观经济层面的影响作用和渠道。回顾国内和国外学者对外商直接投资外溢效应已有的理论和经验研究状况。在此基础上,利用统计和经济计量方法从宏观经济层面和微观企业层面对外资在中国各地区及各行业中的地位和作用;外资对中国内资工业、行业在产业内部和产业之间总体的技术外溢效应及其影响因素;外资对中国内资工业、行业技术外溢的行业特征;外资技术外溢与内资行业所有权特征的关系作了全面系统的分析。

  作为经济全球化和技术创新的主要推动力量,跨国投资企业受到了世界各国前所未有的关注。随着贸易自由化及经济一体化和全球化的快速发展,发展中国家和发达国家都采取积极开放的政策来吸引外商直接投资,特别是多数发展中国家在吸引外商直接投资方面存在较为激烈的竞争。发展中国家的政策制定者普遍期望大量的外国直接投资转移能够提供更多的就业机会和财政税收，从而加速本国的工业化进程，促进本国产业技术进步和效率提高，优化产业结构，提升产业竞争力，加深对外贸易和扩大开放程度。为此，多数发展中国家竞相采取降低外资进入的壁垒、开放新的产业部门、提供优惠的投资政策和税收、完善基础设施等措施大力吸引跨国投资进入本国。跨国公司进入东道国，无论从宏观角度还是微观角度都可能在多方面对东道国经济产生积极或消极的作用。从宏观经济角度来看，外资的进入可能对东道国产生的积极作用主要包括：促进就业市场和规模的扩大；促进东道国财政税收的增加，带动东道国贸易规模增长和开放程度的扩大；促进东道国产业结构升级和优化，增进消费者和生产者的社会福利水平。外资的进入可能对东道国产生的消极作用包括：外资在地区之间的不平衡分布会加大东道国地区之间经济发展水平和收入的差距；跨国公司凭借其技术优势会在东道国市场形成垄断，阻碍市场竞争，获取高额垄断利润，导致消费者和生产者福利水平的下降；大量的外资进入可能会造成东道国经济增长和产业发展严重依赖于外资企业，加大了东道国经济和产业发展面临的风险。从微观角度来看，外商直接投资可能对东道国企业产生的积极作用包括：外资企业进入会加剧与同一产业部门中东道国企业之间的竞争，激烈的竞争有利于东道国企业提高生产效率、改进生产和管理方法、加快技术更新的速度，从而促进其市场竞争能力的增强；外资企业先进的专有技术等很难完全内部化，其先进的生产技术及管理方法和经验会通过示范效应和人员流动的方式逐渐被东道国企业所掌握，从而促进东道国企业技术进步和生产率的提高；外资企业的进入会逐步加深与东道国企业生产过程的互补性和关联性，外资企业对东道国企业中间产品需求的增加会促使其主动对东道国上游企业加强人员培训和技术支持，同样外资企业生产的高技术产品也会间接促进东道国下游企业的技术进步和效率的增长，因此通过产业关联的方式外资企业同样会对不同产业之间的东道国企业产生正面的促进作用；外资企业相对于东道国企业具备更为完善的国际市场营销网络和实用的销售经验，通过竞争和信息外溢的方式既能促进东道国企业竞争力的提高，又能降低东道国企业进入国际市场销售的沉淀成本和风险，因此外资企业进入同样可能促进东道国企业出口产生外溢效应；外资企业在东道国产业的研发和创新活动同样会对同一产业的东道国企业产生积极的示范效应，促进东道国企业增加研发投入和创新投入，促进东道国企业创新和研发能力的提高。同样，外资在微观层面可能对东道国企业产生的消极作用包括：外资企业进入东道国市场会挤占同一产业内部东道国企业的市场份额，导致部分东道国企业被迫退出市场，提高其他东道国企业生产和销售的平均成本，对东道国企业产生负向的竞争作用，从而阻碍东道国企业生产率和技术效率的增长；外商直接投资企业为了防止其专有技术转移到东道国企业给自身带来的竞争威胁，会采取严格的措施限制技术被泄露给东道国企业，尽量使其专有技术内部化。另外，与东道国企业相比，跨国公司会支付比他们更高的效率工资，提高员工报酬的方法既可尽量避免自身掌握其先进技术的人力资本流到东道国企业，又可从东道国企业吸引更多的人力资本流向跨国公司，从而也会对东道国企业生产效率和竞争力提升产生负面影响；外资企业进入东道国产业，对其中间产品需求的增加同样可能吸引更多的外商直接投资进入东道国上游产业，从而会对东道国上游产业中的企业产生负向的市场挤出效应，处于上游产业的外资企业生产的中间产品质量和价格可能较高，东道国企业如果密集使用其生产的中间产品会提高生产成本，降低市场竞争能力。而如果跨国公司生产的中间产品只能被下游的其他生产率较高的跨国公司密集使用，则会进一步拉大外资企业和东道国企业的技术差距，这同样会阻碍其技术效率和生产率的提高。

外商直接投资无论在宏观经济层面还是微观经济层面都可能对东道国经济或者企业产生正面的积极作用和负面的消极影响。鉴于外资对东道国在微观和宏观层面影响作用方面的不确定性，无论是国内还是国外的学者都从许多不同的角度对外资对东道国的影响和作用作了大量的理论分析和经验研究，其中绝大多数的研究主要集中在外资对东道国在宏观或者微观层面的外溢效应分析上，但是国内外大量关于外资对东道国的经济外溢效应的研究并没有得出明确的一般性结论，大量的经验研究同样表明外资的外溢效应是一个相当复杂的过程，外资对东道国的经济或企业的外溢效应的大小和方向取决于东道国的经济发展水平、行业特征、经济政策、外商直接投资的企业特征、制度及法律环境、人力资本和研发存量水平、外资企业的经营战略等许多种因素。中国从 20 世纪 70 年代末期实行改革开放政策以来，经济建设取得了巨大的成就，伴随中国对外开放步伐的加快和经济全球化及地区经济一体化的迅速发展，凭借巨大的市场潜力和丰富且廉价的生产要素供给，中国逐渐成为了跨国投资企业重要的投资东道国，特别是进入 20 世纪 90 年代以来外商直接投资以前所未有的规模和速度流入中国，大量外资企业的进入对中国的经济发展在很多方面产生了深远的影响，外资的大量涌入极大地缓解了中国经济发展长期存在的资本匮乏的局面，推动了中国对外贸易的持续高速增长和经济开发程度的不断扩大，为大量的城乡劳动力要素提供了就业机会，等等，所有这些因素都对中国经济持续快速的增长起到了重要的推动作用。虽然外商直接投资对于推动中国经济的持续高速增长起到了十分重要的作用，但外资企业的进入是否显著地促进了中国内资工业部门本身的技术水平和生产效率的提升？是否显著地推动了中国内资工业行业出口开放度和竞争力的增强？外资企业对内资行业的技术外资效应是通过哪些渠道产生的，并且外资对中国内资不同行业的技术和出口外溢效应存在怎样的差别？外资企业对中国内资行业的外溢效应的大小和方向主要取决于哪些因素？弄清这些问题对于如何有效利用外资加速中国工业化进程、促进中国内资行业的技术进步和效率提高、进一步促进产业结构优化和升级、提升产业和出口竞争力、促进对外贸易的稳步平衡发展等都具有重大的现实意义。

第一节　外商直接投资对东道国经济
发展影响的理论分析框架

一般来讲，跨国投资企业的进入总体上会对东道国产生三方面的影响：首先，是对东道国产品市场的影响，一方面外资企业的进入会促进东道国市场产品的多样性，加剧竞争，降低产品的价格和成本，满足更多层次消费者的需求，增加消费者的福利。另一方面，外资企业的进入会促进东道国市场中厂商之间的竞争，会对东道国企业的市场占有、销售水平、利润和成本产生影响。其次，外资企业的进入会对东道国要素市场的供给和需求产生影响，改变东道国的就业和要素配置状况。最后，外资企业的进入会产生"产业关联效应"，对东道国中间产品的需求会促进东道国上游产业的发展，产生后向产业关联效应，而东道国上游产业效率的提升又会对东道国下游产业产生促进作用，产生前向关联效应。本书借鉴 Markusen，Venable（1999）；Rodriguez-Clare（1996）；（Pack，Saggi，2001）的理论模型构建一个简单的理论框架来分析外资对东道国经济上述方面的影响机制和作用。模型建立在 Dixit-Stiglitz（1977）的垄断竞争分析框架基础之上，假设在一个东道国经济体中存在两个垄断竞争行业和其他完全竞争的行业，两个垄断竞争行业中包括最终产品生产的下游行业（c）和中间产品生产的上游行业（i），同时假设中间产品只能由东道国厂商提供，并且中间产品为非贸易产品，不能从其他国家进口。东道国市场的最终产品由国内厂商、外国厂商、在东道国市场生产的跨国公司三种不同类型的厂商提供，东道国市场中的中间产品和最终产品的生产厂商的数量、价格、产出量分别表示为：

n_i、p_i、x_i 分别表示生产中间产品的国内厂商数量、中间产品价格、中间产品产量

n_l、p_l、x_l 分别表示生产最终产品的国内厂商数量、最终产品价格、最终产品产量

n_f、p_f、x_f 分别表示生产最终产品并且向东道国出口的国外厂商数量、最终产品价格、最终产品产量

n_m、p_m、x_m 分别表示在东道国市场生产最终产品的跨国公司数量、最终产品价格、最终产品产量

根据 Dixit-Stiglitz 垄断竞争模型的假设条件，每个厂商生产一种类型的产品，并且每个厂商都认为自身的产品面对不变弹性的需求曲线，垄断竞争行业的产出量和价格指数可以用一个替代弹性的不变函数来表示，中间产品总体的价格指数可以表示为：

$$q_i = \left[n_i p_i^{1-\omega} \right]^{1/(1-\omega)} \tag{1}$$

东道国市场的最终产品由国内厂商、外国厂商、跨国公司提供，由于三种不同类型的厂商之间存在相互对称的关系，最终产品的价格指数可以表示为：

$$q_c = \left[n_l p_l^{1-\theta} + n_f p_f^{1-\theta} + n_m p_m^{1-\theta} \right]^{1/(1-\theta)} \tag{2}$$

最终产品的支出函数为：

$$E_c = n_l p_l x_l + n_f p_f x_f + n_m p_m x_m \tag{3}$$

ω、θ 分别表示中间产品和最终产品的差异性；ω、θ 值越小表示产品的差异性越大。由（2）（3）式根据谢波德引理（Shephard's Lemma）可以得出不同厂商生产的不同种类产品的需求函数：

$$x_l = p_l^{-\theta} q_c^{\theta-\eta} \bar{E}_c, \quad x_f = p_f^{-\theta} q_f^{\theta-\eta} \bar{E}_c, \quad x_m = p_m^{-\theta} q_m^{\theta-\eta} \bar{E}_c \tag{4}$$

η 表示最终产品需求对价格的弹性系数，其中，$\bar{E}_c = E_c q_c^{\eta-1}$。

一　外资对东道国产品的市场效应分析

跨国公司进入东道国可能会产生两方面的直接效应，首先东道国市场中的跨国公司数量会发生变化。其次，跨国公司进入会对国内厂商和外国出口厂商的数量产生替代作用：如果跨国公司进入，可能直接替代国外生产厂商对东道国市场的出口（$dn_m = -dn_f$）；如果跨国公司采取兼并国内厂商的方式进入，会对国内和国外厂商的数量产生替代作用（$dn_m = -dn_l = -dn_f$）。除了上述的直接效应之外，外资企业的进入还会导致产品市场均衡发生变化。为了考察外资对东道国产品市场的作用，首先要考察外资进入对产品市场价格变动的影响，假设厂商的成本和价格不变，对（2）式取微分可以得到：

$$\frac{dq_c}{dn_m} = \frac{q_c^{\theta}}{1-\theta} \left[p_l^{1-\theta} \frac{dn_l}{dn_m} + p_f^{1-\theta} \frac{dn_f}{dn_m} + p_m^{1-\theta} \right]$$

$$= \frac{q_c^{\theta}}{\bar{E}_c} \frac{p_m x_m}{1-\theta} \left[\varphi_1 \frac{dn_l}{dn_m} + \varphi_2 \frac{dn_f}{dn_m} + 1 \right] \tag{5}$$

φ_1、φ_2 分别表示国内厂商和外国厂商相对于在东道国市场中的跨国公司产出的相对值 $\varphi_1 = p_l x_l / p_m x_m$，$\varphi_2 = p_f x_f / p_m x_m$。假设外国厂商对东道国的出口值相对于跨国公司在东道国的产出值较小，即 $\varphi_2 = p_f x_f / p_m x_m < 1$，且国内厂商和跨国公司在东道国市场具有相

同的边际生产成本，则有 $\varphi_1 = p_l x_l / p_m x_m = 1$。首先，如果跨国公司采取绿地投资的方式进入并且对东道国本地厂商的数量没有影响，即外资企业的进入只对外国的出口厂商产生替代作用，即 $dn_f / dn_m = -1$，$dn_l / dn_m = 0$，(5) 式中方括号内可以简化为 $1 - \varphi_2$，从而 $dq_c / dn_m < 0$ ($\theta > 1, \varphi_2 < 1$)。因此外资企业的进入替代了外国出口厂商的产品种类，导致最终产品价格的下降，消费者的福利增加。其次，如果跨国公司采取兼并国内厂商的方式进入，外资企业同时会对国内和外国出口厂商产生替代作用，即 $dn_l / dn_m = dn_f / dn_m = -1$，(5) 式方括号内就变为：$1 - \varphi_1 - \varphi_2$。如果跨国公司的产出量小于被其替代的国内厂商和外国出口厂商产出量的总和，即 $\varphi_1 + \varphi_2 > 1$，就会出现 $dq_c / dn_m > 0$，原因在于外资的进入降低了东道国市场的总的产品种类，导致最终产品的价格指数上涨，消费者福利下降。

　　除了考察外资进入导致最终产品价格变动而造成的消费者福利效应之外，还可以同时考察跨国公司进入后，东道国其他厂商数量的变动状况，因为外资企业进入可能会对东道国厂商产生市场挤出效应。在最终产品价格不变的条件下，参与竞争的东道国厂商在其销售量达到一定水平时，利润会保持为零，超出这一销售量，利润就会变为正数，而低于这一水平，利润则为负数。在市场中能够生存的东道国本地厂商在外资企业进入之前和之后的销售水平应保持不变，由 (4) 式可知市场中每个本地厂商产出的需求函数都为：$x_l = p_l^{-\theta} q_c^{\theta - \eta} \bar{E}_c$。在最终产品价格不发生变动并且有外资企业进入的情形下，只有对东道国厂商的数量做出调整才能确保在东道国市场上厂商的销售量不变。假设东道国厂商的销售量保持在零利润水平 ($x_l = \bar{x}$)，最终产品价格指数不发生变动 ($dq_c / dn_m = 0$)，且 $dn_f / dn_m = -1$，那么，随着跨国公司的进入，东道国厂商数量的变动可以由（5）式得到：

$$\frac{dn_l}{dn_m} = (\varphi_2 - 1)\frac{p_m x_m}{p_l x_l} \leqslant 0 \qquad (6)$$

（6）式表示外资进入对东道国厂商的市场挤出程度，如果 $\varphi_2 = 0$ 表示东道国最初并不从外国厂商进口，那么一旦外国厂商成为跨国公司进入东道国市场就会对东道国厂商产生对等的市场挤出效应；如果 $\varphi_2 = 1$ 表示外国厂商从向东道国出口转变为跨国企业直接向东道国市场提供产品，那么对东道国厂商就不存在市场挤出效应。如果跨国公司采取兼并的方式进入，虽然会降低东道国厂商的数量，但同时也会产生超额利润吸引更多的东道国厂商进入，从而使超额利润重新变为零，（6）式同样表示了外资采取兼并方式进入后对东道国厂商挤出的净效应。

假设东道国厂商数量为内生变量，外资的进入对东道国经济的福利效应会产生怎样的影响呢？由于东道国最终产品的价格指数没有发生变化，那么消费者效用函数也不会发生变化，但是这只是在假设东道国厂商之间没有任何差别的一种参照情形。如果东道国厂商之间存在显著的差异性，外资企业的进入首先会将东道国效率低下的生产厂商驱逐出市场，而相对效率较高的东道国厂商则会能够在较低价格的市场条件下参与竞争，从而增加消费者的福利。如果原来向东道国出口的外国厂商转变为直接向东道国市场提供产品的跨国公司，会使东道国损失在产品进口时征收的关税收入。因此，逃避关税类型的跨国公司会在一定程度上引起东道国进口收缩，关税收入下降，从而造成经济福利下降。

二　外资对东道国市场就业效应分析

跨国公司的进入同样会对东道国要素市场的供给和需求产生影

响，多数发展中国家将吸引外商直接投资作为扩大就业的重要渠道，同样利用上述的分析框架来考察外资进入对东道国就业的影响作用。跨国公司与东道国厂商在生产中要素投入的密集度可能存在较大差异，原因在于跨国公司可能更多地依赖于进口的中间投入要素，并且生产过程的技术密集度较高。假设东道国厂商和跨国公司劳动投入占全部生产成本的比重分别为 λ_l、λ_m，东道国厂商和跨国公司的单位成本函数分别可以表示为：

$$c_l = w^{\lambda_l}A^{1-\lambda_l}, \ c_m = w^{\lambda_m}A^{1-\lambda_m} \tag{7}$$

w 表示在东道国市场生产的工资率，A 表示其他投入要素的价格水平，假设东道国产业的就业总水平为 L，东道国厂商和跨国公司生产使用的劳动总成本为：

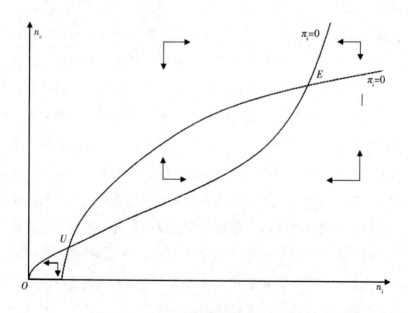

图 1 - 1　无外资进入情况下的均衡

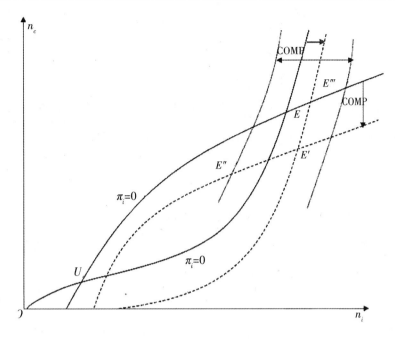

图 1 - 2　外资进入时的均衡及变动

$$wL = \lambda_l n_l c_l (x_l + F_l) + \lambda_m n_m c_m (x_m + F_m) \tag{8}$$

F_l、F_m 分别表示东道国厂商和跨国公司的固定生产成本，在产品价格和厂商产出不变的条件下，跨国公司的进入对东道国就业市场变动的影响可以表示为：

$$wdL = \lambda_l c_l (x_l + F_l) dn_l + \lambda_m c_m (x_m + F_m) dn_m \tag{9}$$

由于跨国公司的进入对东道国厂商的数量变动（dn_l）的影响可以由（6）式来表示，

将（6）式代入（9）式得到：

$$\frac{w}{p_m x_m} \frac{dl}{dm} = \lambda_l (\varphi_2 - 1)\left(\frac{c_l (x_l + F_l)}{p_l x_l}\right) + \lambda_m \left(\frac{c_m (x_m + F_m)}{p_m x_m}\right) \tag{10}$$

（10）式右边第二项给出了跨国公司的进入对东道国产业引发的就业效应，而右边的第一项则为负值，表示外资对东道国厂商造成了市场挤出效应而导致就业下降，而整个等式的右边既可能为正值也可能为负值。如果跨国公司生产劳动投入所占的比重越大（λ_m 越大），等式越有可能为正值，即跨国公司越可能促进东道国市场就业的增加；同样，如果外国厂商向东道国出口相对于跨国公司在东道国市场的销售比重越大（φ_2 越大），跨国公司也越可能产生就业外溢效应，原因在于跨国公司的进入主要替代了外国厂商的出口从而对东道国厂商的挤出效应变得较小。

三　外商直接投资的产业关联外溢效应分析

大量的理论和经验研究表明，外资通过产业关联方式会对东道国企业产生技术外溢效应，原因在于跨国公司进入东道国市场生产，会和东道国上游企业和下游企业存在关联效应，跨国公司生产过程对东道国上游企业生产的中间产品产生需求，为确保东道国上游企业生产的中间产品达到跨国公司要求的质量和技术标准，跨国公司会通过人员培训、技术支持等手段促进东道国企业的技术进步和效率提高，产生正的后向关联外溢效应；跨国公司通过后向产业关联促进东道国上游产业生产率的提高又会间接推动东道国下游产业的生产率的提高，从而产生正的前向关联技术外溢效应；同时，东道国上游企业生产效率的提升又会进一步促进跨国公司对东道国上游产业中间产品需求的增加，促使更多的上游企业参与竞争，有利于东道国上游产业实现规模经济，提升生产效率。此外，处于上游产业的跨国公司生产的中间产品技术含量可能较高，如果被下游东道国企业密集使用也会直接促进东道国产业的技术进步和效率提升，直接产生正的前向关联技术外溢效应。跨国公司通过产业关联方式对东道国企业产生的正向外溢效应可以在一定程度上抵消跨国公司的进入对东道国厂商产生的负向竞争外溢效应。本书借鉴（Markusen，Venable，1999）的理论分析框架来说明跨国公司对东道国企业的产业关联和竞争效应。由于东道国厂商和跨国公司在东道国市场生产都会产生中间产品需求，因此由最终产品生产所引致的全部中间产品需求（I）可以表示为：

$$I = n_l u_l b_l (F_l + x_l) + n_m u_m b_m (F_m + x_m) \qquad (11)$$

u_l、u_m 分别表示东道国厂商和跨国公司中间投入要素占其产出的比重，b_l、b_m 为效率系数，分别等于东道国厂商和跨国公司的边际生产成本。为了考察跨国公司对东道国厂商的产业关联外溢效应，首先假定在东道国市场不存在跨国公司的情形下，东道国本地厂商与上游和下游产业之间的关联效应。图 1 - 1 中的横轴表示东道国在中间投入部门 i 的厂商数量（n_i），纵轴表示东道国在最终产品部门 c 的厂商数量（n_c），作为外生变量的外国厂商数量为（n_f），图中的两条曲线分别表示在中间投入和最终产品生产行业利润为零时的东道国在中间投入行业和最终产品行业的厂商数量。来看中间投入行业利润为零的曲线（$\pi_i = 0$），这条曲线上的点表示东道国厂商在中间投入行业利润为零，曲线的右下方表示存在过多的中间投入生产厂商，因此利润为负，而在该曲线的左上方则表示东道国厂商在中间投入行业的数量过少，存在正的生产利润，因此会吸引更多的厂商进入。曲线的初始点在原点，原因在于当最终产品厂商的数量为零时（$n_l = 0$），对中间产品的需求也为零。曲线向上倾斜的原因在于随着最终产品生产厂商 n_c 数量的增加，对中间产品的需求也会随之增加。

曲线 $\pi_l = 0$ 表示在最终产品生产行业的东道国厂商利润为零时给定中间投入行业厂商数量（n_i），以及最终产品生产行业厂商的数量。同样在曲线 $\pi_l = 0$ 的上方表示存在正的生产利润会吸引更多的东道国生产厂商进入，而在曲线的下方则表示生产利润为负，部分东道国厂商会退出最终产品生产行业。当中间投入行业生产厂商的数量为零时（$n_i = 0$），该条曲线相应点为负值，原因在于当中间投入的产量为零时，中间投入品的价格会无限高，东道国厂商最终产品的产量为零，最终产品的需求只能由国外的厂商来提供。随着东道国中间产品生产厂商数量的增加，东道国厂商对中间产品的供给随之增加，中间产品的价格下降，当东道国中间厂商的数量达到曲线 $n_i = 0$ 与横轴相交的点时，东道国的最终产品生产厂商开始提供最终产品。在图 1-1 中，最终产品和中间产品的零利润曲线确定了三个均衡点，在原点 O，两条零利润曲线不相交，东道国厂商不生产最终产品，东道国市场的最终产品全部由国外厂商提供。在均衡点 U 和 E，东道国厂商同时生产最终产品和中间产品，但是在 U 点的均衡是不稳定的，原因在于无论最终产品还是中间产品，生产厂商的数量只要存在进入或退出的情况，均衡点就会脱离 U 点向原点或者 E 点方向调整，调整的方向如图中的箭头所示，因此图 1-1 中只有 E 点和 O 点为稳定的均衡点。

上述的均衡分析是建立在跨国公司没有进入的前提条件下的，这里的重点是要考察跨国公司的进入对东道国中间产品和最终产品市场的均衡影响。跨国公司的进入主要会对上述的均衡产生两方面的影响：首先是竞争效应，跨国公司进入东道国的数量（$n_m = 0$）的增加会降低最终产品的价格［等式(5)］，从而会降低东道国厂商整体的销售数量，只有部分从事最终产品生产的东道国厂商退出市场才能保证其他在最终产品行业的东道国厂商利润维持为零。其次是后向关联效应，跨国公司进入数量的增加会提升对东道国中间产品的需求［等式（11）］，从而增加对东道国上游中间行业产出的需求，带动东道国中间行业产出的扩大。图 1-2 在图 1-1 的基础上描绘了跨国公司的进入对东道国产业的竞争和后向关联效应，图 1-2 中的实线表示在没有跨国公司进入时的最初状态，而图中的虚线表

示在跨国公司进入后最终产品和中间产品的零利润曲线，跨国公司
进入导致均衡点由最初的 E 点移动到 E′点。我们可以将跨国公司进
入导致最终产品和中间产品零利润曲线的移动分解为竞争效应和后
向关联效应两个部分，跨国公司的竞争效应会导致最终产品零利润
曲线向右下方移动，中间产品零利润曲线则会向左移动，原因在于
跨国公司的竞争会导致东道国厂商销售额下降，部分东道国厂商退
出最终的产品生产（ $\pi_l = 0$ 曲线向右下方移动），东道国在最终产
品销售额下降的同时也会导致对中间产品需求的下降（ $\pi_i = 0$ 曲线
向左移动）。而跨国公司的进入通过后向关联效应又会增加对东道国
中间产品的需求，导致 $\pi_i = 0$ 曲线向右移动，跨国公司进入后产生的
净效应会导致新的均衡点落在用虚线表示的最终产品和中间产品零利
润曲线的交点 E′上。图 1 - 2 中零利润曲线的移动代表的是一种中间
情形，新的均衡点 E′刚好落在初始均衡点 E 的正下方，跨国公司的进
入刚好完全弥补了由于东道国厂商数量减少造成的最终产品产量的减
少，从而对中间产品的需求没有产生影响，即东道国中间产品生产厂
商的数量（ n_i ）没有发生变动，表示跨国公司的进入对东道国最终产
品生产厂商产生了完全的市场挤出效应，而对东道国中间产品生产厂
商的净效应则为零。跨国公司在最终产品市场对东道国厂商的完全挤
出效应是一种很好的参照情形，因此有必要推导出这种完全挤出效应
需要满足的条件。在最终产品市场东道国企业被完全挤出的情况下，
东道国从事中间产品生产的厂商数量不会发生变化，即 n_i 保持不变，
因此中间产品的价格指数（ q_i ）也不会发生变动 [等式（1）]，而东道
国市场最终产品保持零利润的一阶条件可以表示为：

$$\frac{dI}{dn_m} = p_m^{1-c} \bar{E}_c q_c^{\theta-\eta} \left[\frac{u_m b_m (F_m + x_m)}{p_m x_m - \delta_{fm} p_f x_f} - \frac{u_c b_c (F_c + x_c)}{p_c x_c} \right] \tag{12}$$

由等式（12）可知东道国中间产品价格 q_i 不变，东道国厂商生

产的最终产品价格在保持零利润条件下同样不会发生变化，对等式
（2）中的 q_c 求全微分，并且在 $dq_c/dn_m = 0$ 的条件下，我们可以得到
跨国公司对东道国厂商的替代率 dn_l/dn_m 的大小。同样可以考察跨国
公司的进入对中间产品需求产生的影响来反映外资对东道国厂商的
市场挤出效应，通过对中间产品总需求方程［等式（11）］来求全微
分，可以得到如下表达式：

$$\frac{dI}{dn_m} = p_m^{1-c} \bar{E}_c q_c^{\theta-\eta} \left[\frac{u_m b_m (F_m + x_m)}{p_m x_m - \delta_{mf} p_f x_f} - \frac{u_c b_c (F_c + x_c)}{p_c x_c} \right] \tag{13}$$

其中 δ_{mf} 表示跨国公司对国外向东道国出口厂商在最终产品行业
的替代系数，即 $dn_f = \delta_{mf} dn_m$。如果方程（13）等于零，表示跨
国公司的进入对东道国的中间产品需求没有产生影响，只是完全替
代了最终产品生产行业的东道国厂商，即均衡点为 E′。假定跨国公
司的进入对外国出口厂商对东道国市场的供给没有影响，即 $\delta_{mf} =$
0，那么要保证方程（13）为零，方括号中的第一项必须刚好等于
第二项，即因跨国公司进入产生的中间产品需求刚好要等于由于东
道国厂商减少而导致中间产品需求减少的数量。如果跨国公司的进
入同时对国外厂商对东道国市场的出口产生了替代作用，即 $\delta_{mf} >$
0，要确保方程（13）仍然为零，就要求跨国公司进入产生的中间
产品需求相对国内的全部最终产品供给（包括外国厂商的供给）的
比例上升幅度（方括号中的第一项）必须等于国内厂商减少导致中
间产品需求相对于东道国厂商最终产品的比例下降的幅度（方括号
中的第二项）。

当方程（13）不为零时，跨国公司进入产生的效应同样可以通
过图 1－2 得到反映。如果跨国公司相对于东道国厂商对东道国的中
间产品的需求密集度较小（ $u_m < u_c$），跨国公司对东道国产业的后向
关联效应就较小，因此最终的均衡点就会落在 E′ 点的左边，如果跨

国公司对东道国完全没有中间产品需求（$u_m = 0$），均衡点就会落在 E″，这时由于东道国厂商数量下降，中间产品生产厂商的数量也随之减少，而这又进一步导致了东道国最终产品生产厂商数量的减少。相反，如果跨国公司的进入对东道国生产的中间产品产生了需求并且替代了部分国外厂商对东道国市场的出口，这种情形会在一定程度上降低跨国公司对东道国最终产品生产厂商的竞争替代效应。如果跨国公司进入完全替代了国外厂商对东道国市场最终产品的需求，方程（13）方括号中的第一项的分母就为零，此时东道国市场的最终产品供给数量不变，跨国公司对东道国最终产品生产行业厂商没有竞争替代效应，均衡点会落在 E″ 点上，跨国公司通过后向关联对东道国中间产品需求的增加，同时也导致了东道国最终产品生产量的扩大，即东道国在最终行业生产厂商数量的增加，产生了前向关联效应。同样，如果跨国公司生产的最终产品全部用来出口，方程（13）方括号内的第一项的分母为正数，表示跨国公司同样会对东道国中间行业产生后向关联效应，但是分母中对国内市场的供给效应则为零。

上面分析了跨国公司进入的特征会对东道国产业产生影响，而东道国产业自身的特征同样也会对跨国公司进入的竞争效应和关联效应产生影响。假设跨国公司的进入对东道国市场的最终产品供给没有影响，均衡点会从 E 点移动到 E″ 点。东道国在最终产品行业的零利润曲线 $\pi_l = 0$ 越陡峭，跨国公司进入后对东道国在最终产品行业生产的扩张程度就越大，而零利润曲线 $\pi_l = 0$ 的梯度取决于东道国中间产品行业竞争的不完全程度。如果 ω 越大，表示中间投入产品的差异性就越小，不同种类的中间产品替代程度就越高，东道国中间产品生产厂商的价格成本加成率就越小，最终产品的零利润曲线 $\pi_l = 0$ 就越趋近于水平线，而较低的 ω 值意味着中间产品差异性较大。中间产品种类的增加会降低中间产品的价格指数 q_i，从而会对最终产品生产行业产生正的前向关联效应并且会增加最终产品零利润曲线 $\pi_l = 0$ 的梯度。如果考虑到东道国中间产品垄断竞争生产厂商之间的策略互动关系，中间产品生产厂商数量（n_i）的增加会降低其相应的中间产品价格 p_i（比如，在古诺垄断竞争模型中，一个厂商进入会导致每个厂商的市场份额出现收缩，均衡价格下降）。这会进一步强化对东道国最终产品生产行业的前向关联效应，同时也会推动零利润曲线 $\pi_l = 0$ 的梯度的增加。

下面考察跨国公司的进入导致东道国中间产品和最终产品行业均衡点的变动对东道国的福利效应产生了哪些影响。由于我们的分析框架是建立在投入要素价格不变并且所有的厂商利润为零的基础之上的，因此跨国公司进入的福利效应只能从消费者剩余的变动中得到反应，而导致消费者剩余变动的原因在于跨国公司的进入导致最终产品生产行业供给产品数量的增加，从而导致最终产品的价格指数（q_c）发生变动。由等式（2）可知，最终产品的价格与东道国在最终产品行业生产厂商数量（n_l）成反比关系，而与东道国厂商生产的最终产品价格（p_l）成正比关系。而东道国中间产品生产厂商数量的减少（n_i）通过前向关联渠道会导致东道国最终产品生产价格（p_l）的上涨，因此东道国的福利水平与东道国在中间产品和最终产品行业的生产厂商之间存在正相关关系。东道国的等福利曲线在以 n_l, n_i 为坐标轴的区域内表现为一条向右下方倾斜的曲线。明确了东道国的等福利曲线后，考察跨国公司的进入对东道国等福利曲线变动的影响，由等式（2）可知，跨国公司的进入导致最终产品供给种类和数量增加，会直接降低最终产品的价格指数（q_c），从而导致东道国的等福利曲线发生移动。如果在保持东道国中间产品和最终产品生产厂商数量不变的情形下，那么等福利曲线上的每个点都代表了更高的福利水平。如果跨国公司的进入导致均衡点由 E 点移动到了 E′点，跨国公司对东道国最终产品生产厂商就产生了完全的竞争替代，东道国总体的福利水平不会发生变化。如果跨国公司相对于东道国在最终产品行业产生的后向关联效应较小，均衡点会由 E 点移动到 E′点的左边，东道国的总体的福利效应会下降。如果跨国公司生产的产品全部用来出口，则不会对东道国在最终产品行业的生产产生竞争替代效应，均衡点会从 E 点变动到 E″点，跨国公司的进入会导致东道国总体的福利水平上升。方程（13）大于零是跨国公司进入后能够提升东道国经济福利水平的必要和充分条件，即只有当跨国公司进入产生的中间产品需求相对于其导致的最终产品供给比例大于东道国最终产品生产厂商产生的中间产品需求相对于其提供的最终产品比例时，跨国公司的进入才能提升东道国整体的经济福利水平。

现在假设最初的均衡点在图 1-1 中的原点 O，考察跨国公司进入东道国中间产品和最终产品行业均衡点变动的影响。我们仍然可以通过图 1-2 来分析，考虑到跨国公司进入东道国经济之后是一个稳定扩展的过程，会导致东道国在中间产品和最终产品行业的零利润曲线从最初点逐步开始移动。随着中间产品行业的零利润（$\pi_i = 0$）曲线不断向右移动，东道国在中间产品行业的生产开始出现，东道国在中间产品行业最初生产厂商的数量（n_i）由零利润（$\pi_i = 0$）曲线与横轴的交点确定。起初这些点都位于最终产品零利润曲线（$\pi_l = 0$）的上方，因此东道国在最终产品行业还不存在生产厂商，原因在于跨国公司的进入虽然会产生对东道国中间产品的需求，导致东道国中间产品行业产出开始增加，但东道国中间产品最初产出的增加所产生的前向关联效应还不足以促使东道国在最终产品行业生产厂商的出现。不仅如此，跨国公司最初进入后产生的负向竞争效应还会导致东道国在最终产品行业的零利润曲线向下移动。随着东道国中间产品行业厂商数量的不断增长，导致中间产品行业对最终产品行业的前向关联逐步增加到能够抵消由于跨国公司的进入产生的负向竞争效应时，初始均衡点会在 $n_i > 0$ 且 $n_l = 0$ 时出现。但此时的均衡为非稳定的均衡，随着东道国和跨国公司的不断进入和退出，最初的均衡点会逐渐移动到稳定均衡点 E′。跨国公司的进入首先通过后向关联带动东道国中间产品行业的扩张，随着中间产品行业的不断扩张会促使东道国在最终产品行业出现生产厂商，而东道国在最终产品行业开始生产又会产生中间产品需求，进而带动东道国中间产品行业进一步扩张，循环往复。东道国中间产品和最终产品行业之间的相互促进关系使东道国和最终产品行业的发展表现为累积循环的因果关系。如果跨国公司的进入对东道国最终产品行业产生的逆向竞争效应较小，东道国上游中间产业和下游最终产业之间的相互促进作用就更能提前发生，并且最终的均衡点会落在均衡点 E′右边的东道国最终产品零利润曲线 $\pi_l = 0$ 上。

第二节 外商直接投资技术外溢效应的渠道和相关研究文献

多数发展中国家和转型国家采取各种优惠政策措施吸引外商直接投资流入，都基于一个重要的认识：跨国公司拥有的技术所有权优势会对东道国产业产生外溢效应，期望外商直接投资的进入会推动本国产业技术进步、优化产业结构、提升产业竞争力、加速工业化进程、扩大就业和增进本国的福利水平。广义上讲，跨国公司特定的技术优势主要体现在大量的无形资产要素上，比如先进技术、专利、商标、专有技术、管理方式和技巧、营销方式和市场战略等（Dunning,

1993)。跨国公司如果在国外开设了子公司，很难将全部的技术优势内部化，从而为东道国企业学习和模仿提供了机会。具体来讲，跨国公司对东道国产业的可能的技术外溢方式和渠道主要包括：

一 外商直接投资技术外溢的渠道

示范和模仿：如果东道国企业直接开发一种新的技术进行生产，不仅要支出高额的开发费用而且还要承担技术开发的不确定性和风险。如果东道国企业观察到跨国公司在东道国市场采用先进的技术进行生产，一方面会降低东道国采用同类技术进行生产的风险，鼓励东道国企业采用同类的技术进行生产；另一方面，跨国公司会对东道国企业的生产产生示范效应，东道国企业通过逆向工程等手段模仿跨国公司的生产工艺和过程，降低和节省东道国企业对新技术的开发费用和成本。(Barrios，Strobl，2002) 的研究表明东道国企业和跨国公司生产的产品越接近，跨国公司对东道国企业的示范效应就越强，东道国企业就越可能通过模仿的方式促进本国生产效率和技术水平的提升。当然，跨国公司通过示范效应对东道国产业产生的技术外溢效应不仅仅局限于具体的生产技术和过程，跨国公司先进的管理组织方式和营销技巧等同样会对东道国企业产生更为广泛的示范效应。原因在于跨国公司的管理组织方式和营销战略不仅会对与跨国公司类似的企业产生外溢效应，而且同样会对其他产业的东道国企业产生示范效应。

人员流动：在跨国公司工作的员工相对于东道国企业的员工会接受更多的技术和管理方面的培训，熟悉跨国公司管理运作方式，技术人员掌握先进技术的开发和应用经验。如果原来在跨国公司就业的员工被东道国企业雇佣，会直接促进东道国企业了解并掌握跨国公司的技术和管理方式，从而加快东道国企业向跨国公司学习的速度，促进自身技术水平和效率的提升。当然，通过人员流动的方式同样可能会对东道国企业产生负向的外溢效应，原因在于跨国公司为了防止专有技术通过员工流动的方式被转移到东道国企业给自身带来竞争威胁，会通过效率工资手段使员工的报酬水平高于东道国企业所能支付给员工的最高水平，一方面防止自身的人力资本流向东道国企业；另一方面从东道国企业吸引更多优秀的人力资源流向跨国公司，从而对东道国企业产生负向的外溢效应（Sinani，Meyer，2004）。由于难以获取和统计跨国公司和东道国企业人力资源相互流动的数据，对跨国公司的人员流动对东道国企业产生的外溢效应分析的研究较少。

竞争效应：跨国公司进入东道国产业会加剧产业内部的竞争，东道国企业为了应对跨国公司的竞争会提高资源和技术的使用效率，改进生产方法和管理效率，加快技术更新步伐，从而促进东道国企业的技术进步和生产效率的提升。另外，跨国公司的进入同样可能侵占东道国厂商的市场份额，产生市场"窃取效应"，部分效率低下的国内生产被迫退出市场，降低东道国产业的平均生产规模，提高了其他国内厂商的平均生产成本，从而对东道国企业的生产率产生负向的外溢效应（Aitken，Harrison，1999）。

产业关联：跨国公司进入东道国市场通过与东道国上游和下游企业之间的关联效应同样可能产生技术外溢效应。随着跨国公司在东道国市场的规模经济效应的实现，跨国公司会逐步加大对当地中间产品的需求，为了确保其最终产品的质量达到既定的要求和标准，跨国公司会通过人员培训、技术支持、帮助上游企业采用更为先进的管理手段、帮助东道国企业获取生产原材料等方式确保东道国上游产业生产的中间产品质量达到跨国公司生产的标准，从而促进东道国企业生产效率和技术水平的提高。跨国公司通过后向关联方式促进上游产业中间产品质量的提升，同样会间接促进东道国企业生产效率和技术水平的提升。跨国公司除了通过后向关联的方式对上游产业产生技术外溢效应之外，同时也可能通过产业前向关联的方式直接对下游产业产生技术外溢效应。由于跨国公司本身生产的技术含量较高的中间产品被东道国下游企业密集使用同样会促进东道国企业产品质量的提升和技术效率的提高，从而产生正的前向关联技术外溢效应。但如果跨国公司生产的质量较高的中间产品价格较高，东道国企业密集使用上游外资企业生产的中间产品也可能增加企业的生产成本，导致东道国企业无法密集使用质量较高的中间产品的情况下就不会产生正的前向关联外溢效应；或者跨国公司生产的中间产品主要用来出口而不是在东道国市场销售，同样会使东道国企业无法密集使用外资企业生产的中间产品。不仅如此，如果外资企业生产的中间产品只能被生产率相对较高的外资企业使用而不能被生产率相对较低的东道国企业密集使用，会进一步拉大外资企业和内资企业的生产率和技术差距，从而会产生负向的技术外溢效应（Markusen，Venebles，1999；Javorick，2004b；Rodriguez-Clare，1996）。

二　外商直接投资在产业内部的技术外溢效应

外资对东道国产业的外溢效应总体上可以分为产业内部和产业之间的技术外溢效应，外商直接投资在产业内部的技术外溢采用不同的分析方法得出的结论存在较大的差别，（Grog，Strobl，2001）对外资在产业内部技术外溢的研究文献计量和统计结果表明：选取横截面数据还是面板数据分析对结论具有显著地影响，而利用产业还是企业层面的数据分析对结论没有显著地影响。Blomstrom et al. (1998)，Kokko et al.（1994，1996），Sjoholm（1999），Kohpaiboon (2006)，王志鹏，李子奈（2003）分别对墨西哥、乌拉圭、英国、印尼、泰国、中国的产业和企业横截面数据分析表明外资在产业内部存在显著的技术外溢效应。而姚洋、章奇（2001）利用中国企业层面的截面数据分析却表明外商直接投资在产业内部的技术外溢并不显著，外资的技术外溢效应主要体现在区内部。Buckley et al.（2002，2007）分别利用 1995 年和 2001 年细分的行业横截面数据对外资在中国产业部门的技术外溢状况做了两次分析，对 1995 年的横截面数据分析表明外资只对非国有内资部门具有显著的生产率外溢效应；而对国有内资部门不存在技术外溢效应；而对 2001 年的横截面数据分析却表明非港澳台地区的外资在技术密集型行业对国有内资部门具有显著的正向生产率外溢效应。

由于横截面的数据分析不容易控制外资进入时存在的选择性问题，即外商直接投资会选择东道国生产率较高或增长较快的时间或行业进入，或者外资的进入导致产业内竞争加剧，一些生产效率低下的厂商被挤出市场从而提高了整个行业的平均生产率，并不是由于外资技术外溢导致了生产率的提高。面板数据分析容易控制外资进入时的产业、时间特征，避免由于外资进入的选择性问题对估计造成偏差，可以较可靠地建立起 FDI 与东道国产业或厂商生产率增长之间的连续因果关系。然而，采用面板数据对产业内部技术外溢进行分析的很多研究文献结论都表明外商直接投资在产业内部没有明显甚至是负的技术外溢。（Haddad，Harrison，1993）利用摩洛哥企业层面的面板数据分析表明在总体上外商直接投资没有显著的技术外溢效应，只在技术水平较低的行业存在技术外溢。（Aitken，Harrsion，1999）对委内瑞拉的分析表明外商直接投资在产业内部总体上呈现出负向的生产率外溢效应。（Djankov，Hoekman，2000）；Kinoshita（2001）；Kathuria（2000）；Konings（2001）从企业层面分别对捷克、印度、保加利亚、波兰、罗马尼亚的分析同样表明外商直接投资在产业内部并不存在或者只存在负的生产率外溢效应。张海洋（2005）利用中国产业层面的数据对外资外溢效应的分析表明：

在控制自主研发的条件下，外资在产业内部没有显著地促进内资产业部门的生产率和技术效率。而（Sinani，Meyer，2004）对爱沙尼亚企业层面面板数据的分析却表明外资在产业内部存在显著的正向技术外溢，并且发现内资企业的规模大小、所有权特征、贸易导向对外资的技术外溢具有显著的影响，外资对小规模企业、非出口企业及外部人控制的企业相对于大规模企业、出口企业及国有企业的技术外溢效应更为显著。Takii（2005）对印尼制造业厂商层面的面板数据分析则表明外资总体上存在正向的技术外溢效应，但在外资所有权比重较高或者由外资控股的企业技术外溢程度较小，外资企业过高的参股比重不利于技术外溢的产生，并且在内外资部门差距较大的行业，外资技术外溢较小或者存在负的技术外溢效应。Haskel et al.（2002）利用英国厂商层面的面板数据对来自不同国家的外资技术外溢的研究发现，来自美国和法国的外资对英国的厂商产生了显著的正向生产率外溢，来自德国的外资没有显著的技术外溢，而来自日本的外资却产生了负向的技术外溢效应。（Hu，Jefferson，2002）考察了外资对中国电子和纺织行业的技术外溢效应，发现来自港澳台地区的外资对内资行业没有显著的外溢效应，而来自OECD国家的外资对内资行业却产生了显著的负向外溢效应。

三　外商直接投资在产业之间的技术外溢效应

很多学者从理论和经验方面对外资在产业间的技术外溢研究表明：产业间的垂直技术外溢比产业内部的水平技术外溢更容易产生。（Markusen，Venables，1999）的模型表明外资进入对当地厂商中间产品的需求会有助于东道国产品质量和多样性及生产率的提高，中间产品质量和多样性的增加又会对最终产品的生产产生前向关联技术外溢，进一步吸引更多的外资和内资企业进入并参与竞争，这样

循环往复，一些外资企业最终会被东道国企业所取代。首先，Kurgel
（2006）认为产业间的垂直技术外溢比产业内部的技术外溢更容易发
生，原因在于产业间的技术扩散和转移主要是以通用技术为主，而
产业内部的技术转移则具有专用性特点，外资企业对产业间通用技
术的转移限制激励要小于产业内部的专有技术转移。其次，适用于
产业间的通用技术相对于产业内部的专有技术更容易传播和扩散。
最后，产业之间的通用技术相对于产业内部专用性很强的技术对东
道国上游和下游企业的吸收能力要求较低。Rodriguez-Clare（1996）
的理论模型对跨国公司产业关联外溢效应产生的条件和影响因素做
了说明，分析表明跨国公司生产的产品越复杂、东道国与跨国公司
母公司所在地的交通和通信成本越高、东道国经济发展水平越高，
外资在产业间就越有可能产生正向的关联技术外溢效应。外资在产
业间技术外溢的经验研究结论基本都表明：后向关联是外商直接投
资对东道国技术外溢的主要渠道，在产业间的前向关联技术并不显
著。在经验研究方面：Javorick（2004，2006）分别对立陶宛和罗马
尼亚厂商层面的外资在产业内部和产业间的垂直技术外溢进行分析
表明，外资通过产业后向关联产生了显著的技术外溢效应，并没有
发现产业内部和产业之间的前向关联技术外溢，并且后向关联外溢
只存在于合资企业，外商独资企业并没有显著的后向关联外溢效应。
Krugel（2006）对哥伦比亚的制造业外资技术外溢渠道的研究同样
表明外资技术外溢主要发生在产业之间，产业内部没有明显的技术
外溢，外资与东道国上游产业的后向关联是技术外溢的主要渠道。
（Schoors，van der Tol，2002）对匈牙利的技术外溢的渠道研究得出
了同样的结论。Bwalya（2006）对津巴布韦厂商层面的外资技术外
溢研究表明：外资进入加剧了产业内部的竞争，对当地企业产生了
负向的技术外溢，而外资通过产业间的后向关联渠道对本地企业产

生了显著的正向技术外溢效应。(Liu, Lin, 2004) 对中国制造从产业和企业层面外资技术外溢的研究都表明外资通过后向关联产生了显著的正向外溢效应,而在产业内部并没有发现或者只存在负的外溢效应。Liu (2006) 对中国制造业 (1995—1999 年) 17000 多家厂商层面的外资技术外溢研究表明,短期内外资进入在产业内部会产生负的外部性,长期来看外资对中国制造业具有正向技术外溢效应,并且外商直接投资企业与国内企业的后向关联是技术外溢最重要和显著的方式。

四 影响外商直接投资技术外溢的主要因素

1. 吸收能力、技术差距与外商直接投资技术外溢

大量的经验研究表明东道国本身的技术吸收能力及东道国企业和外资企业之间的技术差距是影响外资的重要因素,围绕吸收能力和技术差距与外资技术外溢之间的关系,国内外学者从理论和经验方面做了大量的研究。(Narula, Marin, 2003) 认为吸收能力是指将其他企业采用的新技术内部化并且加以改造使其适用于自身特定的生产应用的能力。东道国企业和外资企业之间的技术差距一定程度上也可以代表东道国企业技术吸收能力的高低,Kokko (1994) 认为:东道国企业和外商直接投资企业之间保持适度的技术差距是产生正向技术外溢的必要条件,如果东道国企业和外资企业技术差距过小,一方面外商直接投资企业相对于东道国企业的技术优势可能并不明显,外资技术外溢和扩散的空间和机会较小;另一方面,如果内外资企业差距过小,东道国企业向外资企业学习的激励性和积极性也就越小,随着技术差距的扩大东道国企业向外资企业学习模仿的动力就越强,因此如果内外资企业的技术差距过小,可能并不利于外资技术外溢的产生。同样,如果东道国企业和外资企业之间

的技术差距过大也可能阻碍技术外溢的产生，在内外资企业技术差距过大的情形下，东道国企业可能并不具有吸收跨国公司先进技术的最低要求能力，由于东道国相对于外资企业的技术水平存在巨大差距，可能会导致东道国企业无法采用和跨国公司同样的先进技术，也不能有效地使用跨国公司生产的中间产品。如果上游产业的东道国企业和跨国公司的技术差距过大，同样会导致东道国企业无法达到跨国公司生产中间产品所要求的最低质量和技术水平，从而限制跨国公司对东道国企业产生前向和后向关联技术外溢。因此吸收能力和技术差距的大小不仅会对产业内部的技术外溢产生影响，而且同样会对产业之间的技术外溢产生影响。外商直接投资对东道国企业的技术外溢大小和方向不仅受限于企业和产业层面吸收能力的大小，国家和地区层面的吸收能力同样也会对外资的技术外溢效应产生显著的影响（Kokko，Zejan，1994；Kokko，Blomstrom，1995）。吸收能力的高低除了取决于东道国的研发投入和人力资本存量之外，东道国的基础设施条件、政府的管理效率及与外资相关的法律政策环境、金融市场的运作效率等同样是影响技术吸收能力的重要因素。（Hermes，Lensink，2003）认为一个发达的金融市场能够有效地降低东道国企业向外资企业学习和模仿先进技术的成本，提高东道国企业员工的素质，从而有利于外商直接投资企业技术外溢的产生。东道国的经济总体发展水平与外商直接投资的技术外溢效应存在密切关系，一方面由于在欠发达国家跨国公司在东道国市场对员工支付的报酬要远高于东道国企业能够支付给员工的报酬水平，因此在欠发达国家东道国企业很难通过劳动力流动的方式对东道国企业产生技术外溢效应（Lipsey，Sjoholm，2004）；另一方面，在欠发达国家跨国公司由于其技术吸收能力低下，很难和当地的企业产生显著的产业关联效应，因此在经济发展水平较低的国家外资在产业间同样难以产生显著的产业关联外溢效应（Rodriguez-Clare，1996）。

在经验研究方面，国内和国外的学者从多角度考察了吸收能力和技术差距与外商直接投资之间的关系，Kinoshita（2001）对捷克企业层面的面板数据研究表明外资只对从事研发活动的东道国厂商存在显著的正向技术外溢效应，外资企业的技术外溢效应和东道国企业的研发活动存在显著的互补关系。（Keller，Yeaple，2003）对美国企业的研究表明外资只对研发投入较为密集的高科技部门存在显著的正向技术外溢效应。Kanturia（2002）将印度的制造企业分为科技型和非科技型企业，分别考察了外商直接投资对两类企业技术效率外溢的差异性，同样发现外资的技术外溢效应和当地企业的研发活动存在密切的关系，外资研发投入较大的科技型企业具有显著的外溢效应，而对非科技型企业的外溢效应并不显著。Girma（2005）对英国制造业的研究表明技术外溢存在显著的门槛效应，只有在越过技术差距或者最低吸收能力的门槛之后，技术外溢与吸收能力在一定范围内才存在显著的正相关关系。除了在企业和产业微观层面的吸收能力对外资技术外溢存在影响之外，地区及国家宏观层面的吸收能力也会对技术外溢产生影响。（Savvides，Zachariadis，2005）对32个发展中国家外资在制造业部门的技术扩散研究表明各国人力资本和研发水平是影响外资技术外溢的重要因素。（Grima，Wakelin，2007）对英国电子行业的研究发现，地区吸收能力无论在产业内部还是产业之间都会对外资技术外溢产生重要影响。Kozlov et al.（2003）对俄罗斯外资企业技术外溢效应的研究发现外资的技术外溢很大程度上与不同地区的教育发展程度存在显著的正相关关系。（Imbriani，Reganati，1999）对意大利总体上分为三大区域基础上分别考察外资在不同区域的技术外溢效应，研究结果显示外资只在经济最发达的西北地区存在显著的正向技术外溢，而在经济较为落后的区域外资并没有显著的外溢效应。Sgard（2001）考察了外资在匈牙利不同地区外资技术外溢的差异，分别对匈牙利在靠近欧盟成员国（欧盟未扩大到18国之前）的经济发达地区和靠近东欧国家的欠发达地区外资技术外溢的考察表明：外资在两个地区总体上都存在技术外溢效应，但在经济较为发达的地区外资技术外溢效应更大且更为显著。赖明勇、包群（2005）等人对中国的研究同样表明地区吸收能力是影响外资技术外溢的重要因素。谢建国（2006）对外商直接投资对中国地区层面的技术外溢研究表明：外资在地区层面总体上存在显著的技术外溢效应，但外资在东部地区技术外溢的大小和显著性要高于中部和西部地区，认为地区的人力资本和研发投入差距是影响技术外溢的重要因素。从地区经济发展水平差异角度考察外商直接投资技术外溢效应的研究一般认为：外商直接的投资进入可以提高东道国企业的生产效率和技术水平，会对不同国家和地区的经济发展产生收敛效应，但外资在发达地区和国家的技术外溢相对于落后地区和国家总体上更为显著的会进一步拉大地区和国家之间经济发展的差距，不利于区域经济的平衡发展。尽管大量的经验研究从微观角度和宏观角度验证了吸收能力是影响外商直接投资技术外溢的重要因素，但对吸收能力大小的决定因素多数是从东道国企业或地区的研发支出、人力资本、经济发展水平角度来衡量的，除了上述因素之外东道国的法律环境、金融市场的效率同样会对外资的技术外溢产生影响，Alfaro（2004）的研究表明东道国的金融市场效率无论对外资在产业内部还是产业之间的技术外溢效应都存在显著的影响作用。技术差距同样是影响外资技术外溢的重要因素，Kokko（1994）首先考察了东道国企业和跨国公司之间的技术差距与外资技术外溢之间的关系，为了说明产业技术特征与外资技术外溢之间的关系，Kokko分别从产业技术的复杂程度、平均资本密集度、技术差距（用东道国企业和跨国公司之间的劳动生产率来表示）角度考察了外资技术外溢的差异性，研究结果表明随着产业技术复杂程度和平均资本密集度的增加，外商直接投资技术外溢的可能性会降低，并且认为在东道国企业和跨国公司技术差距较大的行业，外资技术外溢的可能性同样会降低，原因在于在技术差距较大的行业外资企业和东道国企业之间的关联性会降低，外资在东道国市场的经营会形成"飞地经济"，不利于技术外溢的产生。尽管 Kokko 认为保持适度的技术差距是外资技术外溢产生的必要条件，但很多相关的经验研究却并不支持这一结论，（Kokko，Tansini，Zejan，1996）考察了乌拉圭企业和外商直接投资企业相对于技术差距较大和较小情形下外资技术外溢的差异性。他们的研究表明在东道国企业和跨国企业相对差距较小的行业外资才存在显著的技术外溢，而在差距较大的行业外资企业并没有显著的技术外溢效应。（Girma，Wakelin，2000），Dimelis（2005）的研究同样表明在内外资企业相对差距较小的行业外资技术外溢更为显著。陈涛涛（2003，2004）利用中国 84 个细分的行业横截面数据考察了内外资在相对规模差距、生产率差距、资本密集度差距大小不同行业技术外溢的特征，经验结果表明外资对中国产业部门在内外资相对差距较小的行业外资的技术外溢更为显著，而在相对技术差距较大的行业外资并没有显著的技术外溢效应。而 Sjoholm（1999）的相关研究则表明外资技术外溢和技术差距存在不确定的关系。Flores et al.（2002）考察了外资企业在产生最大技术外溢的情况下内外资企业相对技术差距的范围，研究结果表明当东道国企业相对于外资企业的平均生产在 50%—80% 之间时，外商直接投资对东道国企业的技术外溢效应最大；而 Proenca et al.（2002）类似的研究则表明内外资企业的相对生产率差距则保持在 60%—95% 之间，外商直接投资的技术外溢效应最大。

　　2. 影响外商直接投资技术外溢的其他因素

　　外商直接投资的技术外溢大小和方向除了上述的影响因素之外，还取决于东道国的贸易政策、外商直接投资的市场导向、跨国公司进入东道国的市场动机、外商直接投资进入东道国的时间长短、东道国的法律环境及措施等一系列因素。从东道国的贸易政策环境与外商直接投资的技术外溢关系来看，Bhagwati（1978）认为相对于实行进口替代贸易战略的经济体，采取出口导向贸易战略的国家会吸引更多的外商直接投资流入，原因在于以出口导向为主的国家资源的利用不仅仅局限于国内市场，还可以更为有效地利用投资资源，并且要素配置过程的扭曲程度也会降低，所有的这些因素都有可能导致外商直接投资在一个以出口导向为主的东道国更有可能产生正向的技术外溢效应，而外资在以实施进口替代贸易战略的国家则可能产生负向的技术外溢效应。Kokko（2001）认为跨国公司如果要在实施进口替代战略的国家进行投资并取得成功，跨国公司更可能采用东道国企业所不具有的先进技术进行生产，从而跨国公司可能会对东道国企业产生较大的潜在示范效应，东道国企业向跨国公司学习先进技术的空间和动力也可能更为强烈；跨国公司如果在实施出口导向经济战略的国家进行投资，更可能将其优势定位于国际市场营销和市场网络方面，而不是采取引进先进的新技术的方式来参与竞争，尽管采取这种投资战略会对东道国企业的出口产生外溢效应，但总体上来看基于东道国国内市场定位的跨国公司相对于以出口导向为主的跨国公司更有可能产生正向的技术外溢效应。跨国公司基于国内市场导向的投资相对于出口导向的投资更有可能产生技术外溢的另外一个原因在于，基于国内商场导向的投资与东道国企业生产过程的关联程度相对于出口导向的投资更强，从而基于国内市场导向的外商直接投资更有可能对东道国企业或产生在产业内部和产业之间产生技术外溢效应。Javorick（2004）研究发现如果跨国公司生产在东道国市场生产并且用于出口的产品与东道国企业生产的在国内市场销售的产品差异性越大，技术外溢就可能越大，随着跨国公司和东道国企业生产产品差异性的降低，东道国企业通过模仿产生的技术外溢效应也会随之降低，但是如果跨国公司对出口产品生产的技术要求越来越高也会带动作为中间产品供应商的东道国企业不断提升自身的技术水平，从而为跨国公司对东道国企业产生技术外溢提供更大的潜力和空间。东道国的法律环境同样会对外商直接投资技术外溢产生显著影响，（Lee，Mansfield，1996）认为东道国的知识产权保护完善程度是影响外商直接投资的重要因素，在一个严格保护知识产权的国家不仅可能吸引更多的外商直接投资，而且会促进外商直接投资对东道国企业的技术外溢效应。原因在于如果东道国对知识产权的保护较弱，东道国可能吸引的外商直接投资技术水平较低，技术外溢的空间和可能性也会较小。不仅如此，在东道国知识产权保护较弱的情况下，外商直接投资企业更可能采取外商独资的方式进入东道国市场，避免其专有技术流向东道国企业，从而降低了外资企业向东道国企业技术外溢的可能性。Javorick（2004）同样认为在知识产权保护较弱的国家，跨国公司在这些国家的投资项目更多地偏向于营销网络的建立，而不是在东道国市场从事生产活动，从而技术外溢的可能性也就越小。与此相反，一些学者则认为严格的知识产权保护会增加东道国企业向跨国公司学习和模仿技术的成本，跨国公司更容易凭借技术优势在东道国市场占据垄断地位，因此严格的知识产权保护也被一些学者认为是阻碍外商直接投资技术外溢的因素。Markusen（2001）研究了跨国公司采取外商直接投资还是出口的方式进入东道国市场的影响因素，认为东道国经济应该采取的最佳策略是：知识产权的保护力度要高于确保跨国公司采取直接投资方式进入东道国的最低要求。外商直接投资进入东道国市场的动机同样是影响其技术外溢的重要因素，对外商直接投资东道国市场的动机，多数的研究从外资企业对技术利用的方式入手，一般可以分为技术优势型投资（technology-exploiting）和技术寻找型投资（technology-sourcing）两种。传统的外商直接投资理论主要是从技术优势角度来解释外商直接投资的动机，（Blomstrom，Sjoholm，1999）认为跨国公司在国外建立子公司的主要原因在于其拥有的专有技术构成了跨国公司在东道国从事经营活动的主要优势，跨国公司凭借其在市场竞争、消费者偏好、经营战略等方面相对于东道国企业具有的显著知识和技术优势可以有效地在东道国市场参与竞争并获取高额利润。而（Kogut，Chang，1991）；（Neven，Siotis，1996）等人的研究却表明外商直接投资在东道国的投资动机并非全部是技术优势类型，很多跨国公司之所以向东道国进行投资是基于技术寻找类型，即跨国公司对部分国家的投资动机可能是为了接近并学习和模仿东道国所具有的一些技术优势。（Fosfuri，Motta，1999）从理论角度分析了技术寻找型外商直接投资的特征，他们的理论模型分析表明基于技术寻找型的跨国公司的子公司进入东道国市场后会主动向具有技术优势的东道国企业接近并且向其学习，因此东道国企业可能会对跨国公司的子公司产生技术外溢效应，而跨国公司的子公司在掌握了东道国企业技术之后又可能将这种技术转移到母公司。从上面的分析不难看出进入东道国市场的跨国公司主要是以技术优势为动机进行投资的企业，相对于以技术寻找型的跨国投资企业更可能对东道国企业产生正向的技术外溢效应。（Blomstorm，Globerman，

Kokko, 2001) 跨国公司专有技术的价值（或者水平）及创新程度本身也是影响技术外溢的因素，一方面价值或者创新程度越高的技术对东道国企业技术外溢的潜力和空间也就越大；另一方面价值或者创新程度越高的技术跨国公司对技术的保护动机也就越强，技术外溢的可能性也会降低，因此跨国公司的技术水平和创新程度对其技术外溢的大小程度是不确定的。外商直接投资对东道国企业和产业的技术外溢效应同样与外资进入东道国市场的时间长短存在一定的关系。(Karpaty, Lundberg, 2004) 认为跨国公司最初进入东道国市场倾向于采用较为先进的技术，而随着时间的增多，技术利用的先进程度会下降。显然这种观点认为跨国公司在开始进入时对东道国企业技术外溢的可能性较大，随着时间的推移外商直接投资对东道国企业技术外溢的空间和可能性会降低。而 (Barrios, Gorg, Strobl, 2005) 则认为跨国公司最初进入东道国市场对东道国企业主要是以竞争效应为主，部分东道国企业最初难以抵御跨国公司的竞争而被迫退出市场，随着时间的增多跨国公司才逐渐开始对其他东道国企业产生示范效应，因此外商直接投资最初主要会对东道国企业产生负向的竞争外溢效应，而随着时间的增多外资对东道国企业正向的技术外溢效应会超过负向竞争外溢效应。另外，外商直接投资的无论是竞争还是其他外溢效应都不可能是外资进入的当期就产生的，东道国企业对技术的学习和模仿都需要一定的过程和时间。一方面，随着外资进入时间的增多，东道国企业学习和模仿的能力也随之增加，这会促进技术外溢的产生；但另一方面随着时间的增多东道国企业和外资企业之间的技术差距越来越小，东道国企业向外资企业学习的动力和积极性会下降，从而技术外溢的空间和潜力也会降低。因此考察时间因素对外商直接投资技术外溢的关系，关键是要对外资技术外溢的变量选取合适的滞后期限。除了外商直接投资进入东道国的时间特征对技术外溢的效应会产生影响之外，东道国企业所在的区域与跨国公司投资所在的区域差异同样会对外商直接投资的技术外溢效应产生影响。Audretstch（1998）认为东道国企业与跨国公司的空间距离越接近，外资企业就越可能对东道国企业产生技术外溢效应，也就是说外商直接投资的技术外溢范围具有区域特征。（Girma，Wakelin，2001）认为外商直接投资对东道国企业的劳动力流动和示范技术外溢效应局限于一定的空间范围；由于交通成本的存在，外资在产业之间的垂直技术外溢同样具有区域和空间特征；同样，外商直接投资对东道国企业正向或者负向竞争外溢效应同样只局限于一定的区域范围之内。Fosfuri et al.（2001）从劳动力流动方式角度考察了影响外商直接投资技术外溢的因素，认为在跨国公司对员工的培训方式和特征会对外资的技术外溢产生影响。首先，如果跨国公司对员工的培训集中于专有性很强的技术和技能，东道国企业从外资企业劳动力流动方式获取技术外溢的可能性就较低，原因在于东道国企业从其自身的生产过程转向技术专有性很强的生产过程需要付出较大的成本；其次，跨国公司为了防止自身的专有技术通过劳动力流动的方式转移到东道国企业，它会支付比东道国企业更高的效率工资防止员工流向东道国企业。最后，（Sinina，Meyer，2004）认为跨国公司对其员工支付相对较高的效率工资还会从东道国企业吸引更多的人力资本流向跨国公司。（Wang，Blomstrom，1992）从东道国企业和外资企业市场竞争的激烈程度来考察外资的技术外溢效应，认为东道国企业与跨国公司相互之间的竞争越激烈，外资企业对东道国企业产生技术外溢的可能性就越大，原因在于跨国公司为了在激烈的市场竞争中抢占市场份额，维持其垄断优势，可能会采用更加先进的技术进行生产，从而技术外溢的潜力和空间也就越大。但是，激烈的市场竞争也可能促使跨国公司采取更为积极的措施限制其现有的技术被转移到东道国企业，以免给自身带来更多的竞争威胁，因此跨国公司与东道国企业市场竞争的加剧也会在一定程度上阻碍外资技术外溢的产生。Rodriguez-Clare 从中间产品需求密集度考察了外商直接投资对东道国企业的后向产业关联外溢效应，认为跨国公司对东道国企业生产的中间产品需求越密集越可能产生显著的后向关联技术外溢。原因在于外资对东道国中间产品需求越大，外资与上游东道国产业生产的关联度就越大，外资也就越可能通过人员培训、技术支持等方式促进东道国企业生产效率的提升。

在经验研究方面，Kokko et al.（2001）分别考察了乌拉圭在进口替代（1973 年之前）和出口导向（1973 年之后）贸易政策条件下外商直接投资对乌拉圭制造行业技术外溢的特征差异，发现外商直接投资在实施进口替代贸易战略的时期对东道国制造行业存在显著的正向技术外溢效应，而在实施出口导向贸易战略的时期对东道国制造业则存在负向的技术外溢效应，验证了外商直接投资在以国内市场为导向的经济体中更可能产生技术外溢的观点。而 Kohpaiboon（2006）用名义保护率和实际保护率来表示东道国的贸易政策导向，利用泰国的产业层面的横截面数据考察外商直接投资在不同贸易政策导向情况下外商直接投资的技术外溢状况，检验结果证实了 Bhagwati's 的假设，即外商直接投资在实施出口导向的贸易体制下会对东道国企业产生较大的技术外溢。外资企业在东道国运作的市场导向同样是影响技术外溢的因素之一，Li et al.（2001）将流入中国的外商直接投资分为以国内市场为导向的投资和以出口为导向的投资，分别考察了两种不同市场导向的外商直接投资对中国制造业部门产生的技术外溢状况，检验结果表明基于出口市场导向的外商直接投资显著地促进了中国制造业部门技术效率的提升，但是基于国内市场导向的外商直接投资对中国内资制造行业却产生了显著的负向竞争外溢效应。与上述经验结论相反，Javorick（2004）对不同市场导向的外商直接投资对埃萨尼亚制造企业在产业内部和产业之间的技术外溢状况分析却表明基于国内市场导向的外商直接投资更有可能对东道国企业产生后向关联的技术外溢效应。一些学者提出跨国公司在东道国的投资动机也是影响其技术外溢的重要因素，对外资的投资动机与技术外溢的经验研究关键在于利用什么指标来反映外资在东道国的投资动机。Driffield（2003）利用东道国和跨国公司的母国在产业层面的研发密集度差异来表示外商直接投资在东道国的投资动机：如果东道国在某一产业部门研发投入密度高于跨国公司母国相应的研发密度，那么跨国公司对东道国在该行业的投资就属于技术寻找型；反之，如果二者研发密度的差异为负数，跨国公司对东道国相应的投资就属于技术优势型。利用 13 个不同国家在英国的外商直接投资数据，Driffield 区分并考察了两种不同投资动机的外商直接投资对英国制造业的技术外溢效应，经验结果表明技术优势型跨国投资企业对东道国企业产生了显著的正向技术外溢效应，而技术寻找型的跨国投资企业则对东道国产生了显著的负向外溢效应，验证了传统外资理论中的技术优势型跨国投资企业更可能产生技术外溢效应的观点。Girma（2005）对吸收能力及门槛效应与外资在英国制造业技术外溢状况关系的相关研究，同样从总体上验证了基于技术优势型的跨国投资企业存在普遍的技术外溢效应。外资进入东道国市场的时间长短同样可能是影响其技术外溢的重要因素，一般认为外商直接投资开始进入东道国市场对当地企业主要体现为竞争外溢作用，而从长期来看外资对当地企业更多地体现为示范和培训及劳动力流动所产生的技术外溢外溢作用。Barrios et al.
(2005) 区分了外资在短期内的竞争效应和长期的外部技术效应,利
用爱尔兰企业层面的面板数据考察外资对当地企业短期和长期的技
术外溢状况,经验结果表明外资进入东道国市场在短期内会对当地
企业进入市场产生阻碍作用,随着时间的增多外商直接投资会对当
地企业产生正向的技术外溢效应,并且正向技术外溢的程度也会超
过短期内对东道国企业产生的负向竞争外溢效应。因此长期来看,
外资企业的进入会对东道国企业产生正向的技术外溢效应。Muraka-
mi (2007) 对外商直接投资对日本制造企业的技术外溢效应研究同
样表明外资进入在短期内会对东道国企业的市场份额产生挤占效应
并且降低东道国企业全要素生产率的增长,而长期来看外商直接投
资对日本制造业会产生显著的技术外溢效应,并且外商直接投资对
东道国企业的竞争效应会迫使日本制造企业改进和更新技术水平。
因此长期来看外资的竞争效应也促进了日本制造业生产率的提升。
Liu Z. (2006) 利用 1995—1999 年中国 17000 多家企业的面板数据
考察了外商直接投资在短期和长期对中国制造企业在产业内部和产
业之间的关联外溢效应。经验结果同样表明外资在短期内会对中国
制造业在产业内部产生负向的技术外溢效应,而从长期来看外资会
产生正向的生产率外溢效应,外资在产业之间对中国制造业的技术
外溢与产业内部的技术外溢表现为同样的特征,并且长期来看外资
与中国制造企业的后向关联外溢效应较大且较为显著。与此相反,
(Karpaty, Lundberg, 2004) 考察了外资在短期和长期对瑞典企业的
生产率外溢效应,他们的经验结果却表明外资在短期内对东道国存
在显著的技术外溢效应,而在长期来看外资的技术外溢效应则并不
显著,并且认为原因在于短期内外资企业进入东道国市场会采用更
为先进的技术。

　　很多学者同样从不同角度考察了外资技术外溢的区域特征，Sjoholm（1999）考察了印度尼西亚外资技术外溢的区域特征，经验结果表明外商直接投资在国家层面对印度尼西亚制造业在产业内部存在显著的正向技术外溢效应，但外资在区域层面对印尼制造业却表现为显著的负向外溢效应。（Aitken，Harrison，1999）考察了外资在同一区域和不同区域间对委内瑞拉厂商的技术外溢差异，研究结果表明外资在不同区域都没有产生显著的技术外溢效应，外资的技术外溢并没有显著的区域差异。与此相反，Ponomareva（2000）考察了与外商直接投资在同一区域和不同区域的俄国企业技术外溢特征，发现外商直接投资具有显著的区域特征，外资只对和外资企业属于同一区域的东道国企业具有显著的外溢效应，而对不同区域的东道国企业没有显著的外溢效应。（Girma，Wakelin，2001）考察了外商直接投资对英国制造企业在产业内部和产业之间技术外溢的区域特征，他们的研究同样表明外资对同一区域内部的东道国企业无论在产业内部还是产业之间都具有显著的技术外溢效应，而外资对不同区域的东道国企业在产业内部和产业之间并没有产生显著的技术外溢效应。

第三节　外商直接投资技术外溢效应的经验研究分析

一　经验分析一：吸收能力、技术差距与外商直接投资技术外溢

　　越来越多的研究表明技术外溢的大小和方向取决于东道国自身的研发能力和人力资本存量等因素所决定的技术吸收能力及内外资企业的技术差距。外资技术外溢不是一个自动产生的过程；跨国公司和东道国企业的技术差距必须保持在适度的水平；技术差距过大会阻碍技术外溢的产生，技术外溢存在门槛效应；东道国在企业、产业和地区

层面具备一定的技术吸收能力是正向技术外溢产生的必要条件（Kok-ko，1994；Kinoshita，2001；Girma，2005）。尽管很多研究文献对外资在产业内部技术外溢与东道国吸收能力之间的关系做了很多分析，但对外资在产业间技术外溢与吸收能力之间的关系却很少提及。这一部分主要从以下两方面扩展了相关研究文献：（1）在明确外商直接投资在产业内部和产业之间技术外溢的基础上，通过构建产业和地区吸收能力指标，分别考察了产业和地区吸收能力与技术外溢之间的关系。（2）同时考察吸收能力和技术差距与外商直接投资在产业内部和产业之间技术外溢的关系。

1. 研究方法、变量及数据说明

（1）估计方程的设定

本节将外商直接投资的技术外溢定义为外资对中国制造业全要素生产率的外溢效应。外商直接投资的技术外溢既可以发生在同一产业内部，也可以出现在不同的产业之间，同时吸收能力和技术差距分别对外商直接投资在产业内部和产业之间的技术外溢产生不同的影响。在明确外商直接投资在制造行业内部和行业之间技术外溢差别的基础上，分别考察产业和地区的吸收能力以及产业技术差距对外资在产业内部和产业之间技术外溢的影响。首先需要明确外资在中国制造业产业内部和产业间后向关联及前向关联技术外溢的具体状况，估计方程式设定为 $[Eq(1)]$：

$$TFP_{ijt} = \beta_0 + \beta_1 SIZE_{ijt} + \beta_2 EXS_{ijt} + \beta_3 FS_{ijt} + \beta_4 FHS_{jt} + \beta_5 FBS_{jt} +$$
$$\beta_6 FFS_{jt} + \varepsilon_{ijt} \tag{14}$$

$$\varepsilon_{ijt} = a_i + v_j + \eta_t + \omega_{ijt}$$

考察产业吸收能力与产业内部和产业之间技术外溢的关系：

$$TFP_{ijt} = Eq(1) + \theta_1 IAB_{jt} + \theta_2 IAB_{jt} * FHS_{jt} + \theta_3 IAB * FBS +$$
$$\theta_4 IAB * FFS \tag{15}$$

考察地区吸收能力与产业内部和产业之间技术外溢的关系：

$$TFP_{ijt} = Eq(1) + \gamma_1 RAB_{it} + \gamma_2 RAB_{it} * FHS_{jt} + \gamma_3 RAB * FBS + \gamma_4 RAB * FFS \tag{16}$$

考察产业技术差距与产业内部和产业之间的技术外溢关系：

$$TFP_{ijt} = Eq(1) + \varphi_1 GAP_{jt} + \varphi_2 GAP_{jt} * FHS_{jt} + \varphi_3 GAP * FBS + \varphi_4 GAP * FFS \tag{17}$$

（2）变量的定义及说明

方程（1）—（4）中的被解释变量 TFP_{ijt} 表示在地区 i，行业 j，时间 t 的全要素生产率。本书将生产函数假设为 Cobb-Douglas 的形式，对不同地区各制造行业的全要素生产率进行了估计，对数线性估计方程设定为：

$$y_{ijt} = \alpha_0 + \alpha_1 k_{ijt} + \alpha_2 l_{ijt} + TFP_{ijt} + \delta_1 D_i + \delta_2 D_t + a_j + \varphi_{ijt} \tag{18}$$

其中 y、k、l 分别表示按不变价格计算的工业增加值、资本及劳动投入要素，D_i、D_t 分别代表地区和时间虚拟变量，a 为不随时间变动的产业固定效应，φ 为随机误差项。方程（5）中的 TFP 是未知的，包含在误差项中。对上述方程估计的主要问题是资本和劳动要素投入有可能存在内生性问题，即资本和劳动与进入误差项中的全要素生产率存在相关关系，对参数的估计会造成偏差。对方程（5）用一般的工具变量法估计后（Pooled IV），Durbin-Wu-Hausman 检验在 5% 的显著性水平上拒绝了劳动投入是外生变量的无效性假设，但不能拒绝资本是外生变量的假设。由于采用滞后变量作为工具变量进行估计会降低估计样本的数量，而且选择不同的工具变量得出的估计结果差别较大，二者都可能对估计参数产生较大误差。动态面板数据估计虽然在一定程度上能够解决变量内生性对估计造成的偏差问题，但是（Pesaran，Smith，1995）认为个体的异质性会使标准的动态面板数据参数估计推断结果无效，较好的估计是先对不同个体的时间序列进行参数估计然后取其平均值。由于本书使用的数据跨度只有 4 年，对每个横截面个体的时间序列进行参数估计不可行。（Baltagi，Griffin，1997）的比较研究证明混合估计的有效性可以在一定程度上抵消由于个体的异质性造成的偏差，并且特别指出带有一阶自回归的广义最小二乘法〔GLS-AR（1）〕估计能够较好地解决解释变量与误差项相关性对参数估计造成的偏差。本书利用考虑面板数据异方差的 FGLS-AR（1）方法对方程（5）要素的产出弹性做估计，用方程（5）得到的误差项作为全要素生产率的估计值。该估计值与用劳动滞后变量作为工具变量进行的面板工具变量估计得到的全要素劳动生产率在 1% 的显著性水平上存在高度的相关性，相关系数大于 0.9。

方程（1）中的 $SIZE$ 和 EXS 分别表示规模和出口对生产率影响的控制变量，规模变量定义为工业总产值与企业个数之比的对数值，出口对生产率影响的控制变量用出口交货值占工业生产总值的比重来表示。FS 表示外商直接投资的资本金存量占全部实收资本金的比重，FHS，FBS，FFS 分别表示外资在产业内部和产业之间在产业层面的技术外溢变量。参照（Aitken，Harrsion，1999）；（Schoors，vander Tol，2002）；Javorick（2004，2006）等人对产业技术外溢变量定义的方法，将外资在 j 行业产业内部的技术外溢变量定义为：各地区 j 部门的外资资本金占全部资本金的加权平均值，权重可以选取各地区行业占所有地区在该行业的就业比重、固定资产比重、产值比重等，这里选取各地区在行业的产值占全部地区在该行业产值的比重作为权重：

$$FHS_{jt} = \sum_i FS_{ijt} \times Y_{ijt} / \sum_i Y_{ijt} \tag{19}$$

外资在产业间的后向关联外溢变量用来反映国内上游产业与跨国公司进入的下游产业之间的关联程度大小，其他下游产业部门的外资通过后向关联渠道将国内上游产业部门 j 的技术外溢变量定义为：

$$BFS_{jt} = \sum_{k \, k \neq j} \delta_{jk} \times HFS_{kt} \tag{20}$$

表 1 - 1　　　　　　　　　Cobb-Douglas 生产函数产出弹性估计

广义最小二乘估计（FGLS-AR（1））	全国	东部	中部	西部
l	0.4628 *	0.4057 *	0.4999 *	0.4692 *
	(0.00)	(0.00)	(0.00)	(0.00)
k	0.5261 *	0.5961 *	0.4705 *	0.5424 *
	(0.00)	(0.00)	(0.00)	(0.00)
Obs	3080	1072	948	1060
面板工具变量估计（G2SLS）				
l	0.4530 *	0.3674 *	0.4391 *	0.6014 *
	(0.00)	(0.00)	(0.00)	(0.00)
k	0.5284 *	0.6251 *	0.5732 *	0.4166 *
	(0.00)	(0.00)	(0.00)	(0.00)
Obs	2310	804	711	795
解释变量内生性检验				
假设 1：k 是外生变量				
Durbin-Wu-Hausman	2.2333	2.1088	3.4166	1.1766
Chi-sq test	(0.14)	(0.15)	(0.06)	(0.28)
假设 2：l 是外生变量				
Durbin-Wu-Hausman	33.3023 *	5.3214 **	10.2228 *	13.2009 *
Chi-sq test	(0.00)	(0.02)	(0.00)	(0.00)

注：括号内为概率值 p，＊、＊＊分别表示 1%、5% 的显著性水平。

　　公式中 δ_{jk} 表示国内 j 产业部门中生产的产品被其他产业部门 k 生产过程直接或间接消耗的比例，这一比例关系可以从投入产出表中得到，计算过程中使用了《中国投入产出表》中的完全消耗系数矩阵，后向关联外溢变量反应的是外资进入的下游其他所有产业对国内上游 j 产业部门的中间需求，因此 δ_{jk} 系数对应于完全消耗矩阵中的行向量。后向关联不包括 j 部门被自身产业内部消耗的比例，即公式中的 $k \neq j$。上述公式表明，δ_{jk} 消耗系数越大，外资在其他国内下游产业内部的渗透程度越高，后向关联外溢变量就越大。

前向关联外溢变量用来反应上游产业外资企业生产的产品被国内的其他下游产业作为中间投入使用的密集程度，由于上游产业生产的产品用于出口的部分不会被国内其他下游产业作为中间投入使用，所以应该从其总产出中扣除，外资进入的其他上游产业对国内下游产业部门 j 产生的前向关联外溢变量定义为：

$$FFS_{jt} = \sum_{m \neq j} \delta_{jm} * \left[\sum_{i} FS_{ijt} * (Y_{ijt} - X_{ijt}) / \sum_{i} (Y_{ijt} - X_{ijt}) \right] \quad (21)$$

δ_{jm} 表示 j 产业从其他产业 m 中购买的用于中间投入的产品占 m 产业产出的比例，X_{ijt} 表示出口交货值。同样，前向关联不包括从自身产业内部购买的中间投入产品，即公式中的 $m \neq j$。δ_{jm} 系数同样来自《中国投入产出表》中的制造业完全消耗系数矩阵，δ_{jm} 对应投入产出表中完全消耗系数矩阵的列向量。上述的公式表明，国内 j 产业对 m 产业购买的中间投入比例 δ_{jm} 越大，外资所在的其他上游产业部门 m 在国内市场销售的产值所占比重越高，前向关联效应就越大。

方程（1）中的误差项 ε_{ijt} 由四部分组成：a_i、v_j、η_t，分别表示地区、产业和时间固定效应，ω_{ijt} 为随机误差项。

方程（2）和（3）中的 IAB_{jt}、RAB_{it} 分别表示产业吸收能力和地区吸收能力，吸收能力定义为人均研发资本存量（RD）和人力资本存量（HM）的乘积，用公式表示为：

$$AB = RD \times HM$$

产业人均研发存量（RD_{jt}）和人力资本存量（HM_{jt}）分别用各制造行业的总研发资本存量与科技活动人员占全行业从业人员的比重来表示；地区人均研发存量（RD_{it}）和人力资本存量（HM_{it}）分别用各地区的研发支出存量和各地区科技活动人员占各地区城镇从业人员的比重来表示。各制造行业的总研发存量（GRD_{jt}）采用永续盘存法计算：

$$GRD_{jt} = (1 - \delta) GRD_{jt-1} + GRE_{jt-1} \quad (22)$$

δ 为折旧率，一般来讲，知识资本的折旧要高于物质资本的折旧，假设这里的折旧率为 15%，GRE 为总研发支出额。初期的研发存量参照（Hall，Mairesse，1992）的方法，假设样本期之前年份的研发支出平均增长率等于样本期内的研发支出的年增长率 g_j，初期的研发存量（GRD_{j1}）可以表示为：

$$GRD_{j1} = GRE_{j0} \sum_{t=0}^{\infty} \left[\frac{1-\delta}{1+g_j} \right]^t = \frac{GRE_{j1}}{g_j+\delta} \tag{23}$$

各地区的研发存量（GRD_{it}）同样采用上述的方法计算。

方程（4）中的 GAP 表示行业技术差距，为了全面反映内资企业的技术差距对产业内部和产业之间技术外溢的关系，同时考察了内外资企业的全要素生产率差距、研发密度差距、资本密集度差距、人力资本差距、规模差距对外资技术外溢的影响。将内外资企业全要素生产率差距的大小定义为：

$$GAP_{jt} = TFP_{jt}^F - TFP_{jt}^D \tag{24}$$

这里的 TFP_{jt}^F，TFP_{jt}^D 分别表示的是外资企业和内资企业水平的全要素生产率，而不是全要素生产率的增长率。即

$$TFP_{jt} = \frac{Y_{jt}}{L_{jt}^\alpha K_{jt}^\beta} \tag{25}$$

其中，α、β 分别表示劳动和资本的产出弹性，Y、K、L 分别为工业增加值，固定资本存量、劳动投入。研发密度用研发支出占工业增加值的比重来表示，资本密集度用固定资产与从业人员数之比来表示，规模用工业生产总值除以企业个数来表示，人力资本用科技活动人员占从业人员数之比来表示，用外资企业的上述指标除以内资企业对应的同一指标来表示内外资企业在研发密度、资本密集度、人力资本、企业规模之间的差距。

（3）分析数据说明

本书分析使用的 30 个省市区（不包括西藏）按两位数行业分

类的 27 个制造业（2002—2005 年）的行业数据和外商直接投资数据全部来自《中国统计数据应用支持系统》中的工业行业统计数据库。在完整的平衡面板数据情况下，样本观测值共计 30 × 27 × 4 = 3240 个，扣除各地区在不同行业同的不完整数据，实际使用的全部数据组数为 770 组，全部观测值为 3080 个，其中东部 10 个省市的组数为 268 组，观测值为 1072 个；中部 9 个省的组数为 237 组，观测值为 948 个；西部 11 个省市区的组数为 265 组，观测值为 1060 个[1]。方程（5）中的各地区不同行业的工业增加值数据用各行业和各地区的工业品出厂价格指数调整为以 2002 年为基期的不变价格，固定资本存量用固定资产年净值余额数据来代替，将分行业和分地区的固定资产投资价格指数调整为以 2002 年为基期的不变价格值，劳动投入的数据用年平均从业人员数来表示。利用公式（6）（7）（8）分别计算了全部外资、来自港澳台地区及其他外商直接投资在全国、东部、中部、西部地区 27 个制造行业（2002—2005 年）的水平。后向、前向产业外溢变量大小，计算外资产业外溢变量使用了《2002 年中国投入产出表》中的完全消耗系数矩阵。由于投入产出表中没有按两位数行业分类的投入产出矩阵，最详细的分类为 122 个部门的完全消耗系数矩阵，其中包括 79 个细分的工业行业，为了得到 27 个制造行业的投入产出完全消耗系数矩阵，将 79 个细分工业行业的投入产出矩阵首先合并为按两位数分类的 38 个工业行业，再从中选取 27 个制造行业的完全消耗系数方阵，合并的方法是对属于同一产业部门中细分产业的行向量进行累加，对同一产业中细分产业的列向量取算术平均值得

---

[1]　东部 10 个省市包括：北京、天津、河北、辽宁、山东、上海、江苏、浙江、广东、福建；中部 9 个省包括山西、吉林、黑龙江、安徽、江西、河南、湖北、湖南、海南；西部 11 个省市包括内蒙古、广西、重庆、四川、贵州、云南、陕西、甘肃、宁夏、青海、新疆。

到按两位数行业分类的投入产出矩阵。

分地区和分行业的研发支出与科技活动人员的数据来自历年的《中国科技统计年鉴》，研发数据用科技活动内部支出减去劳务费来代替，由于扣除了劳务费之后的科技活动内部支出主要由设备采购费用和原材料费用两项组成，所以对分行业的研发支出数据用固定资产和原材料价格指数的平均值调整为 2002 年为基期的不变价格值。由于没有各地区的原材料价格指数，只能用固定资产价格指数对各地区的研发支出调整为 2002 年的不变价格值，所有的价格调整指数都来自历年的《中国统计年鉴》。地区研发支出数据包括大中型企业、科技机构、高等学校三部分。分行业的研发数据包括大中型企业、科技机构的研发支出数据。中国各地区研发支出包括 1996—2005 年的数据，但是 1996 年的统计指标和 1997 年之后的不一致，计算时假设 1997 年之前的研发支出增长率等于（1997—2005 年）研发支出的年算术平均增长率，利用公式（10）可以得到 1997 年的研发存量，1997 年以后按照永续盘存方法得到。分行业的研发支出包括（1994—2005 年）的统计口径一致的数据，按照计算地区研发存量同样的方法可以得到 1994 年及以后各年分行业的研发存量水平。分行业和分地区科技活动人员包括研究与开发机构、大中型企业、高等学校等从事科技活动的人员总数。计算外资企业和内资企业的水平全要素生产率差距需要分别估计出外资和内资企业的资本和劳动的产出弹性。为了得到较为可靠的结果，外资和内资企业的资本和劳动产出弹性估计采用了（2002—2005 年）按三位数产业分类的149 个细分的制造业数据，内资企业的工业行业数据用全部工业行业的数据减去港澳台及外商直接投资的数据得到。估计结果显示：内资企业资本和劳动的产出弹性分别为 0.514、0.456；港澳台及外商直接投资企业资本和劳动的产出弹性分别为 0.516、0.352。

2. 经验结果分析与解释

（1）FDI 技术外溢：产业内部还是产业之间？

为了明确外资在中国制造业的产业内部和产业之间技术外溢的状况，首先需要对方程（1）作估计，对方程（1）式的估计可能存在的问题是：外资产业技术外溢变量仍然可能是内生的，对解释变量用一般工具变量法估计之后，Durbin-Wu-Hausman 检验表明所有的解释变量都是外生的，排除了解释变量内生性问题对估计造成的偏差。面板数据估计方法是采用随机效应还是固定效应，用 Hausman 检验进行鉴别。为了确保估计结果的可靠性，同时对方程（1）进行了水平和一阶差分的估计，差分进行估计的好处在于估计过程中对具有持续且可靠关系的变量之间会获得更多的权重，不存在持续可靠关系的变量之间的权重会降低，从而降低了变量之间关系不稳定性对估计过程中造成的干扰。考虑到来自不同地区和国家外资企业特征的差异，本书将外商直接投资分为全部外资（FDI），来自港澳台地区的外资（FDI1）和其他外商直接投资（FDI2）三种类型；分别对全国、东部、中部和西部地区三种类型外资产业内部和产业之间技术外溢的状况作了考察。表 1-2 给了外资产业技术外溢水平和一阶差分变量的估计结果，从规模和出口控制变量的估计参数来看，水平和一阶差分的估计结果基本都表明规模与全要素生产率存在显著的正相关关系，表明企业规模的扩大是推动生产率增长的重要因素；而出口占工业总产值比重变量的估计参数却基本都表明出口的增加与生产率的增长存在显著的负相关关系。谢建国（2006）的一项相关研究同样发现对外贸易总体上没有促进区域技术效率的增长，还在西部地区显著地降低了区域生产效率。外资资本金占全部实收资本的比重变量（FS）水平和一阶差分估计参数基本都不显著，表明外商资本金所占比重的提高并没有显著地促进中国制造行业的生产率。这里感兴趣的主要是外资在产业内部和产业之间外溢变量的估计参数，从产业外溢变量参数估计结果可以得到两个主要结论：①外商直接投资业生产率的增长没有促进区域对中国制造业的产业技术外溢主要是通过产业后向关联渠道发生的，不存在显著的或者只有负向的产业内部和产业之间的前向关联技术外溢。②来自不同地区的外商直接投资对中国东、中、西部地区在制造业产业内部和产业之间技术外溢的大小和显著性上存在明显的差别。

首先，从全国角度来看，水平和一阶差分的估计都表明外资与国内制造业的产业后向关联是最显著的技术外溢渠道，所有的估计参数都在5%的显著性水平上，这表明外资对国内上游产业产生了显著的正向技术外溢效应。从水平估计参数的大小来看，来自港澳台地区的后向关联技术外溢程度要高于来自其他地区的外资技术外溢，全部外资与国内制造业后向关联度每增加1%，国内制造业全要素生产率会整体上升1.3%；来自国内制造业与港澳台地区的外资后向关联度每增加1%，制造业的全要素生产率就上升2%；而与其他外资后向关联度每增加1%，全要素生产率会上升1.1%。从外资的产业内部技术外溢情况来看，水平和一阶差分的水平产业外溢变量（FHS）估计的参数基本都不显著，说明在整体上外资并没有在产业内部产生显著的正向技术外溢效应。从外资在产业间的前向关联技术外溢来看，水平和一阶差分的估计都表明：外资没有通过前向关联的方式对中国制造业产业产生技术外溢效应，水平变量的估计结果表明来自港澳台和其他地区的外资前向关联度与生产率在10%的显著性水平上存在负相关关系，而一阶差分的差分变量估计参数在10%的显著性水平还表明港澳台地区外资在产业内部存在一定的技术外溢效应；西部地区前向关联外溢变量一阶差分估计结果同样表明外资没有通过前向关联渠道产生技术外溢效应。

　　其次，从外资在东、中、西部技术外溢的差别来看，水平估计的结果显示外资在东部的后向关联技术外溢效应从大小和显著性上都高于中部和西部。全部外资在东部地区的后向关联度每增加1个百分点，全要素生产率会上升1.6个百分点，同样的情况在中部地区生产率会上升1.1个百分点，而在西部地区水平估计的结果则表明外资不存在显著的技术外溢效应。东部地区水平和一阶差分的估计参数在1%的显著性水平上都表明全部外资和其他非港澳台地区外资通过后向关联显著地促进了制造业的全要素生产率，在产业内部的技术外溢变量估计参数都不显著，表明外资在东部经济发达地区同样没有在产业内部产生技术外溢效应；产业之间的水平前向关联技术外溢变量估计参数表明10%显著性水平上，外资对制造业产生了负的前向关联外溢效应，一阶差分的估计同样表明前向关联度和生产率存在负相关关系，但只有来自港澳台地区的外资前向关联变量估计参数存在弱显著性。中部地区技术外溢变量参数估计同样表明外资通过后向关联产生了一定程度的正向技术外溢，来自其他地区外资外溢变量的水平和一阶差分变量估计参数都表现为弱显著性，而来自港澳台地区的外资外溢变量估计参数不显著；中部地区外资在产业内部和产业之间前向关联的技术外溢变量所有的估计参数都不显著，表明外资在中部地区不存在产业内部和产业之间的前向关联技术外溢效应。西部地区的技术外溢变量水平和一阶差分估计结果存在较大差别，水平变量估计结果显示，无论在产业内部还是产业之间外资并没有对制造业产生技术外溢效应，而一阶差分的估计结果则表明全部外资和来自非港澳台地区的外资通过后向关联外资显著地促进了西部地区制造业的生产率，但来自港澳台地区的外资通过后向关联渠道却对国内制造业产生了显著的负向技术外溢效应；产业内部技术外溢差分变量估计参数在10%的显著性水平还表明港澳台地区外资在产业内部存在一定的技术外溢效应；西部地区前向关联外溢变量一阶差分估计结果同样表明外资没有通过前向关联渠道产生技术外溢效应。

（2）吸收能力与产业内部和产业之间技术外溢

近年来许多研究表明产业和地区的吸收能力是限制和影响外商直接投资技术外溢的重要因素，张海洋（2005）对中国工业行业的一项相关研究表明外资对内资企业并不存在生产率外溢效应，并且内资企业过低的吸收能力不仅没有促进外资技术外溢的产生反而限制了内资部门生产率的增长。但是该文是从外资对内资企业的外溢角度考察技术外溢的，并且对吸收能力的度量近似于用研发支出占工业增加值的比重来衡量，一定程度上低估了内资企业的技术吸收能力，并且没有考虑人力资本因素对外资技术外溢的影响。而本书则从整个行业的吸收能力角度研究外资对制造行业整体的技术外溢效应。为了明确产业和地区吸收能力与外商直接投资在产业内部和产业之间技术外溢的关系，需要在方程（1）的基础上加入吸收能力和产业技术外溢变量的交叉项来考察二者之间的关系，方程（2）（3）分别用来考察产业和地区吸收能力与外资在产业间和产业内部技术外溢之间的关系，对上述方程估计如果同时加入全部外溢变量与吸收能力交叉项可能会造成较严重的多重共线性问题，为了能够较准确地反映吸收能力和外资技术外溢之间的关系，分别对包括单独外溢变量和全部外溢变量交叉项的方程进行了估计。表1-3给出了对方程（2）（3）参数具体估计的结果，对所有估计方程 Hausman 的检验结果都采用固定效应方法对面板数据进行参数估计。加入了吸收能力及其交叉项变量之后，后向关联外溢变量的估计参数同样表现为显著的正值，而产业内部和产业之间的前向关联外溢变量参数的估计值基本都不显著，仍然表明后向关联是外资对中国制造产业技术外溢最主要和显

表1-2　FDI产业内部与产业之间技术外溢

	全部			东部			中部			西部		
	FDI	FDI1	FDI2	FDI	FDI1	FDI2	FDI	FDI1	FDI2	FDI	FDI1	FDI2
SIZE	0.2766* (3.76)	0.2758* (3.72)	0.2798* (3.82)	0.3541* (4.76)	0.3641* (4.84)	0.3628* (4.89)	0.3606* (2.92)	0.3567* (2.82)	0.3638* (2.98)	0.1975* (1.85)	0.1978*** (1.84)	0.2256* (6.42)
EXS	-0.0049* (2.94)	-0.0051* (3.01)	-0.0053* (3.14)	-0.0035** (2.05)	-0.0035** (2.09)	-0.0045* (3.05)	-0.0086** (2.45)	-0.0091** (2.44)	-0.0088** (2.53)	-0.0013 (0.50)	-0.0013 (0.47)	-0.0031*** (1.74)
FS	-0.0018 (1.22)	-0.0020 (0.92)	-0.0011 (0.56)	-0.0009 (0.41)	-0.0046 (0.71)	0.0018 (0.54)	-0.0014 (0.50)	0.0020 (0.44)	-0.0023 (0.76)	-0.0025 (1.39)	-0.0030*** (1.77)	0.0006 (0.32)
FHS	-0.0011 (0.30)	-0.0010 (0.21)	0.0054 (0.99)	0.0001 (0.02)	0.0031 (0.45)	0.0068 (1.32)	-0.0020 (0.35)	-0.0020 (0.26)	-0.0041 (0.47)	-0.0042 (0.99)	-0.0034 (0.77)	-0.0052 (1.02)
FBS	0.0131* (3.59)	0.0200* (3.62)	0.01145* (2.63)	0.0166* (3.24)	0.0161* (1.83)	0.0153* (3.16)	0.0112*** (1.95)	0.008 (0.62)	0.0146*** (1.83)	-0.0002 (0.02)	-0.0091 (0.57)	-0.0052 (1.27)
FFS	-0.0155 (1.57)	-0.0304*** (1.72)	-0.0322*** (1.84)	-0.0139*** (1.68)	-0.0265*** (1.93)	-0.0272*** (1.73)	-0.0334 (0.95)	-0.0043 (0.08)	-0.0530 (1.32)	-0.0860** (1.90)	-0.0771 (1.40)	0.0208 (1.18)
Hausman	51.56*	29.42*	52.51*	47.33*	36.76*	49.93*	32.99*	15.63***	37.00*	26.44*	22.04*	12.6
Obs	3080	3080	3080	1072	1072	1072	948	948	948	1060	1060	1060
R-sq	0.32	0.31	0.31	0.45	0.44	0.45	0.33	0.32	0.33	0.26	0.26	0.37
一阶差分估计												
ΔFS	-0.0018 (1.11)	-0.0036* (1.78)	0.0002 (0.08)	-0.0016 (0.78)	-0.0053 (1.02)	0.0016 (0.63)	0.0005 (0.18)	0.0016 (0.43)	0.0001 (0.04)	-0.0063** (2.21)	-0.0077*** (2.36)	-0.0010 (0.42)
ΔFHS	-0.0037 (1.13)	-0.0023 (0.50)	0.0019 (0.33)	-0.0011 (0.24)	0.0000 (0.00)	0.0079 (1.60)	-0.0009 (0.13)	-0.0022 (0.27)	-0.0005 (0.06)	0.0091 (1.33)	0.0174*** (1.87)	-0.0031 (0.42)
ΔFBS	0.0172* (5.50)	0.0126** (2.48)	0.0118** (3.15)	0.0194* (3.28)	0.0078 (1.07)	0.0143* (2.70)	0.0077 (1.40)	0.0005 (0.05)	0.0134*** (1.69)	0.0224* (2.09)	-0.0507* (2.58)	0.0240* (3.05)
ΔFFS	-0.0145*** (1.79)	-0.0280* (1.86)	-0.0201 (1.28)	-0.0131 (1.59)	-0.0205*** (1.67)	-0.0163 (1.07)	-0.0273 (1.33)	-0.0108 (0.23)	-0.0362 (1.22)	-0.0361 (0.65)	-0.0333 (0.57)	0.0021 (0.06)
Hausman	4.11	2.06	2.26	6.66	3.13	7.82	5.06	4.57	5.45	41.04***	14.4***	6.74
Obs	2310	2310	2310	804	804	804	711	711	711	795	795	795
R-sq	0.13	0.12	0.12	0.17	0.17	0.17	0.12	0.12	0.12	0.15	0.16	0.14

注:1. 括号内为根据稳健性标准误得到的t检验值;*、**、***分别表示1%、5%、10%显著性水平;固定效应回归方程包括时间虚拟变量,随机效应回归方程包括地区和时间虚拟变量,节省篇幅未列出。2. 一阶差分回归结果。一阶差分估计中规模和出口变量和水平控制变量与水平控制变量结果差别很小,节省篇幅未列出参数回归结果。

表1-3

产业吸收能力与 FDI 技术外溢

	FDI				FDI1				FDI2			
	I1	I2	I3	I4	I1.1	I2.1	I3.1	I4.1	I1.2	I2.2	I3.2	I4.2
FHS	-0.0007 (0.19)	0.0005 (0.17)	0.0008 (0.28)	-0.0117** (2.07)	-0.0044 (0.91)	0.0003 (0.07)	0.0010 (0.24)	-0.0160** (1.99)	0.0047 (0.96)	0.0070 (1.46)	0.0075 (1.40)	-0.0057 (0.75)
FBS	0.0109* (3.00)	0.0115* (3.78)	0.0115* (3.80)	0.0099* (2.70)	0.0130** (2.44)	0.0158* (2.88)	0.0152** (2.37)	0.0126** (2.40)	0.0102** (2.85)	0.0105** (2.95)	0.0109** (2.50)	0.0090** (2.01)
FFS	-0.0106 (1.05)	-0.0115 (1.46)	-0.0120 (1.54)	-0.006 (0.55)	-0.0207 (1.16)	-0.0239 (1.34)	-0.0263# (1.78)	-0.008 (0.39)	-0.0195 (1.38)	-0.0223 (1.57)	-0.0229 (1.25)	-0.0151 (0.78)
IAB	0.0013 (0.48)	0.0015 (0.56)	0.0023 (0.91)	-0.0001 (0.02)	0.0018 (0.69)	0.0013 (0.46)	0.0026 (1.04)	0.0028 (0.88)	0.0019 (0.70)	0.0023 (0.83)	0.0030 (1.07)	0.0016 (0.51)
IAB×FHS	0.0050** (2.00)			0.0358** (2.27)	0.0070* (2.74)			0.0214** (2.28)	0.0061** (2.36)			0.0275** (2.21)
IAB×FBS		0.0053# (1.65)		-0.0054 (0.44)		0.0080** (2.20)		-0.0011 (0.10)		0.0062# (1.72)		-0.0108 (0.86)
IAB×FFS			0.0039 (1.56)	-0.0314# (1.70)			0.0057** (2.03)	-0.0181 (1.33)			0.0049# (1.69)	-0.0165 (1.12)
R-sq	0.32	0.32	0.32	0.32	0.32	0.31	0.31	0.32	0.32	0.32	0.32	0.32
Obs	3080	3080	3080	3080	3080	3080	3080	3080	3080	3080	3080	3080

地区吸收能力与 FDI 技术外溢

	FDI				FDI1				FDI2			
	R1	R2	R3	R4	R1.1	R2.1	R3.1	R4.1	R1.2	R2.2	R3.2	R4.2
RAB×FHS	0.0188** (2.21)			0.0478** (2.57)	0.0169** (2.21)			0.0223# (1.86)	0.0212** (2.48)			0.0488* (3.30)
RAB×FBS		0.0114 (1.00)		0.0256 (0.88)		0.0155 (1.34)		0.0345** (2.05)		0.0147 (1.20)		0.0479# (1.66)
RAB×FFS			0.0102 (0.83)	-0.0639# (1.66)			0.0117 (0.84)	-0.0466# (1.91)			0.0103 (0.79)	-0.0843** (2.35)
R-sq	0.32	0.32	0.32	0.33	0.32	0.31	0.31	0.32	0.32	0.32	0.32	0.33

注：1. 括号内为根据稳健性标准误（robust standard error）得到的 t 检验值；*、**、# 分别表示 1%、5%、10% 的显著性水平；所有的估计方程都包括时间虚拟变量，节省篇幅未列出。

表1-4　　技术差距与 FDI 技术外溢

	生产率差距				研发密度差距				规模差距			
SIZE	0.2701* (3.68)	0.2766* (3.76)	0.2749* (3.76)	0.2702* (3.70)	0.2766* (3.75)	0.2771* (3.76)	0.2770* (3.76)	0.2780* (3.78)	0.2723* (3.68)	0.2795* (3.78)	0.2748* (3.77)	0.2729* (3.72)
EXS	-0.0044* (2.66)	-0.0049* (2.95)	-0.0050* (2.95)	-0.0044* (2.66)	-0.0049* (2.93)	-0.0048* (2.88)	-0.0048* (2.87)	-0.0047* (2.78)	-0.0043** (2.54)	-0.0047* (2.86)	-0.0046** (2.76)	-0.0042** (2.52)
FS	-0.0018 (1.20)	-0.0018 (1.20)	-0.0018 (1.22)	-0.0018 (1.20)	-0.0018 (1.24)	-0.0019 (1.25)	-0.0018 (1.25)	-0.0018 (1.24)	-0.0018 (1.23)	-0.0019 (1.27)	-0.0018 (1.23)	-0.0018 (1.24)
FHS	0.0091*** (1.95)	-0.0002 (0.04)	-0.0007 (0.17)	0.0092*** (1.95)	-0.0004 (0.12)	-0.0011 (0.31)	-0.0011 (0.32)	-0.0035 (0.94)	0.0086*** (1.66)	-0.0002 (0.04)	0.0003 (0.08)	0.0096 (1.64)
FBS	0.0104* (2.84)	0.0194* (2.79)	0.0127* (3.42)	0.0124*** (1.81)	0.0128* (3.55)	0.0099* (2.49)	0.0128* (3.54)	0.0085*** (1.93)	0.0117* (3.11)	0.0149* (2.71)	0.0133* (3.56)	0.0094 (1.62)
FFS	-0.0106 (1.08)	-0.0167*** (1.70)	-0.0054 (0.40)	-0.0104 (0.79)	-0.0164 (1.64)	-0.0184*** (1.85)	-0.0151 (1.54)	-0.0163 (1.64)	-0.0122 (1.24)	-0.0143 (1.45)	-0.0034 (0.34)	-0.0165 (1.54)
GAP2	0.0554* (3.86)	0.0179*** (1.67)	0.0277 (1.07)	0.0585* (2.05)	0.0242 (0.47)	-0.0516 (1.58)	0.0567 (1.06)	-0.1464 (1.39)	0.0624 (1.41)	-0.0324 (0.55)	0.0272 (0.52)	0.022 (0.25)
GAP×FHS	-0.0010* (3.82)			-0.0010* (3.58)	-0.0009 (0.60)			0.0034 (1.08)	-0.0027** (2.56)			-0.0031** (2.02)
GAP×FBS		-0.0003 (1.42)		-0.0001 (0.43)		0.0021** (2.24)		0.0033** (2.49)		-0.0002 (0.18)		0.0007 (0.47)
GAP×FFS			-0.0007 (0.81)	0.000 (0.03)			-0.0027 (1.15)	-0.0021 (0.38)			-0.0031 (1.36)	0.0014 (0.41)
Hausman	98.48*	130.03*	109.51*	103.93*	170.6*	135.27*	131.22*	144.55*	116.06*	135.26*	133.68*	113.78*
R-sq	0.32	0.32	0.32	0.32	0.32	0.32	0.32	0.32	0.32	0.32	0.32	0.32
Obs	3080	3080	3080	3080	3080	3080	3080	3080	3080	3080	3080	3080

注：1. 括号内为根据稳健性标准误差得到的 t 检验值；*、**、***分别为1%、5%、10%的显著水平；所有的估计方程都包括时间虚拟变量，节省篇幅未列出；2. 资本密集度和人力资本差距与技术外溢变量交叉项所有估计参数都不显著，节省篇幅未列出。

著的方式，并且所有的估计结果仍然表明来自港澳台地区的外资后向关联的外溢效应要高于来自其他地区的外资。规模变量和出口比重变量仍然与全要素生产率分别表现为显著的正向和负向相关关系，所有的估计参数都在 1% 的水平上显著。外资资本金占全部资本金比重变量的估计参数都为负值，但都不显著。产业吸收能力和地区吸收能力变量估计的参数基本都表明吸收能力与生产率存在正相关关系，但估计参数都不显著。这里主要关注产业吸收能力和地区吸收能力与外资在产业内部和产业之间的关系，即根据外资技术外溢变量和吸收能力乘积的交叉项参数估计结果。从表 1 - 3 显示交叉项变量参数估计的结果可以得到两个主要结论：

①产业吸收能力和产业内部及产业之间的技术外溢变量总体上表现为互补关系，制造业产业吸收能力的增强不仅显著地促进了外资在产业内部的技术外溢，还在一定程度上促进了产业之间的技术外溢。产业吸收能力对来自港澳台地区和其他外资的技术外溢促进作用大小和显著性存在差别。首先，产业吸收能力与外资在产业内部的技术外溢互补关系最显著，技术外溢变量与产业吸收能力交叉项所有估计参数都在 5% 的显著性水平呈现与全要素生产率存在正相关关系，表明从整个中国制造业来看，研发能力和人力资本存量已经越过吸收能力的门槛，吸收能力的增加会显著地促进外资在产业内部的技术外溢效应。其次，无论在产业内部还是产业之间，来自港澳台地区的外资单独技术外溢变量与产业吸收能力交叉项估计参数的大小和显著性都高于来自非港澳台外资及全部外资相应的参数估计结果，表明产业吸收能力增强对来自港澳台地区的外资技术外溢效应会产生较大和较为显著的促进作用。再次，外资单独外溢变量与产业吸收能力交叉项的参数估计的结果大小还显示，后向关联交叉项参数要高于产业内部交叉项的估计结果，而产业内部的交叉

项参数又高于前向关联交叉项参数的估计结果，表明产业吸收能力对后向关联技术外溢的促进作用最大。最后，由于多重共线性问题，在估计方程中同时加入所有技术外溢变量和产业吸收能力交叉项与单独交叉项参数估计结果存在较大差别，但产业吸收能力与外溢变量交叉项参数估计结果仍然表明吸收能力的增强会显著地促进外资在产业内部的技术外溢效应。

②从整个中国制造行业来看，地区吸收能力只会对外资在产业内部的技术外溢产生促进作用，对外资在产业之间后向和前向关联技术外溢没有显著的促进作用。首先，产业内部技术外溢变量与地区吸收能力单独交叉项的估计参数都在5%的显著性水平上，这表明地区吸收能力与产业内部的技术外溢存在显著的互补关系，后向关联和前向关联外溢变量与地区吸收能力单独的交叉项估计参数都为正值，但并不显著。其次，产业内部技术外溢变量与地区吸收能力单独的交叉项估计参数大小显示：来自非港澳台地区的交叉项参数估计值要高于来自港澳台地区的相应参数的估计值，表明地区吸收能力对非港澳台地区的外资在产业内部的技术外溢促进作用相对较大，与产业吸收能力相应的交叉项估计参数得出的结论刚好相反。再次，产业吸收能力与地区吸收能力在产业内部交叉项变量估计参数大小对比表明：相对于产业吸收能力，地区吸收能力对外资在产业内部的技术外溢具有较大的促进作用。最后，包括全部外溢变量交叉项方程的参数估计结果表明地区吸收能力的增强不仅促进了产业内部的技术外溢，还在一定程度上促进了外资产业间后向关联技术外溢，但是所有前向关联外溢变量交叉项的估计参数都在10%的显著性水平上呈现负值，与单独交叉项的估计结果存在较大差别，这可能与多重共线性问题对估计参数造成的影响有关。

本节对中国制造行业（2002—2005年）的研究同样表明外资对

制造业部门在产业内部没有产生技术外溢效应，但是从制造业整体的产业和地区吸收能力来看，吸收能力不仅在整体上显著地促进了外资在制造业产业内部的技术外溢，也在一定程度上促进了产业之间的技术外溢，并没有发现由于产业和地区吸收能力低下限制了外资在产业内部和产业间的技术外溢效应，说明中国制造业的整体研发和人力资本存量近年来的快速增长已经越过吸收能力的最低门槛，吸收能力与外资的技术外溢总体上表现为互补关系。

（3）技术差距与产业内部和产业之间技术外溢

关于技术差距与外商直接投资技术外溢的关系，Kokko（1994）认为东道国企业和跨国公司保持一定的技术差距是技术外溢的必要条件，如果技术差距太小东道国企业向跨国公司学习的机会和动力就会较低，技术外溢的可能性也就越小。但是技术差距必须保持在一个适当的程度，技术差距过大会割断跨国公司与当地企业之间的技术联系，阻碍技术外溢的产生。而（Wang，Blomstrom，1992）却认为外商直接投资的技术外溢程度会随着跨国公司与东道国企业技术差距的扩大而增加，因为技术差距越大当地企业通过模仿学习跨国公司先进技术的效率就越高。技术差距同样会对产业之间的后向和前向关联外溢产生影响，跨国公司与上游产业之间的技术差距越大，对跨国公司竞争的威胁越小，就越会促使跨国公司向上游产业转移更多的一般技术；然而，技术差距过大限制了东道国上游产业的技术吸收能力，达不到跨国公司对上游中间产品生产质量和技术的要求，将阻碍跨国公司向上游产业转移技术。技术差距较大的情况下，通过前向关联效应，东道国企业可以通过密集使用上游跨国公司生产的高技术中间投入产品，提高自身生产过程的技术水平，但是技术差距较大同样会造成外资企业上游中间产品与东道国下游产业生产的不匹配，并且如果上游跨国公司生产的中间产品价格较高的话容易被技术效率较低的东道国企业密集使用，从而提高东道国企业的生产成本，产生负向的技术外溢效应。为了明确内外资企业技术差距与外资在产业内部和产业之间技术外溢之间的关系，需要在估计方程（1）的基础上加入技术差距变量及其与技术外溢变量乘积的交叉项来考察二者之间的关系。表 1 - 4 给出了对方程（4）参数的估计结果，加入技术差距变量及其与外溢变量的交叉项之后，控制变量和外溢变量的估计参数结果仍然没有发生大的变化。这里主要考察的是技术差距变量与技术外溢变量交叉项参数的估计结果，为了全面反映内资企业与外资企业技术差距与外资技术外溢之间的关系，分别考察内外资企业的全要素生产率差距、研发差距、人力资本差距、规模差距、资本密集度差距与外资技术外溢之间的关系。

　　从内外资企业的全要素生产率差距与外资技术外溢关系来看，生产率差距与技术外溢变量单独的交叉项和包括全部交叉项的估计参数结果都显示：产业内部的交叉项变量与生产率的增长呈现出显著的负相关关系，表明内外资企业生产率差距的扩大会阻碍外资在产业内部的技术外溢，而产业间的技术外溢变量交叉项所有的估计参数都不显著，说明内外资企业生产率差距的扩大没有对外资在产业间的技术外溢产生显著的影响。同时，在控制了产业内部交叉项之后，生产率差距变量（GAP）本身与全要素生产率增长还表现为显著的正相关关系，说明内外资企业技术差距越大，制造业的全要素生产率增长就越快，这一经验结论似乎支持了（Wang, Blomstrom, 1992）的观点，即技术差距越大，外溢的效果就越显著。但这与产业内部交叉项估计参数得出的结论相反。笔者认为，对这种现象的出现可以做出以下两种解释：首先，技术差距的扩大本身是由于外资进入导致行业内部竞争加剧，外资企业挤出了一部分内资企业的资本，对内资企业产生了"市场窃取"效应（Aitken, Harrsion，1999）。如果外资企业相对于内资企业具有更高的生产率水平，这样就造成在内外资企业技术差距扩大的同时也提高了整个行业的平均生产率水平，技术差距与生产率之间就会表现为正相关关系，但生产率的提升并不是由于外资企业的技术外溢而产生的。其次，内外资企业技术差距的扩大可能在阻碍产业内部技术外溢的同时却通过竞争和示范等其他方式促进了总量区域外溢效应的产生，进而对制造业部门的生产率产生了促进作用。

从内外资企业的研发差距与外资技术外溢关系来看，研发密度差距与技术外溢变量单独交叉项及包括全部外溢变量交叉项的估计参数都表明：后向关联外溢变量交叉项与生产率增长存在显著的正相关关系，说明内外资企业存在的研发差距会显著地促进外资企业对上游产业的技术外溢，而研发差距与产业内部和前向关联外溢变量交叉项的估计参数都表现为不显著的负值，表明内外资企业的研发差距对外资在产业内部和前向关联技术外溢没有产生显著的影响。这一经验分析结果在一定程度上验证了 Rodriguez-Clare（1996）对外资在产业间技术外溢影响因素的理论分析，该理论模型认为：外资企业相对于内资企业生产的产品越复杂（技术含量和研发密度越高），外资企业对东道国上游产业的技术外溢就越显著。原因在于跨国公司生产的产品越复杂，相对于东道国企业跨国公司单位劳动对专业化中间产品需求就越高，就越可能对上游产业产生正向的关联技术外溢。

从内外资企业的规模差距与外资的技术外溢关系来看，规模差距与技术外溢变量单独的交叉项和包括全部外溢变量交叉项的估计参数同样表明：产业内部交叉项变量与生产率增长存在显著的负相关关系，说明内外资企业规模差距的扩大会阻碍外资在产业内部的技术外溢，而产业间的后向和前向关联外溢变量与规模差距交叉项的参数估计结果都不显著，表明内外资企业的规模差距变动没有对外资在产业间的技术外溢产生显著影响。

由上述的结论可知：规模差距和生产率差距与外资技术外溢的关系具有相同的特征，对方程（1）—（4）所有的估计结果都显示：规模与全要素生产率增长存在显著的正相关关系，企业规模是影响生产率增长的重要因素，内外资企业的规模差距也在一定程度上反映了二者在生产率上的差距。因此，估计结果也同样证明内外资企业生产率差距和规模差距与外资技术外溢的关系存在内在的一致性。

从资本密集度差距、人力资本差距与外资技术外溢的关系来看，差距变量与技术外溢变量的交叉项所有的估计参数都不显著，表明内外资企业在制造业资本密集度和人力资本差距没有对外资的技术外溢产生显著的影响作用。

3. 小结及评述

本章通过对外商直接投资在产业内部和产业之间技术外溢的基础上，考察了产业和地区吸收能力及技术差距与产业内部和产业之间技术外溢的关系，分析的结果表明外商直接投资在中国制造业产业内部没有明显的技术外溢效应，而产业之间的后向关联是外资技术外溢的主要渠道，并且从总体上看外资在东部地区的后向关联外溢效应的大小和显著性都要高于中部和西部地区，而所有的参数估计都表明外商直接投资不存在或者在一定程度上存在负的前向关联技术外溢。从吸收能力和外商直接投资技术外溢的关系来看，中国制造业整体的行业吸收能力与外资的技术外溢在产业内部存在显著的互补关系，表明中国制造业研发能力和人力资本水平的提升显著地促进了外资在产业内部的技术外溢，同时行业吸收能力的增强也在一定程度上促进了外资在产业之间的后向和前向关联技术外溢，而地区吸收能力对外资在产业内部的技术外溢同样存在显著的促进作用，并且在产业内部地区吸收能力对外资技术外溢促进的作用要高于产业吸收能力对外资技术外溢的促进作用，但是参数估计的结果却显示地区吸收能力对产业之间的前向和后向关联技术外溢并没有明显的促进作用。从技术差距与外商直接投资在产业内部和产业之间的技术外溢来看，内资企业和外资企业的生产率和规模差距交叉项变量的参数估计都表明：内外资企业生产率和规模差距的扩大会阻碍产业内部技术外溢的产生，但对产业之间的技术外溢没有显著的影响。研发差距交叉项变量估计的结果表明，内外资企业存在的研发差距显著地促进了外资在产业之间的后向关联外溢效应，但对产业内部和产业之间前向关联的技术外溢不存在显著的作用。估计的结果还表明：内外资企业资本密集度差距和人力资本的差距对产业内部和产业之间的外资技术外溢没有显著的影响。

由上述的经验分析我们可以得到以下几点启示：首先，外资吸引的重点应该是产业链下游最终产品生产的外商直接投资，并且相对于内资企业，吸引的跨国投资企业应具有较高的研发密度和显著的研发优势，通过延长跨国公司与国内上游产业间的产业链条是促进本国产业技术进步的重要渠道；通过鼓励内资企业主动进入跨国公司的全球生产体系，成为专业化的中间产品供应商，同时利用政策激励的方式促进跨国公司加大本地中间产品采购都是促进中国制造业技术进步的有效途径。其次，在吸引外商直接投资过程中需要注重上游产业外资与国内下游最终产品生产厂商之间生产过程中的互补性和技术的适用性以及外资的市场导向问题，加强上游外资企业与下游内资企业之间生产的关联度，促使更多的内资企业能够密集有效地使用上游外资企业生产的中间产品，促进外资的前向关联技术外溢，避免因外资与内资企业技术差距过大而阻碍外资在产业内部和产业间的技术外溢；最后，促进本国产业及地区人力资本的积累，加大研发投入，提升产业和地区的技术吸收能力，缩小与跨国公司之间的生产率和规模差距是促进产业内部和产业之间的前向关联技术外溢的重要措施。

二　经验分析二：所有权特征与 FDI 技术外溢效应

前面的经验分析主要从内资部门的人力资本和研发存量水平所决定的技术吸收能力、内外资企业的技术和行业相对差距探讨了外资对内资行业的外溢效应，总体上表明外资对内资行业在产业之间的技术外溢相对于产业内部的技术外溢效应作用更大且更为显著，人力资本、研发存量、技术相对差距等因素会对产业内部和产业之间的技术外溢产生不同程度的影响。不过，影响内资行业技术吸收和消化能力的因素非常之多，在中国一个突出的特点就是内资行业所处的制度环境是影响内资行业技术吸收和消化能力非常重要的因素。国有内资和非国有内资行业在市场竞争的约束条件、对跨国公司先进技术学习的积极性和激励性、市场竞争能力和灵活性、资金预算约束、政府支持程度等方面存在显著差异性，这些因素都会对内资行业的吸收能力产生重要影响，从而可能造成外资对国有和非国有内资行业技术外溢特征产生显著的差异。基于上述分析，这一部分主要从以下几个方面进一步扩展了国内和国外相关的经验研究：首先，采用按三位数行业标准分类的 140 个细分工业行业的财务数据，从微观产业层面考察外商直接投资的技术外溢效应；其次，考虑到内资行业所处的制度环境可能对技术吸收能力和外资技术外溢产生的影响，这一部分的分析将内资企业按所有权特征总体上划分为国有内资行业和非国有内资行业，分别考察不同外资企业对全部内资、国有内资、非国有内资行业技术外溢的差异性；最后，采用随机前沿生产函数分析方法来考察外资对不同所有制内资行业在产业内部的技术效率外溢，以克服随机因素对估计产生的偏差。

1. 研究方法、变量与数据说明

（1）随机前沿生产模型的定义

通过前沿生产函数来测算技术效率包括基于数据包络分析（DEA）的非参数方法和基于随机前沿生产函数的参数分析方法，数据包络分析相对于随机前沿生产函数不需要假定具体的生产函数形式，通过规划求解的方法计算每个观测值相对于前沿生产面的距离来测度技术效率的大小，但 DEA 方法的主要缺陷在于难以考虑随机因素对产出造成的影响，会对估计的准确性产生一定影响。考虑到随机因素，本书采用随机前沿分析方法来考察外资对中国内资部门的技术效率外溢。在面板数据条件下，一般形式的随机前沿生产函数可以表示为：

$$y_{it} = x_{it}\beta + v_{it} - u_{it} \qquad (26)$$

（26）式中 y_{it} 表示观测值 i 在时间 t 的产出水平，x_{it} 表示投入要素数量，β 表示投入要素相应的估计参数，v_{it} 表示独立于 u_{it} 的随机误差项，服从均值为零、方差为 σ_v^2 的正态分布，u_{it} 为独立分布的非负随机变量，用来考察生产的无效率状况，表示观测值 i 在时间 t 的实际产出与理论最大产出之间的距离。考察外商直接投资的技术外溢效应，就是要考察外资进入与产出的无效率性之间的关系，对于产出无效率的影响因素分析可以采用两阶段估计方法：第一阶段首先假定 u_{it} 服从特定的确定性分布形式，利用方程（1）估算出每个观测值的技术效率指数；第二阶段再利用影响技术效率的变量作为解释变量对技术效率指数的变化进行回归解释分析。但是第二阶段的估计违反了第一阶段 u_{it} 服从确定性分布的假设条件，Kumbhakar et al.（1991），（Battese, Coelli, 1995）先后提出了利用一阶段估计方法来克服两阶段估计前后假定不一致的缺陷，在给定 u_{it} 的特定的分布形式后，一阶段估计方法可以同时估计出前沿生产函数和无效率模型中变量的参数，克服了两阶段估计的缺陷。本书利用（Battese，Coelli，1995）提出的一阶段估计方法来分析外资对内资行业的技术效率外溢，假定 u_{it} 服从均值为 $z_{it}\delta$，方差为 σ_u^2 的在零值截尾的半正态分布，无效率模型可以表示为：

$$u_{it} = z_{it}\delta + w_{it} \tag{27}$$

z_{it} 表示技术无效率性的解释变量，δ 表示对应的估计参数，w_{it} 服从均值为零、方差为 σ_u^2 的截尾正态分布，截尾点为 $z_{it}\delta$，且 $w_{it} \geq -z_{it}\delta$。无效率模型（27）中的技术外溢解释变量如果估计参数表现为显著的负值，说明外资的进入显著地降低了内资部门生产的无效率性，表明外资进入会产生正向的技术外溢效应；相反，如果估计参数表现为显著的正值则表明外资产生了负向的技术外溢效应。

（2）前沿生产函数形式的确定

对于随机前沿生产函数的形式，最简单的方法是直接采用 Cobb-Douglas 形式的生产函数进行估计，由于本书的分析采用了分类较细的行业数据，并且将全部样本划分为技术密集型行业和劳动密集型行业，如果不加区分直接采用假定生产技术不变的 Cobb-Douglas 生产函数显然会对估计造成较大的偏差，因此本书首先将 Cobb-Douglas 形式的生产函数作为基本的参照模型，利用似然比统计量来检验其他更具弹性的前沿生产函数是否比简单的 Cobb-Douglas 生产函数更适用于样本数据分析。基本的 Cobb-Douglas 的随机前沿生产函数可以表示为：

$$y_{it} = a + \alpha k_{it} + \beta l_{it} + v_{it} - u_{it} \tag{28}$$

y_{it}、k_{it}、l_{it} 表示产出（增加值），资本和劳动投入的对数值，v_{it}、u_{it} 分别表示随机误差项和技术非效率项。以方程（28）作为基本的参照模型，首先需要检验样本数据是否适用于随机前沿生产模型，零假设为方程中不存在技术无效率性，零假设和备则假设表示为：

$$H_0 : \sigma_u^2 = 0 \quad H_1 : \sigma_u^2 > 0$$

同样可以用变差系数 γ 作为等价的假设检验：

$$H_0 : \gamma = 0 \quad H_1 : \gamma > 0$$

其中：$\gamma = \dfrac{\sigma_u^2}{\sigma_u^2 + \sigma_v^2}$，如果 σ_u^2、γ 显著的不为零，说明生产函数需要考虑技术无效率效应，随机前沿生产函数适用，反之则表明生产函数不需要考虑技术的无效率性，随机前沿生产函数不适用。除了上述简单的判别之外，更为严格的检验是通过构造似然比统计量来检验随机前沿生产函数是否适用，检验统计量表示为：

$$LR = -2\ln\left[L(H_0)/L(H_1) \right] = -2\left[\ln L(H_0) - \ln L(H_1) \right] \qquad (29)$$

$\ln L(H_0)$ 和 $\ln L(H_1)$ 分别表示受约束模型（$\sigma_u^2 = 0$）和无约束模型的对数似然函数值。检验统计量服从自由度为约束变量数目的 χ^2 分布。

其次，检验较为灵活的半超越生产函数是否比 Cobb-Douglas 生产函数更适用于样本数据，半超越对数生产函数表示为：

$$y_{it} = a_1 + \alpha_1 k + \beta_1 l + \alpha_2 k^2 + \beta_2 l^2 + \theta k \times l + v_{it}^1 - u_{it}^1 \qquad (30)$$

方程（28）作为受约束模型，方程（30）作为无约束的模型，同样利用（29）式的似然比统计量进行判别半超越生产函数是否更适合样本数据。

最后，检验是否需要在简单的 Cobb-Douglas 生产函数中考虑技术进步因素，仍然以（28）式作为受约束模型，考虑技术进步的无约束模型为：

$$y_{it} = c + \alpha_3 k_{it} + \beta_3 l_{it} + \delta_3 t + v_{it}^2 - u_{it}^2 \qquad (31)$$

方程（31）中，t 表示时序变量，如果检验结果表明生产函数需要考虑技术进步因素，还需要进一步检验技术进步是否为中性技术进步，以（28）式作为受约束模型，考虑中性技术进步的无约束模型表示为：

$$y_{it} = c_1 + \alpha_4 k_{it} + \beta_4 l_{it} + \varphi_1 t + \varphi_2 t \times k_{it} + \varphi_3 t \times l_{it} + v_{it}^3 - u_{it}^3 \quad (32)$$

考虑技术进步的无约束模型（31）（32）是否比受约束模型（28）更适用于样本数据分析，同样采用（29）式的似然比统计量进行检验。

（3）无效率模型解释变量的设定

通过无效率模型来考察外商直接投资对中国内资制造业部门的技术效率外溢效应，首先需要定义外资的技术外溢变量。进入中国的外商直接投资的突出特点是港澳台地区外资和主要以欧、美、日等发达国家为主的外资在市场导向、技术优势、研发水平、与内资企业的技术差距等影响技术外溢的关键因素上存在显著的差异。首先，发达国家的外商直接投资在相对于港澳台地区的外资可能在技术所有权优势、研发能力和投入、组织管理、人员培训等方面更具优势，因此主要以发达国家为主的其他外商直接投资相对于港澳台地区的外资总体上技术外溢和扩散的空间和机会更大。其次，从两种不同的外资市场导向来看，发达国家的外资相对于港澳台地区的外资可能更看重国内巨大的市场潜力，以国内市场为导向；而港澳台地区的外资则主要是利用内地更为廉价的劳动力资源，主要采用标准化的技术生产劳动密集型产品或者从事劳动密集型的加工生产环节，并且以出口导向为主。Javorick（2004）等人的研究表明基于国内市场导向的外资更可能产生技术外溢效应，原因在于相对于出口导向的外资，以国内市场为导向的外资与无论是竞争还是合作的国内厂商联系越紧密，技术外溢的可能性就越大。而 Buckley et al.（2007）认为港澳台地区的外资在劳动密集型产业更具竞争优势，在劳动密集型行业技术外溢的可能性更大；发达国家的外资在技术密集型行业更具技术优势，在技术密集型行业

技术外溢的可能性更大。最后，从内外资企业的技术差距来看，Kokko
（1994）认为外商直接投资企业和内资企业保持适度的差距是技术外
溢产生的必要条件，如果技术差距过小，内资企业就失去了学习的动
力和空间，如果差距过大同样会阻碍技术外溢的产生。姚洋、章奇
（2001），王志鹏、李子奈（2003）都认为国外的外商投资企业生产率
要显著高于国内企业，但对于港澳台地区外资企业的生产率是否高于
国内企业则存在争议，因此从技术差距角度对技术外溢的影响来看，
港澳台地区的外资与发达国家外资的技术外溢同样可能存在显著的区
别。考虑到港澳台地区外资和其他外资显著的特征差异，需要分别考
虑两种不同类型外资企业的技术外溢效应。本书采用全部工业行业中
港澳台外资资本金存量占各制造行业全部实收资本金的比重来表示港
澳台地区外资在产业内部的技术外溢变量（HMT）；其他外商直接投
资的技术外溢变量（WEST）用其相应的资本金存量占各制造行业全
部实收资本金比重来表示；全部外资企业的技术外溢变量用相应的外
资总资本金存量占各制造行业的全部实收资本金比重来表示（AFS）[1]。

　　除了外商直接投资企业特征差异会对技术外溢产生影响之外，
内资行业所有权特征和行业技术密集度也是影响技术外溢的重要因
素。从内资行业所有权特征来看，内资行业总体上可以划分为国有
内资行业和非国有内资行业，非国有内资行业总体上包括私营、集
体、股份制、股份合作制四种所有制形式。一方面，相对于国有内
资行业，非国有内资行业总体上市场化程度较高，受市场竞争的约
束强于国有企业，在市场竞争中表现更为灵活，向外资企业模仿学
习的动力和激励更强（Buckley et al.，2002）；而国有企业的法人治

---

　　[1]　考虑到外资技术外溢存在的时滞问题，本书利用滞后一期的外溢变量估计后，发现与采
用水平变量估计参数的方向和显著性差别很小，但由于本书使用的数据时间跨度只有4年，选择
滞后变量估计会显著地降低样本数量，并且滞后期限的选择本身具有随意性，二者都会对估计
结果产生较大偏差。因此，本书直接采用了水平技术外溢变量进行估计。

理结构不够完善，尚未形成有效的约束激励机制，历史负担沉重，特别是在一些涉及国家安全、自然垄断行业、提供重要公共产品和服务的行业技术效率较低（郑京海，胡鞍钢，2005），这些因素都会在一定程度上限制国有内资部门的技术吸收能力。另一方面，国有企业在规模、研发能力、人力资本、资本密集度等方面总体上要高于非国有内资企业，从这些影响因素来看，国有内资部门的技术吸收能力要高于非国有内资行业。考虑到内资部门的所有权特征和行业的技术密集度差异，本书分别考察了港澳台及其他外商直接投资在技术密集型和劳动密集型行业对全部内资、国有内资及非国有内资行业技术效率外溢的差异性。

在确定了外资的技术外溢变量之后，还需要在无效率模型中加入其他变量来控制其他因素对内资部门技术效率的影响，无效率模型中的其他控制变量包括：

①产业平均规模变量（SCALE），用内资行业的销售产值除以企业的个数来表示产业平均规模大小，规模的增长可以在一定程度上促进企业更合理的配置资源，降低平均生产成本，实现规模经济，促进生产效率的提升。因此，内资部门产业平均规模的增长总体上应该会对技术效率的提升产生正向的促进作用。

②出口比重变量（EXS），用内资行业的出口交货值占其销售产值的比重作为出口对技术效率的影响变量，出口开放度的扩大一方面会增加内资企业面对国际市场竞争的压力，促使内资企业采用先进技术、改进生产和管理方法、加快学习和知识积累的速度，有利于促进生产率和技术效率的提高；但另一方面，国际市场竞争的压力同样可能促使内资企业单纯依靠低成本优势参与竞争，而忽视通过提升产品的质量和技术水平来参与竞争，长期以价格优势作为竞争手段会造成贸易条件恶化，陷入资源枯竭的困境，从而对技术效

率增长产生负作用。

③无形资产比重变量（INC），用内资行业的无形资产占其全部资产的比重来表示无形资产对技术效率的影响作用，工业行业无形资产总体上分为知识型和非知识型的无形资产，知识型的无形资产主要包括专利、非专利技术、商标权、著作权等，而非知识型无形资产主要由土地使用权构成，知识型的无形资产增长会提升产品质量，增强技术吸收能力，从而提升产业的生产效率，但如果无形资产中的知识型无形资产比重过低也可能产生较大的摊销费用，增加企业的生产成本，对技术效率的提升产生负作用。

表 1 - 5　　　　　　　随机前沿生产函数形式的检验和确定

	全部内资行业					
	技术密集型行业			劳动密集型行业		
零假设：	LR	1%临界值	结论	LR	1%临界值	结论
前沿模型不适用	242.27	6.64	拒绝	203.45	6.64	拒绝
C-D 生产函数适用	20.29	11.35	拒绝	17.89	11.35	拒绝
无须考虑技术进步	0.27	6.64	接受	0.11	6.64	接受
	国有内资行业					
	技术密集型行业			劳动密集型行业		
零假设：	LR	1%临界值	结论	LR	1%临界值	结论
前沿模型不适用	12.50	6.64	拒绝	86.52	6.64	拒绝
C-D 生产函数适用	5.15	11.35	接受	13.31	11.35	拒绝
无须考虑技术进步	0.19	6.64	接受	0.06	6.64	接受
	其他内资行业					
	技术密集型行业			劳动密集型行业		
零假设：	LR	1%临界值	结论	LR	1%临界值	结论
前沿模型不适用	183.46	6.64	拒绝	168.08	6.64	拒绝
C-D 生产函数适用	13.34	11.35	拒绝	4.01	11.35	接受
无须考虑技术进步	0.00	6.64	接受	1.20	6.64	接受

（4）分析数据的说明

本章分析使用了 2002—2005 年按 3 位数行业标准分类的中国 151 个规模以上的制造行业数据，扣除统计指标和数据不完整的行业后，实际分析中使用的 140 个制造行业的财务指标数据全部来自《中国统计数据应用支持系统》中的工业行业统计数据库，该数据库提供了全部工业、国有工业、外商及港澳台投资企业及其他所有制形式的工业行业相应的财务数据，全部内资工业行业数据用全部工业行业的数据减去外商及港澳台投资企业对应的数据得到；非国有内资行业数据用全部内资工业行业数据减去国有内资工业行业对应的数据得到。制造行业的产出使用了工业增加值数据，劳动投入使用了各行业年平均从业人员数，资本投入使用了各行业固定资产净值年平均余额。利用 2006 年《中国统计年鉴》按两位数行业分类的工业品（2002—2005 年）出厂价格指数将 3 位数行业分类的制造业工业增加值和工业销售产值数据调整为以 2002 年为基期的不变价格值，利用固定资产投资价格指数将固定资本投入数据调整为 2002 年为基期的不变价格值。对 140 个制造行业按照研发密集度和人力资本密集度总体上分为技术密集型行业和劳动密集型行业，分类采用了 2004 年《中国经济普查年鉴》中按 3 位数行业分类的研发支出和人力资本数据，研发密集度用各制造行业的研发支出占工业销售产值比重来表示，研发支出数据用各制造行业的科技活动内部支出减去劳务费用来表示，人力资本密集度用各制造行业的科技活动人员占全部从业人员的比重来表示；用各制造行业的研发密集度和人力资本密集度的乘积作为分类指标，选取指标值最高的 70 个行业作为技术密集型行业，其他 70 个行业作为劳动密集型行业。

2. 经验结果分析与解释

在分析外资对内资行业技术外溢之前，需要明确随机前沿生产函数是否适用及确定适当的前沿生产函数形式，本章首先利用 Frontier 4.1 软件估计了不同所有制形式的内资技术密集型和劳动密集型行业无约束和受约束随机前沿生产函数模型，利用得到的对数似然函数值进行似然比检验。表 1-5 给出了全部内资、国有内资、其他内资在技术密集型和劳动密集型行业随机前沿生产模型是否适用、Cobb-Douglas 生产函数是否比半超越生产函数更适用于分析、是否需要考虑技术进步因素的检验结果。首先，所有的似然比统计值都拒绝了前沿生产函数模型不适用的零假设，说明随机前沿模型适用于所有的技术密集型和劳动密集型行业的分析。其次，对于 Cobb-Douglas 是否比半超越形式的生产函数更适用于分析的零假设检验，只有在国有技术密集型行业和其他内资部门的劳动密集型行业的检验表明 Cobb-Douglas 生产函数适用，而其他所有相应的检验都拒绝了零假设，表明半超越生产函数更适用于其他样本数据的分析。最后，对于是否需要在生产函数中考虑技术进步的零假设，所有似然比统计值都不能拒绝零假设条件，表明无需在生产函数中考虑技术进步因素。依据上述检验结果，本章同时采用了 Cobb-Douglas 和半超越两种形式的前沿生产函数考察外资对不同所有制形式的内资技术和劳动密集型行业的外溢效应。采用 Cobb-Douglas 随机前沿生产函数考察不同外资在技术密集型行业外溢效应的回归方程用 T1，T3，T5 表示，劳动密集型行业回归方程用 L1，L3，L5 表示；采用半超越随机前沿生产函数考察不同外资在技术密集型行业外溢效应的回归方程用 T2，T4，T6 表示，劳动密集型行业回归方程用 L2，L4，L6 表示。

（1）外商直接投资对全部内资行业的技术效率外溢

表 1-6 给出了利用一阶段估计方法同时得到的随机前沿生产函数和无效率模型参数估计结果，从随机前沿生产函数中资本和劳动

参数估计结果来看，采用简单的 Cobb-Douglas 生产函数估计结果显示，在技术密集型行业资本的产出弹性最高为 0.5622，最低为 0.5106，在劳动密集型行业资本的产出弹性最高为 0.5482，最低为 0.5122，表明在全部内资行业中无论资本还是劳动密集型行业，资本对产出的贡献都高于劳动对产出的贡献；从无效率模型中的控制变量估计参数来看，产业平均规模变量（SCALE）无论在资本还是劳动密集型行业所有的估计参数都表现为显著的负值，表明企业规模的增加可以显著地降低技术的无效率性，内资部门规模的扩大可以产生显著的规模经济效应，促进内资行业技术效率的改善。出口比重（EXS）变量采用不同形式的前沿生产函数参数估计结果差别较大。由于表 1-5 的检验结果显示全部内资行业采用半超越形式的生产函数更可靠，在技术密集型行业，EXS 变量在采用半超越形式的随机前沿生产函数（T2，T4，T6）的估计参数都不显著，表明在技术密集型行业，出口的增长并没有显著地推动技术效率的增长，而在劳动密集型行业，在相应的模型（L.2，L.4，L.6）中 EXS 估计参数都表现为显著的正值，表明在劳动密集型行业，出口的增加不仅没有显著地促进技术效率的增长，反而降低了内资行业的技术效率，造成这一现象的可能原因在于中国内资部门的劳动密集型行业出口增长主要依赖低成本优势，持续大量的出口恶化了贸易条件，资源被大量消耗，对行业技术效率的增长产生了负作用。无形资产比重变量（INC）在技术密集型行业的估计参数基本都表现为显著的正值，表明无形资产的增加不仅没有促进技术密集型行业技术效率的增长，反而还对技术效率的增长产生了显著的负效应，可能的原因在于内资部门中的无形资产主要由非知识性的土地使用权构成，而知识性的无形资产所占比重过低，知识性无形资产比重过低不仅无助于技术效率的增长，反而会产生巨额的摊销费用，增加了企业的生产成本，对技术效率的提升产生了负作用。INC 变量在劳动密集型行业的所有的估计参数都表现为不显著的正值，表明无形资产的增长同样没有显著地提升劳动密集型行业的技术效率。

这里重点关注的是外资技术外溢变量的参数估计结果，从外溢变量在技术密集型行业的参数估计结果来看，全部外资外溢变量（AFS）所有的估计参数都在 1% 的水平上表现为负值，表明外资的进入对中国内资制造行业的技术效率产生了显著的正向外溢效应；港澳台地区外资外溢变量（HMT）估计参数同样都表现为负值，但模型 T3 的估计参数不显著，T4 的估计参数在 5% 的水平上显著，表明港澳台地区外资的进入同样促进了内资技术密集型行业的效率增长；其他外资技术外溢变量（WEST）的所有估计参数都在 1% 的水平上表现为显著的负值，表明其他外资对全部内资行业的技术效率产生了显著的正向外溢效应；从估计参数的大小来看，模型 T2，T4，T6 的外溢变量的估计参数结果表明：全部外资每增加 1%，内资技术密集型行业的技术效率会增加 1.04%，港澳台地区外资每增加 1%，相应的技术效率仅上升 0.58%，而其他外资每增加 1%，相应的技术效率会上升 1.55%。从外溢变量在劳动密集型行业参数估计结果来看，模型 L1，L3，L5 的回归结果显示：全部外资和港澳台地区外资的外溢变量估计参数只在 10% 的显著性水平上表现为负值，其他外资外溢变量的估计参数不显著，而相对更为可靠的模型 L2，L4，L6 的回归结果显示：全部外资、港澳台地区及其他外资的外溢变量估计参数都不显著，表明外资总体上对劳动密集型内资行业没有产生显著的技术外溢效应。上述的经验结果表明外资对全部内资行业的技术外溢主要存在于技术密集型行业，并且以发达国家为主的其他外商直接投资在技术密集型行业相对于港澳台地区外资技术外溢效应更大且更为显著。可以从以下几个方面来解释上述经验结果：首先，外资的技术优势主要体现在技术密集型行业，并且相对于港澳台外资企业，主要以发达国家为主的其他外商直接投资技术优势更加明显，技术外溢的空间更大，内资部门向其他外资企业学习的动力和积极性更高；其次，内资部门在技术密集型行业的研发投入和人力资本的相对密集也会促进外资技术外溢的产生；最后，内资企业在劳动密集型行业竞争力较强，外资企业在劳动密集型行业相对于内资企业可能并不具有显著的竞争和技术优势。内资企业缺乏学习的空间和积极性，内外资企业在劳动密集型行业主要体现为市场竞争关系，而在技术密集型行业，内外资企业更多地体现为学习和示范模仿的关系。

（2）外商直接投资对国有内资行业的技术效率外溢

由于国有内资部门和非国有内资部门在市场竞争能力、激励约束机制、研发能力、人力资本等影响外资技术外溢的关键因素上存在显著的差异性，在考察了外商直接投资对全部内资行业在不同技术密集度行业技术外溢的基础上，有必要进一步考察外资分别对国有内资和非国有内资在技术密集型和劳动密集型行业技术外溢效应的差异性。表 1 - 7 给出了国有内资技术和劳动密集型行业前沿生产函数和无效率模型变量的参数估计结果。从随机前沿生产函数中资本和劳动的投入要素估计参数来看，在国有技术密集型行业，Cobb-Douglas 生产函数估计结果（T1，T3，T5）显示：资本的产出弹性最高为 0.6552，最低为 0.6412，在国有劳动密集型行业（L1，L3，L5），资本的产出弹性最高为 0.5717，最低为 0.5461。这说明在国有内资部门资本对产出增长的贡献同样高于劳动对产出增长的贡献，并且在技术密集型行业表现得更为明显。从无效率模型中的其他控制变量估计参数来看，产业平均规模变量（SCALE）在资本密集型行业都表现为显著的负值，而在劳动密集型行业基本都表现为不显著的负值，表明国有内资部门中企业规模的增加在技术密集型行业同样会产生显著的规模经济效应，但在国有劳动密集型行业规模对技术效率的推动作用并不显著。出口比重（EXS）变量在技术密集型行业和劳动密集型行业估计参数都为负值，但只有模型 L1，L2，L3 中的估计参数表现为显著的负值，表明出口的增加总体上会在一定程度上促进国有内资行业技术效率的增长，并且对劳动密集型行业技术效率的促进作用相对更为显著。无形资产比重（INC）变量在技术和劳动密集型行业的所有估计参数都表现为不显著的负值，表明无形资产的增加同样没有显著促进国有内资行业技术效率的提升。

在控制了规模、出口、无形资产变量的基础上，重点考察外资对国有内资部门的技术外溢效应。外资外溢变量在技术密集型行业的参数估计结果显示：全部外资（AFS）、港澳台地区外资（HMT）、其他外资（WEST）外溢变量所有的估计参数都不显著，表明港澳台地区外资和其他外资都没有对国有技术密集型行业产生显著的技术外溢效应。外溢变量在劳动密集型行业的参数估计结果显示：技术外溢变量 AFS、HMT、WEST 所有估计参数都在 1% 的显著性水平上表现为正值，模型 L2，L4，L6 估计结果显示，全部外资每增加 1%，国有内资部门在劳动密集型行业的技术无效率性会增加 10.18%；港澳台外资每增加 1%，相应的技术无效率性会增加 3.88%；而其他外资每增加 1%，技术的无效率性会增加 3.03%，这表明外商直接投资不仅没有推动国有劳动密集型行业技术效率的增长，反而产生了显著的负向技术效率外溢，阻碍了国有劳动密集型行业的技术效率增长，并且港澳台地区的外资相对于其他外资对国有劳动密集型行业技术效率的负向外溢效应更大。对上述的经验结果至少可以从以下两个方面做出解释：首先，国有企业在技术密集型行业具有

表1-6

FDI对全部内资行业技术效率外溢（样本数：N = 70 × 4）

| | 技术密集型行业 | | | | | | 劳动密集型行业 | | | | | |
	T.1	T.2	T.3	T.4	T.5	T.6	L.1	L.2	L.3	L.4	L.5	L.6
K	0.5106* (12.27)	0.9585* (2.21)	0.5622* (13.47)	1.4950* (3.40)	0.5165* (14.68)	0.2136 (0.51)	0.5122* (14.73)	0.6061# (1.77)	0.5482* (13.68)	0.6456** (2.24)	0.5349* (13.34)	0.1957 (0.58)
L	0.4849* (9.41)	-0.1425 (-0.25)	0.4378* (9.27)	-0.2118 (-0.37)	0.4832* (21.10)	0.8739 (1.55)	0.4160* (10.11)	0.6234 (1.50)	0.3747* (8.28)	0.6940# (1.93)	0.3847** (10.44)	1.1987** (2.78)
K^2		-0.0745 (-1.37)		-0.1161** (-2.05)		0.0185 (0.34)		0.0645** (2.11)		0.0276 (1.15)		0.0983* (2.97)
L^2		-0.0104* (-7.22)		-0.1241# (-1.68)		0.0065 (0.10)		0.1108* (2.27)		0.0632 (1.48)		0.1322* (2.52)
$K \times L$		0.1644 (1.33)		0.2276# (1.77)		-0.0303 (-0.25)		-0.1793** (-2.43)		-0.1010 (-1.63)		-0.2428* (-3.01)
	无效率模型											
SCALE	-0.0123* (-36.30)	-0.0098* (-16.93)	-0.0090* (-8.22)	-0.0115* (-14.48)	-0.0101* (-8.61)	-0.0087* (-33.41)	-0.0180** (-2.10)	-0.0151# (-1.81)	-0.0207* (-2.95)	-0.0382* (-4.51)	-0.0241* (-9.84)	-0.0210* (-3.06)
EXS	0.0060** (2.19)	-0.0024 (-1.08)	-0.0209 (-1.28)	0.0009 (0.36)	0.0117* (18.26)	-0.0031 (-4.04)	0.0041** (2.11)	0.0039* (2.23)	0.0041 (1.64)	0.0055* (3.34)	0.0038* (3.28)	0.0058* (2.99)
INC	0.0464* (5.21)	0.0257* (6.62)	0.0122 (0.80)	0.0154** (2.01)	0.0635* (7.56)	0.0708* (13.05)	0.0292 (1.18)	0.0176 (1.00)	0.0334 (1.37)	0.0103 (0.82)	0.0047 (0.29)	0.0212 (0.99)
AFS	-0.0176* (-19.97)						-0.0035# (-1.77)	-0.0020 (-1.31)				
HMT			-0.0077 (-0.28)	-0.0058** (-1.98)					-0.0057# (-1.73)	0.0001 (0.05)		
WEST					-0.0275* (-21.02)	-0.0155* (-16.45)					0.0001 (0.06)	-0.0023 (-1.13)
σ^2	0.1203* (6.97)	0.0774* (9.91)	0.1641* (17.62)	0.0802* (11.59)	0.0954* (19.97)	0.0853* (10.35)	0.0739* (7.45)	0.0684* (9.97)	0.0861* (6.70)	0.0555* (11.43)	0.0594* (12.73)	0.0704* (8.27)
γ	0.0584* (4.96)	0.0217* (4.62)	0.0806* (6.01)	0.0473* (6.59)	0.0732* (5.98)	0.0400* (11.15)	0.4244* (4.03)	0.2275* (3.01)	0.5069* (4.30)	0.9654* (29.10)	0.3190* (7.90)	0.4256* (5.60)
LR	152.71	181.60	88.68	189.07	124.05	155.75	88.06	87.49	86.87	124.00	113.56	91.47

注：1. 括号内为t检验值，*、**、# 分别表示1%、5%、10%的显著性水平；2. 节省篇幅，未列出常数项和对数似然函数值。

表1-7　FDI对国有内资行业技术效率外溢（样本数：N=70×4）

	技术密集型行业						劳动密集型行业					
	T.1	T.2	T.3	T.4	T.5	T.6	L.1	L.2	L.3	L.4	L.5	L.6
K	0.6412* (8.53)	-0.0419 (-0.07)	0.6552* (6.93)	0.1776 (0.60)	0.6363* (8.10)	1.4212** (2.31)	0.5487* (12.40)	-1.1654* (-4.93)	0.5461* (14.15)	-0.8490* (-3.01)	0.5717* (12.28)	-0.7564* (-3.05)
L	0.3775* (4.41)	0.8836 (1.10)	0.3539* (3.52)	0.5832 (0.84)	0.3797* (4.37)	0.1231 (0.15)	0.4787* (8.48)	2.0574* (7.46)	0.4887* (9.63)	2.1676* (5.86)	0.4612* (7.27)	2.0474* (6.68)
K^2		0.0412 (0.49)		-0.0207 (-0.39)		0.0036 (0.04)		0.0411 (1.42)		0.0615 (1.50)		0.0322 (0.94)
L^2		0.0096 (0.08)		-0.0952 (-0.88)		0.0891 (0.74)		-0.1447** (-2.34)		-0.0747 (-1.06)		-0.1230# (-1.83)
$K \times L$		-0.0490 (-0.24)		0.1130 (1.16)		-0.0994 (-0.49)		0.0747 (0.87)		-0.0248 (-0.23)		0.0508 (0.53)
无效率模型												
SCALE	-0.0069* (-4.32)	-0.0058* (-3.06)	-0.0067** (-2.23)	-0.0011* (-4.54)	-0.0069* (-4.35)	-0.0080* (-8.15)	-0.0099 (-0.52)	-0.0128 (-0.78)	-0.0191 (-1.02)	-0.0488 (-1.52)	-0.0517# (-1.81)	-0.0493 (-1.58)
EXS	-0.0029 (-0.65)	-0.0091 (-1.39)	-0.0034 (-0.73)	-0.0035 (-0.89)	-0.0013 (-0.26)	-0.0004 (-0.14)	-0.0439* (-2.64)	-0.0549* (-4.36)	-0.0675* (-3.77)	-0.0086 (-1.00)	-0.0079 (-0.77)	-0.0030 (-0.33)
INC	-0.0134 (-0.70)	-0.0166 (-0.52)	-0.0211 (-1.05)	0.0056 (0.15)	-0.0124 (-0.59)	-0.0133 (-1.01)	-0.0247 (-0.57)	-0.0453 (-1.06)	0.0201 (0.39)	0.0048 (0.12)	0.0022 (0.04)	-0.0026 (-0.06)
AFS	0.0005 (0.16)	-0.0002 (-0.03)					0.0923* (3.04)	0.1018* (4.36)				
HMT			0.0082 (1.16)	0.0268 (1.36)					0.1465* (3.26)	0.0388* (3.54)		
WEST					-0.0009 (-0.23)	0.0003 (0.11)					0.0341* (2.93)	0.0303* (2.98)
σ^2	0.2708* (7.93)	0.3109* (8.18)	0.2836* (5.97)	0.2919* (12.49)	0.2567* (7.56)	0.2365* (12.26)	2.7237* (5.07)	2.6100* (6.00)	3.6306* (3.61)	1.0722* (6.13)	1.2796* (7.82)	1.0895* (6.16)
γ	0.3605* (3.68)	0.3046* (4.31)	0.3372* (2.74)	0.0438 (0.89)	0.3657* (3.34)	0.2545* (2.93)	0.9380* (80.56)	0.9477* (85.10)	0.9511* (58.32)	0.9078* (35.60)	0.8998* (42.61)	0.9090* (39.24)
LR	37.00	27.88	39.64	27.24	38.47	74.36	128.58	143.56	122.64	119.10	111.29	116.85

注：1. 括号内为t检验值，*、**、# 分别表示1%、5%、10%的显著性水平；2. 节省篇幅，未列出常数项和对数似然函数值。

表1-8　FDI对非国有内资行业技术效率外溢（样本数：N=70×4）

	技术密集型行业						劳动密集型行业					
	T.1	T.2	T.3	T.4	T.5	T.6	L.1	L.2	L.3	L.4	L.5	L.6
K	0.5947* (13.83)	1.9880* (4.23)	0.6211* (14.60)	2.2685* (4.38)	0.5245* (13.24)	2.0863* (5.35)	0.5406* (14.07)	1.9424* (4.28)	0.6006* (13.26)	1.9559* (6.26)	0.5207* (11.62)	-0.2014 (-0.30)
L	0.3526* (9.03)	-0.5876 (-0.96)	0.3256* (8.90)	-0.6323 (-1.00)	0.4456* (10.38)	-0.6187 (-1.31)	0.4004* (10.18)	-0.6082 (-1.29)	0.3394* (8.31)	-0.6022 (-1.37)	0.4297* (9.26)	1.5576** (2.13)
K^2		-0.0996# (-1.75)		-0.1208** (-2.10)		-0.1055** (-2.52)		-0.1734* (-4.26)		-0.1595* (-4.37)		0.0672 (1.16)
L^2		-0.0401 (-0.62)		-0.0607 (-0.95)		-0.0454 (-0.96)		-0.1596* (-4.04)		-0.1400* (-3.57)		0.0390 (0.77)
$K \times L$		0.1324 (1.08)		0.1656 (1.36)		0.1413 (1.58)		0.3200* (4.11)		0.2867* (3.85)		-0.1243 (-1.14)

无效率模型

	T.1	T.2	T.3	T.4	T.5	T.6	L.1	L.2	L.3	L.4	L.5	L.6
SCALE	-0.0281* (-11.09)	-0.0291* (-12.43)	-0.0291* (-12.63)	-0.0299* (-11.89)	-0.0156* (-7.79)	-0.0283* (-14.19)	-0.0253* (-2.77)	-0.0576* (-13.37)	-0.0169* (-5.34)	-0.0328** (-6.52)	-0.0206** (-2.88)	-0.0162 (-0.69)
EXS	0.0064** (2.75)	0.0070* (3.05)	0.0048* (2.27)	0.0055** (2.79)	0.0024 (1.23)	0.0070* (3.55)	0.0020 (0.94)	0.0039** (2.75)	0.0047* (3.40)	0.0035* (3.74)	0.0014 (0.80)	0.0089 (1.16)
INC	0.0106 (0.86)	0.0141 (1.13)	0.0106 (0.83)	0.0179 (1.60)	0.0223* (9.02)	0.0196# (1.75)	0.0370* (2.04)	0.0268* (2.44)	0.0160 (1.42)	0.0231** (2.07)	0.0377# (1.81)	-0.0384 (-0.29)
AFS	-0.0049* (-4.55)	-0.0047* (-4.25)	-0.0049 (-1.49)	-0.0048# (-1.88)		-0.0039# (-2.34)	0.0001 (0.15)					
HMT									0.0002 (0.12)	0.0001 (0.11)		
WEST					-0.0132* (-6.25)	-0.0072* (-4.46)					-0.0040 (-0.83)	-0.0017 (-0.08)
σ^2	0.0589* (14.55)	0.0551* (10.71)	0.0634* (11.88)	0.0596* (11.55)	0.1158* (10.86)	0.0535* (10.95)	0.0785* (7.09)	0.0525* (11.31)	0.0585* (10.37)	0.0546* (15.60)	0.0794* (9.16)	0.0863* (10.57)
γ	0.2216* (2.88)	0.2804* (4.15)	0.2684* (4.66)	0.3055* (4.51)	0.0475* (2.57)	0.2137* (4.14)	0.4795* (4.13)	0.9819* (53.89)	0.0000 (1.19)	0.0000 (0.01)	0.3633* (2.59)	0.1764 (0.82)
LR	190.07	200.21	172.63	184.51	47.46	205.55	66.03	126.83	88.75	101.29	64.80	14.75

注：1. 括号内为t检验值，*，**，***，#分别表示1%，5%，10%的显著性水平；2. 节省篇幅，未列出常数项和对数似然函数值。

较强的垄断优势，缺乏激烈的市场竞争约束，行政管理效率低下，法人治理结构不够完善，资金存在预算软约束现象，这些因素在很大程度上限制了国有内资部门的技术吸收能力，尽管国有企业相对于非国有企业在规模、研发和人力资本投入、资本密集度方面具有优势，但由于缺乏足够的市场竞争约束，国有企业相对于非国有企业向外资企业学习的积极性和激励性要远低于非国有企业，并且国有企业的经营除了获取更多的利润之外，还肩负着提供公共服务和产品、扩大就业等与经济效率提升相背离的社会责任，所有的这些因素都在一定程度上限制了外资对国有内资部门产生正向的技术外溢效应。其次，在劳动密集型行业，国有企业和外商直接投资企业在人员流动、市场占有、原材料采购等方面存在较强的竞争关系，相对于非国有企业，国有企业在劳动密集行业相对于外资企业成本优势不明显、市场竞争和应变能力较低。外资企业的进入侵占了国有内资行业的市场份额，部分国有企业被迫退出市场，提升了国有劳动密集型行业的平均生产成本，对国有企业产生了负向的竞争外溢效应。而且来自港澳台地区的外资企业相对于国有企业在劳动密集型行业可能更具竞争优势，对国有企业的负向竞争外溢作用更大。

（3）外商直接投资对非国有内资行业的技术效率外溢

表1-8给出了外资对非国有内资部门在技术和劳动密集型行业随机前沿生产函数和无效率模型中变量的参数估计结果。规模变量（SCALE）的估计参数基本都表现为显著的负值，表明非国有内资企业规模的增长同样会产生显著的规模经济效应，促进技术效率的提升。出口比重变量（EXS）多数的估计参数都表现为显著的正值，表明非国有内资部门的出口增长不仅没有促进技术效率的提升，而且在总体上还对技术效率的增长产生了负作用，同样可能的原因在于非国有内资部门的出口主要依赖于低成本优势，大量持续的出口

恶化了贸易条件，阻碍了技术效率的增长。无形资产变量（INC）的估计参数基本都表现为正值，但在技术密集型行业中模型 T2，T4，T6 的估计参数却基本不显著，而在劳动密集行业中更为可靠的模型 L1，L3，L5 的估计参数都表现为显著正值，表明无形资产的增长对非国有的技术密集型行业的技术效率增长没有显著的促进作用，而对非国有劳动密集行业的技术效率产生了显著的负作用。可能的原因仍然在于非国有部门的无形资产主要由非知识性的无形资产构成，知识性的无形资产比重过低产生了较大的摊销费用，增加了企业的生产成本，对技术效率的增长产生了负作用。

这里仍然主要关注全部外资、港澳台地区外资、其他外资对非国有内资部门在技术密集型和劳动密集型行业技术外溢大小、方向及差异性。在技术密集型行业，全部外资变量（AFS）的估计参数都在 1% 的显著性水平上表现为负值，表明外资进入总体上显著地降低了非国有内资部门的技术无效率性，产生了显著的正向技术效率外溢；港澳台地区外资变量（HMT）估计参数都为负值，但只有模型 T4 的估计参数在 10% 的水平上显著，表明港澳台地区外资在技术密集型行业对非国有内资部门技术外溢效应总体上并不明显；其他外资变量（WEST）的估计参数都在 1% 的显著性水平上表现为负值，表明其他外资对非国有内资部门产生了显著的正向技术效率外溢。模型 T2，T4，T6 估计参数的大小还表明其他外资相对于港澳台地区外资对非国有内资部门的技术外溢作用较大，估计参数结果显示：港澳台地区外资每增长 1%，非国有内资部门技术效率增长 0.48%；而其他外资每增长 1%，相应的技术效率增长 0.72%。在劳动密集型行业，模型 L2，L4，L6 的外资外溢变量的估计参数都不显著，而相对更为可靠的模型 L1，L3，L5 的参数估计结果显示：全部外资变量（AFS）的估计参数在 5% 的显著性水平上表现为负值，表明外资进入总体上对非国有劳动密集型内资行业存在一定程度的技术外溢效应。全部外资每增加 1%，非国有劳动密集型内资行业的技术效率会增长 0.39%。而港澳台地区的外资（HMT）变量估计参数表现为不显著的正值，其他外资（WEST）变量的估计参数则表现为不显著的负值。从总体来看，外资对非国有部门在技术和劳动密集型行业技术外溢特征与外资对全部内资行业技术外溢特征基本一致，外资对非国有内资行业的技术外溢同样主要体现在技术密集型行业，并且在技术密集型行业外溢效应主要是由其他外商直接投资的进入而产生的，而外资对非国有内资部门的技术外溢与外资对国有内资部门的技术外溢特征则存在显著的差异，无论在技术密集型还是劳动密集型行业，外资对非国有部门相对于国有部门更有可能产生正向的技术外溢效应。上述经验结果一方面说明外资对内资行业的正向技术外溢主要产生在非国有内资行业；另一方面也进一步验证了非国有企业相对于国有企业受市场竞争的约束较强、市场竞争力和灵活性较高、向外资企业学习和模仿的激励性和积极性较高、总体上技术吸收能力较强，从而更有可能产生正向技术外溢的判断。

3. 小结及评述

外商直接投资企业的技术外溢是一个复杂的过程，大量的经验研究表明单纯考察外资是否会对东道国产业在总体上产生技术外溢难以得到明确一致的结论，外资技术外溢的方向和大小取决于内资行业的技术水平和吸收能力、内资行业的特征差异、外资企业的特征等一系列因素。基于随机前沿分析方法，本章采用中国 2002—2005 年 140 个细分的制造业面板数据，从内资制造行业的技术密集度差异、内资部门本身的所有权特征、外商直接投资企业的特征角度考察了外资对中国内资制造业技术效率外溢的差异性。(1) 从外资对全部内资部门在技术密集型和劳动密集型行业技术外溢的差异性来看，外商直接投资对技术密集型行业产生了显著的正向技术外溢效应，而对劳动密集行业并没有显著的外溢效应。一方面说明外资在技术密集型行业相对于内资部门具有显著的技术所有权优势，外资企业的进入显著地促进了内资技术密集型行业生产效率的提升；另一方面也表明内资部门在技术密集型行业本身的研发投入和人力资本的投入较为集中，并且向外资企业学习模仿的动力和激励性较高，技术外溢的空间和可能性较大。而在劳动密集型行业，外资企业总体上并没有显著的技术优势和竞争优势，内资部门向外资企业学习的机会和空间较小，外资企业也没有通过竞争方式显著地促进全部内资部门在劳动密集型行业技术效率的提升。（2）从外商直接投资对国有内资部门和非国有内资部门技术外溢的差异性来看，外资对国有内资部门在技术密集行业并没有显著的技术外溢效应，并且在劳动密集型行业对国有内资部门产生了显著的负向竞争外溢效应；外资对非国有内资部门不仅在技术密集型行业产生了显著的正向技术外溢效应，而且在劳动密集型行业总体上也存在一定程度的正向技术外溢效应。内资部门的所有权特征差异对外资技术外溢效应具有显著的影响，外资对内资部门的技术外溢主要产生在非国有内资部门，可能的原因在于国有部门相对于非国有部门行政管理效率较低、激励机制尚不完善、资金预算软约束等因素在很大程度上降低了国有内资部门在技术密集行业的技术吸收能力以及在劳动密集行业的市场竞争力，总体上限制了外资对国有内资行业产生正向的技术外溢。（3）从外资企业的特征对内资部门的技术外溢来看，外资在全部内资和非国有内资部门技术外溢的经验结果都表明：主要以发达国家为主的其他外商直接投资相对于港澳台地区的外资在技术密集型行业技术外溢作用更大并且更为显著，而港澳台外资对国有劳动密集型行业的负向竞争外溢作用相对较大，说明其他外商直接投资相对于内资部门技术所有权优势更加明显，对内资技术密集型行业技术外溢和扩散的空间较大，港澳台投资企业在劳动密集型行业的竞争优势则更为显著。上述的经验结论一方面论证了中国长期以来积极鼓励研发能力较强和技术水平较高的外资进入这一政策的科学性和合理性；另一方面也揭示出扩大外资的正向外溢效应，除了促进内资行业人力资本积累和研发水平来提升技术吸收能力之外，注重制度机制的改变和创新，不断完善国有企业的法人治理结构，建立健全有效的激励和竞争机制也是促进外资对国有内资部门产生正向技术外溢的有效途径。

第二章

外资渗透与出口产品
质量的国际比较

对外贸易长期作为中国经济增长的重要驱动力,促进贸易增长方式转变,从依靠数量扩张转变为依靠产品质量升级提升竞争力,提高出口产品的国内附加值和贸易利得,一直是实现中国经济转型的重要内容。中国目前已经跃居世界第一货物贸易大国,正如 Hausmann 等(2006)所强调的一样,从出口对经济发展影响的质量和持续性来看,重要的是出口了什么而不是出口了多少。特别是过去 10 多年来,中国出口产品在全球市场份额的显著提升是否体现了"中国制造"从依靠低成本的价格竞争优势逐步向依靠产品质量提升的变化趋势?中国与主要发达国家的出口产品质量差距是否在显著地缩小?与其他主要新兴经济体相比,中国出口产品质量是否具有相对优势?在全球产品价值链分工趋势更加明显的背景下,如何认识和比较不同国家出口产品的相对质量?各国对发达国家市场和发展中国家市场出口产品相对质量是否存在显著区别?显然回答上述问题对于准确把握中国出口产品质量在全球中的相对位置,明确中国出口产品质量升级变化趋势,正确认识中国出口产品在国际产品分工中的地位具有重要的现实意义。

对于出口产品质量的测度一直是国际经济学领域重要的研究课题。最为简单直观的方法是采用出口产品的单位价值进行测度（Schott，2004；Hallak，2006），由于出口产品质量只是决定价格变化的众多因素之一，因此直接采用该方法测度比较产品质量差异受到了较大的质疑。近年来，一些研究开始采用多维度信息来推测产品质量的变化，比如 Khandelwal（2010），Amiti，Khandelwal，2013）同时通过产品市场份额和产品价格信息来推测产品质量。测度的基本原理为：在控制产品价格前提下，产品能够获取的市场份额越高，代表消费者对产品的认可度就越高，也就表示该产品的质量越高。Hallak 和 Schott（2011）基于全新的理论分析框架，采用出口价格和贸易差额信息，将出口产品价格分解为质量指标和纯净价格指标，测度了不同国家出口产品质量在 1989—2003 年的变化状况。Piveteau 和 Smagghue（2013）基于产品需求方程，利用进口份额与汇率交叉项作为产品价格的工具变量，考察低工资国家进口竞争情形下法国企业产品质量在 1995—2010 年的变化特征。而另外的一些学者则采用更为直接的质量信息来测度产品质量的变化，比如 Verhoogen（2008）采用了 ISO9000 国际质量标准认证作为出口产品质量的评价指标。Crozet 等（2011）采用了法国葡萄酒等级分类的详细信息对香槟酒的质量进行了准确的区分。

过去 20 多年来，中国不仅出口增速迅猛，而且从出口产品的复杂度和发达国家出口产品的重叠度来看远超过目前中国人均收入水平应该达到的阶段，具有显著的独特性（Rodik，2006；Schott et al.，2008）。很多采用 2004 年之前的相关数据的研究表明，尽管中国的出口产品在世界市场的份额增长较快，但其比较优势仍然是依赖低成本，价格竞争，其出口产品质量相对于其他竞争者并没有得到显著地提高（Khandelwal，2010；Hallak，Schott，2011；Fontagné et al.，2008；Xu，2010）。与上述研究不同的是，Pula 和 Santabarbara（2011）采用欧盟 1995—2007 年的海关进口数据研究发现中国对欧盟的出口市场份额并非完全依赖价格竞争，其出口产品质量也在逐步提高，与许多其他竞争者相比，中国对欧盟市场的产品质量提升具有显著的优势，并且中国出口产品质量提升与快速融入全球生产网络体系存在密切关系。Vandenbussche 等（2013）考察了中国相对于欧盟在服装制造行业 2000—2009 年出口产品质量的变化状况，表明中国服装纺织类产品在出口市场份额上升的同时与欧盟国家出口的相对价格差距也在逐步缩小，表明中国服装纺织出口产品的质量在不断提高。近年来，国内学者同样对中国出口产品质量的变化状况做了多方面的研究（李坤望等，2014；王永进、施炳展，2014；张杰等，2014），并且均认为中国的出口产品质量在样本期内并没有得到显著地提升，甚至出现了一定程度的下降趋势，出口产品质量与出口企业的所有权性质和贸易方式存在密切关系。这里需要强调的是：一是国内已有的研究主要采用了中国海关 2000—2006 年企业数据库进行测度分析，时间跨度较短并且主要是基于时间维度的纵向比较研究。由于产品质量变化是一个缓慢的过程并且是一个相对概念，通过对比不同国家在不同时期的出口产品质量显然更能揭示一国出口在国际分工中的相对地位和作用，也更能明确一国出口产品质量升级的相对变化状况。二是尽管已有的国外研究主要从跨国的研究比较了中国与其他国家出口产品的相对质量，但多数研究均采用了 2004 年之前的贸易数据，由于中国与很多国家在不同时期的出口结构特征变化非常明显，出口产品质量在近年来（特别是近 10 多年来）相对于更早时期的变化可能会呈现截然不同的趋势。基于上述考虑，本书在经验测度方面对已有研究主要进行了两方面扩展：

一是基于 Barry（1994）的理论分析方法，重新界定了市场份额的计算方法，扩展了经验分析框架，基于出口市场份额和出口产品价格双重信息测度产品质量的经验分析方法；二是采用CEPII－BACI 数据库1998—2012 年 200 多个国家和地区最新的 HS 六位码双边贸易数据信息（原始观测值超过 9749 万条），全面对比分析了 53 个国家和地区（包括全部发达国家和主要新兴经济体）出口产品质量的分布和变化状况。

测度出口产品需要重点考虑的一个问题是：由于全球价值链分工趋势的日趋明显，各国出口产品价值不仅存在重复计算的问题而且都涵盖了不同程度的外国增加值（Koopman et al.，2014；Johnson et al.，2012；Timmer et al.，2014）。在全球产品价值链的分工模式下对测度出口产品质量至少提出了两方面挑战：一方面是由于各国出口产品可能循环往复地进入本国和其国家进行加工和增值过程，造成各国出口统计中出现了很多重复计算的部分，因此在不控制各国出口产品的价值增值差异情况下，直接采用各国的出口市场份额信息来测度产品质量可能会严重高估本国增加值产生的市场占有率，进而对出口产品质量测度会产生显著偏差；另一方面，由于出口产品的价格与产品的价值增值环节存在密切关系，即出口产品价格很大程度上取决于进口中间产品的价格。因此，一国出口产品中最终包含多大程度的外国增加值比重不仅会对出口产品市场份额，同样会对出口产品的价格产生显著影响作用。显然，在采用市场份额和产品价格等多重信息来推测出口产品质量的分析框架下，是否考虑外国增加值的影响作用可能会产生截然不同的结果。虽然已有的跨国研究强调了中国加工贸易和中国融入全球生产网络对测度产品质量的影响作用，但并未将出口产品中的外国增加值影响作用纳入经验分析框架中进行统一对比分析。需要特别强调的是：不仅包括中国在内的新兴市场国家，而且在很多发达国家的出口产品价值中同样可能包括了大量的外国增加值（OECD-TiVA 统计数据显示）。尽管已有的相关研究强调和对比了中国一般贸易和加工贸易出口产品质量的差别，但是在一般贸易模式下出口产品同样可能包含了很多高附加值的外国进口中间产品。基于上述考虑，本书将 OECD-TiVA 行业层面的贸易增加值数据库和 BACI 全球产品贸易产品数据库相结合，基于经验框架分别考察了在控制与不控制外国增加值影响的条件下，53 个国家产品质量的相对分布和变化状况。

　　测度出口产品质量另外一个需要关注的问题是：按照国际贸易林德需求偏好假说（Linder Hypothesis）理论，相同收入水平的国家不仅更容易发生贸易，并且由于发达国家消费者对产品质量具有更强烈的偏好特征，各国会更倾向于对高收入国家出口更高质量的产品。近年来，许多的研究开始从不同的角度、从理论和经验层面对需求偏好假说做了检验（Hallak，2006；Manova and Zhang，2009；Brambilla et al.，2010；Butaos，2011；Fajgelbaum et al.，2011；Crino and Epifani，2012；Picard，2013），强调了出口产品的质量水平在很大程度上取决于贸易的地理方向（Where you export matters）。尽管很多的研究主要强调和检验出口产品质量与进口目的地人均收入水平之间存在显著的正相关关系，但已有的跨国比较研究主要考察了不同国家对主要发达国家市场（主要是美国和欧盟 15 国市场）的质量梯度（quality ladder）分布特征，而对于各国对发展中国家市场出口产品质量的分布特征很少涉及。与已有相关研究不同，为了对比各国对发达国家和发展中国家市场出口产品质量分布特征的差异性，本章将全球的进口市场划分为发达国家市场以及发展中国家市场，对比考察 53 个国家及地区分别对发达国家市场和发展中国家市场出口质量的分布特征和差异。本章其他内容结构如下：第一节提出本章测度出口产品质量理论和经验分析框架；第二节包括数据的来源、处理过程、描述性统计以及对经验方程回归结果的对比；第三节主要基于经验回归结果，对出口产品质量进行国际比较，给出相应的解释和论证；最后是本章的主要结论和政策含义。

第一节 理论与经验分析框架

一 理论分析框架

这里主要基于 Berry（1994），Berry 等（1995）关于消费者对差异化产品需求的离散选择模型来推导测度产品质量的经验方程。消费者 i 购买产品 j 的效用函数（U_{ij}）可以表示为：

$$U_{ijt} = x_{jt}\widehat{\beta_i} - \alpha p_{jt} + \xi_{jt} + \epsilon_{ijt} \tag{1}$$

$\widehat{\beta_i}$ 表示消费者对 j 产品的特征 x（对研究人员可观测的变量）的偏好系数，p_{jt} 表示产品的价格水平，ξ_{jt} 表示产品的垂直化特征（对研究人员不可观测），即产品的质量：可以分解为三部分 $\xi_{jt} = \xi_j + \xi_t + \Delta\xi_{jt}$。其中，$\xi_j$ 表示不随时间变化的产品特征；ξ_t 表示对所有产品的需求冲击效应；$\Delta\xi_{jt}$ 表示偏离平均质量水平的固定效应；误差项 ϵ_{ijt} 表示产品的水平化特征，用来控制消费者的独特的偏好差异，比如为什么有些消费者会选择价格高但质量不高的产品。消费者对产品特征 k 随机偏好系数可以表示为：

$$\widehat{\beta_{ik}} = \beta_k + \sigma_k\eta_{ik} \tag{2}$$

β_k 表示消费者 i 对产品特征 k 的平均偏好系数，σ_k 表示对产品特征 k 偏好替代系数，η_{ik} 为满足独立同分布假设的随机偏好系数，由方程式（1）和（2）可以得到：

$$U_{ijt} = x_{jt}\beta - \alpha p_{jt} + \xi_{jt} + \sum_k x_{jkt}\sigma_k\eta_{ik} + \epsilon_{ijt} \tag{3}$$

其中 $\delta_{jt} = x_{jt}\beta - \alpha p_{jt} + \xi_{jt}$ 表示消费者选择产品 j 的平均效用水平，而 $\phi_{ijt} = \sum_k x_{jkt}\sigma_k\eta_{ik} + \epsilon_{ijt}$ 表示消费者的随机偏好特征。如果直接基于多元 Logit 离散选择函数来刻画消费者的随机偏好特征，其基本的假设条件是消费者选择不同产品的交叉弹性系数是不变的，或者消费者选择一种商品对其他商品之间的替代率是恒定不变的（Independent and Irrelevant Alternatives，IIA），因此消费者的随机偏好系数只是通过误差项 ϵ_{ijt} 来刻画。显然 IIA 的假设条件过于苛刻。由于现实的多数情况下，相似产品之间的交叉弹性和替代率远高于不同类别产品之间的替代率，因此为了更接近现实情况，采用更为灵活的嵌套（Nested）或者混合（Mixed）离散选择函数来刻画消费者就随机偏好和选择行为显然更为合理。为了简单起见，本书同样采用了Nest-Logit 函数来刻画消费者的随机偏好系数，假设消费者可供选择的商品可以分为 $g+1$ 个互斥组，$G = [0，1，2\cdots g]$，消费者就可以选择内部的产品种类 $g = [1，2，\cdots g]$，也可以选择外部的产品种类 $g = 0$，同一组内产品之间具有相同的替代率，而不同组间产品的替代率存在差别，消费者的效用函数可以表示为：

$$U_{ijt} = \delta_{jt} + \zeta_{jgt} + (1 - \sigma)\epsilon_{ijt} \tag{4}$$

$0 \leqslant \sigma < 1$，当 σ 趋近于 1，表示组内产品的接近完全替代；反之，当 $\sigma = 0$ 表示组内产品的替代率为零，消费者的随机偏好可以直接用多元 Logit 函数刻画，ζ_{jg} 对选择组内产品的消费者具有相同的效用，其服从的分布形式取决于 σ。Cardell（1991）的研究证明，由于 ζ_{jg} 服从单一的分布形式，如果 ϵ_{ijt} 服从极值函数分布形式 $\exp(-\exp(-\epsilon))$，那么 $\zeta_{jgt} + (1 - \sigma)\epsilon_{ijt}$ 同样服从极值分布函数形式。假设存在无限数量消费者，产品 j 在对应组 g 的市场份额可以表示为：

$$S_{j,g,t} = \exp\left(\frac{\delta_{jt}}{1 - \sigma}\right) \Big/ \sum_{j \in g} \exp\left(\frac{\delta_{jt}}{1 - \sigma}\right) \tag{5}$$

消费者在 g 个内部互斥组中，选择 g 组的概率，即 g 组产品总的市场份额为：

$$S_{g,G,t} = \frac{(\sum_{j \in g} \exp(\frac{\delta_{jt}}{1-\sigma}))^{1-\sigma}}{(\sum_{g \in G} \sum_{j \in g} \exp(\frac{\delta_{jt}}{1-\sigma}))^{1-\sigma}} \qquad (6)$$

消费者选择内部产品 j 的市场份额为：

$$S_{j,t} = S_{j,g,t} \cdot S_{g,G,t} = \frac{\exp(\frac{\delta_{jt}}{1-\sigma})}{(\sum_{j \in g} \exp(\frac{\delta_{jt}}{1-\sigma}))^{\sigma} \cdot (\sum_{g \in G} \sum_{j \in g} \exp(\frac{\delta_{jt}}{1-\sigma}))^{1-\sigma}} \qquad (7)$$

对方程式（7）两边取自然对数可得：

$$\ln(S_{j,t}) = \frac{\delta_{j,t}}{(1-\sigma)} - \sigma \ln(\sum_{j \in g} \exp(\frac{\delta_{jt}}{1-\sigma})) + e \qquad (8)$$

其中 $e = -(1-\sigma)\ln(\sum_{g \in G} \sum_{j \in g} \exp(\frac{\delta_{jt}}{1-\sigma}))$

对方程式（5）两边取自然对数可得：

$$\ln(S_{j,g,t}) = \frac{\delta_{j,t}}{(1-\sigma)} - \ln(\sum_{j \in g} \exp(\frac{\delta_{jt}}{1-\sigma})) \qquad (9)$$

由（8）和（9）可得：

$$\ln(S_{j,t}) = \delta_{j,t} + \sigma \ln(S_{j,g,t}) + e \qquad (10)$$

由于消费者同时可以选择外部产品，为了简化分析，假设消费者选择外部产品的效用标准化为零（ $\delta_{0,t} = 0$ ），且外部产品只有一组（ $g = 0$ ），可得：

$$S_{0,t} = S_{0,g,t} \cdot S_{0,G,t} = \frac{1}{(\sum_{g \in G} \sum_{j \in g} \exp(\frac{\delta_{jt}}{1-\sigma}))^{1-\sigma}} \qquad (11)$$

对方程（11）两边取自然对数，结合方程（10）可得：

$$\ln(S_{j,t}) = x_{jt}\beta - \alpha p_{jt} + \xi_{jt} + \sigma \ln(S_{j,g,t}) \qquad (12)$$

基于消费者偏好理论推导方程显示：控制了产品价格和其他影响产品市场份额的因素（对研究人员可观测的因素）之后，可以通过估计方程（12）的误差项间接得到产品质量的估计值，即控制产品价格和其他影响市场份额的因素之后，如果一种产品仍然具有较高的市场份额，则表示消费者对该产品的认可度就越高，产品的质量也越高。

二　经验分析框架

基于上述的理论推导方程和第一部分对出口产品质量测度需要考虑的具体问题论述，可以确定本书的经验分析框架：

$$Ln(S_{i,j,t}) = \alpha P_{i,j,t} + \beta_1 Ln(FVS_{i,s,t}) + \beta_2 Ln(S^g_{i,j,t}) + \beta_3 Ln(POP_{i,t})$$
$$+ Ln(XRR_{i,t}) + \xi_{i,j,t} \tag{13}$$

$$\xi_{i,j,t} = \xi_{i,j} + \xi_t + \Delta\xi_{i,j,t}$$

方程（13）中 $S_{i,j,t}$ 表示 i 国出口产品 j 的市场份额。由上述的理论分析框架可知，如何确定市场份额是一个关键性的问题，已有的研究（Khandelwal，2010；Pula and Santabarbara，2011）主要假设出口目的地消费者的外部选择市场为国内市场，因此总的市场规模界定为目的地进口市场规模和国内市场规模之和，即考虑进口产品和国内产品之间的替代性，不考虑进口来源地（出口国家）产品之间的替代性。由于对大多数国家很难获取国内市场产品分类和海关 HS 产品分类对接的准确信息，采用目的地国内市场作为消费者的外部选择市场在很大程度上限制了其应用的范围，并且由于进口产品和各国国内产品特征存在较大差异，而不同国家对同一目的地市场的出口产品之间可能存在更为显著的替代效应。基于上述考虑，本书假设目的地国内市场规模是相对稳定的，消费者倾向于在不同国家的进口产品之间进行选择消费。由于本书主要测度 53 个国家和地区对发达国家和发展中国家市场的出口产品质量，基于本书的假设，目的地消费者的内部选择为 53 个国家和地区出口产品，而外部选择为其他国家和地区的出口产品，因此总的出口市场规模为全球所有国家及地区对目的地国家的出口。基于上述假设和对市场规模界定之后，可以将 $S_{i,j,t}$ 表示为：

$$S_{i,j,t} = EXP_{i,j,t} / TEXP_{jt}$$

$EXP_{i,j,t}$ 表示 i 国对发达国家或者发展中国家市场 j 产品的出口额，$TEXP_{jt}$ 表示全球所有国家对发达或者发展中国家市场 j 产品的出口额。

$P_{i,j,t}$ 为相应的出口产品价格，这里采用了 BACI 经过统一度量标准之后的 HS 六位码 CIF 出口产品单位价值来表示。由于本书主要分析对发达国家和发展中国家总体市场的产品质量，因此这里的 $P_{i,j,t}$ 为对目的地市场的出口加权平均价格水平，即：

$$P_{i,j,t} = \sum_C w_{icjt} \cdot p_{icjt} \tag{14}$$

其中 p_{icjt} 表示 i 国对 c 国出口 j 产品的价格，w_{icjt} 表示权重，这里采用 i 国对 c 国出口 j 产品占 i 国对目的地市场出口 j 产品总额的比重来表示。C 表示出口目的地市场国家（24 个发达国家或者发展中国家总的进口市场）。由于出口价格中包括了关税、国内税收、生产成本、运输成本、非关税壁垒、贸易自由化协定及安排等众多影响市场份额的因素，因此控制了价格以后就控制了绝大部分影响市场份额变化的因素。由于价格相对于市场份额的变化是一个显著的内生变量，因此对价格参数的估计需要采用工具变量进行识别。由于贸易成本和出口产品价格存在高度的相关性，和多数的文献一样，本书采用贸易成本作为出口价格的工具变量。尽管出口产品的平均质量水平与贸易成本同样存在显著的相关性，即存在"华盛顿苹果"效应（Hummels and Skiba，2004），但贸易成

本与偏离出口平均质量的固定效应并不存在相关性，即贸易成本
与经验方程中的误差项并不存在相关性，仍然可以采用贸易成本
作为工具变量对出口价格的参数进行识别（Khandelwal，2010；
Amit and Khandelwal，2013；Fernandes and Paunov，2013）。对于贸
易成本的估算是一个较为烦琐的过程，但幸运的是：BACI 提供的
CIF 出口产品金额正好是基于 FOB 出口额加上估算的贸易成本而
得到的，但 BACI 并未直接提供 FOB 出口价格数据。因此本书基于
BACI 提供的 CIF 出口产品金额和相关测算贸易成本的变量指标数
据采用同样的贸易成本估算方程可以反推出各国家出口产品的贸
易成本（Gaulier and Zignago，2010）：

$$Ln(CIF_{ic}^{jt}) = \alpha + \beta Ln(Dist_{ic}) + \chi Ln(Dist_{ic})^2 + \delta\, Contiguity_{ic} + \phi$$

$$Landlock_i + \gamma\, Landlock_c + \eta Ln(UV^j) + \sum_{l=1998}^{2012} \varphi_l\, t_l + \varepsilon_{ic}^{jt} \qquad (15)$$

CIF_{ic}^{jt} 表示 BACI 数据库中表示 i 国对 c 国出口 j 产品的金额，$Dist_{ic}$
表示地理距离，$Contiguity_{ic}$ 表示两国之间是否接壤的虚拟变量，
$Landlock$ 表示是否为内陆国家的虚拟变量，UV^j 表示出口产品的平均
单位价值，t_l 为时间虚拟变量。利用全球贸易数据库对方程（15）进
行 OLS 估计，通过上述变量回归的预测值间接得到各国出口不同产
品的贸易成本总额，用贸易成本总额除以出口数量，可以获得出口
产品的单位贸易成本。将单位贸易成本依据公式（14）以相同的方
式进行加权平均，可以得到出口产品价格 $P_{i,j,t}$ 对应的单位贸易成本
$UTC_{i,j,t}$。

$FVS_{i,s,t}$ 表示 i 国对出口 j 产品对应的行业 $s(j \in s)$ 的外国增加值
比率。本书将分别在经验方程中采用控制 $FVS_{i,s,t}$ 和不控制 $FVS_{i,s,t}$ 变
量估计的结果比对各国出口产品质量的变化特征。同样外国增加值
比率相对于出口产品质量（误差项）是一个内生变量，由于行业出
口产品的种类多少会受到参与全球价值链程度的显著影响，而出口

产品的种类与出口产品的质量并无直接必然的联系，因此这里采用行业对应的出口产品种类数量作为 $FVS_{i,s,t}$ 的工具变量进行经验方程的识别。

$S_{i,j,t}^{g}$ 表示 i 国对出口 j 产品在组内 g 所占的比重，用来控制组内市场份额对出口产品质量测度的影响作用。由于同一组内产品具有相似的特征，本书将 HS 六位码产品按照国际标准产业分类（ISIC_Rev. 3. 1 四位码）归组，将全部产品分别对应到 76 个国际标准产业组，因此 $S_{i,j,t}^{g}$ 表示各产品在对应的国际标准产业分类组中所占的比重。显然，组内份额相对于出口产品市场份额和产品质量是一个显著的内生变量，同样由于每一种产品的组内份额显然与组内产品的种类多少存在显著的相关性，而组内产品种类与出口产品质量（误差项）不存在必然的联系，因此这里同样采用每个产业组内产品种类作为组内市场份额的工具变量进行经验识别。

$POP_{i,t}$ 表示出口国家的人口规模，用来控制更为细分的出口产品标准下出口产品种类数量的多少对出口市场份额的影响作用。由于无论采用 HS 六位码还是 HS 十位码出口产品分类标准，都只是对实际出口产品种类的一种粗略分类。比如即使在 HS 十位码分类标准下内部仍然存在数量众多的不同种类产品，一国在 HS 十位码某类产品中的总体出口市场份额较高，可能与该国在该类产品的内部出口了更多的产品种类有关，并不完全代表该出口产品的质量和竞争力较高。

$XRR_{i,t}$ 表示出口国家货币对美元的名义直接汇率（上升表示本币贬值），用来控制汇率调整其出口产品市场份额的影响作用。显然，由于产品质量变化与汇率调整之间存在相内生性问题，和已有的多数研究文献一样，这里采用原油价格和加权地理距离的交叉项作为名义汇率的工具变量进行经验识别。

为了便于检验工具变量的有效性，在经验方程估计过程中本书同时加入了各国对目的市场的加权地理距离作为工具变量进行 2SLS 估计。

第二节　数据变量处理、描述性统计与经验方程估计结果

一　数据来源、处理及描述性统计

本章采用的全球各国 HS 六位码双边贸易数据均来自 CEPII_BACI 数据库，该贸易数据库提供了 248 个国家和地区 1998—2012 年对 250 个国家及地区 HS（v. 1996）六位码产品的进出口贸易统计信息，原始样本量总计超过 9749 万条。CEPII - BACI 数据库相对于联合国贸易数据库信息具有几个显著的优势：一是该贸易数据库基于联合国贸易数据库将出口产品的度量单位都进行了统一，全部出口的产品的数量均转化为了以吨为计量单位，因此采用该数据计算的出口产品价格具有较好的可比性；二是该数据库对出口产品异常统计值都做了统一调整和剔除，很大程度上减轻了统计误差对经验分析的影响；三是由于各国以 CIF 统计的出口价格存在很大的差异性，并且误差较大，不利于跨国之间的比较分析，而各国 FOB 统计的出口价格较为准确，BACI 依据 FOB 出口单位价格和统一的贸易成本经验方程［见方程（15）］估算出了各国出口不同产品的贸易成本，因此 BACI 提供了更为可靠且更具有比较性的出口金额和出口数量信息。

表 2 - 1　　　　53 个国家及地区对不同市场 HS 六位码分类出口

相关变量的描述性统计

变量	样本数	均值	最小值	1/4 分位	3/4 分位	最大值
对世界市场						
出口份额（%）MS	2260711	1.972	8.40E-07	0.040	1.354309	100
组内份额（%）NMS	2260711	2.328	2.84E-07	0.043	1.203905	100
CIF 单位价格（美元/吨）UV	2260711	144844.7	343.4	6815.27	73493.29	1672138
贸易成本（美元/吨）UTC	2258233	19028.6	0.729	40.16	3513.892	293965.9
外国增加值比重（%）FVS	2252096	32.57	0.404	22.91	41.42068	83.365
组内产品种类 CNUM	2260711	110.4	1	39	150	542
行业内产品种类 INDNUM	2260711	143.2	17.83	72.30	215.8848	229.1
贸易加权地理距离 DIST	2260711	4569.1	1011.5	2394.88	6702.667	13229.09
人口规模（百万）POP	2260711	91.98	0.276	6.93	63.89888	1338.324
美元汇率（2005 = 100）XR	2260711	103.1	19.4	91.57	111.5103	196.309
原油价格 Oilprice	2260711	53.9	13.1	24.95	79.03001	105.0
对发达国家总体市场						
出口份额（%）MS	2040023	2.19	1.27E-06	0.032	1.516	100
组内份额（%）NMS	2040023	2.56	2.14E-06	0.035	1.209	100
CIF 单位价格（美元/吨）UV	2040023	116122	340.0	6591.12	65873.7	1300000
贸易成本（美元/吨）UTC	2040023	37730.5	1.228	80.59	8562.3	534249.3
外国增加值比重（%）FVS	2040023	31.94	0.404	22.75	40.14	83.60
组内产品种类 CNUM	2040023	102.7	1	34	141	542
行业内产品种类 INDNUM	2040023	129.2	15.6	69.87	183.0	213.5
贸易加权地理距离 WDIST	2040023	4933.1	924.5	2027.79	8736.1	13052.6
对发展中国家总体市场						
出口份额（%）MS	2054623	2.15	3.06E-06	0.049	1.374	100
组内份额（%）NMS	2054623	2.58	7.13E-07	0.057	1.362	100
CIF 单位价格（美元/吨）UV	2054623	115921	356.54	6263.37	64965.1	1287529
贸易成本（美元/吨）UTC	2047870	38922.0	2.48	126.45	10065.8	539975.2
外国增加值比重（%）FVS	2054623	33.49	0.405	15.35	46.00	99.64
组内产品种类 CNUM	2054623	102.25	1	36	145	541
行业内产品种类 INDNUM	2054623	130.21	15.25	68.19	193.4	206.2
贸易加权地理距离 WDIST	2054623	4608.7	1027.20	2681.4	5784.0	10660.5

注：依据 CEPII - BACI，OECD - TiVA，PWT 8.0 相关数据整理和计算。

　　本书的经验研究基于 BACI 数据库选取了 53 个主要国家和地区进行分析①，并且对数据进行了如下的调整和处理：一、按照 Rauch（1999）对贸易产品的分类方法，剔除了同质性产品和按协议汇率定价的产品，只保留了差异化的贸易产品；二、剔除了农产品和矿产品，只保留了制成品（ISIC > 3111 & ISIC < 3909）；三、对各国出口产品的金额采用 Penn World Table 8.0 各国的出口价格指数进行了相应的平减调整，2012 年的平减指数基于 1998—2011 年的数据通过填补的方法（IMPUTATION）进行补充；四、剔除了不同国家 HS 六位码出口产品连续观测值少于 5 年的样本；五、尽管 BACI 已经对贸易统计的异常值进行了一定程度的调整，但基于出口额和出口数量计算得到不同的国家出口产品价格仍然可能存在错误和较大的偏差，因此对出口产品的价格基于 Winsor 方法，按行业替换了 5% 的异常值。

　　贸易产品对应行业的外国增加值数据来自 OECD – TiVA 数据库，该数据库提供了 56 个国家分行业且对不同贸易伙伴的贸易总额的增加值分解指标数据，还提供了 5 年（1995 年，2000 年，2005 年，2008 年，2009 年）的相关数据。考虑到基于投入产出分析方法计算的外国增加值比重在相近年份的变化幅度很小，这里采用各时间点的数据对邻近的年份的数据进行补充和替代。考虑到 2009 年受金融危机影响，各国出口均出现了大的波动，2009 年之后的数据用 2008 年和 2009 年的平均值替代。OECD – TiVA 将全部制造业总体上分为 10 个大的制造行业，为了将贸易产品和对应行业的外国增加值数据进行对接，本书首先将 HS 六位码产品编码和 ISIC 行业四位编码进行对接，然后再将 OECD – TiVA 行业分类和 ISIC 行业四位编码进行对接。

①　这里之所以选择 53 个国家是因为 OECD_ TiVA 贸易增加值数据库提供了包括 OECD 国家和新兴经济体共 55 个国家和地区分行业分出口目的地的贸易增加值数据，考虑到香港和新加坡的出口主要以转口贸易为主，剔除了香港和新加坡的相关贸易数据，考察了其他 53 个经济体出口产品的质量分布及变化情况。

　　各国人口规模变量和对美元名义汇率数据、按不变价格计算的人均国内生产总值等数据来自 Penn World Table（PWT）8.0，由于 PWT 8.0 只提供了 2012 年之前的数据，这里基于 1998—2011 年的数据对 2012 年的数据进行了填补。经过上述的数据处理合并整理后，实际经验分析采用的样本量大约在 200 万左右，但部分指标的计算（出口市场份额）仍需要基于全球样本数据（超过 9749 万样本）库。表 2 - 1 给出了本书经验分析采用样本和变量的描述性统计结果。

　　表 2 - 1 的统计数据显示：各国在世界市场出口产品对应行业的外国增加值平均比重约为 32.6%，最高达到 83.4%，对发达国家市场出口产品对应行业的外国增加值比重略低于对发展中国家市场相应的指标，但平均值都介于 33% 左右。各国对发达和发展中国家市场的平均出口份额以及平均出口单位价格均没有显著的区别，平均出口市场份额均在 2% 左右；对世界市场的统计指标显示，贸易成本占出口价格的平均比重约为 1.3%，而对发达和发展中国家市场的出口中，贸易成本占出口价格的平均比重都约为 3.5%，与 BACI 对贸易成本的估算值都较为接近（1.5%—3%）。从各变量指标的平均值、分位值以及最大最小值的分布来看，各指标的数值在不同分位都呈现极为明显的变化幅度，显示各变量指标都存在较大的标准差，表明不同国家在出口产品的种类、价格、市场份额以及外国增加值比重等方面都呈现非常显著的差异性。

二　经验方程的估计结果及相关统计结果

　　经过对数据的处理和筛选之后，共保留了 3148 种 HS 六位码差异化制成品（HS 六位码分类总共包括 5000 多种产品），对应 764 个 HS 四位码产品大类，这里按照 HS 四位码标准进行分行业回归。表 2 - 2 给出了采用 OLS 的估计方法和工具变量估计方法（2SLS）对经验方程分行业估计结果的汇总统计值，估计结果显示：采用 OLS 估计方法相对工具变量估计方法严重高估了出口价格和组内份额对出口市场份额的影响作用，这与已有的相关研究结论一致（Kandelwal，2010）；同时采用 OLS 的方法严重低估了外国增加值比重、人口规模以及对美元汇率变量对出口市场份额的影响作用，特别是对美元汇率变量 OLS 方法估计参数值是负值，表明对美元汇率贬值总体上会对各国出口市场份额产生负面影响作用（这里采用的是直接标价方法），显然与理论预期和现实情况是违背的。从各变量参数估计的显著性加权平均统计结果来看，采用 2SLS 方法估计结果的显著性相对于采用 OLS 方法的显著性均呈现了明显地下降，但采用 2SLS 方法所有变量的估计参数 T 检验加权平均值仍然表明总体的回归参数都至少在 5% 的水平上显著。表 2－2 的第 2 列、第 4 列以及第 6 列估计方程分别控制了外国增加值对出口市场份额的影响，而第 3 列、第 5 列以及第 7 列的估计方程中没有控制外国增加值的影响。对比结果显示：采用 OLS 估计方法，是否控制外国增加值对出口价格和其他变量的估计参数均没有显著的影响作用；而采用 2SLS 估计方法分行业的统计结果显示，在经验方程中是否控制外国增加值变量的影响作用，会对其他变量的估计参数产生非常显著的影响作用，特别是对出口价格的回归参数影响作用非常显著，表明外国增加值变量不仅会对出口市场份额产生直接显著的影响作用，同样会显著地影响出口价格及其他变量对出口市场份额的影响作用，进而会对出口产品质量的测度产生显著的影响作用，显然这与本章第一节的理论预期是一致的。同时，本书对采用的工具变量的有效性进行了相关的检验，对相关检验指标分行业加权平均的统计结果显示：过度识别统计值（Hansen J）对应的概率检验值都大于 0.1，不能拒绝原假设，表明采用工具变量总体上有效可行。

　　为了进一步验证和明确采用 OLS 回归和 2SLS 回归结果的差异性，

本书统计了采用两种方法在 700 多个行业各变量回归系数的正负符号
以及各变量的 T 检验值在 5% 及 10% 显著性水平上的分布情况（见表
2－1）。统计结果同样显示：采用 OLS 估计方法，是否控制外国增加
值比重变量，对其他变量回归参数的正负值，以及 T 检验值的分布状
况均没有显著的影响作用，而采用 2SLS 方法估计结果显示，控制外国
增加值比重影响后，出口产品价格回归系数为负值的比重出现了非常
明显的下降趋势，其平均比重大约下降了 20%，从 87% 左右下降到大
约 67%；同样，采用 2SLS 方法估计情况下，无论是否加入外国增加
值比重变量对组内市场份额、汇率变量回归参数的符号和显著性都会
产生十分明显的影响作用，这与表 2－2 的统计结论完全一致。总体来
看，工具变量估计方法不仅较好地控制了变量之间的内生性和选择性
偏差问题，而且与本书的理论预期结论更为接近，这里主要基于 2SLS
估计的结果对比分析不同国家出口产品质量的相对变化状况。

表 2－2　　　　　　按 HS 四位码分类分行业回归系数结果统计

（贸易加权平均值），被解释变量 $Ln(S)$

最小二乘法估计（OLS）	世界市场		发达国家市场		发展中国家市场	
P	－0.006	－0.006	－0.007	－0.008	－0.003	－0.003
（出口价格）	(5.01)	(5.17)	(4.45)	(4.57)	(3.35)	(3.39)
$Ln(S^g)$	0.724	0.721	0.718	0.716	0.681	0.680
（组内份额）	(35.5)	(35.2)	(34.5)	(34.1)	(30.7)	(30.7)
$Ln(FVS)$	0.324		0.390		0.076	
（外国增加值比重）	(6.05)		(5.92)		(5.16)	
$Ln(POP)$	0.571	0.509	0.542	0.483	0.564	0.556
（人口规模）	(22.0)	(22.8)	(18.1)	(17.8)	(25.4)	(25.0)
$Ln(XRR)$	－0.646	－0.373	－0.648	－0.332	－0.469	－0.406
（对美元汇率）	(9.66)	(22.4)	(8.30)	(17.4)	(13.3)	(23.7)
$R^2_{Adj.}$	0.60	0.59	0.57	0.55	0.58	0.56

续表

最小二乘法估计（OLS）	世界市场		发达国家市场		发展中国家市场	
工具变量估计（2SLS）						
P	− 0.037	− 0.179	− 0.056	− 0.278	− 0.049	− 0.167
（出口价格）	（2.58）	（3.65）	（2.27）	（3.68）	（2.67）	（2.8）
$Ln(S^g)$	0.538	0.187	0.396	0.090	0.153	0.006
（组内份额）	（3.41）	（2.67）	（2.97）	（2.89）	（3.26）	（2.56）
$Ln(FVS)$	2.394		3.498		0.864	
（外国增加值比重）	（3.32）		（3.35）		（3.09）	
$Ln(POP)$	1.026	0.834	1.153	0.774	0.715	0.817
（人口规模）	（5.69）	（7.51）	（4.41）	（7.22）	（8.81）	（6.62）
$Ln(XRR)$	2.654	8.785	2.403	8.291	1.607	7.994
（对美元汇率）	（2.42）	（3.32）	（1.95）	（3.37）	（1.99）	（2.65）
Hansen J 检验值	30.87	9.62	18.16	14.19	39.43	15.80
过度识别检验概率（P）	0.112	0.245	0.168	0.222	0.109	0.226
HS 四位码分类行业数量	762	764	746	748	734	736
分行业回归平均观测值	2823	2828	2600	2605	2622	2640
总观测值	2151205	2160586	1939949	1948148	1924908	1943078

注：表中的估计系数和对应括号内的 t 检验值均为各行业回归结果的加权平均值。

第三节　出口产品质量的国际比较

基于上述估计结果，本书将从多个角度对比和分析不同国家在 1998—2012 年出口产品质量的分布及其变化过程。为了便于比较，首先构建了相对质量的比较指标：

$$\lambda_{ijt} = \xi_{ijt} - \sum_i w_{ijt} \xi_{ijt} \tag{16}$$

λ_{ijt} 表示 i 国出口 j 产品相对于 53 个国家出口 j 产品加权平均质量的距离，λ_{ijt} 大于零表示该国出口 j 产品质量高于 53 个经济体出口 j 产品的平均质量，差值越大表示该国出口产品 j 的质量相对于平均质量水平越高，反之亦然。ξ_{ijt} 是基于本书经验分析框架测度得到的各国

HS 六位码出口产品在不同时间点上的质量指标，w_{ijt} 代表贸易权重。这里采用各经济体每一种 HS 六位码出口产品占所有经济体该产品出口的比重来表示。为了同时考虑出口产品质量分布的深度和广度边际，本书用各国出口产品高于平均加权质量的种类占其全部出口产品的种类的比重反映各国整体出口质量水平，即：

$$Share_{it} = N_{it|\lambda_{ijt}>0} / N_{it} \tag{17}$$

$N_{it|\lambda_{ijt}>0}$ 表示 i 国出口产品（HS 六位码）质量高于 53 个国家加权平均质量出口产品的种类数量，N_{it} 表示 i 国出口产品的全部种类数量。显然 $Share_{it}$ 值越高表明一国出口产品的总体质量水平越高。由于产品质量的变化是一个相对缓慢的过程，为了让对比的结果更为稳健可靠，将 1998—2012 年以 4 年为一个周期，划分为 1998—2002 年；2003—2007 年；2008—2012 年三个阶段，分别对比在不同时期出口产品平均质量的变化过程。

一 对发达国家市场出口产品质量的国际比较

基于本书经验结果和比较指标，计算了 1998—2012 年 53 个经济体对发达国家市场出口产品质量的总体分布情况。图 2 - 1 和图 2 - 2 分别给出了在控制和不控制外国增加值影响的情况下，各经济体制成品出口质量分布与人均实际国民生产总值之间的关系。显然，无论是否控制外国增加值的影响，出口质量的总体水平都会随着人均实际国民生产总值的上升而逐步上升，但二者并非呈现单调的正相关性，从经济发展初期到中高级阶段，出口产品质量分布与人均实际国民收入均呈现显著的正相关性，而在经济发展的高级阶段，出口产品平均质量水平与经济发展程度并没有显著的相关性，这与已有的相关研究结论类似（Henn et al.，2013）。尽管如此，图 2 - 1 和图 2 - 2 的结果显示出口产品质量的测度结果与是否考虑外国增加值的影响存在极为明显的反差。

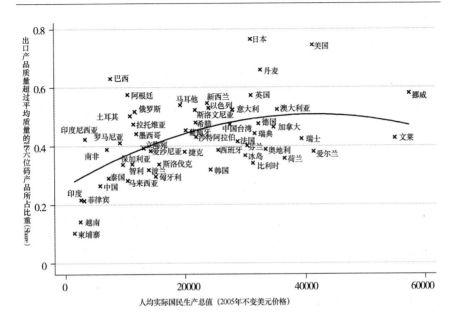

图 2-1 53 个国家及地区对发达国家出口产品质量平均分布

（1998—2012 年加权平均值，控制外国增加值）

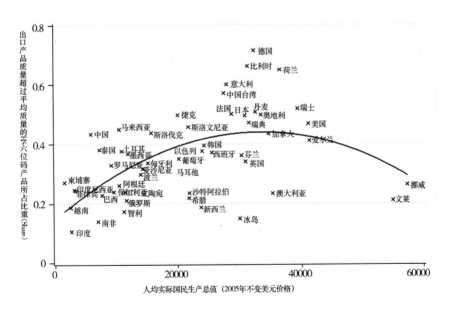

图 2-2 53 个国家及地区对发达国家出口产品质量分布（1998—2012 年

贸易加权平均值，未控制外国增加值）

　　图 2 - 1 给出了控制外国增加值的影响之后（测度本土出口产品质量）各国的出口产品质量分布，结果显示：本土出口产品质量总体水平最低的是柬埔寨，只有 10.2% 的 HS 六位码制成品出口质量超过了 53 个经济体的平均水平，而本土出口总体质量最高的国家分别为日本和美国，分别有 76.5% 和 74.5% 的出口产品质量超过了平均水平。控制了外国增加值后，中国本土出口产品质量与其他国家相比仍然处于很低的水平，出口质量分布的平均水平仅高于印度、菲律宾、越南和柬埔寨四个国家，1998—2012 年平均仅有 26.5% 的出口产品质量高于 53 个经济体的平均水平。在新兴经济体中，本土出口产品质量总体水平较高的国家主要包括巴西、阿根廷、俄罗斯、墨西哥、土耳其、印度尼西亚，这些国家出口产品质量超过平均水平的比重均高于 40%，特别是前三个国家相应比重均高于 50%，本土出口产品平均质量不仅远高于中国、马来西亚、泰国、韩国等其他东亚新兴经济体的水平，而且也高于很多欧盟的发达国家水平，产生这一现象的原因在于：首先，巴西、阿根廷拉美国家和俄罗斯相对于其他新兴经济体完成工业化过程时间较早，制造业生产和消费有很多发达国家的特征，同时这些国家相对于东亚新兴经济体出口产品中外国增加值所占比重很小，出口制成品的竞争力更多地依赖本土的优势；其次，与东南亚等新兴市场国家不同，巴西和阿根廷制成品的出口主要面向发达国家市场，而对发展中国家市场的出口份额很小，包括墨西哥和土耳其工业制成品出口市场主要是欧美发达国家市场，Flach（2016）；Bustos（2011）分别考察了巴西和阿根廷出口产品质量和技术升级特征，发现这两个国家对发达国家的出口产品质量不仅远高于对南美内部市场出口产品质量，而且对发达国家的出口显著促进了出口产品质量和技术水平的提升；而俄罗斯出口

制成品可能更多地集中于技术含量很高且与军工类相关的产品；最后，虽然巴西、阿根廷、俄罗斯出口制成品占全球市场份额较小，但其出口制成品的单位价格却非常高，并不依赖低成本参与竞争，通过计算三国对发达国家出口价格相对于53个经济体对发达国家出口单位平均价格的比值，发现三国出口单位价格都超过53个经济体出口平均价格2倍以上（贸易加权价格），1998—2012年阿根廷出口价格超过平均价格水平7.8倍，俄罗斯出口价格超过平均价格5.4倍以上，远高于东亚新兴经济体出口单位平均价格。①

图2-1的结果显示，控制了外国增加值影响之后，很多欧洲发达国家的出口质量水平大多处于拟合线以下，表明其本土出口产品质量相对于东欧和新兴市场国家并没有明显的优势，比利时、荷兰、法国、瑞士出口产品质量超过53国平均质量水平的比重均没有超过45%，主要原因在于：欧洲国家内部贸易较多且相互之间产业链分工趋势比较明显，据 OECD—TiVA 统计数据显示，比利时（包括卢森堡）、奥地利、法国、荷兰、德国、捷克、斯洛伐克等欧盟国家出口行业的外国增加值平均比重均超过了介值（25%—50%之间），不仅远高于美国、日本和英国等其他发达国家，甚至超过部分东南亚新兴经济体出口中外国增加值的比重。为了进一步验证，图2-2给出了在不控制外国增加值的影响条件下，各国出口产品平均质量的分布特征。图2-2的结果清晰地显示：不考虑外国增加值影响的条件下，德国、比利时、荷兰、法国、奥地利、瑞士等欧洲发达国家的相对质量水平有了大幅度提高，其中德国成为53个经济体中出口制成品平均质量最高的国家，出口产品质量超过53国平均质量的比重达到71.5%，而日本、美

---

① 这里计算的相对价格已经通过出口价格指数对出口单位价格做了平减调整，消除了通货膨胀的影响。

国、英国、澳大利亚、新西兰出口质量的相对水平出现了较为明显地下降，但日本和美国仍然处于拟合线的上方，表明无论是否控制外国增加值的影响，日本和美国出口产品平均质量都处于较高水平，而出口外国增加值所占比重相对较少的英国、澳大利亚、新西兰相对质量则下降到了拟合线以下。

图 2－2 相对于图 2－1 的另一个显著特征是：在不控制外国增加值的情况下，许多东南亚新兴经济体（主要包括中国、马来西亚、中国台湾、韩国、泰国、柬埔寨、菲律宾）和东欧新兴市场国家（主要包括捷克、斯洛伐克、斯洛文尼亚）的出口产品相对质量的测度结果都出现了大幅度提升（如果不控制外国增加值影响，中国出口产品质量超过 53 个国家平均质量水平的比重达到了 43.4%）。其中一个重要原因在于上述东南亚和东欧新兴市场国家都是融入全球生产网络最为迅速的国家，其出口产品中外国增加值平均比重也最高，这也同样表明融入全球生产网络对东南亚新兴经济体总体的出口竞争力起到了重要的推动作用（Pula，Santabarbara，2011）；与此形成鲜明对比的是：在阿根廷、巴西、俄罗斯、南非，尽管其本土出口产品的平均质量处于较高水平，但如果不控制外国增加值的影响，其相对出口质量水平则显著低于东南亚和东欧新兴市场国家。图 2－2 显示上述四国均处于拟合线的下方，出口产品高于平均质量的比重均低于 27%，其中南非最低只有 14%。这一方面表明这些国家相对于东南亚新兴市场国家并没有很好地融入全球产业链分工体系中，另一方面也表明外资进入上述国家不仅没有显著地带动其产业和贸易竞争力的升级，反而由于其失败的利用外资策略还可能对上述国家的产业发展造成负面效应。

特别值得一提的是：图 2－1 和图 2－2 的经验结果表明无论是否控制外国增加值的影响因素，印度的出口产品相对质量均处于很低的水平，并且在不控制外国增加值影响的情况下，印度的出口产品质量相对于控制外国增加值的影响之后变得更低了。图 2 - 1 显示 1998—2012 年印度本土出口产品质量超过 53 个国家平均质量水平的比重为 21.6%。而图 2 - 2 显示在不控制外国增加值影响的情况下，印度出口产品质量超过样本国家平均质量水平的比重仅为 10.6%，表明尽管印度出口在过去十多年来同样经历了显著地增长，但其非但没有像其他东南亚新兴经济体一样通过积极融入全球生产链体系提升其出口质量水平，反而进一步显著拉大了与东南亚国家出口产品质量的差距。

二　对发达国家市场出口产品质量的动态变化

为了明确各国出口产品质量在不同时期的变化特征，本书以 4 年为一个时间周期分别对比了"2003—2007 年"相对于"1998—2002 年"，"2008—2012 年"相对于"2003—2007 年"各国出口产品质量超过 53 个经济体平均质量比重的变化情况。考虑到控制外国增加值后更能反映各经济体本土实际出口质量的升级变化趋势，这里只分析控制外国增加值影响后的出口产品质量升级变化趋势。并且为了对比明显只列出了出口产品质量超过平均值比重正向和负向变化最大的 10 个国家和中国相应的变化情况。图 2 - 3 给出了"2003—2007 年"相对于"1998—2002 年"，出口产品平均质量变动幅度最大的 20 个国家及地区。

图 2 - 3 显示："2003—2007 年"相对于"1998—2002 年"本土出口产品平均质量上升最快的国家主要是发达国家，10 个本土出口平均质量上升最快的国家中出口质量超过平均质量的比重至少都上升了 15%，加拿大、新西兰、法国、奥地利出口产品质量超过平均值的比重均上升了 20% 以上，加拿大出口平均质量上升最快，相应比重上升超过 30%；而本土出口产品相对质量下降较为明显的国家，包括英国、

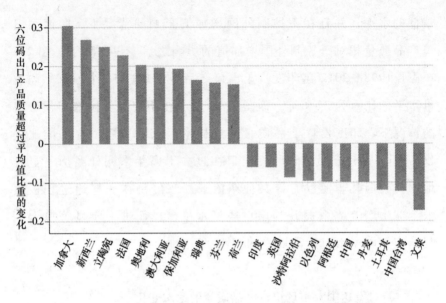

图 2 - 3　2003—2007 年相对于 1998—2002 年出口产品质量平均变化

（对发达国家，控制外国增加值）

丹麦、以色列三个发达国家之外，其他全部都是新兴市场国家，中国属于出口产品相对质量下降最为明显的十个经济体之一，其出口产品超过平均质量的比重下降了大约 10％；中国台湾、文莱、土耳其、阿根廷、印度等新兴市场国家本土出口产品相对质量出现了较为明显的下降趋势，平均比重均下降了 5％ 以上，其中文莱下降幅度最大，达到 17％ 。

　　图 2 - 4 描述了 "2008—2012 年" 相对于 "2003—2007 年" 发达国家市场出口产品相对质量变化幅度最为明显的国家和地区分布情况。控制了外国增加值影响，"2008—2012 年" 相对于之前的 4年，本土出口产品质量上升最快的国家包括了很多新兴经济体，其中艾萨尼亚出口质量超过平均值的比重上升最大，达到了 34％，印尼、文莱、波兰、斯洛文尼亚、斯洛伐克、泰国等国家的出口产品相对质量也出现了明显的上升，出口产品质量超过平均值的比重都

上升了 10% 以上。尽管中国不属于出口产品质量上升最快的 10 个国家，但中国本土出口产品的相对质量在 2008—2012 年同样得到了提升，相应的比重相对于前期上升了大约 5%。而与此同时，同样一些新兴经济体和发达国家的出口相对质量与前期相比出现了大幅度下降。其中前期质量增长较快的法国和奥地利在 2008—2012 年相对质量出现了较大幅度的下降，同样美国本土出口产品质量也出现了大幅度的下降，相应比重下降了 13.7%；新兴经济体中南非和韩国的出口质量下降最为明显，相应比重下降均超过 10%，印度、土耳其、墨西哥这一时期同样属于出口相对质量下降最为明显的国家。

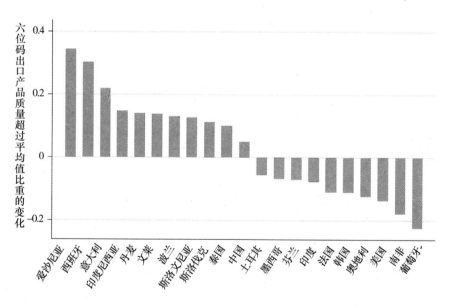

图 2-4　2008—2012 年相对于 2003—2007 年出口平均质量变化

（对发达国家，控制外国增加值）

显然通过对比中国与其他国家在不同时期对发达国家市场出口产品质量的变化特征之后，我们可以发现中国的出口产品相对质量都出现了先下降（2003—2007 年）后上升（2008—2012 年）的变化趋势，这可能与从中国加入 WTO 到 2008 年国际金融危机爆发之前出口数量的过度扩张存在密切关系，包括很多发达国家和发展中国家同样存在上述变化趋势，关于出口数量增长和质量变化之间的关系将在后文中做进一步的论述和验证。

三　对发展中国家出口产品质量的比较

　　按照需求收入偏好假说，消费者对质量偏好的差异性会导致各国向发展中国家出口产品质量水平会低于向发达国家出口质量，由于发展中国家之间的消费者偏好存在更大的相似度，发展中国家之间的出口会得到消费者彼此更多的认可，因此会提高发展中国家之间出口产品的相对质量水平，因此有必要考察不同经济体对发展中国家的出口质量分布状况。

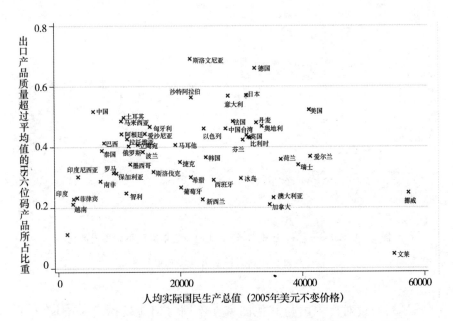

图 2 - 5　53 个国家及地区对发展中国家出口产品质量平均分布状况

(1998—2012 年加权平均值，控制外国增加值)

　　图 2-5 给出了在控制外国增加值影响的情况下，53 个经济体对发展中国家市场本土出口产品质量的总体分布情况，显然各经济体对发展中国家市场出口产品质量分布状况与人均国民生产总值之间并没有明确的关系，多数发达国家对发展中国家市场出口产品质量超过平均值的比重都低于很多新兴经济体相应的比重，发达国家中出口产品质量高于平均值比重超过 50% 的只包括德国、日本、意大利和美国四个国家，其中德国相应的比重最高达到 66.1%；与发达国家形成鲜明对比，许多新兴市场经济体对发展中国家市场出口产品相对质量不仅显著高于其对发达国家市场出口的相对质量水平，而且超过很多发达国家出口质量相应的水平，斯洛文尼亚、沙特阿拉伯、中国、土耳其、马来西亚、中国台湾地区对发展中国家出口产品质量高于平均值的比重都超过了 45%，其中斯洛文尼亚最高，达到 69.1%，中国相应的比重达到 51.8%，高于大多数的发达国家相应比重，与美国相应的比重（52.3%）较为接近，而巴西、阿根廷、俄罗斯对发展中国家本土出口产品质量超过平均值的比重虽然显著低于其对发达国家市场出口的相应水平，但仍然处于相对较高的水平，高于平均值的比重都超过了 40%，而菲律宾、印度、越南和柬埔寨 4 个国家对发展中国家市场的出口总体水平仍然处于很低的水平。显然上述经验结果表明，控制了外国增加值影响后，处于中等收入阶段的新兴市场国家对发展中国家的本土出口产品质量具有较大的优势。中国属于对发展中国家本土出口质量相对优势体现最为明显的国家之一，其出口产品相对质量的位置远高于中国目前人均收入应该达到的水平，这也表明中国出口制成品更符合发展中国家消费者的偏好特征，在发展中国家市场得到了消费者更多的认可并且具有较大的相对质量优势，同时也进一步验证了国际贸易的需求收入偏好假说的结论。

　　图 2-6 给出了不控制外国增加值情况下，53 个经济体对发展中

国家市场出口产品质量的总体分布特征，图中分布仍然表明各国对发展中国家的出口产品质量与人均国民收入水平没有明确的关系。在发达国家中，德国、意大利、日本同样保持了对发展中国家出口产品的质量优势，出口产品质量高于平均值的比重均超过了57%，其中德国最高达到63.5%；在不控制外国增加值情况下，出口产品外国增加值比重较高的奥地利、比利时、荷兰对发展中国家的出口质量优势相对于图2-5中的本土出口产品质量优势也有了较大幅度的提升，出口产品质量平均值比重均超过了45%，而美国的相对质量与图2-5相比则出现了较大幅度的下降；同时英国、澳大利亚、加拿大、新西兰等发达国家无论是否控制了外国增加值的影响，对发展中国家出口产品的质量总体上都处于很低的水平，不仅远低于对发达国家出口产品的相对质量水平，也低于大多数新兴经济体对发展中国家的出口产品相对质量水平。图2-6同样显示，在不控制外国增加值影响的情形下，部分新兴市场国家及地区对发展中国家的出口产品相对质量同样具有十分显著的优势，其中马来西亚、斯洛文尼亚、中国台湾、泰国、中国、土耳其、韩国对发展中国家的出口产品质量超过平均值的比重都至少超过了47%，马来西亚最高达到74.3%，中国相应的比重达到51%，而巴西、阿根廷和俄罗斯在不控制外国增加值的情形下对发展中国家出口的相对质量出现了明显地下降，这与图2-1和图2-2中三国对发达国家出口产品质量分布的经验结论基本一致，同样表明是否控制外国增加值对其出口产品质量的位置变化具有显著的影响。同样，柬埔寨、越南、印度、菲律宾4个国家无论是否控制外国增加值的影响，其对发展中国的出口产品的相对质量在总体上都处于很低的水平，其中印度在不控制外国增加值的情况下，出口相对质量变得更低，相对质量水平处于53个经济体的最末端，这同样与图2-1和图2-2中反映的情形类似。图2-6从总体上仍然表明处于中等收入阶段的新兴经济体对发展中国家的出口产品相对质量具有较大的优势，而发达国家总体上对发展中国家的出口产品质量并没有显著的优势，这也与需求收入偏好假说理论的结论一致。

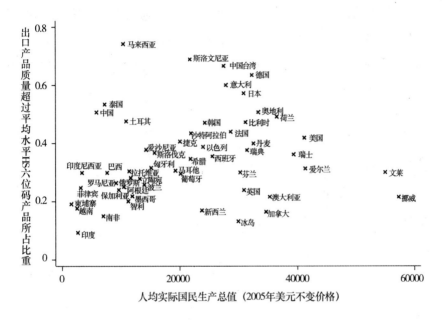

图 2 - 6　53 个国家和地区对发展中国家出口产品质量分布

(1998—2012 年加权平均值，未控制外国增加值)

四　对发展中国家出口产品质量的动态变化比较

为了明确不同国家对发展中国家市场出口产品质量的动态变化过程，我们同样对比分析了 "2003—2007 年" 相对于 "1998—2002 年"，"2008—2012 年" 相对于 "2003—2007 年" 对发展中国家本土出口产品质量变动幅度最为明显的国家及地区。图 2 - 7 给出了在控制外国增加值的情况下，"2003—2007 年" 相对于 "1998—2002 年" 对发展中国家出口产品质量变化幅度最为明显的 20 个国家，对比可以发现 "2003—2007 年" 相对于前期对发展中国家出口产品质量上升幅度最大的国家主要集中在欧洲发达国家和东欧新兴经济体。图 2 - 7 显示爱沙尼亚、比利时、奥地利、捷克、德国、斯洛伐克都属于对发展中国家市场出口产品质量上升幅度最大的国家，而阿根廷、墨西哥、土耳其、罗马尼亚、美国、巴西都属于对发展中国家市场出口产品质量下降幅度最大的国家；而中国在这一时期相对于前期对发展中国家出口产品质量仅有微弱上升，出口产品质量超过平均值的比重仅上升了2.4%，表明中国在 2003—2007 年相对于前期对发展中国家市场出口产品质量的升级速度同样十分缓慢。

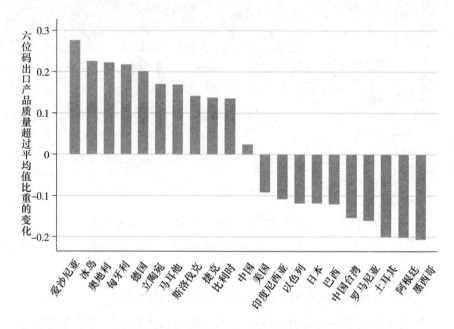

图 2 - 7　2003—2007 年相对于 1998—2002 年出口平均质量变化状况

（对发展中国家，控制外国增加值）

图 2 - 8 对比分析了"2008—2012 年"相对于"2003—2007 年"之间对发展中国家本土出口产品质量变动幅度最大的 20 个国家及地区。对比可以发现 2008—2012 年相对于前期对发展中国家出口产品质量上升最快的国家主要集中在东欧和亚洲新兴市场国家，中国在这一时期属于本土出口产品质量升级最为迅速的国家之一，对发展

中国家出口产品质量相对前期超过平均值的比重上升了22%，显然
与对发达国家市场出口情形相比，中国对发展中国家市场出口产品
的相对质量在这一时期提升得更为迅速。在2008—2012年相对于前
期中国、拉脱维亚、捷克、巴西、瑞士都属于对发展中国家出口产
品质量提升幅度最大的国家；而美国、英国、韩国、沙特阿拉伯、
印度等国家都属于对发展中国家出口产品质量下降幅度最为明显的
国家。同时通过对比各国对发达国家市场和发展中国家市场出口产
品质量的动态变化，不难发现对发达国家市场和对发展中国家市场
出口产品质量正向和负向变化幅度最大的国家及地区分布均具有较
高的重叠性，表明尽管不同国家对发达国家和发展中国家市场出口
产品质量的相对位置存在显著差别，但从出口产品质量升级的变化
特征来看则具有较高的一致性。

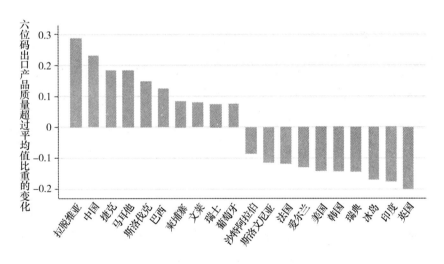

图2-8 2008—2012年相对于2003—2007年出口产品质量变化

（对发展中国家，控制外国增加值）

五 出口产品质量升级与出口的数量扩张

前面的分析表明：中国的出口产品质量在2003—2007年相对于

其他阶段升级速度明显放缓，特别是对发达国家市场中国的出口产品相对质量还出现了十分明显的下降趋势，而在2008—2012年出口产品质量又出现了上升的趋势。尽管导致出口产品质量变化的原因众多，但进一步对数据分析对比发现中国从加入WTO以后到2008年国际金融危机爆发之前（2002—2007年）是中国出口增长最为迅速的阶段，年出口平均增长率超过20%。同时我们计算了这一时期中国六位码出口产品价格相对于53个经济体加权平均值的相对值，发现在1998—2001年之前中国出口产品的相对价格处于持续上升趋势，而从2002—2008年中国的出口产品价格无论对发达国家还是发展中国家总体上则呈现持续走低的趋势，而在2008年之后中国的出口增长速度显著放缓，出口产品相对价格也趋于稳定。上述的事实提醒我们，中国出口产品质量变化趋势与出口产品数量扩张趋势可能存在密切的关系，并且已有的很多文献也对出口产品质量变化和出口数量的扩张进行了多方面的理论和经验检验，比如Donnenfeld和Mayer（1987）从理论上分析了包括自动出口限额制在内的对出口数量限制的贸易措施是一种社会最优贸易政策，恰当的限制出口厂商的数量是提升出口产品质量和厂商效率的重要途径。Feenstra（1988）的经验研究表明：美国和日本达成的汽车自动出口限额显著地促进了日本汽车质量水平的提升，出口数量限制是日本出口产品质量升级的一个重要原因。McCannon（2008），Sorger（2009）的研究同样表明产出的数量与创新的质量水平之间存在显著的转换关系（Trade-off）。为了进一步严格验证出口产品质量变化与出口产品数量扩张的关系，本书利用测度得到的出口产品质量指标和出口数量指标建立如下经验方程：

$$\xi_{ij,t} - \xi_{ij,t-4} = \alpha + \beta_1 (Ln\, Q_{ij,t-1} - Ln\, Q_{ij,t-5}) + \beta_2 (Ln\, Q_{ij,t-1} - Ln\, Q_{ij,t-5})^2 +$$
$$\eta_t + \varepsilon_{ij,\Delta t} \tag{18}$$

　　方程（18）被解释变量是出口产品质量变化指标，由于质量变化是一个相对缓慢的过程，这里采用当年和之前的第四年进行差分，$Ln\,Q_{ij,t-1} - Ln\,Q_{ij,t-5}$ 是出口的数量增长指标，为了避免内生性问题的干扰，这里对出口数量先滞后一期再与之前的第四期进行差分，同时考虑到出口数量和出口质量之间可能存在的非线性关系，经验方程中加入了出口数量增长的平方项。

表 2 - 3　　　　　　　　出口产品质量与出口数量扩张 OLS 估计

（被解释变量：$\xi_{ij,t} - \xi_{ij,t-4}$）

解释变量	对发达国家		对发展中国家	
	控制 FVS	不控制 FVS	控制 FVS	不控制 FVS
$LnQ_{ij,t-1} - Ln\,Q_{ij,t-5}$	- 0. 147 ***	0. 074 ***	- 0. 056 ***	- 0. 039 ***
	（0. 013）	（0. 022）	（0. 011）	（0. 015）
$(LnQ_{ij,t-1} - Ln\,Q_{ij,t-5})^2$	- 0. 002	- 0. 008 ***	0. 000	- 0. 002
	（0. 002）	（0. 003）	（0. 001）	（0. 002）
时间虚拟变量	是	是	是	是
观测值	1107657	1113180	1092989	1101401
R - Sq.	0. 001	0. 000	0. 000	0. 000

　　注：括号内为稳健性标准误，＊＊＊表示在1%显著性水平。

　　表 2 - 3 给出了在控制和不控制外国增加值比重（FVS）情况下，测度得到的贸易质量指标作为被解释变量的回归结果。表中的经验结果显示：在控制外国增加值比重的情况下，无论对发达国家市场还是发展中国家市场，出口数量增长率的回归参数都至少在1%的显著性水平上为负值，表明出口产品的数量增长会对本土出口产品质量的升级产生显著的负面作用；在不控制外国增加值的情况下，对发达国家的出口数量增长率为显著的正值，而出口数量增长率的平方项为显著的负值，表明出口数量增长率放低会对出口产品质量

产生正面效应，而当出口数量增长较快的时候则同样会发生逆转产生显著的负面影响作用；不控制外国增加值的情况下，对发展中国家出口数量增长率的回归参数同样至少在 1% 的显著性水平上为负值。显然，无论是对发达国家市场还是发展中国家市场，出口数量的过快增长都会对出口产品质量的升级产生显著的负面影响，这也可以在很大程度上解释为什么中国加入 WTO 以后，大量企业快速进入出口市场，依靠低成本优势参与国际竞争不仅恶化了贸易条件，同时也对出口产品质量的升级产生了显著的负面影响作用。

六　产品和行业层面的比较

　　前面的论述主要从总体上考察了各国出口质量分布情况和动态变化趋势，为了更全面地认识出口产品质量的特征，本书同样从产品和行业层面来具体分析中国与其他国家出口产品质量的分布状况。由于前面的分析表明美国和日本无论是否控制外国增加值的影响，对发达国家和发展中国家的出口质量都处于最高或者较高水平。同时考虑到各国控制外国增加值后出口到发达国家市场的产品最能够反映该国本土出口产品质量的最高水平，因此我们主要选取中国、美国、日本对发达国家市场本土出口质量在产品和行业层面的分布情况。表 2 - 4 给出了 1998—2012 年中国、日本、美国出口产品平均质量最高的 20 种产品的分布情况。同时计算了各国每一种产品质量与该产品在 53 个经济体出口中最高质量的比值，即 $\exp(\xi)/\max(\exp(\xi))$，$\exp(\xi)$ 表示对测度得到的产品质量指标取指数形式。表 2 - 4 的数据显示，中国对发达国家出口质量最高的 20 种产品中只有 3 种产品是属于 53 个经济体中质量最高的，其他 17 种出口产品与最高质量的相对比值介于0.85—0.71 之间，而日本和美国对发达国家市场出口质量最高的 20 种产品中全部都属于 53 个国家和地区中质量最高的产品；从产品的分布来看，中国出口质量最高的 20 种产品有 17 种主要集中在锅炉、机械器具及零件制造行业（HS 84 章），与中国不同的是日本出口质量最高的 20 种产品分布行业较为分散，除了车辆及其零件附件（HS 87 章）、录音机及放声机等零件（HS 85 章）、钟表及零件（HS 91 章）等日本传统的出口优势产品之外，还包括铜木螺钉、订书机装订机及零件、桉木板材等技术密集和复杂度较低的产品，这也表明出口产品质量与出口的要素密集度之间并没有直接的联系。同样，美国除了在电机、电器设备及零件、声音录制播放设备（HS 85 章）出口质量保持较高的优势之外（20 种出口质量最高的产品中有 14 种属于 HS 85 章），漂白纯棉织物、卫生洁具、厨房用具、厨房及卫生间用纺织用品的出口质量也处于最高水平，表明发达国家在一些看似劳动密集度较高的产品出口同样具有很高的质量水平。同时，中国与日本、美国出口质量最高的 20 种产品中并不存在重叠性，控制了外国增加值的影响之后，中国出口质量最高的产品既不是劳动密集度很高的服装、纺织品和鞋帽箱包，也不是近年来出口数量增长最快的信息通信科技产品（ICT 产品），显然出口数量和规模的大小与出口产品质量之间并不存在直接对应的关系。

表 2 - 4　中国、日本、美国对发达国家市场出口产品质量最高的 20 种
产品（1998—2012 年加权平均值，控制外国增加值）

中国			日本			美国		
HS6	名称	$\dfrac{\exp(\xi)}{Max(\exp(\xi))}$	HS6	名称	$\dfrac{\exp(\xi)}{Max(\exp(\xi))}$	HS6	名称	$\dfrac{\exp(\xi)}{Max(\exp(\xi))}$
847432	矿物与沥青的混合机器	1	870840	变速箱及其零件	1	820820	木工机械用刀及刀片	1
890130	冷藏船	1	870880	车辆用悬挂系统及零件	1	851939	具有自动记录机制的转台	1

续表

中国			日本			美国		
HS6	名称	$\dfrac{\exp(\xi)}{Max(\exp(\xi))}$	HS6	名称	$\dfrac{\exp(\xi)}{Max(\exp(\xi))}$	HS6	名称	$\dfrac{\exp(\xi)}{Max(\exp(\xi))}$
841012	1千kw—1万kw水轮机	1	860630	铁道用非机动自卸货车	1	853210	固定电容器、电力电容器	1
842211	家用型洗碟机	0.85	741531	铜木螺钉	1	853890	电子器具零件	1
842860	货运架空索道	0.83	851993	声音记录仪器	1	521121	漂白纯棉织物	1
840682	功率不超过40兆瓦汽轮机	0.83	910620	停车计时器	1	900311	塑料制眼镜架	1
911180	非金属制的表壳	0.82	870860	拖拉机及零件	1	854091	显像管零件	1
843353	土豆、甜菜收获机	0.82	870850	机械驱动桥	1	851931	未分类的转台	1
842831	地下运货升降、输送机	0.82	293970	烟碱及其盐	1	854451	电子导体、连接器	1
871000	船用推进器及桨叶	0.82	910191	贵金属电子怀表及电子表	1	854311	粒子加速器	1
840681	40—100兆瓦汽轮机	0.82	440725	红柳桉木板材	1	854459	各种电子导体、连接器	1
847110	模拟自动数据处理设备	0.79	910112	贵金属表用零件及饰品	1	761519	卫生洁具、厨房用具	1
842111	奶油分离器	0.77	852032	磁带记录仪器	1	852020	电话机械	1
844340	照相凹版印刷机	0.77	851929	未分类的录音机	1	852790	无线电及远程通信器械	1
844513	纺织纤维拉伸机	0.73	851931	具有自动记录机制的转台	1	852039	磁带记录仪器	1

续表

中国			日本			美国		
HS6	名称	$\dfrac{\exp(\xi)}{Max(\exp(\xi))}$	HS6	名称	$\dfrac{\exp(\xi)}{Max(\exp(\xi))}$	HS6	名称	$\dfrac{\exp(\xi)}{Max(\exp(\xi))}$
843629	家禽饲养用机器	0.71	701091	玻璃制容器	1	854411	铜制绕组电线	1
843221	圆盘耙	0.71	844010	订书机、装订机	1	630292	厨房及卫生间用纺织用品	1
843352	其他脱粒机	0.71	851940	编辑节目放声机、转录机	1	900319	其他各种材质眼镜架	1
845510	轧管机	0.71	844090	书本装订机器的零件	1	852090	各种磁带记录仪器	1
843330	其他干草切割、翻晒机器	0.71	460110	加工金属的数控平面磨床	1	852453	其他各种录制媒介	1

　　表2-4只列出了出口质量最高的20种产品对比，为了更加全面地看清中国与日本和美国在出口产品质量方面的差距，我们将各国出口产品的质量指标通过贸易加权平均方式对应到76个四位码国际标准产业（ISIC_ rev.3.1）中进行更为全面地对比分析。图2-9给出了中国、日本和美国对发达国家出口质量的行业分布情况，处于水平线上方表示该行业的出口质量总体上高于53个国家和地区在该行业出口质量的平均值，反之亦然。图中的指标显示：控制了外国增加值影响之后，中国对发达国家市场只有12个行业的出口产品总体质量超过了53个国家及地区的平均值，大多数行业的出口质量都低于平均水平线，其中总体出口质量的行业主要集中在机械设备制造行业（3821—3829）、纸浆及纸制品制造（3411）、毛印染行业（3232）、运动及健身产品制造（3903）；与中国截然不同的是，日本和美国对应的76个ISIC行业绝大部分都处于水平线以上，其中日

本有 66 个行业处于水平线以上,美国则有 63 个行业处于水平线以上;尤其有趣的是,日本和美国出口质量最低的行业(水平线以下)多数恰好是中国出口相对质量最高的行业,而日本和美国在对发达国家市场出口质量在行业层面分布具有很强的重叠性,表明中国相对于日本和美国对发达国家市场的出口质量呈现极为明显的差距,也表明中国与日本和美国两个国家对发达国家市场的出口相对质量呈现出截然不同的分工位置。

图 2-10 给出了在控制外国增加值影响的情形下,中国、日本和美国对发展中国家市场出口质量的行业分布情况。显然,与对发达国家市场出口质量的行业分布特征差异很大,中国对发展中国家出口质量超过水平线的行业总共超过了 35 个,行业分布也更为广泛,出口相对质量较高的行业包括传统的纺织服装(ISIC32),造纸印刷(ISIC34),部分化学原料和化学品制造业(ISIC35),机械制造(ISIC38)以及其他制造行业(ISIC39);而日本和美国对发展中国家出口质量超过水平线的行业相对于图 2-9 则出现了大幅下降,76 个制造业中日本超过水平线的行业有 38 个,而美国超过水平线的行业只有30 个,显然日本和美国相对于中国对发展中国家出口产品的相对质量并没有明显的优势,这与前面的分析结论完全一致。上述的结论也再一次验证了需求偏好假说理论,即收入接近的国家的消费者具有相同的消费偏好,发达国家更愿意向高收入国家出口高质量的产品,目的地消费需求偏好是决定出口产品质量的重要因素。本书也同时分别考察了中国、日本、美国在不同时期出口质量的行业分布情况,同样发现在 2003—2007 年中国对发达国家市场行业总体的出口质量相对于1998—2002 年有较为明显的下降,而在 2008 年以后行业的出口相对质量呈现上升的趋势,特别是对发展中国家市场行业总体出口质量升级趋势更为明显,相关经验结论仍然与前面的结论一致。

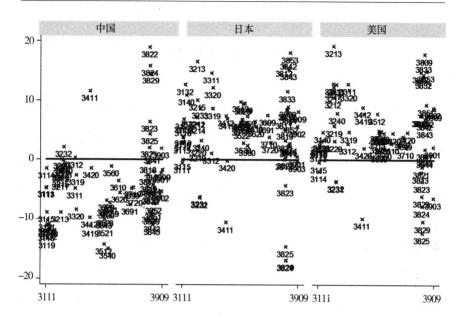

图 2 - 9　中国、日本、美国对发达国家市场出口产品质量按 ISIC 行业分类：

1998—2012 年（控制外国增加值）

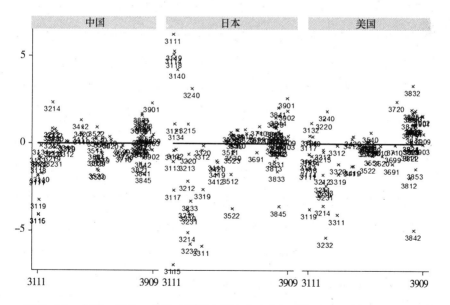

图 2 - 10　中国、日本、美国对发展中国家出口产品质量按 ISIC 行业分类比较：

1998—2012 年（控制外国增加值）

第四节　小结与政策评论

　　总体来看，在控制外国增加值的情况下，中国对发达国家市场本土出口产品相对质量仍然处于较低水平，不仅远低于发达国家相应的出口质量，而且也低于多数的新兴经济体出口相对质量；而在不考虑外国增加值的情形下，中国对发达国家市场出口产品的相对质量则处于较高的水平。无论是否控制外国增加值的影响，中国对发达国家市场的出口产品相对质量都处于较高的水平。从出口产品质量的动态变化过程来看，中国对发达国家本土出口产品相对质量变化呈现先快速下降（"2003—2007年"相对于"1998—2002年"）后缓慢上升的变化趋势（"2008—2012年"相对于"2003—2007年"）；而中国对发展中国家市场出口产品相对质量总体上呈现上升的趋势，特别在2008年之后相对于之前时期的中国是对发展中国家出口产品质量升级幅度最显著的国家之一。本章的研究发现出口数量的快速扩张会对出口产品质量的升级产生显著的负面影响作用。

　　本章的经验研究结论具有以下几方面的政策含义：首先，从国际比较的角度来看，过去十多年来，中国对发达国家市场的本土出口产品相对质量并未得到显著提升，表明中国对发达国家市场的出口仍然没有摆脱依赖低成本、低价格参与竞争态势的情形，特别是中国加入WTO之后到2008年之前，出口规模的快速攀升不仅恶化了贸易条件，而且对本土出口产品质量升级也产生了显著阻碍效应；伴随中国经济进入转型升级的关键阶段，出口转型升级的压力同样紧迫，在当前面临出口增速明显放缓和外部竞争压力增大挑战的同时，也为许多中国本土出口企业增强自主创新能力、优化资源配置、提升出口产品质量参与国际竞争提供了新的契机和发展空间。其次，如果不考虑外国增加值的影响作用，中国出口制成品总体的质量水平无论在发达国家还是发展中国家市场都有较大的优势，表明中国过去十多年来通过成功地融入全球生产网络体系，显著地提升了制成品总体的出口竞争力水平，相对于印度、南非、巴西、俄罗斯等新兴市场国家具有明显的优势；未来无论提升本土出口产品的质量还是保持"中国制造"的竞争力都离不开对全球生产网络的更深度地参与，仍需要不断加强国内产业和国际生产网络的融合，延长国内加工生产链的长度，通过增强自主创新能力提升出口产品的国内附加值水平，逐步从全球生产网络的低端向中高端阶段过渡。最后，中国对发展中国家市场的出口产品质量具有较大的优势，一方面表明中国出口制成品更符合众多发展中国家消费者的偏好特征，同时也表明中国制成品在发展中国家市场具有广泛的市场空间。特别是发展中国家在世界经济的地位越来越重要的现实背景下，加强中国与发展中国家的经贸合作，拓展中国制成品在发展中国家的出口市场具有重要的现实意义。

第二编

贸易开放、外资渗透、汇率变化
与劳动力市场

贸易和投资自由化对经济发展的一个重要影响是对要素市场的影响作用。在这一部分主要关注贸易开放、外资渗透以及人民币实际汇率变化对工资和就业增长及其转换的影响作用。本编共包括四章，分别从出口开放、外商直接投资对制造业净就业的影响；外商直接投资对制造业部门工资的外溢效应；贸易开放和外资渗透对工业部门就业转换的影响；人民币实际汇率变化对工业部门就业和工资增长的影响四个方面进行相关的论证和阐述。

第三章

出口、外商直接投资对中国
就业增长影响的研究

中国作为一个人口和劳动要素充裕的发展中国家，如何有效缓解就业压力是一个长期需要面对的重要问题。长期以来，凭借劳动力成本优势和巨大的市场潜力，通过鼓励出口和吸引大量 FDI，中国迅速成为世界制造业主要的加工生产和出口基地，从而为大量剩余劳动力，特别是非熟练劳动力就业提供了一条有效的途径。1999—2008 年，中国制造业从业人数占全部从业人数的平均比重超过28%，制成品出口占全部出口的比重超过 90%，制造业实际利用 FDI 占中国实际利用全部 FDI 的平均比重超过 60%，FDI 制造业出口占中国全部制造业出口的平均比重超过 60%，FDI 制造业从业人数占全部制造业从业人数的平均比重超过 25%。然而，中国制造业产出高度依赖出口和 FDI 的同时也增大了世界经济波动对其就业市场的冲击风险，2008 年 10 月以来，由于受到全球性国际金融危机的显著冲击，中国出口和 FDI 流入规模都出现了明显的下降态势，就业压力随之陡增，特别是在出口开放度和 FDI 占有比重较高的中国制造业部门，就业问题变得尤为突出。出口和 FDI 究竟对中国制造业就业的实际影响有多大？出口和 FDI 通过何种渠道和机制对中国制造业的就业市场产生了怎样的影响？

制造业作为吸收非熟练劳动力就业的主要产业部门之一，国际贸易和 FDI 对制造业劳动力市场的影响是一个敏感且重要的问题，引起了各国学者广泛的关注和讨论。已有的大量研究文献表明国际贸易和 FDI 对劳动力市场的影响存在极为复杂的关系，总体来看国际贸易和 FDI 主要通过四种方式对一国制造业就业市场产生影响作用：首先，是国际贸易和 FDI 通过产出规模的扩张对就业的直接拉动作用。其次，按照传统的两部门 H－O－S 理论，国际贸易和 FDI 流入增长会改变一国原有生产过程中要素投入的比例和结构，从而会对劳动要素的需求水平产生影响作用，即国际贸易和 FDI 对就业市场的结构效应 (Jenkins, et al., 2006)。再次，国际贸易和 FDI 流入显著增长还可能促进一国生产技术和效率水平的提高，改进生产过程的 X 效率，同样会对劳动要素的需求产生影响 (Greenaway et al., 1999)。最后，国际贸易和 FDI 流入还可以通过促进产品和要素市场竞争，增强国内和进口生产要素之间的替代，改变劳动要素的价格弹性从而对一国就业市场产生间接影响作用 (Rodik, 1997)。

考察国际贸易通过产出规模扩张对制造业就业直接效应的研究，主要是从贸易自由化角度出发，分析出口拉动和进口替代对就业的净影响，并且多数的研究都基于投入产出分析的要素含量方法进行测算 [Leamer (1984)；Sachs, Shatz (1994)；Woods (1995)；Sakurai (2004)；Nam (2008)]。基于投入产出分析的要素含量方法不仅理论基础薄弱，而且难以考虑到进出口国家投入产出系数的差异性和变化，显然也无法明确贸易和 FDI 通过产出结构的变化对制造业劳动需求动态的影响作用，因而其研究结论受到很多的质疑和批评。同时研究出口和 FDI 通过产出规模扩张对制造业就业直接影响的文献并不多见，Fu 等（2005）采用劳动需求回归方法从地区层面研究了中国出口和国内销售产出规模扩张对乡镇企业就业的影响作用，研究发现出口规模的扩张显著促进了乡镇企业就业的增长，"剩余缺口"（Vent for Surplus）理论相对于基于充分就业假设条件的 H－O 理论更适合解释出口对中国就业的拉动效应。出口是通过缓解大量剩余劳动力方式而非通过提高效率的方式对中国乡镇企业就业产生影响。Leichenko（2000）研究了 1980—1991 年美国各州出口、就业、生产率相互之间的关系，研究发现：无论在总的层面还是在不同地区层面就业增加都会显著地促进出口增长，但出口的增长对就业增加会产生显著的负面影响。中国制造业出口和 FDI 几个显著特征是：不仅产出规模增长迅速，而且产出结构变化也非常明显，同时不同所有制类型的制造业就业和出口结构变化都存在显著的差异，制造业出口和 FDI 相互之间存在紧密的联系。表 3－1 给出了按两位数产业标准分类的中国国有制造业、非国有内资制造业、外资制造业占全部制造业（1999—2007年）平均就业比重（EMP）和平均出口开放度（EXP）；2007 年相对于 1999 年就业比重变化（EMPC）和出口开放度（EXPC）的变化情况。数据显示：（1）从平均就业比重及其变化来看，国有企业 2007年相对于 1999 年在所有制造行业就业比重都出现了大幅下降，但在烟草制造、石油加工、金属冶炼、交通运输设备等垄断性和资本密集度很高的行业仍然保持较高的就业比重。与此相对应，港澳台及外资企业 2007 年相对于 1999 年在所有制造行业的就业比重都出现了较大幅度的上升，就业比重较高的制造行业主要集中在纺织服装、皮革制造、家具制造、文教体育用品等劳动密集度很高以及产业链分工和加工贸易特征较为明显的通信设备及计算机、仪器仪表等制造行业。而非国有内资制造业在大多数制造业的就业比重也都出现了上升的趋势，并在多数行业的平均就业比重都超过了国有和港澳台及外资制造业。（2）从平均出口开放度及其变化来看，国有、非国有内资和港澳台及外资企业1999—2007年平均出口开放度较高的行业都集中在上述劳动密集型和加工贸易特征显著的制造业，外资企业在绝大多数制造行业平均出口开放程度都远高于国有及非国有内资制造行业，在劳动密集型和加工贸易特征明显的制造业，平均出口开放度都超过了50%。另外，不同所有制形式制造业2007年相对于1999年在纺织、纺织服装、皮革制造这三个传统劳动密集型制造业的出口开放度都出现了较大降幅，而在部分资本密集度较高的制造行业，如化学纤维、专用设备、交通运输设备制造业出口开放度都有所扩大，甚至在通信设备计算机制造业的出口开放度出现了最大上升幅度，其中外资企业在该行业出口比重上升幅度超过40%。因此，从产出角度认识出口和FDI对中国制造业就业市场影响作用不仅需要分析其当期直接的产出规模效应，更需要关注产出结构的动态调整对制造业就业市场的影响，同时也需要分析出口和FDI通过产出规模扩张对不同所有制形式制造业就业的直接影响。

表3－1　　1999—2007年按四位编码分类的中国制造业财务指标数据描述性统计

指标	所有制类型	均值	最大值	最小值	标准差	观测值
从业人数 （单位：人）	全部	134521	3885207	484	263874	2961
	国有	26792	1340410	0	75457	2825
	非国有内资	74536	2262267	23	152670	2961
	港澳台及外资	33645	2035058	66	97927	2961
固定资产 人均净值 （单位：元）	全部	79146	779793	9017	66198	2961
	国有	93946	10891150	314	219867	2825
	非国有内资	62111	727126	4608	54685	2961
	港澳台及外资	129693	1976677	6349	144145	2961

续表

指标	所有制类型	均值	最大值	最小值	标准差	观测值
应付人均工资 （单位：元）	全部	13605	114890	3314	7336	2961
	国有	12560	83286	0	7883	2825
	非国有内资	11697	97877	2466	5825	2961
	港澳台及外资	18737	240700	587	11430	2961
工业销售产值 （单位：千元）	全部	39564464	2282586963	27730	105176050	2961
	国有	5129842	577477857	0	22811729	2825
	非国有内资	21890286	1342131152	5980	62811760	2961
	港澳台及外资	12630960	746783352	6826	36751613	2961
出口销售产值 （单位：千元）	全部	7459770	664390309	159	24385120	2961
	国有	448150	87096867	0	2507854	2825
	非国有内资	2201187	109660251	11	6158792	2961
	港澳台及外资	4818001	660569938	1	20748167	2961

　　国际贸易和FDI还可以通过改变制造业的生产效率，间接对就业市场产生影响。出口开放度的扩大一方面会增强本国厂商面对国际市场竞争的压力，促使其加快技术更新和知识积累的速度，提升生产效率从而对就业产生负面的影响；另一方面出口开放度的扩大也可能不断强化已有的比较优势和竞争力，特别是对于一些出口竞争长期依赖资源禀赋和价格优势参与国际竞争的发展中国家，出口开放度的不断扩大可能会导致其贸易条件不断恶化，从而对生产效率的提升产生负面影响。（Hine，Wright，1998）；Greenaway，等（1999）；Leichenko（2000）基于劳动需求回归方法对发达国家制造业就业市场研究都表明出口开放度扩大通过竞争显著地促进了制造业劳动生产效率的提高，进而对制造业的就业都产生了显著的负面影响作用。与此形成鲜明对比：俞会新，薛敬效（2002）；Fu et al.（2005）；（Milner，Wright，1998）；Konings et al.（2003）对中国和其他发展中国家及转型国家的类似研究却都表明出口开放度的增长不仅没有通过促进生产效率的提

升对就业产生负面影响，出口开放度的扩大无论在地区还是产业层面都显著促进了就业的增长。同样，FDI 在东道国制造业渗透率的增加既可能通过竞争方式对生产效率低下的东道国制造企业产生挤出效应，提高整个东道国制造行业的平均生产率水平，又可能通过竞争和示范、产业关联、劳动力流动等方式对东道国制造业产生正向技术外溢效应，提升东道国制造业的生产率水平，从而对东道国制造业就业产生负面影响作用。Konings 等（1995）考察了外国企业与英国企业相互竞争对就业和工资的影响作用，研究表明外国企业与英国企业的竞争总体上显著提高了英国企业的工资水平，但对其就业没有显著的影响作用，而在制造行业外国企业通过竞争方式对英国企业的工资和就业都产生了显著的负面效应。(Girma，Gong，2008）考察了不同市场导向的 FDI 通过竞争和技术外溢等间接方式对中国国有企业就业增长的影响作用，研究表明：在产业内部无论是以国内市场导向还是以出口导向的 FDI 渗透率增加都会对国有企业就业增长产生显著负面效应，即市场窃取效应，处于下游产业以出口为导向的 FDI 同样会对国有企业就业增长产生负面效应，处于上游产业的 FDI 对国有企业就业的增长则没有显著影响。需要强调的是：出口和 FDI 通过竞争方式对制造业生产效率的提升虽然在当期会对制造业的劳动需求产生负面影响作用，而在滞后期由于生产效率的提升也可能进一步促进制造业产出规模扩大，从而会在一定程度上抵消当期竞争对就业的负面影响，因此从竞争和效率角度考察出口和 FDI 对制造业就业市场的影响仍然需要考察其动态影响作用。另外，由于中国制造业的出口和 FDI 在不同技术密集型行业的技术优势和外溢空间存在显著的区别，FDI 对国有行业和非国有内资行业无论在挤出效应还是技术外溢效应上都可能存在显著的差别，从生产效率角度较为深入地认识出口和 FDI 对中国制造业就业市场的影响，同样有必要区分出口和 FDI 对中国不同要素密集型行业、不同所有制形式制造业就业产生的影响作用。

　　国际贸易和 FDI 对就业市场影响的另一条重要途径是改变生产要素的价格弹性。贸易开放度和 FDI 渗透率的增加会通过两种方式改变劳动要素的价格弹性。一方面，贸易开放度提高和 FDI 渗透率增加会加剧产品市场的竞争，增强产品市场的需求弹性。按照希克斯·马歇尔要素需求定律：产品市场需求弹性的增强将带动要素市场需求弹性的增强。另一方面，贸易开放度的提高和 FDI 渗透率的增加还可能提高进口要素与国内生产要素之间的相互替代性，同样会改变劳动要素的价格需求弹性，进而对就业市场产生影响。Rodik（1997）认为劳动需求的价格弹性重要性主要体现在三个方面：首先，更高的劳动需求弹性意味着雇主向劳动者转移非工资成本的可能性增大。其次，更高的劳动需求弹性意味着外生性冲击导致劳动需求曲线的移动，会造成工资和就业水平更大幅度的调整。最后，更高的劳动需求弹性还意味着劳动相对于资本要素在分享具有超额利润企业的租金过程中讨价还价的能力降低了。Krugman（1995）通过一个简单的两部门模型分析了发展中国家向 OECD 国家出口对 OECD 国家非熟练劳动力就业和工资的影响作用，发现在相对工资弹性较低的欧洲国家，低工资国家的出口对欧洲国家非熟练劳动力就业的影响相对较大，而在相对工资弹性较高的美国，低工资国家出口对美国非熟练劳动力就业的影响基本可以忽略。Slaughter（2001）利用美国制造行业数据考察了 15 个贸易自由化、与贸易相关的跨国投资和外包、技术变化、劳动力市场制度等指标对制造业生产性和非生产性劳动需求弹性的影响，研究表明贸易自由化指标对劳动需求弹性的影响是不确定的，贸易自由化是否会显著地促进生产性劳动需求弹性的增加与是否控制时间虚拟变量存在密切关系，而贸易自由化总体上会促进非生产劳动需求弹性的增加，与贸易相关的外包及跨国投资、净出口等指标的增加会显著促进制造业劳动需求价格弹性的增强。（Hine, Wright, 1998）; Greenaway et al.（1999）;（Milner, Wright, 1998）; Krishna et al.（2001）;（Haouas, Yagoubi, 2004）从经验方面研究了贸易自由化对发达国家和发展中国家制造业劳动需求价格弹性的影响作用，这些研究总体上表明出口开放度和进口渗透率总体上对劳动需求弹性的影响作用很微弱，并且多数的学者都认为产生这一现象的主要原因在于政府对劳动力市场的管制。周申（2006）利用中国工业行业面板数据考察了进口渗透率对工业行业劳动需求弹性影响，研究发现进口渗透率的增加会导致中国工业行业劳动需求弹性上升，进口通过要素替代效应和产出效应两条途径影响中国工业的劳动需求弹性，要素替代效应相对于产出效应对中国工业行业劳动需求弹性的影响作用更大。显然，多数的相关研究仍然是从贸易自由化（主要是进口竞争）角度考察国际贸易对劳动需求价格弹性的影响作用，而对出口和 FDI 对中国制造业劳动需求价格弹性影响作用的研究则很少见。与进口竞争不同，中国制造业出口开放度扩大一方面可能通过增强产品市场竞争带动要素价格需求弹性的增强；另一方面中国基于低价竞争和数量优势扩张出口也可能会强化现有的比较优势，增强劳动要素对其他生产要素替代，降低进口生产要素对国内生产要素的替代，从而降低劳动要素价格弹性。另外需要重点关注的一个问题是：多数的研究都表明国际贸易和 FDI 能否改变劳动要素的价格弹性与劳动力市场的制度性特征存在密切关系，而中国工业行业劳动力市场一个显著的特征是国有企业和非国有企业无论是在劳动力雇佣还是工资形成的市场化方面都存在显著的差别（陆铭、陈钊，1998）。因此从劳动需求弹性角度考察出口和 FDI 对中国制造业就业市场影响，仍然需要考虑中国不同所有制形式制造业就业市场的制度特征，分析出口和 FDI 对其劳动需求弹性影响作用的差异性。

　　鉴于出口和 FDI 在中国制造业的显著地位和作用，且中国制造业出口和 FDI 存在的密切联系，本章集中研究出口和 FDI 通过产出规模、生产效率、劳动需求弹性渠道对中国制造业就业市场产生的影响作用，考察国际贸易和 FDI 对中国就业市场影响已有的研究主要是利用地区和宏观产业层面的数据从单一角度出发进行研究分析，缺乏较系统全面的论证。本章主要从三个方面对现有的相关研究进行扩展：首先，采用 1999—2007 年按四位编码行业分类的 329 个细分制造业面板数据，考察出口和 FDI 对中国制造业就业当期和滞后调整的影响作用。其次，从产出规模、生产效率、劳动需求弹性三个角度考察出口和 FDI 对全部制造业以及不同要素密集度制造业就业影响作用的差异，明确出口和 FDI 对中国制造业就业影响作用的大小和方式。最后，由于国有和非国有制造业在劳动雇佣和工资形成机制的市场化程度方面存在的显著差异，分别考察出口对国有、非国有内资、港澳台、外资制造业就业，以及 FDI 对国有和非国有内资制造业就业的影响作用。

第一节　研究方法与分析框架

　　基于前面的理论分析和研究文献，考察出口和 FDI 对中国制造业就业市场的影响作用和方式，需要从产出规模及结构、生产效率、就业弹性三个方面作全面的经验分析。与许多相关研究类似，本书同样基于劳动需求回归方法研究，利用简单的 Cobb—Douglas 生产函数得到基本的劳动需求经验回归方程：

$$Q_{it} = A^{\gamma} K_{it}^{\alpha} L_{it}^{\beta} \tag{1}$$

　　其中，i、t 分别表示中国不同时期各个制造行业，Q 表示制造行业的产出，K、L分别表示生产投入的资本和劳动要素，α、β分别表示资本和劳动的产出弹性系数，A表示影响产出增长的效率指标，γ表示影响产出效率各因素所占的比重。在完全竞争的市场假设条件下，遵循利润最大化原则的制造业生产厂商会使其劳动的边际产出等于工资（w），资本的边际产出同样等于其相应的使用成本（c），利用利润最大化条件可以消去生产函数中的资本要素，即

$$Q_{it} = A^{\gamma} \left(\frac{\alpha L_{it}}{\beta} \times \frac{w_{it}}{c} \right)^{\alpha} L_{it}^{\beta} \tag{2}$$

对（2）式取对数后，可以得到基本的劳动需求方程：

$$LnL_{it} = \varphi_0 + \varphi_1 A + \varphi_2 Ln(w_{it}/c) + \varphi_3 LnQ_{it} + \varepsilon_{it} \tag{3}$$

其中，$\varphi_0 = -(\alpha ln\alpha - \alpha ln\beta)/(\alpha + \beta)$；$\varphi_1 = -\gamma/(\alpha + \beta)$；$\varphi_1 = -\alpha/(\alpha + \beta)$；$\varphi_2 = 1/(\alpha + \beta)$。从基本的劳动需求方程出发，出口和FDI对制造业的劳动需求影响可以通过三个渠道产生作用：一是出口和FDI企业通过改变产出规模（Q_{it}）的大小对就业产生影响作用；二是出口开放度或者FDI在中国制造业渗透率的变化通过改变制造业生产效率（A）对就业产生影响作用；三是出口开放度和FDI在制造业的渗透率变化通过改变生产要素的价格弹性［$Ln(w_{it}/c)$］对就业产生影响作用。因此从产出规模、生产效率、要素价格弹性角度考察出口和FDI对中国制造业就业影响作用，需要分别对基本劳动需求方程（3）做进一步的扩展。首先，制造业全部销售产出可以分解为国内销售产出（DDQ）、外资企业国内销售产出（FDQ）、出口销售产出（EXP）三部分，在生产效率假定为常数的条件下，考察出口和FDI通过产出规模扩张对制造业就业市场影响的基本劳动需求方程（3）可以扩展为[1]：

---

[1]   由于没有细分制造业投入产出表的数据，这里没有考虑出口和FDI通过产业关联方式对其他制造业就业的影响作用。

$$LnL_{it} = \alpha_0 + \alpha_1 Ln(w_{it}/c) + \alpha_2 LnDDQ_{it} + \alpha_3 LnFDQ_{it} + \alpha_4 LnEXP_{it} + \eta_{it}$$

$$(4)$$

其中 $\alpha_0 = -(\gamma A + \alpha ln\alpha - \alpha ln\beta)/(\alpha + \beta)$

其次，出口开放度的扩大会增大国内制造行业参与国际竞争的压力，FDI 在中国制造业渗透率的增加可能会对国内产业产生技术外溢或者挤出效应，二者都可能对制造业的平均劳动生产率产生作用，从而间接对劳动需求产生影响，即制造业出口开放度和 FDI 渗透率同样会对生产函数的效率参数 A 产生影响作用，即

$$A^\gamma = e^{\delta_0 T_i} EXS_{it}^{\delta_1} FDIS_{it}^{\delta_2}，其中 \delta_0, \delta_1, \delta_2 > 0$$

其中 EXS 表示出口开放度，用制造行业出口交货值占制造业全部销售产值的比重表示，用来考察制造业出口开放度变化可能通过生产效率方式对劳动需求产生的影响作用，FDIS 表示 FDI 在制造业的渗透率，用港澳台及外资制造业销售产值占制造业全部销售产值的比重来表示，用来考察 FDI 企业可能通过技术外溢或者挤出方式对生产效率进而对劳动需求产生的影响。因此，在给定产出和要素价格变量基础上，出口和 FDI 通过生产效率方式对制造业劳动需求产生影响作用的基本劳动需求方程（3）可以扩展为：

$$LnL_{it} = \beta_0 + \beta_1 Ln(w_{it}/c) + \beta_2 LnQ_{it} + \delta_1 LnEXS_{it} + \delta_2 LnFDIS_{it} + \delta_0 T_i + \sigma_{it}$$

$$(5)$$

其中，T_i 为时序变量。如果内外资企业出口和 FDI 通过技术外溢的方式显著促进了制造业生产效率的提高，降低了劳动需求，那么 δ_1、δ_2 的估计参数应该为负值。反之则表明出口开放度的扩大和 FDI 渗透率增加对生产效率没有显著作用或者降低了生产效率，从而会对制造业劳动需求产生正向的促进作用。

最后，由于出口开放度的扩大和 FDI 在制造业渗透率的增加同样可以通过增强产品和要素市场竞争以及要素之间的替代性改变劳

动需求的价格弹性，因此可以在方程（5）的基础上通过出口开放度和 FDI 渗透率分别与要素价格交叉项变量来考察出口和 FDI 对劳动需求的价格弹性影响：

$$LnL_{it} = \theta_0 + \theta_1 Ln(w_{it}/c) + \theta_2 LnQ_{it} + \theta_3 T_i + \gamma_1 LnEXS_{it} + \gamma_2 LnFDIS_{it} +$$
$$\gamma_3 LnEXS_{it} \times Ln(w_{it}/c) + \gamma_4 LnFDIS_{it} \times Ln(w_{it}/c) + \omega_{it} \tag{6}$$

需要说明的是：由于本书的经验方程在控制了产出变量后考察出口和 FDI 对劳动需求的价格弹性影响，因此估计参数结果主要是反映出口开放度和 FDI 渗透率通过要素之间的替代效应而非通过产出竞争效应对劳动需求价格弹性产生影响作用。

考虑到劳动需求的动态调整过程，出口和 FDI 销售产出结构的变化以及对生产效率影响作用的时滞因素，在回归方程中需要加入劳动需求的滞后变量和其他解释变量的相应滞后项来考察出口和 FDI 通过产出、效率、需求弹性对制造业劳动需求当期和滞后期的动态影响作用。由于制造业资本价格（c）难以准确地度量（或者可以假定为常数），这里没有考虑其对劳动需求的影响。同时宏观经济环境变化会对制造业劳动需求产生影响，需要在经验方程中控制时间虚拟变量，基于上述因素，（4）和（5）（6）式制造业劳动需求方程分别扩展为以下经验回归方程：

$$LnL_{it} = \kappa_0 + \sum_j \kappa_{1j} Lnw_{i,t-j} + \sum_j \kappa_{2j} LnDDQ_{i,t-j} + \sum_j \kappa_{3j} LnFDQ_{i,t-j} +$$
$$\sum_j \kappa_{4j} LnEXP_{i,t-j} + \sum_j \kappa_{5j} LnL_{i,t-j} + \lambda_i + \upsilon_t + \sigma_{it} \tag{7}$$

$$LnL_{it} = \eta_0 + \sum_j \eta_{1j} Lnw_{i,t-j} + \sum_j \eta_{2j} LnQ_{i,t-j} + \sum_j \eta_{3j} LnEXS_{i,t-j} +$$
$$\sum_j \eta_{4j} LnFDIS_{i,t-j} + \sum_j \eta_{5j} LnL_{i,t-j} + \lambda_i + \upsilon_t + \xi_{it} \tag{8}$$

$$LnL_{it} = \gamma_0 + \sum_j \gamma_{1j} Lnw_{i,t-j} + \sum_j \gamma_{2j} LnQ_{i,t-j} + \sum_j \gamma_{3j} LnEXS_{i,t-j} +$$
$$\sum_j \gamma_{4j} LnFDIS_{i,t-j} + \sum_j \gamma_{5j} LnL_{i,t-j} + \sum_j \gamma_{6j} LnEXS_{i,t-j} * Lnw_{i,t-j} +$$

$$\sum_j \gamma_{7j} LnFDIS_{i,t-j} * Lnw_{i,t-j} + \lambda_i + \upsilon_t + \psi_{it} \qquad (9)$$

其中 λ_i 为行业个体固定效应，υ_t 为时间虚拟变量。考虑到国有和非国有制造业劳动力市场存在的显著区别，利用上述同样的方法可以分析出口和 FDI 通过产出、生产效率、要素价格弹性方式对国有和非国有内资制造业劳动需求的影响作用。本章同时也分析了出口通过产出、生产效率以及要素价格弹性方式对 FDI 制造业劳动需求的影响作用。

第二节 数据来源、描述与模型识别

一 数据来源与描述

本书采用了《中国统计数据应用支持系统》工业行业统计数据库中 1999—2007 年按四位编码分类的制造业财务数据，包括全部、国有、港澳台及外资、私营、集体、股份制、股份合作性质制造业相关数据。中国工业行业按四位编码标准分类在 2003 年前后作了较大的调整，1999—2000 年四位编码分类制造业包括 364 个行业，2001—2002 年包括 377 个行业，2003—2005 年包括 465 个制造行业，2006—2007 年包括 458 个制造行业，并且不同所有制形式制造业在不同时期分类也存在较大差别，由于经验分析采用了动态面板回归方法且使用的样本数据时间跨度较短，研究删除了分类标准不一致、时间连续性差、财务指标严重缺失的制造行业，保留了 1999—2007 年的分类标准、在时间上完全连续的 329 个全部、非国有内资、港澳台及外资制造业、300 个国有制造业作为样本分析数据。1999—2007 年 329 个制造业销售产值和从业人数占全部制造业相应指标的平均比重超过 80%。考虑到出口和 FDI 对不同要素密集度制造业就业通过产出、生产效率和劳动需求弹性方式的影响作用可能存在显著区别，按照各制造业 1999—

2007 年人均固定资本的平均比率，总体上划分为资本密集型和劳动密集型行业，选取人均固定资本平均比率高于全部制造业人均固定资本平均比率的 165 个行业作为资本密集型行业，低于全部制造业人均资本比例平均值的 164 个行业作为劳动密集型行业。制造业平均工资和固定资产净值分别用消费者价格指数和固定资产投资指数调整为以 1999 年为基期的不变价格值，工业品销售产值和出口交货值分别用两位编码标准分类的工业品出厂价格指数调整为 1999 年作为基期的不变价格值。制造业劳动需求数据采用各制造业年平均从业人员数据表示。消费者价格指数及固定资产投资价格指数来自历年《中国统计年鉴》。1999—2007 年按两位码标准分类的工业品出厂价格指数来自 CEIC（亚洲经济数据库—中国经济数据库）。

表 3－1 给出了本书研究采用样本数据的描述性统计值。显然，从中国制造业各项财务指标的最大值、最小值及标准误统计值来看，即使研究采用了中国分类最详细的制造业数据，各制造行业之间的异质性仍然表现得十分明显。不仅如此，均值统计表明国有制造行业、非国有内资制造行业、港澳台外资制造业之间在各项财务指标方面都存在显著的区别：港澳台及外资制造业在人均固定资产、人均工资水平、出口规模对就业会产生重要影响的指标都显著高于国有、非国有内资及全部制造行业；从业人数、工业销售规模、出口销售规模均值指标显示非国有内资和港澳台外资制造业相对于国有制造业在中国制造业所占地位和发挥的作用总体上更为突出。

二 估计方法的选择

考虑出口和 FDI 通过产出、生产效率及劳动需求弹性对中国制造业就业的当期和滞后调整影响作用，本书对解释变量的滞后期限选取了二阶。经验方程（7）—（9）中劳动需求滞后变量以及其他解释变量存在的内生性都会造成解释变量与误差项的相关系数不为零。在样本数据时间跨度较短的情形下，直接采用 OLS、固定效应方法估计得到的参数会产生严重偏差，利用 Arelleno 和 Bond（1991）提出的差分 GMM 估计方法可以较好地解决由于变量内生性问题和样本数据异质性对估计参数造成的偏差，差分 GMM 估计的缺陷在于：差分后会导致样本信息部分损失，在样本数据时间跨度较长的情形下，工具变量的有效性会减弱。（Arellano，Bover，1995）；（Blun-dell，Bond，1998）建议采用系统 GMM 方法解决变量内生性问题对估计参数造成的偏差。由于系统 GMM 方法能够同时利用差分方程和水平方程的信息，工具变量有效性一般情况下会更强，理论上相对于差分 GMM 参数估计结果更为有效。具体到本书经验方程的识别，回归方程（7）—（9）中不仅包含被解释变量的滞后项，而且还有众多解释变量的滞后项和交叉项变量，对样本数据全部取自然对数后，水平滞后变量之间以及水平交叉项与其单独变量之间都存在很高的相关性，水平回归解释变量相互之间的干扰性较严重，采用系统 GMM 估计要确保水平回归变量参数能够有效识别变得异常困难；另外，本书使用的面板数据具有时间跨度较短且行业个体数量众多的典型特征，采用差分 GMM 估计在理论上同样能够很好地确保工具变量的有效性。

基于上述因素以及类似研究多数采用的估计方法考虑，本书利用 Arelleno 和 Bond（1991）提出的标准差分 GMM 方法对经验方程参数进行估计，基本过程是：首先对经验方程（7）—（8）进行差分消去行业个体固定效应，然后利用滞后 t−2 期及以后的水平内生变量及其他所有可行的外生解释变量作为差分内生变量的工具变量对差分方程进行识别。由于劳动力需求数量同样是影响行业平均工资水平和销售产值的重要因素，因此除了劳动需求滞后变量之外，本书同样将行业平均工资水平和销售产值作为内生变量对经验方程进行识别。方程（9）的估计过程是：首先对方程（8）的各变量取差分，利用单独的差分变量形成差分交叉项变量，然后选取各变量及交叉项变量对应的 t−2 期滞后水平变量和其他外生变量作为工具变量对差分方程进行 GMM 估计[①]。面板 GMM 方法分为一步法和两步法估计，相对于一步法估计，两步法采用的权重矩阵更能有效地解决样本数据异质性对回归结果的干扰，但在有限样本条件下采用两步法 GMM 估计会使估计参数对应的标准误严重偏低（Weidmeijer，2005），因此本书采用差分 GMM 两步法估计的回归参数进行显著性判断都基于 Weidmeijer 校正后的稳健性标准误。GMM 估计结果的有效性同时要求差分误差项不存在二阶自相关，本书在回归结果中报告了误差项一阶和二阶自相关检验结果。考虑到样本数据能够使用的工具变量数量有限以及误差项存在的异方差性质，这里利用服从 χ^2 分布的 Hansen J 过度识别检验方法判断工具变量的有效性。

第三节　出口、FDI 对中国制造业就业总体影响作用

表 3−2 给出了利用全部制造业样本数据对劳动需求方程的差分 GMM 的回归结果，所有的回归方程都控制了时间虚拟变量。对模型 1 误差项二阶自相关检验不能拒绝自相关系数为零的假设检验，Hansen J 过度识别检验结果同样显示不能拒绝工具变量是有效的零假设，

---

① 如果对方程（9）直接进行差分，交叉项变量变为 $\Delta LnFDIS * Lnw$，$\Delta LnEXS * Lnw$，而正确的交叉项估计变量应为 $\Delta LnEXS * \Delta Lnw$，$\Delta LnFDIS * Lnw$。详细的两步法差分 GMM 和系统 GMM 面板回归原理和方法、自相关检验方法及 Sargan/Hansen J 过度识别检验方法，请参见 Roodman，David（2009）"How to do xtabond2：An introduction to difference and system GMM in Stata." The Stata Journal（2009）9，No. 1，pp. 86−136。

表明对模型 1 的差分 GMM 参数估计结果具备有效性。模型 1 对基本劳动需求方程的估计结果显示制造业当期的劳动需求与其滞后变量存在较为显著的正相关关系，表明劳动需求具有显著的滞后效应，工资和产出增长在当期分别会对当期劳动需求产生显著的负向和正向影响作用，都与要素需求基本理论预期相一致。滞后期估计参数表明，工资和产出增长都会对劳动需求产生负面作用，但回归参数却都不显著，产出增长在滞后期对制造业当期劳动需求会产生负面抵消作用的主要原因在于：随着产出结构中资本密集型制成品比重的逐渐上升和劳动密集型制成品比重的下降，制造业产出在滞后期对当期劳动要素总的吸纳作用会下降。

为了区分出口和 FDI 通过产出对制造业就业的影响，模型 2 将制造业销售产出分解为内资企业国内销售产出、外资企业国内销售产出、出口销售产出三部分，回归结果显示：内外资企业的国内销售产出以及出口销售产出的当期增加都会显著促进制造业就业增长，所有估计参数都在 1% 水平上显著。控制其他变量后，内资企业和外资企业的国内销售产出、出口销售产出每增加一个百分点，制造业从业人数相应分别会上涨 0.385、0.076、0.123 个百分点。1999—2007 年 329 个制造业内资企业国内销售、外资企业国内销售、出口销售年平均增长率分别为 17.77%、24.38%、25.08%，由此可以得出：上述三类产出每年平均对制造业当期从业人数增长的拉动作用分别为 6.85、1.84、3.07 个百分点，由于出口销售同时包括内资和外资企业出口销售，所以可以根据上述估算得到：制造业产出的国内市场需求对其从业人数增长当期的拉动作用平均每年为 8.69 个百分点，而出口和 FDI 通过产出规模扩大对制造业从业人数增长当期的拉动作用平均每年为 4.91 个百分点。产出滞后变量的估计参数都为负值，但只有滞后一期出口变量在 10% 的水平上呈现为显著负值时，才表明产出和出口结构的滞后调整倾向于对制造业当期劳动需求产生负面抵消作用。尽管出口和 FDI 通过产出规模的扩张会显著促进制造业劳动需求的增长，但 1999—2008 年中国制造业总从业人数并未出现显著增长，原因在于中国制造业的平均工资同样出现了大幅上涨，1999—2007 年 329 个制造业的人均实际工资年平均增长率高达 15.9%，按照模型 2 工资变量估计参数可知：人均工资的提高年平均会造成制造业当期从业人数下降约 12 个百分点，如果同时考虑销售产出和工资对劳动需求的影响作用，制造业从业人数年平均会下降约 0.3 个百分点。劳动生产率的提高显著抵消了产出增长对制造业劳动需求的拉动作用，也同样从另一方面说明出口和 FDI 通过产出规模的扩张对于维持中国制造业就业稳定起到了至关重要的作用。

模型 3 在控制了总产出变量基础上分别考察出口开放度和 FDI 在制造业的渗透率通过改变制造业生产效率的方式可能对制造业劳动需求产生影响，劳动需求滞后变量、工资变量、产出变量的估计参数得到的结论与模型 1 和模型 2 完全一致，在控制了上述变量之后，出口开放度变量所有估计参数都不显著，表明出口开放度的扩大上对制造业劳动需求的拉动作用主要是通过产出规模的扩张实现的，总体上并没有通过改变生产效率的方式对制造业劳动需求产生显著的影响。FDI 在制造业的渗透率变量（FDIS）当期的估计参数在 1% 的水平上呈现显著的负值，估计参数显示 FDI 在中国制造业的渗透率每增加 10 个百分点，全部制造业的从业人数会相应下降约 0.77 个百分点，表明 FDI 在中国制造业渗透率的增加显著促进了制造业劳动生产效率的提高，从而对制造业当期劳动需求产生显著的负面作用。当然，外资企业进入中国制造业对其劳动生产效率的促进作用既可能通过挤出效率低下的内资制造企业，也可能通过技术外溢方式而产生，但从 FDI 渗透率对制造业劳动需求当期实际影响作用的大小来看，由于 1999—2007 年

表3-2　　出口、FDI 与中国全部制造业就业（被解释变量 ΔL）

	模型 1		模型 2		模型 3		模型 4		模型 5		模型 6	
	coef	pval	coef	pval	coef	pval	coef	pval	coef	pval	coef	pval
ΔL (-1)	0.3486*	0.0980	0.4077**	0.0459	0.4514**	0.0337	0.7233***	0.0000	-0.0836	0.7508	0.1318	0.3852
ΔL (-2)	0.0755*	0.0851	0.0762*	0.0893	0.0856*	0.0589	0.0653	0.2177	0.0531	0.4333	0.0937**	0.0355
ΔWAGE	-0.5292***	0.0009	-0.7508***	0.0002	-0.4783***	0.0012	-0.2000	0.2296	-0.7593***	0.0009	-0.3630***	0.0058
ΔWAGE (-1)	-0.0339	0.8334	0.1361	0.3260	0.0034	0.9827	-0.1528	0.2914	-0.1879	0.3053	-0.0619	0.4107
ΔWAGE (-2)	-0.0541	0.2498	-0.0435	0.3740	-0.0562	0.2276	-0.0258	0.7648	-0.1036*	0.0939	-0.0441	0.4255
ΔQ	0.6578***	0.0000			0.6584***	0.0000	0.5778***	0.0000	0.7419***	0.0000	0.6730***	0.0000
ΔQ (-1)	-0.1906	0.1713			-0.2666*	0.0594	-0.3600***	0.0002	0.0939	0.6231	-0.0748	0.4577
ΔQ (-2)	-0.0253	0.4555			-0.0302	0.3829	-0.0225	0.6593	-0.0036	0.9476	-0.0460	0.2248
ΔDDQ			0.3853***	0.0000								
ΔDDQ (-1)			-0.1107	0.1935								
ΔDDQ (-2)			-0.0355	0.2050								
ΔFDQ			0.0755***	0.0001								
ΔFDQ (-1)			-0.0256	0.1160								
ΔFDQ (-2)			-0.0064	0.5666								
ΔEXP			0.1226***	0.0000								
ΔEXP (-1)			-0.0462*	0.0861								
ΔEXP (-2)			0.0000	0.9979								

续表

	模型 1		模型 2		模型 3		模型 4		模型 5		模型 6	
	coef	pval	coef	pval	coef	pval	coef	pval	coef	pval	coef	pval
ΔEXS					0.0273	0.1351	0.0039	0.8442	0.0498 **	0.0378	0.0314	0.2432
ΔEXS (-1)					-0.0223	0.2273	-0.0257	0.1337	-0.0056	0.8514	-0.0175	0.3740
ΔEXS (-2)					0.0045	0.6760	-0.0061	0.6005	0.0036	0.8246	-0.0022	0.8857
ΔFDIS					-0.0766 ***	0.0070	-0.1044 **	0.0265	-0.0848 **	0.0219	-0.0787 ***	0.0070
ΔFDIS (-1)					0.0177	0.4377	0.0414	0.1169	-0.0137	0.7012	0.0056	0.8080
ΔFDIS (-2)					0.0191	0.3016	0.0560 **	0.0180	-0.0083	0.6998	0.0162	0.3447
ΔWAGE * ΔEXS											-0.1000	0.4158
ΔWAGE(-1) * ΔEXS(-1)											0.1056	0.2551
ΔWAGE(-2) * ΔEXS(-2)											0.0790	0.3356
ΔWAGE * ΔFDIS											-0.0729	0.6177
ΔWAGE(-1) * ΔFDIS(-1)											-0.1980 ***	0.0088
ΔWAGE(-2) * ΔFDIS(-2)											0.0109	0.9195
AR_2(pval)	0.457		0.503		0.224		0.928		0.865		0.183	
Hansen J over_id(pval)	0.113		0.251		0.147		0.139		0.431	-	0.163	
Observations	1974		1970		1974		990		984		1974	

注：*、**、***分别表示10%、5%、1%显著性水平，coef 为估计参数，pval 表示概率检验值，AR_1、AR_2 分别表示误差项一阶和二阶自相关检验值，表中的解释和被解释变量均为取自然对数后对数对数的变量，时间虚拟变量估计参数从略。

中国 329 个制造业的平均渗透率年均增长仅为 1.45%，FDI 渗透率的增加通过促进效率改善，造成制造业每年当期从业数平均下降 0.11%，远低于 FDI 通过国内销售和出口销售产出规模的扩大对制造业从业人数增长的拉动作用。FDIS 滞后变量的估计参数都表现为不显著的正值，表明外资在中国制造业渗透率的增加在滞后期倾向于抵消其对制造业当期劳动需求产生的负面影响作用。

考虑到中国不同要素密集型制造业的出口比较优势和结构差异以及出口和 FDI 对不同要素密集型制造业生产率外溢效应可能存在的差异性，从而可能对制造业劳动需求产生的影响作用有显著的区别，模型 4 和模型 5 分别考察了出口开放度和 FDI 渗透率通过生产效率方式对 165 个资本密集型行业和 164 个劳动密集型行业劳动需求的影响作用。模型 4 和模型 5 的回归结果显示，劳动需求滞后变量、工资及产出变量的估计参数都存在较大差别：模型 4 估计参数显示在资本密集型行业劳动需求的滞后变量估计参数较大且在 1% 的水平上显著，而模型 5 对应的估计参数则不显著，表明在资本密集型行业劳动需求的滞后调整幅度相对于劳动密集型行业更大。模型 4 和模型 5 工资变量的所有估计参数都为负值，但在劳动密集型行业工资变量估计参数的绝对值无论在当期还是滞后期相对于资本密集型行业都更大且更为显著，表明劳动密集型行业劳动需求数量对工资变化的反应相对更为敏感。显然上述经验结论都与基本的要素需求理论预期是一致的。资本密集型行业产出变量的估计参数在当期显著低于劳动密集型行业，并且其滞后期的估计参数在 1% 的显著性水平上表明资本密集型行业产出的增长在滞后期会显著抵消其当期产出增长对劳动需求的拉动作用，而在劳动密集型行业产出变量滞后期估计参数很小且不显著，表明资本密集型制造业产出的增长无论在当期还是滞后期对劳动需求拉动作用都显著低于劳动密集型行业，这一经验结论不仅完全符合要素需求的基本理论预期，同时也进一步验证了模型1—3关于产出变量对当期和滞后期劳动需求影响作用存在差别的解释原因。在控制了工资和产出变量基础上，这里重点关注出口开放度和 FDI 渗透率对不同要素密集型制造业劳动需求影响作用的差异。模型 4 出口开放度变量所有的估计参数都不显著，表明无论在当期还是滞后期出口开放度的扩大都并没有通过生产效率方式对资本密集型制造行业劳动需求产生显著影响作用，而模型 5 的出口开放度变量当期估计参数在 1% 显著性水平上表明出口开放度每增加 10%，劳动密集型行业当期劳动需求会上升约 0.5 个百分点。观察模型3—5出口开放度变量当期的估计参数都为正值，表明出口开放度扩大并没有通过促进市场竞争提高制造业劳动生产效率从而对其劳动需求产生负面影响作用，这与 Fu 等（2005）；俞会新、薛敬孝（2002）采用中国地区和宏观产业层面研究的经验结论相一致，而与（Hine, Wright, 1998）；Greenaway et al.（1999）等人对发达国家的相关研究结论刚好相反。我们可以从两个方面对这一现象做出解释：首先，这与中国的劳动力供给长期处于过剩状态有关，出口开放度的扩大主要作用是缓解了大量剩余劳动力的就业而非通过加剧竞争提升了生产效率方式对中国劳动力市场的影响（Fu, 2005）。其次，中国相对于发达国家的出口扩张主要依赖于劳动力低成本优势，特别是对于劳动密集型行业，长期依赖价格优势参与国际竞争会造成贸易条件不断恶化，陷入资源枯竭的困境，劳动密集型制造业出口开放度的扩大不仅没有促进其生产效率的提升反而对制造业的生产效率改善产生了显著的负面作用，进而推动了劳动密集型制造业从业人数的增加。虽然在劳动密集型行业出口开放度的扩大可以显著提高制造业的劳动需求水平，但主要是通过产出规模的扩张产生的，通过改变生产效率方式对制造业从业人数的实际拉

动作用很小，1999—2007 年 164 个劳动密集型制造业的出口开放度
年平均只上升了约 0.19 个百分点，因此出口开放度变化通过效率方
式对劳动密集型行业劳动需求增长的实际拉动作用基本可以忽略。

模型 4 中 FDI 渗透率变量（FDIS）当期的估计参数在 1% 的显
著性水平上，表明外资在资本密集型行业渗透率每增长 1%，资本密
集型行业的劳动需求数量会下降约 0.1 个百分点，但滞后期的估计
参数都为正值并且滞后二阶变量的估计参数在 5% 的水平上显著，表
明 FDI 渗透率的增加在当期会显著地提升中国资本密集型制造业的
生产效率，从而对劳动需求数量产生显著的负面作用，但滞后期估
计参数表明 FDI 渗透率的增加在滞后期会显著抵消其当期对劳动需
求的负面影响作用。模型 5 中 FDI 渗透率变量无论当期还是滞后期
估计参数都为负值，但只有当期估计参数在 1% 的显著性水平上时，
才表明 FDI 渗透率每增加 10%，劳动密集型制造业劳动需求会下降
约 0.8 个百分点。显然，FDI 渗透率的增加对不同要素密集型制造业
劳动需求在当期和滞后期的影响作用存在显著区别，产生这种现象
可能的主要原因在于：FDI 的技术优势主要体现在资本密集型行业，
外资企业在资本密集型行业更有可能通过技术外溢的方式促进内资
制造行业生产效率的提高，当期由于技术外溢促进制造业生产率提
高会显著降低劳动需求数量，滞后期内生产效率整体提升会进一步
促进制造业产出规模扩大，进而会带动劳动需求数量的增长；而在
劳动密集型行业 FDI 技术外溢空间和可能性较小，FDI 主要通过竞
争方式挤出效率低下的内资劳动密集型制造企业（"市场窃取"效
应），因此在滞后期通过促进效率改善来促进劳动密集型制造业的产
出规模，并进一步增加劳动需求的可能性很小。

模型 6 在控制了其他变量的基础上加入了出口开放度（EXS）、
FDI 渗透率（FDIS）与工资的交叉项变量，其中出口开放度与工资

交叉项变量估计参数在当期为负值,滞后期变量回归参数都为正值,但所有的估计参数都不显著,表明出口开放度的扩大并没有通过增强要素之间的替代性显著地改变劳动需求的价格弹性。FDI 渗透率与工资交叉项变量当期和滞后一期的估计参数都为负值,并且交叉项变量滞后一期的估计参数在 1% 显著水平上呈现负值,表明 FDI 在中国制造业渗透率的提高会显著增强劳动需求的价格弹性。根据罗勃津斯基定理(Rybcznski theorem),中国作为一个劳动要素相对丰富的国家,出口开放度不断扩大对产品市场和生产要素市场的主要影响表现为增强了劳动密集型产品的比较优势和竞争力,促进了劳动要素对其他生产要素的替代,而不是其他要素对劳动要素的替代性,因此中国制造业出口开放度的扩大更有可能减弱而不是增强劳动需求的价格弹性,即随着出口开放程度的扩大中国制造业厂商可能更倾向于根据产出和出口销售规模来决定劳动需求的数量,从而淡化通过调整工资的方法来控制劳动力需求数量的做法。与出口开放度不同,FDI 渗透率的增加一方面会直接加剧国内产品市场的竞争进而带动生产要素市场之间的竞争,增强生产要素的价格弹性;另一方面,在中国制造业众多从事加工贸易的 FDI 渗透率提高会带动大量的国外生产要素和中间产品的进口,增强国内生产要素和国外进口生产要素之间的替代性,促进劳动需求弹性的提升。

第四节 出口、FDI 对不同所有制
类型制造业就业影响

由于中国的国有和非国有制造业在工资形成机制和劳动力雇用的市场化程度、出口开放度以及与 FDI 企业之间的相互作用方面都存在较为明显的区别,有必要考察出口和 FDI 通过产出、生产效率

及需求弹性对国有和非国有内资制造业就业市场的影响及区别。表3-3给出了出口和 FDI 通过不同方式对国有和非国有内资制造业劳动需求影响的回归结果。模型 7、模型 10、模型 13 分别给出了出口通过产出规模扩张对国有、非国有内资及 FDI 制造业就业的影响作用大小，出口当期变量的估计参数表明出口销售产值每增加1%，国有、非国有内资及外资制造业当期从业人数分别会增加 0.025，0.028，0.168 个百分点。1999—2007 年上述三类所有制形式制造业出口销售产值年平均增加分别为 9.85%，24.73%，28%，由此可得到：控制了其他变量后，出口通过产出规模扩张对国有、非国有内资、外资制造业当期从业人数年平均拉动作用分别为 0.24，0.68，4.69 个百分点，显然 FDI 制造行业出口对就业的影响作用远高于国有和非国有内资制造行业。不同所有制形式制造业的国内销售产出当期估计参数都在 1% 的水平上显著，滞后变量的估计参数基本都为负值，与采用全部制造业样本数据估计得出的结论一致，根据其当期估计参数和国内销售产出年平均增长率，同样可以得到国内市场需求对国有、非国有内资、外资制造业当期从业人数的年平均拉动作用为 1.13，17.10，7.77 个百分点。上述计算结果表明无论出口销售产出还是国内销售产出对国有制造业劳动需求拉动作用都显著地低于非国有内资及外资制造行业，这与 20 世纪 90 年代中期开始的国有企业实施减员增效的战略性退出政策措施存在密切关系，在国有企业大举退出制造业的同时非国有内资企业和 FDI 企业进入并通过产出规模的快速扩张显著地缓解了中国制造业从业人数的大幅下降，但国内市场需求对非国有内资制造业劳动需求拉动作用依然显著高于其出口的影响作用。而在外资制造业其国内需求和出口对劳动需求的拉动都起到了重要作用，原因在于：尽管非国有内资和 FDI 制造业出口销售年平均增长速度都很高，但非国有制造业出口

表 3－3　出口、FDI 与中国不同所有制形式制造业就业（被解释变量 ΔL）

解释变量	国有制造行业						非国有内资制造行业						港澳台及外资制造行业					
	模型 7		模型 8		模型 9		模型 10		模型 11		模型 12		模型 13		模型 14		模型 15	
	coef	p-val	coef	p-val	coef	pval	coef	p-val	coef	p-val	coef	pval	coef	p-val	coef	p-val	coef	pval
$\Delta L(-1)$	0.3440***	0.0049	0.2889***	0.0167	0.3391***	0.0000	0.0972	0.5183	0.1909*	0.0910	0.1571	0.2173	0.1669	0.2620	0.0046	0.9774	0.2141***	0.0000
$\Delta L(-2)$	0.0631	0.2332	0.0460	0.4233	-0.1245	0.1220	-0.0050	0.9060	-0.0014	0.9725	-0.0569	0.2391	0.0101	0.8197	0.0049	0.9164	-0.0464	0.1619
$\Delta WAGE$	-0.4733***	0.0060	-0.4869***	0.0012	-0.5173***	0.0000	-0.5578***	0.0000	-0.4392***	0.0013	-0.4038***	0.0056	-0.6772***	0.0001	-0.5474***	0.0001	-0.5553***	0.0000
$\Delta WAGE(-1)$	0.0046	0.9648	-0.0125	0.8969	-0.2101***	0.0060	-0.0195	0.8538	0.0057	0.9516	-0.1022	0.1137	-0.0669	0.5208	-0.1324	0.1563	-0.2132***	0.0000
$\Delta WAGE(-2)$	-0.0194	0.7441	-0.0180	0.7412	-0.0875*	0.0662	-0.0376	0.3935	-0.0183	0.6147	-0.0213	0.6120	-0.0470	0.3358	-0.0675*	0.0836	-0.0641*	0.0661
ΔQ			0.5976***	0.0000	0.5983***	0.0000			0.6896***	0.0000	0.6983***	0.0000			0.6385***	0.0000	0.6467***	0.0000
$\Delta Q(-1)$			-0.1356*	0.0729	-0.2279*	0.0745			-0.1133	0.1662	-0.1095	0.2670			0.0561	0.5936	-0.1922***	0.0000
$\Delta Q(-2)$			0.0299	0.4815	0.1310	0.2023			0.0184	0.5230	0.0529	0.1350			0.0119	0.7349	0.0464*	0.0695
ΔDQ	0.5602***	0.0000					0.6248***	0.0000					0.3185***	0.0000				
$\Delta DQ(-1)$	-0.1373*	0.0561					-0.0386	0.6844					-0.0049	0.9386				
$\Delta DQ(-2)$	0.0017	0.9646					0.0070	0.8106					-0.0038	0.9042				
ΔEXP	0.0250**	0.1098					0.0277***	0.0010					0.1675***	0.0000				
$\Delta EXP(-1)$	-0.0077						0.0012	0.8525					-0.0211	0.2115				
$\Delta EXP(-2)$	0.0080**	0.0264					0.0034	0.3235					0.0128**	0.0646				
ΔEXS			0.0140***	0.0003	0.0133***	0.0011			0.0103*	0.0537	0.0078	0.1009			0.0550***	0.0002	0.0533***	0.0008
$\Delta EXS(-1)$			-0.0044	0.2932	0.0069	0.2108			-0.0010	0.8394	-0.0012	0.7962			-0.0113	0.2816	-0.0133*	0.0866
$\Delta EXS(-2)$			0.0065*	0.0889	0.0034	0.4056			0.0029	0.4115	0.0003	0.9441			0.0062	0.3280	0.0110**	0.0722
$\Delta FDIS$			-0.1089***	0.0217	-0.1743***	0.0002			-0.1033**	0.0117	-0.0941***	0.0117					0.0668	0.7362
$\Delta FDIS(-1)$			0.0146	0.6599	-0.0759*	0.0752			0.0236	0.2847	0.0140	0.6200					0.0291	0.8256
$\Delta FDIS(-2)$			0.0323	0.2643	0.0011	0.9662			0.0144	0.4083	0.0088	0.5918					-0.1745**	0.0681
$\Delta WAGE*\Delta EXS$					0.0411	0.8728					0.0555	0.6482						
$\Delta WAGE*\Delta EXS(-1)*\Delta EXS(-1)$					0.2228	0.2873					0.1149	0.4454						
$\Delta WAGE*\Delta EXS(-2)*\Delta EXS(-2)$					0.4269***	0.0027					0.0416	0.7425						
$\Delta WAGE*\Delta FDIS$					0.1731	0.2746					-0.2587	0.1811						
$\Delta WAGE*\Delta FDIS(-1)\Delta FDIS(-1)$					-0.0605	0.8111					-0.2918**	0.0351						
$\Delta WAGE*\Delta FDIS(-2)*\Delta FDIS(-2)$					-0.3026	0.1414					-0.0542	0.7380						
Estimation Method	GMM2		GMM2		GMM2		GMM2		GMM2		GMM2		GMM2		GMM2		GMM2	
AR_1 (pval)	0.000		0.000		0.000		0.099		0.005		0.004		0.011		0.075		0.000	
AR_2 (pval)	0.904		0.900		0.963		0.476		0.640		0.516		0.507		0.345		0.157	
Hansen Jover_id (pval)	0.787		0.803		0.349		0.569		0.251		0.181		0.641		0.313		0.164	
Observations	1796		1796		1796		1974		1974		1974		1970		1974		1974	

销售产值相对其国内销售产值比重仍然显著低于 FDI 制造业的相应比重，这一现象在表 3-1 和表 3-2 的描述性统计中也得到了反映。

模型 8、模型 11、模型 14 分别考察了出口开放度和 FDI 渗透率对不同所有制形式制造业劳动需求产生的影响作用。出口开放度变量估计参数表明：不同所有制形式的制造业出口开放度的扩大都会对制造业的劳动需求产生显著的促进作用，但出口开放度的扩大对国有和外资制造行业劳动需求的促进作用相对更为显著。外资制造业出口开放度变量当期的估计参数同样显著高于国有和非国有内资制造业，表明出口开放度扩大通过效率方式同样对外资制造业劳动需求的影响作用要高于国有和非国有内资行业，出口开放度滞后变量的估计参数基本都不显著。尽管出口开放度的扩大通过效率方式可以显著地促进不同所有制形式制造业从业人数的增长，但由于其估计参数很小（在当期估计参数最大的外资制造行业，出口开放度每提高 1%，劳动需求仅增长 0.05 个百分点），并且不同所有制类型制造业出口开放度在 1999—2008 年变化幅度均较小，国有和非国有内资制造业年平均出口开放度下降了 0.32 和 0.08 个百分点，而外资制造业出口开放度年平均增长也只有 0.63 个百分点，因此出口通过生产效率方式对不同所有制类型制造业劳动需求增长的实际拉动作用相对于出口通过产出规模扩张的影响作用基本可以忽略。

上述的经验结论更为重要的意义在于进一步验证了出口开放度的扩大并没有通过加剧国内与国际市场竞争从而显著地提升中国制造业的劳动生产效率，出口开放度的扩大主要是促进了制成品出口的劳动要素禀赋优势而不是生产效率，从而对劳动需求产生了正面的促进作用。模型 8 和模型 11 中 FDI 渗透率变量的当期估计参数的大小差别很小并且都在 1% 的水平上为显著负值，滞后期相应变量的估计参数都为正值但不显著，表明 FDI 在制造业渗透率的增加通过挤出或技术外溢方式在当期会显著地提升国有和非国有内资制造业的生产效率，降低其劳动需求数量，而在滞后期则倾向于抵消其对当期劳动需求产生的负面影响作用，与采用全部制造业样本数据回归得到的基本结论一致。并且 FDI 渗透率的变化对国有和非国有制造行业影响作用大小也没有显著差别。同样，由于制造业 FDI 渗透率总体变化较小且回归参数也较小，FDI 通过生产效率方式对国有和非国有内资制造业从业人数的实际影响作用仍然很有限。

模型9、模型12、模型15 控制了其他变量后，通过出口开放度、FDI 渗透率分别与工资的交叉项变量考察出口开放度和 FDI 渗透率对不同所有制形式制造业劳动需求弹性影响作用的区别。模型9出口开放度与工资交叉项变量的估计参数都为正值并且滞后二阶的估计参数都在 1% 水平上显著。而模型12相应变量的估计参数同样都为正值但不显著，表明无论在当期还是滞后期出口开放度扩大都倾向于减弱而不是增强劳动需求的价格弹性，而且出口开放度的扩大在滞后期还显著地降低了国有制造业的劳动需求弹性。一方面，上述的经验结论进一步验证了出口开放度扩大显著增强了中国制造业的劳动要素禀赋优势，促使国有和非国有内资制造厂商更倾向于依据产出和出口销售规模来决定劳动需求数量，减弱了工资变化对劳动力需求数量的影响作用。另一方面，出口开放度扩大对国有制造行业劳动需求弹性的影响作用相对于非国有内资制造业更为显著的主要原因可能在于：国有企业工资形成机制相对于非国有内资企业市场化程度低且刚性较强，国有企业工资变化对劳动需求的影响作用相对于非国有内资企业较小，出口开放度的扩大进一步促使国有企业根据产出和出口销售规模来决定劳动需求的数量，导致出口开放度的扩大显著降低了国有企业的劳动需求弹性。模型15的相应交叉变量只有滞后二阶估计参数在 10% 显著性水平上为负值，其他估计参数同样为不显著正值，表明出口开放度扩大在一定程度上会促进 FDI 制造业劳动需求弹性的增强，产生这一现象可能有两方面原因：其一，FDI 制造业相对于内资制造业产品和要素结构升级更快。随着出口开放度的不断扩大，至于劳动要素对资本和其他生产要素的替代程度，外资制造业相对内资制造业在滞后期下降较明显，造成其劳动需求对工资变化的反应相对于内资制造业变得更为敏感。其二，FDI 企业相对于内资企业更倾向于采取效率工资手段限制其先进的技术通过劳动力流动的方式转移到东道国企业，因此外资制造业相对于内资制造业在更大程度上会根据工资水平决定劳动需求数量。从 FDI 渗透率与工资交叉项变量估计参数来看，模型 9 交叉项估计参数都不显著，表明 FDI 渗透率的增加对国有制造业的劳动需求弹性并没有显著影响作用，而模型 12 交叉项的估计参数全部为负值且滞后一阶的交叉项变量估计参数在 5% 显著性水平上为负值，表明 FDI 在制造业渗透率的增加显著促进了非国有内资制造业劳动需求弹性的增加。FDI 渗透率对非国有内资制造业劳动需求价格弹性的促进作用相对于国有制造业更为显著仍然可能与不同所有制形式制造业工资形成机制的显著差异存在密切关系：尽管 FDI 在中国制造业渗透率的增加会通过加剧产品市场和要素市场的竞争，促进国内外生产要素替代的方式促进劳动需求价格弹性的上升，但由于国有制造业相对于非国有内资制造业工资变动受到政策的管制和约束较大，工资形成机制的市场化程度和弹性相对较低，阻碍了 FDI 通过产品和要素市场竞争对国有制造业劳动需求弹性影响作用的传导。

第五节　小结与政策评论

本章利用 1999—2007 年中国 329 个制造业面板数据，考察了出口和 FDI 通过产出、生产效率及要素价格弹性方式对全部制造业、不同要素密集度制造业、不同所有制类型制造业劳动需求在当期和滞后期进行调整的影响作用。经验研究结论显示：无论出口销售产出的绝对规模还是出口开放度的扩大都会显著促进制造业劳动需求的增长，并且出口开放度的扩大还倾向于降低制造业的劳动需求价格弹性，从而对中国制造业劳动者地位的提升同样会产生正面促进作用，表明扩大出口对于稳定和促进制造业就业，特别是劳动密集型制造业的就业仍然具有特别重要的意义，但由于中国制造业的出口仍然主要以价格和数量扩张的方式参与国际竞争，并没有对制造业的生产效率提升产生促进作用。基于数量扩张型的出口增长不具有可持续性，不断推动产出和出口结构升级，提升出口制成品的技术含量尽管会对当期制造业就业产生一定的替代效应，但考虑其滞后效应对于提升制造业生产效率、促进出口规模稳健增长进而促进制造业就业稳定同样具有重要意义。FDI 通过国内销售和出口销售产出规模的扩张显著地促进了中国制造业就业增长，同时也通过竞争和技术外溢方式显著的提高了制造业的生产效率，总体来看 FDI 对中国制造业就业增长发挥了重要的促进作用。由于外资制造业出口的开放度明显高于内资制造行业，出口显著下降必然对 FDI 制造业就业增长带来的负面影响作用也更大。鼓励更多以国内市场为导向的 FDI 和更多的 FDI 进入非制造行业对于促进就业市场稳定具有重要作用。另外，出口开放度的增加显著降低了国有制造业的劳动需求弹性，FDI 渗透率的增加显著提高了非国有内资制造业的劳动需求弹性，表明随着制造业出口开放度和 FDI 渗透率的不断提升，国有制造行业相对于非国有制造行业劳动者的经济利益和地位也会相对提升。由于产生这一现象的原因可能与国有企业劳动力雇佣和工资形成市场化程度低存在密切关系，对工资和从业人数管制不利于国有企业增强市场竞争力，特别是在出口出现显著下降的情形时会导致国有制造业隐性失业人数激增，进一步加剧国有企业成本负担。逐步推进和完善国有企业劳动力市场化进程，不断提升国有制造业市场竞争力和生产效率，同样对于促进中国制造业就业市场的稳定具有积极作用。

第四章

贸易开放、外资渗透对就业
转换的影响研究

　　围绕贸易开放、贸易自由化和外资进入对一国劳动需求的影响作用，国内外学者做了大量深入的研究（Revenga，1992；Milner and Wright，1998；Hine and Wright，1998；Greenaway，et al.，1999；Fu and Balasubramanyam，2005；Christev，et al.，2008；张川川，2015）。但多数已有的研究主要关注出口开放、贸易自由化以及外资进入对东道国净就业水平的影响作用，并未系统地考察贸易开放和外资渗透对就业创造、就业损失以及就业转换和再配置的影响作用。关于外部竞争性因素对就业转换和再配置影响，已有的相关研究主要探讨了汇率变化对劳动需求转换和再配置的影响作用（Klein，et al.，2003；Moser，et al.，2010；Nucci and Pozzolo，2010）。由于汇率的变化对就业市场的影响主要是通过贸易开放的渠道产生影响作用，因此考察贸易开放对就业转换和再配置效应更能直接明确地反映和体现外部竞争因素对就业增长和转换影响作用的差别。

　　考察贸易开放、外资渗透对就业创造、就业损失以及就业转换的重要性在于：首先，净就业水平的变化只体现了就业创造率和就业损失的综合效应，多数情况下就业创造和就业损失率的变化幅度要远高于净就业水平的变化，低水平的净就业水平既可以体现为同时存在较高的就业创造率和就业损失率，也可以体现为同时存在较低的就业创造率和损失率。净就业水平的变化主要体现了劳动力要素在产业部门之间的净流入和流出状况，反映的是劳动要素在不同产业部门之间的转换和再配置效应。而大量的劳动要素流动和再配置主要发生在同一产业内部，在净就业水平不变的情况下，仍然可能同时存在很高的就业创造和损失率，即在产业内部存在较高的就业转换和再配置效应。基于比较优势的传统要素禀赋国际贸易理论（H-O-S）主要强调了贸易开放会引致生产要素在不同产业部门之间的转换和再配置效应，而以 Melitz（2003）为代表的新新贸易理论则主要强调贸易开放对产业内部不同企业之间生产要素的再配置效应，进而对加总行业层面生产率的促进作用。显然考察贸易开放分别对净就业以及就业内部转换的不同影响作用，不仅有助于全面认识贸易开放对就业市场的影响作用，同时也会有助于明确究竟是传统的贸易理论还是新新贸易理论更能够合理地解释贸易开放对中国工业部门就业市场的影响作用。

其次，尽管就业创造和就业损失率多数情况下是同时产生的现象和过程，但大量的研究表明在许多国家的就业市场中，就业创造和就业损失率存在显著的不对称性（Davis and Haltiwanger, 1992；Albaek and Sorensen, 1998；Haltiwanger and Vodopivec, 2002；Brown and Earle, 2002）。失业产生的一个重要原因在于经济在发展或者增长的过程中就业的损失效应往往要高于就业的创造效应，比如技术进步一方面会创造新的就业机会，但另一方面同样会淘汰旧的生产方式，造成就业损失的增加。就业创造过程通常是一个缓慢而又艰难的过程（人员的培训、雇员的技能与工作岗位的匹配、劳动力市场的摩擦等一系列过程），但是就业岗位的缩减和损失通常是又相对直接且短暂迅速的过程。围绕就业创造和就业损失的不对称性与失业率之间的关系，国外学者对此进行了长期广泛的研究（Mortensen and Pissarides，1994，1998；Davis and Haltiwanger，1992，1996；Caballero，et al. 1997；Kambourov，2009），但国内对此方面的相关宏观研究并不多见。马弘，乔雪，徐媛（2013）利用中国工业企业数据考察了就业创造和损失的变化特征。显然，考察贸易开放和外资渗透变化对就业创造和就业损失的不同影响作用，不仅有助于明确外部竞争因素是否会对就业创造和就业损失率存在显著的不对称性，更有助于全面认识贸易开放对就业市场正面和负面的影响作用。

最后，就业的创造效应和就业的损失效应本身蕴含着截然不同的经济学福利含义（Klein et al.，2003；Davis and Haltiwanger，1992）。比如造成净就业陷入低增长的原因既可能是由于就业创造增长缓慢，也可能是由于就业损失的增长速度较快，就业创造增长缓慢，意味着潜在的就业机会没有得到较好的开发，劳动力资源潜力没有得到充分的利用，但并不会对现有的劳动力市场稳定造成显著的负面冲击。其经济福利的损失是潜在的，而较高的就业损失增长率则意味着很多劳动力要脱离已有的工作岗位，重新接受培训和寻找合适的工作机会，多数情况下需要付出昂贵的沉淀成本并寻找匹配代价，其经济的福利损失是直接现实而又巨大的。因此，相同水平的净就业增长本身不仅体现着不同水平的就业创造和就业损失率，而且也蕴含着不同的经济社会福利变化状况。显然考察贸易开放和外资渗透对就业创造率和损失率的不同影响作用对于正确评估和认识外部市场竞争性因素对中国就业市场的正面带动和负面冲击效应具有重要的现实意义。

基于上述因素的分析和考虑，本书在已有相关研究的基础上主要做了以下几方面的扩展研究：第一，基于一个简单的理论分析框架，明确了贸易开放和外资渗透主要通过影响产出弹性、要素需求价格弹性以及全要素生产率的渠道对就业增长和转换同时产生影响作用。第二，与已有研究主要考察外部竞争因素对净就业增长的影响作用不同，本书基于1998—2009年中国工业企业数据和贸易数据库，同时考察了出口开放、进口渗透以及外资渗透率变化对就业创造、就业损失、净就业以及产业内部就业转换的影响作用，全面对比分析了贸易开放和外资渗透对不同就业维度影响的差异性。第三，从经验层面系统检验了贸易开放和外资渗透率通过影响产出弹性、要素需求价格弹性以及全要素生产率方式对就业创造、就业损失、净就业增长以及就业内部转换率的影响作用。本章的其他内容结构安排如下：第一节给出本章简单的理论分析框架。第二节是数据来源处理、工业部门就业创造和损失特征统计性描述、经验方程的设定及变量说明。第三节是经验回归结果的分析及解释。最后是本章的结论和政策含义。

第一节　理论和经验分析框架

一　理论分析框架

本书通过一个简单的理论分析框架来说明贸易开放和外资渗透对净就业增长和就业转换产生影响作用的渠道和机制。参照 Klein et al.（2003）关于实际汇率变化对就业转换影响的理论分析框架，同样可以构建本章的简明理论分析框架。假设产业 i 当中的企业 F 的单位成本 C_F 函数可以表示为：

$$C_F(W_F, R_F) = W_F^\alpha R_F^{1-\alpha} Q_F \tag{1}$$

其中，W_F 表示企业 F 的工资率，R_F 表示其他非劳动要素的单位价格，Q_F 表示企业的单位产出水平。

由谢非德引理（Sheppard's Lemma）可知，企业的劳动需求水平可以表示为单位成本函数对单位工资的一阶导数，即

$$L_F = \alpha \, W_F^{\alpha-1} \, R_F^{1-\alpha} \, Q_F \tag{2}$$

对方程（2）两边取导数后求全微分，可以得到劳动需求变化的线性方程表达式：

$$\widehat{L}_F^D = -(1-\alpha) \, \widehat{W}_F^{\alpha-1} + (1-\alpha) \, \widehat{R}_F^{1-\alpha} + \widehat{Q}_F \tag{3}$$

其中对于任意的变量 $\widehat{Z} = \Delta LnZ$，表示对变量取对数后再进行差分变换。企业 F 的单位产出又可以表示为：

$$Q_F = A_F \, Y^\beta \tag{4}$$

方程（4）中 Y 表示国内和国外的总收入水平，A_F 表示影响产出需求的企业异质性个体特征。考虑到劳动力在不同部门之间或者同一部门的不同企业之间的流动，需要引入劳动力的供给方程来求解市场均衡条件下的劳动力需求数量。参照已有的相关研究，这里假设企业 F 面临的劳动力供给水平取决于企业 F 相对于其他企业的平均工资水平，即

$$L_F^S = \left(\frac{W_F}{W^{*\delta}}\right)^\theta \tag{5}$$

方程（5）中 L_F^S 表示企业 F 面临的劳动供给水平，W^* 表示除了企业 F 之外，其他企业的平均工资水平，δ 表示企业 F 和其他企业劳动供给的交叉弹性系数。θ 表示企业 F 的劳动供给对相对工资变化水平的弹性系数。同样，对方程（5）取对数进行差分后可以得到：

$$\widehat{L}_F^S = \theta(\widehat{W}_F - \delta \, \widehat{W}^*) \tag{6}$$

定义 φ_F 为企业 F 劳动需求水平在整个行业 i 就业水平的比重，假设每一个行业 i 中包括 n 个企业，即 $\sum_{F=1}^{n} \varphi_F = 1$，将行业内部全部企业的劳动需求水平变化加权加总后就可以得到整个行业的劳动需

求变化水平，即

$$\widehat{L}_i = \sum_{F=1}^{n} \varphi_F \widehat{L}_F \tag{7}$$

同样对影响企业劳动需求的其他因素进行加权加总之后可以得到整个行业层面影响劳动需求对应的变量，即

$$\widehat{A}_i = \sum_{F=1}^{n} \varphi_F \widehat{A}_F \quad \widehat{W}_i = \sum_{F=1}^{n} \varphi_F \widehat{W}_F$$

$$\widehat{W}_i^* = \sum_{F=1}^{n} \varphi_F \widehat{W}_F^* \quad \widehat{R}_i = \sum_{F=1}^{n} \varphi_F \widehat{R}_F$$

基于行业层面的劳动需求和劳动供给相等的恒等式，可以求解得到整个行业层面劳动力市场均衡情况下工资水平的变化率为：

$$\widehat{W}_i = \frac{1}{\theta + 1 - \alpha}\{(1 - \alpha)\,\widehat{R}_i + \widehat{A}_i + \beta\,\widehat{Y} + \theta\delta\widehat{W}_i^*\} \tag{8}$$

为了简单起见，这里假设每个企业的工资变化率等于对应行业平均工资变化率，即：$\widehat{W}_i = \widehat{W}_F$，同时假设非劳动要素的价格水平并不随企业和产业特征的变化而变化，即：$\widehat{R}_i = \widehat{R}_F = \widehat{R}$。基于上述假设条件和均衡工资水平，可以求解得到在劳动力市场均衡条件下，企业层面的劳动需求变化率为：

$$\widehat{L}_F^D = \{(1 - \alpha)(1 - \lambda)\,\widehat{R} + \widehat{A}_F - \lambda\,\widehat{A}_i + \beta(1 - \lambda)\,\widehat{Y} - \theta\delta\lambda\widehat{W}_i^*\}$$

$$\tag{9}$$

其中 $\lambda = 1 - \alpha/(1 - \alpha + \theta)$。从方程（9）可知，企业的劳动需求变化水平除了企业特征变化 $\widehat{A}_F$ 因素之外，还受到要素价格变化率（$\widehat{R}; \widehat{W}_i^*$）、产业层面的全要素生产率变化（$\widehat{A}_i$）以及国内和国外市场总规模变化（$\widehat{Y}$）的影响。正如本书在第一节分析的一样，贸易开放和 FDI 渗透的变化会同时通过改变市场规模、全要素生产率以及要素价格弹性的方式对劳动需求产生影响作用。因此，方程式（9）中除了企业特征之外，其他因素均可表示为行业层面贸易开放度和 FDI

渗透率的函数，即

$$(1-\alpha)(1-\lambda)\hat{R}-\lambda\hat{A_i}+\beta(1-\lambda)\hat{Y}-\theta\delta\lambda\hat{W_i^*}\propto f_F(EXS_i, IMS_i,$$

$$FDIS_i) \tag{10}$$

方程式（10）中，贸易开放度主要包括出口开放度和进口渗透率，EXS_i表示行业的出口开放度；IMS_i表示行业的进口渗透率；$FDIS_i$表示外资的渗透率。当企业的层面的劳动需求$\hat{L_F^D}>0$表示企业存在就业创造，相反则表示企业存在就业损失。将同一行业内所有存在就业创造行为企业的劳动需求增长率进行加权加总可以得到行业层面的就业创造率，将所有存在就业损失行为企业的劳动需求下降率加权加总可以得到行业层面的就业损失率。定义存在就业创造行为的企业集合为S_+，存在就业损失行为的企业集合为S_-，结合方程式（9）和（10），可以将行业层面的就业创造率JC_i和损失率JD_i表示为：

$$JC_i = \sum_{F\in S_+}\varphi_F f_F(EXS_i, IMS_i, FDIS_i) + \sum_{F\in S_+}\varphi_F\hat{A_F}$$

$$= \psi_+\{f(EXS_i, IMS_i, FDIS_i)\} + \sum_{F\in S_+}\varphi_F\hat{A_F} \tag{11}$$

$$JD_i = \sum_{F\in S_-}\varphi_F f_F(EXS_i, IMS_i, FDIS_i) + \sum_{F\in S_-}\varphi_F\hat{A_F}$$

$$= \psi_-\{f(EXS_i, IMS_i, FDIS_i)\} + \sum_{F\in S_-}\varphi_F\hat{A_F} \tag{12}$$

其中$\psi_+ = \sum_{F\in S_+}\varphi_F$；$\psi_- = \sum_{F\in S_-}\varphi_F$。方程（11）和（12）表明行业层面的出口开放度、进口渗透率、外资渗透率的变化会同时对行业的就业创造和损失率产生影响作用；显然贸易开放度和外资渗透率的变化同时会通过影响产出规模、全要素生产率以及要素的价格弹性对就业创造和损失产生影响作用，但由于通过每一种渠道对就业创造和损失的影响作用方向和大小并不一致，因此关于贸易开放和外资渗透究竟会对行业层面的就业创造率和损失率产生多大程度的影响仍然是个经验问题。

二　经验方程的设定及变量说明

基于上述的理论分析框架可知行业层面的就业创造率和损失率可以表示为贸易开放度和外资渗透率的一般形式函数，对一般形式函数进行泰勒级数展开后，由于贸易开放度和外资渗透率都是数值较小百分比形式的变量，贸易开放度和外资渗透率的高阶项可以忽略不计，因此这里可以近似认为行业层面的就业创造和损失率与贸易开放度和外资渗透率存在线性关系。考虑到就业增长和转换之间存在显著的滞后性，本书将基准的检验方程设定为：

$$JF_{it} = \alpha_0 \, JC_{it-1} + \alpha_1 \, JD_{it-1} + \beta_1 \, EXS_{it} + \beta_2 \, IMS_{it} + \beta_3 \, FDIS_{it} +$$

$$\sum_{i=1}^{n} \gamma_i \, X_{it} + \mu_i + \eta_t + \Delta_{it} \tag{13}$$

在上述经验方程（13）中 i 表示对应的四位码工业行业，t 表示对应的年份。JF_{it} 表示行业层面的就业转换率或者再配置率 $JF_{it} = [JC_{it}; JD_{it}; JN_{it}; JE_{it}]$，包括就业创造率（$JC_{it}$）、就业损失率（$JD_{it}$）、净就业增长率（$JN_{it}$）、就业内部转换率（$JE_{it}$），分别定义如下：

$$JC_{it} = \sum_{f_{s+} \in i} \left[\frac{\Delta L_{fit}}{0.5 \times (L_{fit} + L_{fit-1})} \right] JD_{it} = \sum_{f_{s-} \in i} \left[\frac{|\Delta L_{fit}|}{0.5 \times (L_{fit} + L_{fit-1})} \right]$$

$$JN_{it} = JC_{it} - JD_{it} \quad JR_{it} = JC_{it} + JD_{it} \quad JE_{it} = JR_{it} - |JN_{it}| \tag{14}$$

上述公式中 $f_{s+} \in i; f_{s-} \in i$ 分别表示在产业 i 内部存在就业创造和就业损失的企业集合。L_{fit} 表示行业对应企业的就业水平。为了对比方便，就业损失的计算对企业层面就业水平的变化 ΔL_{fit} 取了绝对值。因此，净就业的增长率就可以表示为就业创造率和损失率的差值。就业总的转换率 JR_{it}（包含产业部门之间和产业内部就业的转换效应）可以表示为就业创造率和就业损失率之和，由于净就业增长主要反映了劳动力要素在不同产业部门之间的流动和转换，因此用产业部门总的转换率减去净就业的绝对变化率就可以得到劳动力需求在产业内部的转换率 JE_{it}，即就业岗位在产业内部的转换和再配置，但并不会引起产业净就业水平的变化。

EXS_{it} 表示四位码行业出口开放度，用行业的出口额与行业的全部销售额比值进行测度；$FDIS_{it}$ 表示对应行业的外资渗透率，用行业中外商直接投资企业的实收资本占全部实收资本的比重进行测度；IMS_{it} 表示行业的进口渗透率，参照多数已有的研究，计算公式可以表示为：

$$IMS_{it} = \frac{IMP_{it}}{Y_{it} + IMP_{it} - EXP_{it}} \tag{15}$$

公式（15）中 EXP_{it}，IMP_{it} 表示四位码工业行业对应的出口和进口金额，Y_{it} 表示对应行业的全部销售金额。

X_{it} 表示其他控制变量，$X_{it} = [AGE_{it}; SIZE_{it}; IVR_{it}; HHI_{it}; SOES_{it}]$，$AGE_{it}$ 表示对应行业中企业的平均年龄变化，由于企业的进入和退出会对行业的就业创造及损失产生显著影响，新企业和老企业对劳动需求特征也存在显著差别，因此这里加入行业中企业的平均年龄来控制上述因素对就业转换的影响作用。

$SIZE_{it}$ 表示行业中企业的平均规模，这里用企业的平均从业人数来测度企业的平均规模，产业的就业创造率和损失率差异性可能与企业的规模大小存在显著的系统性关系，小微企业和大企业在就业调整和转换方面也可能存在系统性的差别，因此有必要控制行业中企业的平均规模对就业增长和转换的影响。

IVR_{it} 表示行业的存货率，用行业的存货额相对于总产出金额的比重来测度。已有多数相关研究（Mortensen，Pissarides，1994，1998；Davis，Haltiwanger，1992，1996）都表明就业的创造和损失存在显著的周期性特征，显然这里控制行业的存货率可以较好地捕捉到经济周期性变化对就业增长和转换的影响作用。

HHI_{it} 表示市场的集中度指标，这里通常采用的赫芬达尔—赫希曼指数进行测度，用来反映市场竞争强度对就业转换和再配置的影响作用。

$SOES_{it}$ 表示行业中对应的国有企业比重，这里采用对应的细分行业中国有企业数量的比重，由于国有企业的就业相对于产出和工资的弹性可能显著地低于其他所有制类型企业，并且其劳动力市场特征也就有较大的特殊性。显然，考察贸易开放和外资渗透对就业增长和转换的影响需要控制国有企业的影响作用。

μ_i 表示不随时间变化的产业个体的固定效应，η_t 表示不随产业特征变化的时间固定效应，ϵ_{it} 表示误差项。

上述的基准检验方程虽然能够识别出口开放度、进口渗透率以及外资渗透率对就业转换和再配置总体的影响作用，但对于贸易开放和外资进入究竟是通过影响就业的产出弹性、还是影响生产效率方式，或者是通过影响工资弹性的渠道产生作用，这里无法有效地识别和检验。为了进一步明确贸易开放和外资渗透对就业转换影响的具体渠道和作用方式，在基准检验的基础上，进一步在经验方程中控制产出规模增长率、全要素生产率以及行业外部的工资增长率变量，加入贸易开放和外资渗透率分别与上述变量的交叉项变量，来检验贸易开放度和外资渗透率是否会显著地改变就业的产出弹性、工资弹性以及生产率的方式，进而对就业转换产生显著的影响。扩展后的经验方程可以表示为：

$$JF_{it} = \theta_0 JC_{it-1} + \theta_1 JD_{it-1} + \mu_1 \widehat{Y}_{it} + \mu_2 \widehat{W}_{it}^* + \mu_3 TFP_{it} + \sum_{i=1}^{n} \rho_i X_{it} +$$

$$\sum_{i=1}^{3} \chi_i \widehat{Y}_{it} \times Out_{it-1} + \sum_{i=1}^{3} \tau_i \widehat{W}_{it}^* \times Out_{it-1} + \sum_{i=1}^{3} \omega_i TFP_{it} \times Out_{it-1} + \psi_i +$$

$$\lambda_t + \xi_{it} \tag{16}$$

其中 $Out_{it-1} = [EXS_{it-1}, IMS_{it-1}, FDIS_{it-1}]$ 表示贸易开放度和外资渗透率，为避免内生性和同时响应带来的偏差，对相关的变量都做了滞后处理。$\hat{Y}_{it}$ 表示产出规模增长率；$\hat{W}_{it}^*$ 表示除了行业 i 之外其他行业的平均工资水平，用来控制劳动供给变化对劳动均衡需求的影响；$\widehat{TFP}_{it}$ 表示对应行业全要素生产率的平均变化率，行业的全要素生产率基于企业的全要素生产率加权计算得到。

第二节 数据来源处理说明与就业转换特征统计分析

一 数据来源及处理说明

本书采用的 1998—2009 年中国工业企业（规模以上）数据库均来自国家统计局，由于不同年份企业法人代码、企业名称、所有制特征以及行业分类标准均存在不同程度的不一致性，这里主要参照 Brandt et al.，（2012）的方法对历年的工业企业数据进行逐层匹配的方法①。经过对数据的详细清理和匹配最终构建了 1998—2009 年 12 年的连续企业面板数据，样本量总计超过 261 万条，其中涉及出口企业的样本超过 94 万条。工业企业对应的四位码行业分类标准在 2002 年前后发生了较大变化。本书同样参照 Brandt et al.，（2012）等人的方法统一所有的四位码工业行业进行了之后重新进行了编码。

由于工业企业数据库并未提供每个企业的进口数量和金额指标，为了获取细分行业层面的进口数量和金额指标，这里采用海关 HS 六位码 5000 种左右产品分类和中国四位码制造业分类（CIC）对照表，将产品层面的进口数据合并匹配到了四位码制造业层面上。中国对

---

① 详细的匹配过程较为烦琐，这里不再详述，如需要可以向作者索取具体的 STATA DO FILE 文件。

不同国家历年的进出口贸易产品数据（HS 六位码分类）全部来自 CEPII_ BACI 数据库。企业层面的全要素生产率（TFP）数据来自 Lu and Yu（2015）。在严格控制了生产函数估计内生性和考虑其他因素之后，采用与本书同样的工业企业数据库进行了细致的估计，由于 2008 年和 2009 年的工业企业数据指标缺失较多，对企业层面的全要素生产率估计样本期是 1998—2007 年。

表 4－1　　　　　　　　1998—2009 年中国工业企业（规模以上）

相关样本和变量统计值（平均值）

年份	企业个数	出口企业数	就业人数	出口比重	FDI比重	进口渗透率	SOE比重
1998	140085	43346	411	0.139	0.086	—	0.442
1999	161716	49066	358	0.135	0.081	0.155	0.411
2000	155250	51333	351	0.147	0.086	0.172	0.374
2001	163789	58616	327	0.155	0.088	0.168	0.324
2002	175364	65434	310	0.162	0.100	0.168	0.282
2003	184533	72831	304	0.171	0.106	0.172	0.224
2004	245093	99647	253	0.187	0.121	0.173	0.164
2005	267390	104637	256	0.168	0.123	0.149	0.143
2006	297323	110519	246	0.159	0.117	0.139	0.196
2007	328147	114967	237	0.150	0.119	0.123	0.168
2008	307661	105635	239	0.166	0.124	0.114	0.042
2009	190550	69309	237	0.148	0.123	0.152	0.129
均值	218075	78778	294	0.157	0.106	0.153	0.241

注：1. FDI 比重，SOE 比重分别表示外资企业和国有企业数量占全部企业数量的比重，FDI 不包括港澳台投资企业；2. 进口渗透率计算的是历年来四位码制造业的平均进口渗透率。

　　表 4 - 1 给出了 1998—2009 年企业样本数据描述性统计值以及对应相关行业变量的统计值。表中的统计指标显示：从 1998—2007 年工业企业和出口企业的数量呈现逐年快速上升的态势，其中出口企业（这里定义为 1998—2009 年存在出口行为的企业）的比重占全部企业的数量大约为 1/3。由于受到金融危机的严重冲击，2009 年相对于 2008 年的企业（规模以上）数量出现了大幅地下降。平均就业人数指标显示企业的平均就业人数总体上呈现逐年下降的趋势，从 1998 年的平均 411 人下降到 2009 年的 294 人；企业的出口比重和行业进口渗透率指标显示：从 1998—2004 年贸易开放度一直呈现逐年上升的态势，但在 2005 年之后贸易开放度指标总体上呈现逐步下降的趋势。外资（FDI）企业数量的比重 1998—2009 年总体上保持了持续上升的趋势，国有企业数量的比重总体上呈现快速下降的态势。

二　中国工业部门就业转换特征统计分析

　　为了从直观上明确 1998—2009 年中国工业企业就业增长和转换的变化特征，本书首先从不同维度计算了中国工业部门规模以上企业的就业创造率、损失率、净增长率、转换率的分布和变化特征。表 4 - 2 给出了 1999—2009 年工业部门总体的就业增长和转换变化特征，表中的数据显示：从 1999—2002 年工业部门的就业创造率显著低于就业损失率，工业部门的净就业呈现较为显著的负增长率，其中 1999 年就业损失率最高达到 12.6%，显然这与国有企业在这一时期的大规模改制重组存在密切关系。2003—2008 年工业部门的就业创造率高于就业损失率，净就业开始出现正向增长。2005 年工业部门的就业创造率最高达到 13.3%，净就业增长率也最高达到 5.3%；2009 年受到金融危机冲击，就业损失率再次超过了就业创造率。

表 4 - 2　　　　　　　　　　就业创造与就业损失变化

年份	JC	JD	JN	JR	JE
1999	0.072	0.126	- 0.054	0.199	0.144
2000	0.074	0.116	- 0.042	0.190	0.148
2001	0.062	0.099	- 0.037	0.161	0.124
2002	0.084	0.094	- 0.010	0.178	0.168
2003	0.092	0.082	0.010	0.174	0.164
2004	0.095	0.096	0.000	0.191	0.191
2005	0.133	0.080	0.053	0.213	0.159
2006	0.098	0.075	0.024	0.173	0.150
2007	0.100	0.077	0.023	0.177	0.153
2008	0.120	0.095	0.024	0.215	0.191
2009	0.079	0.088	- 0.009	0.167	0.158
均值	0.092	0.093	- 0.002	0.185	0.159

注：表中的统计数据均为加权平均值，权重为就业规模。

表 4 - 2 中的数据明确地显示：就业创造率和损失率的变化幅度显著
高于净就业增长率，1999—2009 年工业部门的平均就业创造率和损
失率均超过 9%，而净就业增长率却为 - 0.2%。这也表明工业部门
大量的就业转换主要是内部的转换，并不会引起净就业水平的变化，
表 4 - 2 中就业总转换率（JR）和就业内部转换率（JE）的变化也
说明了上述特征：从 1999—2009 年工业部门就业总转换率平均值为
18.5%，其中扣除净就业增长之后就业内部转换率平均值为 15.9%，
即大约 86% 的就业转换是发生在产业内部的转换，并不会导致净就
业水平的变化。

　　另外一个反映就业市场是否稳定以及就业转换是否频繁的指标是
观察就业市场中的就业创造率和就业损失率存在多大程度的持续性。
表 4 - 3 给出了工业部门中企业就业创造和损失能够持续一年以上和
持续两年以上所占比重的情况。表中的数据显示：中国工业部门就业

表4-3　　　　　　　　　　就业创造、就业损失的持续性

年份	PJC1	PJC2	PJD1	PJD2
2000	0.229	—	0.314	—
2001	0.208	0.111	0.267	0.161
2002	0.206	0.113	0.250	0.148
2003	0.255	0.117	0.254	0.134
2004	0.171	0.092	0.157	0.089
2005	0.178	0.094	0.156	0.080
2006	0.286	0.101	0.222	0.084
2007	0.283	0.164	0.230	0.114
2008	0.299	0.165	0.252	0.130
2009	0.309	0.172	0.331	0.168
均值	0.242	0.125	0.243	0.123

注：PJC1（PJD1），PJC2（PJD2）分别表示就业创造（损失）能够持续一年以上和二年以上的企业所占的比重，2000年的PJC1表示1999年存在就业创造的企业在2000年仍然存在就业创造的企业，在2000年该类型企业数量占全部企业的比重；2001年的PJC2表示1999—2001年同时存在就业创造的企业，在2001年该类型企业数量占全部企业的比重，依次类推。

创造和损失能够持续一年的企业比重仅为24%，而就业创造和损失能够持续两年比重仅为12%。而相关研究显示：一些发达国家和发展中国家就业创造和损失的持续性能够超过一年的比重大约在70%左右，持续性能够超过两年的比重大约在50%左右（Davis and Haltiwanger，1992；Albaek and Sorensen，1998；Haltiwanger and Vodopivec，2002；Brown and Earle，2002）。显然与多数国家相比，中国工业部门的就业市场存在十分频繁的变动和转换，就业创造和损失的持续性和稳定性非常低，这与中国工业企业的结构调整较快、工业企业总体上生存期限较短可能存在密切关系。

　　表4-4给出了按照企业生存年龄、企业规模、所有制特征、地区分布划分计算的就业创造率和损失率以及就业转换率的变化特征。从企

业生存年龄角度的分布变化来看：就业创造率、净就业增长率以及就业转换率总体上随着企业生存年龄的增加呈现先上升后下降的变化趋势，而就业损失率和就业的内部转换率总体上随着企业生存的年龄存在逐步下降的变化趋势，但是对于生存年龄超过 20 年以上的企业同样存在非常显著的就业损失率。生存年龄介于 2—5 年的企业，就业创造率和总就业转换率水平最高，占全部企业比重为 15%。规模以上工业企业中生存年龄超过 20 年的企业占全部规模以上工业企业的比重仅为 25.6%。

从企业规模分布和就业增长及转换的统计分布来看：就业创造率与企业规模的分布并无规律性的变化趋势，但就业损失率总体上随着企业规模的增长呈现逐步下降的变化趋势。中小规模企业（就业人数在 51—300 人）的净就业增长率和转换率最高，表明对就业增长的结构变化的影响作用最为显著，中小规模企业就业占全部规模以上企业就业比重为 28.7%。1000 人以上的大规模企业的就业创造率、损失率以及转换率都处于最低水平，但这类大规模企业却占全部企业就业规模的比重高达 41.8%。

从企业所有制类型特征与就业增长及转换的统计分布来看：国有企业的就业创造率显著低于就业损失率，1999—2009 年国有企业的就业净增长率为 −4.7%，同时国有企业转换率和内部转换率相对其他所有制企业也处于最低水平，但 1999—2009 年国有企业在全部规模以上工业企业的就业比重仍然高达 26.4%，远高于私营、外资和港澳台在工业部门的就业比重。私营、外资及港澳台投资企业对工业部门的就业创造效应要显著高于就业损失效应，是带动工业部门净就业增长的最为重要的力量，同时也是就业转换率最高的企业。三类企业 1999—2009 年占规模以上企业就业的比重为 42.8%。私营和外资企业的崛起对缓解国有企业改制重组导致的大量就业损失、对工业部门就业市场的稳定起到了特别重要的意义。

表 4 - 4 　　　　　　　　　　企业特征、地区分布与就业转换

生存年龄	AGE					
	JC	JD	JN	JR	JE	Share
0—1	0.085	0.092	-0.007	0.178	0.171	0.003
1	0.095	0.090	0.005	0.185	0.179	0.011
2—3	0.117	0.087	0.030	0.205	0.174	0.056
3—5	0.115	0.088	0.027	0.203	0.176	0.094
5—10	0.104	0.083	0.021	0.187	0.166	0.296
10—20	0.092	0.082	0.010	0.174	0.164	0.283
20 +	0.045	0.092	-0.047	0.137	0.090	0.256

企业规模	SCALE					
（就业人数）	JC	JD	JN	JR	JE	Share
5—50	0.087	0.094	-0.007	0.181	0.174	0.023
51—100	0.097	0.092	0.005	0.189	0.184	0.066
151—300	0.097	0.092	0.005	0.190	0.185	0.221
301—500	0.090	0.092	-0.002	0.181	0.180	0.121
501—1000	0.087	0.088	-0.001	0.176	0.175	0.151
1000 +	0.079	0.079	0.000	0.158	0.158	0.418

所有制类型	OWN					
	JC	JD	JN	JR	JE	Share
国有企业 SOE	0.049	0.096	-0.047	0.145	0.098	0.264
私营企业 PVT	0.113	0.082	0.031	0.195	0.164	0.191
外资企业 FDI	0.117	0.077	0.040	0.194	0.154	0.116
港澳台企业 HTM	0.112	0.088	0.024	0.200	0.176	0.121
其他类型企业 MIS	0.082	0.081	0.000	0.163	0.163	0.307

利润率	PRORATE					
	JC	JD	JN	JR	JE	Share
>10%	0.104	0.065	0.040	0.169	0.129	0.116
0—10%	0.094	0.077	0.017	0.171	0.154	0.624
-10%—0	0.065	0.103	-0.038	0.168	0.130	0.181
< -10%	0.056	0.145	-0.090	0.201	0.112	0.078

续表

地区	Region					
	JC	JD	JN	JR	JE	Share
华北（5省）	0.072	0.082	- 0.011	0.154	0.143	0.124
东北（3省）	0.079	0.108	- 0.029	0.187	0.158	0.088
华东（4省）	0.090	0.079	0.011	0.169	0.158	0.325
中部（6省）	0.076	0.087	- 0.010	0.163	0.153	0.169
东南（2省）	0.118	0.091	0.027	0.208	0.181	0.177
西南（4省）	0.071	0.084	- 0.013	0.155	0.142	0.070
西北（5省）	0.065	0.085	- 0.020	0.150	0.130	0.044

注：表中的统计值为 1999—2009 年利用企业就业规模加权后得到的平均值。Share 表示就业份额；JC，JD，JN，JR，JE 分别表示就业创造率、损失率、净增长率、总转换率及内部转换率。

从企业的利润率分布和就业增长及转换变化特征来看：随着企业平均利润水平的下降，企业的就业创造率呈现规律性的下降趋势，而企业的就业损失率则呈现逐步上升的变化趋势，高利润企业是拉动净就业增长的主要力量，平均利润率超过 10% 的高利润企业就业比重占全部就业的比重为 11.6%，多数企业的利润率介于 0—10%，占全部企业就业的比重高达 62.4%。1999—2009 年利润率低于零的企业占工业部门的平均就业比重为 26%。

表 4 - 5　　**贸易开放度、外资渗透与行业就业转换的统计分析**　（单位：比率）

行业名称（编码）	JC	JD	JN	JR	JE	EXS	IMS	FDIS
食品制造（14）	0.106	0.095	0.011	0.201	0.191	0.099	0.035	0.287
烟草制品（16）	0.063	0.078	- 0.015	0.141	0.126	0.008	0.006	0.002
纺织（17）	0.078	0.091	- 0.013	0.169	0.156	0.248	0.072	0.122
纺织服装、鞋、帽制造（18）	0.099	0.085	0.013	0.184	0.171	0.462	0.022	0.180

续表

行业名称（编码）	JC	JD	JN	JR	JE	EXS	IMS	FDIS
皮革及其制品（19）	0.107	0.091	0.016	0.199	0.183	0.481	0.100	0.219
木材加工及木制品（20）	0.101	0.101	0.000	0.202	0.201	0.172	0.050	0.135
家具制造（21）	0.116	0.095	0.021	0.211	0.190	0.444	0.034	0.207
造纸及纸制品（22）	0.082	0.084	-0.002	0.166	0.164	0.076	0.073	0.248
文教体育用品制造（24）	0.103	0.099	0.004	0.202	0.198	0.627	0.059	0.229
石油加工、炼焦（25）	0.071	0.081	-0.010	0.153	0.143	0.028	0.284	0.039
化学原料及化学制品制造（26）	0.075	0.091	-0.016	0.165	0.149	0.090	0.169	0.170
医药制造（27）	0.084	0.071	0.013	0.155	0.142	0.105	0.056	0.144
化学纤维制造（28）	0.069	0.083	-0.014	0.152	0.138	0.071	0.050	0.120
橡胶制品（29）	0.079	0.080	-0.001	0.159	0.159	0.239	0.047	0.302
塑料制品（30）	0.109	0.091	0.017	0.200	0.183	0.237	0.056	0.205
非金属矿物制品（31）	0.076	0.092	-0.016	0.168	0.152	0.088	0.020	0.127
黑色金属冶炼及压延加工（32）	0.066	0.070	-0.005	0.136	0.131	0.059	0.030	0.053
有色金属冶炼及压延加工（33）	0.079	0.067	0.012	0.145	0.133	0.073	0.094	0.071
金属制品（34）	0.103	0.089	0.013	0.192	0.179	0.250	0.053	0.188
通用设备制造（35）	0.079	0.086	-0.007	0.165	0.157	0.154	0.122	0.205
专用设备制造（36）	0.072	0.095	-0.023	0.167	0.144	0.122	0.157	0.145
交通运输设备制造（37）	0.081	0.080	0.001	0.161	0.159	0.126	0.096	0.203
电气机械及器材制造（39）	0.107	0.087	0.020	0.194	0.174	0.248	0.096	0.230
通信设备、计算机制造（40）	0.140	0.090	0.050	0.230	0.180	0.625	0.224	0.393
仪器仪表机械制造（41）	0.095	0.090	0.005	0.186	0.181	0.483	0.305	0.267

注：表中的统计值均为 1999—2009 年的加权平均值；EXS 表示出口开放度、IMS 表示进口渗透率、FDIS 表示外资在行业中的渗透率。JC，JD，JN，JR，JE 分别表示就业创造率、损失率、净增长率、总转换率及内部转换率。

从企业的地区分布特征和就业增长及转换的变化特征来看：东部沿海地区（包括华东 4 省和华南 2 省）是平均就业创造率最高的地区，也是就业净增长率最为显著的地区，东部沿海地区占工业部门的就业比重超过 50%。除东部沿海地区之外，其他地区工业部门就业损失率均高于创造率，1999—2009 年平均净就业增长率都低于零。其中东北地区工业部门的就业损失率平均高达 10.8%，年平均净就业增长率为 -2.9%，处于全国最低水平。显然沿海地区具有最高的就业创造率和东北地区具有最高的就业损失率仍然与国有企业竞争力显著下降、外资和私营企业的快速崛起存在密切的关系。另外，西北地区的工业企业就业创造率处于全国最低水平，年平均就业创造率仅为 6.5%，而就业损失率却高达 8.5%，年平均就业增长率为 -2%，表明西北地区工业企业总体的就业带动作用很弱，竞争力总体上处于较为明显的劣势。

为了进一步说明就业增长和转换的行业差异性，表 4 - 5 给出了 1999—2008 年 25 个两位码制造业的平均就业创造率、损失率、净就业增长率以及就业转换率的分布特征。同时也列出了对应行业的出口开放度、进口渗透率以及 FDI 渗透率指标。表中的数据显示：在 25 个代表性制造行业中，大多数行业净就业增长都处于较低的水平，有 11 个行业的就业损失率超过了就业创造率，平均净就业增长率为负值。其中专用设备制造、烟草制造、化学原料及化学纤维制造业、非金属矿物制造业部门的就业创造率显著低于就业损失率，年平均就业增长率均低于 -1.5%。同时这些行业也是国有部门占据主导地位，并且是出口开放度、进口渗透率和外资渗透率最低的几个制造业部门。就业创造率明显高于就业损失率，具有较为显著净就业增长的制造业部门主要集中在：通信设备及计算机制造、电器机械及器材制造、家具制造、塑料制造、皮革制造、纺织服装鞋帽制造等加工贸易特征较为明显或者劳动密集度很高的制造业部门，这些部门的出口开放和外资渗透率显著高于其他制造业部门。其中加工贸易特征较为明显的通信设备及计算机制造业的就业创造率最高，1999—2009 年平均就业创造率高达 14%，远高于其就业损失率，同时该行业的出口开放度和外资渗透率也处于最高值。显然，上述的描述性统计值表明制造业部门就业增长和转换不仅存在显著的差异性，而且与贸易开放和外资渗透率存在较为明显的相关性。

第三节 经验结果分析与解释

一 基准回归结果及分析

基于本书第二节确定的经验回归方程，采用1998—2009年工业企业数据加总后得到的细分四位码工业行业数据分别考察了出口开放、进口竞争以及外资渗透对就业增长和转换的影响作用。为了确保回归结果的稳健性和可靠性，本书首先在同时控制个体和时间固定效应的OLS基准回归的基础上，采用考虑滞后变量和其他变量内生性基础上的系统GMM两步法回归、进行稳健性检验。

表4-6给出了采用基准回归方法考察贸易开放和外资渗透对就业创造和损失的影响作用。表中1—3列的回归结果显示：控制了就业创造和损失的滞后项和其他影响因素之后，出口开放度和外资渗透率的回归系数都至少在5%的水平上为显著正值，而进口开放度变量同样在5%的显著性水平上为负值，表明出口开放度和外资渗透率的上升会显著地促进就业创造率的上升，而进口渗透率的增加则会对就业创造率产生显著的负面影响。表中第4—5列的回归结果考察了贸易开放和外资渗透对就业损失率的影响作用，出口开放度的相关回归系数均在10%的显著性回归水平上为负值，表明出口开放度的扩大同样会降低工业行业的就业损失率；进口渗透率的回归系数均为不显著的负值，表明进口渗透对就业损失率并没有显著的影响作用。表4-6中第5列如果单独控制了出口开放度和外资渗透率的影响回归结果显示外资渗透率的回归系数在5%的显著性水平上为负

值，但第 6 列同时控制了进口渗透率的影响作用之后，外资渗透的回归系数同样为不显著的负值。表 4 – 7 给出了采用基准回归方法考察贸易开放和外资渗透对净就业增长和就业内部转换影响作用的经验回归结果。表 4 – 7 中第 1—3 列结果显示：出口开放度和外资渗透率的回归系数均至少在 5% 的显著性水平上为正值，而进口渗透率的所有回归系数均不显著，同样表明出口开放度的扩大和外资渗透率的增加会显著地促进净就业的增长，显然这与表 4 – 6 中出口开放度和外资渗透率变化对就业创造和损失产生反方向的影响作用的经验结论是一致的。表 4 – 7 中的第 4—6 列对就业内部转换率的回归结果显示：出口开放度和外资渗透率所有的回归系数均不显著，但进口渗透率的回归系数都在 1% 的显著性水平上为负值，表明出口开放度和外资渗透率对净就业增长的影响较为显著，而进口渗透率对就业的内部转换率影响较为显著。

表 4 – 6　　贸易开放、外资渗透与就业转换（基准验证一：OLS）

被解释变量	就业创造率（JCR）			就业损失率（JDR）		
	（1）	（2）	（3）	（4）	（5）	（6）
JCR_{it-1}	– 0.036	– 0.066***	– 0.048**	0.172	0.182**	0.172
	（0.023）	（0.020）	（0.023）	（0.105）	（0.091）	（0.107）
JDR_{it-1}	0.116***	0.124***	0.118***	– 0.093**	– 0.102***	– 0.102***
	（0.040）	（0.033）	（0.040）	（0.041）	（0.034）	（0.036）
EXS_{it}	0.052***	0.041**	0.046**	– 0.051*	– 0.048*	– 0.065*
	（0.019）	（0.020）	（0.018）	（0.027）	（0.028）	（0.034）
IMS_{it}	– 0.029**		– 0.029**	0.026		0.027
	（0.014）		（0.014）	（0.042）		（0.048）
$FDIS_{it}$		0.090**	0.089**		– 0.109**	– 0.073
		（0.038）	（0.037）		（0.049）	（0.051）
AGE_{it}	– 0.023***	– 0.019***	– 0.022***	0.011	0.009	0.013
	（0.006）	（0.006）	（0.007）	（0.009）	（0.008）	（0.009）
$SIZE_{it}$	0.009	0.009*	0.008	– 0.003	– 0.009*	– 0.003

续表

被解释变量	就业创造率（JCR）			就业损失率（JDR）		
	（1）	（2）	（3）	（4）	（5）	（6）
	（0.006）	（0.005）	（0.006）	（0.005）	（0.005）	（0.006）
HHI_{it}	0.063	-0.015	0.040	-0.050	-0.024	-0.041
	（0.052）	（0.039）	（0.049）	（0.086）	（0.069）	（0.113）
IVR_{it}	-0.108***	-0.000	-0.104***	0.061	0.000	0.055
	（0.032）	（0.000）	（0.032）	（0.062）	（0.000）	（0.064）
$SOES_{it}$	-0.061***	-0.094***	-0.054**	0.033	0.027	0.008
	（0.019）	（0.026）	（0.023）	（0.037）	（0.039）	（0.049）
行业固定效应	是	是	是	是	是	是
时间虚拟变量	是	是	是	是	是	是
观测值	4063	4238	3668	4063	4238	3668
R^2_adj	0.251	0.201	0.244	0.075	0.081	0.080
行业数量	410	503	410	410	503	410

注：括号内为稳健性标准误差，＊＊＊，＊＊，＊分别表示在1%，5%，10%水平上显著。

表4-6和表4-7的经验回归结果表明：无论是贸易开放还是外资渗透对就业创造率的影响都要显著高于对就业损失率的影响作用，并且对就业创造和损失的影响作用刚好相反，外资渗透率的增加在提供更多就业机会的同时并未对中国工业部门的就业损失产生正向的冲击。不仅如此，外资渗透的增加还倾向于降低就业损失率，显然本书的基准结论并不支持外资对内资企业产生显著的市场挤出效应的结论。

二　稳健性检验回归结果及分析

由于表4-6和表4-7的回归结果并未控制就业创造和损失滞后变量的内生性问题可能会对回归结论的可靠性产生影响。为了进一步验证表4-6和表4-7中回归结果是否稳健可靠，本书同样在控制了滞后变量内生性后对经验方程采用系统 GMM 两步法重新进行了回归检验。表

4-8 给出控制滞后变量内生性问题后，贸易开放度和外资渗透率变化对就业创造率和损失率的回归结果。表 4-8 中第 1—3 列的回归结果显示：控制了滞后变量的内生性问题和其他变量后，出口开放度和外资渗透率变量的回归参数都至少在 1% 的水平上为显著正值，但进口渗透率变量的回归系数并不显著，仍然表明行业出口开放度和外资渗透率的增加会显著促进就业创造率水平的上升。按照表 4-8 第 3 列的回归结果计算可知：出口开放度每增加 10%，行业当期的就业创造率会相应上升约 0.3%，而外资渗透率每增加 10%，当期的就业创造率会上升约 1.2%。如果考虑就业创造和损失率的滞后效应，出口开放度和外资渗透率每增加 10%，行业的就业创造率会分别上升 0.4% 和 1.5%。表 4-8 中第 4—6 列分别检验了在控制内生性问题基础上，贸易开放度和外资渗透率变化对就业损失率的影响作用，第 4 列同时控制了出口开放度和进口渗透率变量，回归结果显示出口开放度系数在 5% 水平上为负值，进口渗透率的回归系数不显著。但表 4-8 中的第 5 列同时控制了出口开放度和外资渗透率变量之后，出口开放度变量的回归系数并不显著，但外资渗透率变量的回归系数在 5% 的显著性水平上为负值。第 6 列同时控制了出口开放度、进口渗透率和外资渗透率变量后，回归结果仍然稳健地显示：外资渗透率变量的回归系数在 5% 的水平上为负值，而出口开放度和进口渗透率变量的回归系数都不显著，依据表 4-8 第 6 列的估计结果可以估算得到：外资在工业行业渗透率增加 10%，当期的就业损失率会下降大约 0.93%，而考虑就业损失的滞后效应，长期的就业损失率会下降大约 2.17%。显然，从长期来看，外资渗透率的上升通过降低行业的就业损失率渠道对就业的带动效应要高于通过就业创造渠道对净就业增长的带动效应。[①]

---

　　①　依据第二节的经验估计方程，贸易开放和外资渗透对就业创造、损失、净增长以及内部转换长期的影响作用的计算公式为：$\beta_{1(2,3)}/(1-\alpha_0-\alpha_1)$。

表 4 - 7　　　　　　贸易开放、外资渗透与就业转换（基准验证二）

被解释变量	净就业增长率（JNT）			就业内部转换率（JER）		
	(1)	(2)	(3)	(4)	(5)	(6)
JCR_{it-1}	-0.209**	-0.248***	-0.220**	-0.040*	-0.033	-0.048**
	(0.099)	(0.088)	(0.101)	(0.021)	(0.022)	(0.023)
JDR_{it-1}	0.209***	0.226***	0.221***	-0.016	0.001	-0.019
	(0.057)	(0.049)	(0.055)	(0.025)	(0.023)	(0.025)
EXS_{it}	0.103***	0.089**	0.111***	0.014	0.007	0.009
	(0.038)	(0.037)	(0.042)	(0.023)	(0.025)	(0.027)
IMS_{it}	-0.055		-0.056	-0.052***		-0.052***
	(0.047)		(0.053)	(0.017)		(0.017)
$FDIS_{it}$		0.199***	0.162**		0.018	0.009
		(0.059)	(0.064)		(0.045)	(0.046)
AGE_{it}	-0.034***	-0.028**	-0.035**	-0.007	-0.013**	-0.006
	(0.013)	(0.012)	(0.014)	(0.006)	(0.006)	(0.006)
$SIZE_{it}$	0.012	0.018***	0.011	-0.001	-0.004	-0.002
	(0.008)	(0.007)	(0.009)	(0.006)	(0.004)	(0.006)
HHI_{it}	0.112	0.009	0.081	-0.099***	-0.078**	-0.100**
	(0.124)	(0.085)	(0.147)	(0.038)	(0.033)	(0.045)
IVR_{it}	-0.169**	-0.000	-0.159**	-0.084***	-0.000	-0.097***
	(0.072)	(0.000)	(0.074)	(0.029)	(0.000)	(0.030)
$SOES_{it}$	-0.093**	-0.121***	-0.062	0.002	-0.022	-0.011
	(0.041)	(0.046)	(0.053)	(0.017)	(0.015)	(0.018)
行业固定效应	是	是	是	是	是	是
时间虚拟变量	是	是	是	是	是	是
观测值	4063	4238	3668	4063	4238	3668
R^2_adj	0.178	0.163	0.182	0.130	0.080	0.098
行业数量	410	503	410	410	503	410

注：括号内稳健性标准误差，＊＊＊、＊＊、＊分别表示在1%、5%、10%水平上显著。

上述的回归结果表明控制滞后变量的内生性问题之后，贸易开放度和外资渗透率对就业创造和损失率的回归结果发生了较为显著的变化：出口开放度和外资渗透率的增加会同时显著地提升就业创造率，并且外资渗透率的增加还会进一步降低就业的损失率，进一步表明外资在工业行业渗透率的上升会对就业增长产生十分显著的促进作用。基于 GMM 方法的稳健性估计同样未发现外资进入通过挤占国内市场份额的渠道造成就业损失率增加的现象。显然，这与表 4-6 中的基准回归结论是一致的。表 4-8 中进口渗透率的所有回归系数均不显著，这与表 4-6 的基准检验在显著性水平上存在较大区别，表明控制了滞后变量内生性之后，进口渗透总体上并不会对行业就业创造率和损失率产生显著的影响作用。

表 4-8　　　　　　贸易开放、外资渗透与就业转换

（稳健性验证：SYS_ GMM2）

被解释变量	就业创造率（JCR）			就业损失率（JDR）		
	（1）	（2）	（3）	（4）	（5）	（6）
JCR_{it-1}	0.082***	0.043	0.061**	0.658***	0.228***	0.572**
	(0.030)	(0.028)	(0.027)	(0.218)	(0.078)	(0.242)
JDR_{it-1}	0.153***	0.109***	0.137***	-0.063	0.014	-0.097
	(0.050)	(0.030)	(0.037)	(0.180)	(0.031)	(0.119)
EXS_{it}	0.035***	0.031***	0.033***	-0.041**	-0.000	-0.024
	(0.007)	(0.007)	(0.007)	(0.019)	(0.010)	(0.019)
IMS_{it}	-0.007		-0.003	0.022		0.011
	(0.006)		(0.006)	(0.015)		(0.010)
$FDIS_{it}$		0.125***	0.118***		-0.067**	-0.093**
		(0.024)	(0.025)		(0.033)	(0.046)
AGE_{it}	-0.021***	-0.017***	-0.012***	-0.002	-0.002	-0.005
	(0.005)	(0.004)	(0.004)	(0.013)	(0.006)	(0.010)
$SIZE_{it}$	0.004**	0.004**	0.001	-0.004*	-0.006***	-0.005**

续表

被解释变量	就业创造率（JCR）			就业损失率（JDR）		
	（1）	（2）	（3）	（4）	（5）	（6）
	（0.002）	（0.002）	（0.002）	（0.002）	（0.002）	（0.002）
HHI_{it}	0.047 *	− 0.016	0.020	− 0.013	− 0.051 ***	− 0.023
	（0.024）	（0.015）	（0.023）	（0.045）	（0.019）	（0.033）
IVR_{it}	− 0.027	− 0.000 **	− 0.040 **	0.014	− 0.001 ***	0.025
	（0.018）	（0.000）	（0.019）	（0.017）	（0.000）	（0.018）
$SOES_{it}$	− 0.044 ***	− 0.036 ***	− 0.032 ***	0.016	0.024 *	0.031 *
	（0.013）	（0.008）	（0.010）	（0.033）	（0.013）	（0.019）
时间虚拟变量	是	是	是	是	是	是
观测值	4064	4241	3669	4064	4241	3669
行业数	410	505	410	410	505	410
AR2（概率值 P）	0.645	0.856	0.980	0.504	0.337	0.372
Hasen（概率值 P）	0.117	0.049	0.131	0.010	0.007	0.016

注：1. 括号内为经过 Windmeijer（2005）校准后的稳健性标准误差，＊＊＊、＊＊、＊分别表示在1%、5%、10%水平上显著；2. 估计均采用了系统 GMM 两步法估计，这里将就业创造和损失率的滞后项设定为内生变量；3. 为了避免内生性干扰，计算企业的年龄和规模均按照不同的区间划分后，采用了离散值赋值的方法进行了处理。

表4–9基于 GMM 两步法在控制滞后变量内生性基础上同样对净就业增长率和就业的转换率进行了相应的估计。表4–9的第1—3列贸易开放度和外资渗透率的估计结果显示：出口开放度和外资渗透率的估计参数同样至少在5%的水平上显著，表明出口开放度的扩大和外资渗透率的增加会显著地促进净就业水平的显著增长。估计系数同样表明外资渗透率的变化总体上对就业增长率的影响作用要高于出口开放度相应的影响作用。同时，进口渗透率变量的估计系数并不显著，仍然表明在贸易开放条件下，通过进口渗透渠道对净就业增长率的影响并不显著。由于净就业增长是对就业创造和就业

损失的综合效应，表4-9的1—3列的回归结果显然与表4-8中对就业创造和损失分别回归的结果在逻辑上是完全一致的，即出口开放和外资渗透的增加通过促进就业创造、降低就业损失显著促进了净就业水平的增长。而进口渗透率无论对就业创造还是就业损失均不存在显著的影响作用，同时通过进口渗透渠道也并不会对净就业的增长产生显著影响。表4-9中的第4—6列分别考察了贸易开放和外资渗透对就业内部转换率的影响作用，控制滞后变量内生性和其他控制变量滞后，出口开放度的回归系数都至少在1%的水平上为显著正值，表明出口开放度的扩大同样会显著地提升就业的内部转换率，估计系数显示：出口开放度上升10%，就业在产业内部的转换率会上升大约0.23—0.31个百分点。表4-9中第4—6列的进口渗透率变量的回归参数同样在1%的水平上为显著负值，表明进口渗透率的提升会显著地降低就业在产业内部的转换率，依据估计参数结果可知：控制其他影响因素后，进口渗透率提升10%，就业的内部转换率会大约下降0.2%。显然，无论是基于固定效应的基准估计还是控制变量内生性基础上的估计都表明进口渗透率变化都会对就业的内部转换产生显著的影响作用。进口渗透率增加会对就业的内部转换产生显著的负面影响作用，可能的原因在于：控制了进口渗透率对净就业水平的影响之后，一方面进口渗透率的增加代表进口竞争强度的上升，会对就业创造率产生负面影响作用；另一方面，进口渗透率的增加还可能意味着进口中间产品的比重的上升，同样也可能会降低就业的损失率，导致进口渗透率变化对就业创造和损失产生同方向的影响作用。

表 4 – 9　　　　　　　　　　　贸易开放、外资渗透与就业转换

（稳健性验证：SYS_ GMM2）

被解释变量	净就业增长率（JNT）			就业内部转换率（JER）		
	(1)	(2)	(3)	(4)	(5)	(6)
JCR_{it-1}	– 0. 139 **	– 0. 116 **	– 0. 123 **	0. 025	0. 000	0. 026
	(0. 062)	(0. 054)	(0. 058)	(0. 023)	(0. 022)	(0. 024)
JDR_{it-1}	0. 122 **	0. 105 **	0. 137 ***	0. 024	0. 001	0. 014
	(0. 053)	(0. 046)	(0. 049)	(0. 027)	(0. 020)	(0. 024)
EXS_{it}	0. 026 **	0. 031 ***	0. 032 **	0. 031 ***	0. 026 ***	0. 023 ***
	(0. 012)	(0. 011)	(0. 012)	(0. 007)	(0. 007)	(0. 008)
IMS_{it}	0. 000		– 0. 009	– 0. 020 ***		– 0. 020 ***
	(0. 012)		(0. 011)	(0. 008)		(0. 007)
$FDIS_{it}$		0. 176 ***	0. 164 ***		0. 062 **	0. 063 *
		(0. 038)	(0. 042)		(0. 031)	(0. 033)
AGE_{it}	– 0. 015 *	– 0. 018 **	– 0. 013	– 0. 013 ***	– 0. 016 ***	– 0. 014 ***
	(0. 008)	(0. 008)	(0. 008)	(0. 004)	(0. 004)	(0. 005)
$SIZE_{it}$	0. 009 ***	0. 010 ***	0. 010 ***	– 0. 005 ***	– 0. 004 **	– 0. 006 ***
	(0. 003)	(0. 003)	(0. 003)	(0. 002)	(0. 002)	(0. 002)
HHI_{it}	0. 055 *	0. 014	0. 055 *	– 0. 153 ***	– 0. 151 ***	– 0. 150 ***
	(0. 030)	(0. 025)	(0. 033)	(0. 018)	(0. 013)	(0. 020)
IVR_{it}	– 0. 057 **	0. 000	– 0. 047 **	– 0. 041 **	– 0. 000	– 0. 040 ***
	(0. 023)	(0. 000)	(0. 022)	(0. 016)	(0. 000)	(0. 015)
$SOES_{it}$	– 0. 066 ***	– 0. 057 ***	– 0. 056 ***	– 0. 045 ***	– 0. 046 ***	– 0. 042 ***
	(0. 018)	(0. 016)	(0. 020)	(0. 015)	(0. 010)	(0. 016)
时间虚拟变量	是	是	是	是	是	是
观测值	4064	4241	3669	4064	4241	3669
行业数	410	505	410	410	505	410
AR2（概率值 P）	0. 527	0. 223	0. 505	0. 254	0. 105	0. 452
Hasen（概率值 P）	0. 053	0. 058	0. 189	0. 044	0. 364	0. 068

注：1. 括号内为经过 Windmeijer（2005）校准后的稳健性标准误差，＊＊＊、＊＊、＊分别表示在1%、5%、10%水平上显著；2. 估计均采用了系统 GMM 两步法估计，这里将就业创造和损失率的滞后项设定为内生变量；3. 为了避免内生性干扰，计算企业的年龄和规模均按照不同的区间划分后，采用了离散值赋值的方法进行了处理。

表 4－10　　　　　**贸易开放、外资渗透对就业转换的机制检验**

（稳健性检验－ SYS＿ GMM2）

被解释变量	就业创造率（JCR）			就业损失率（JDR）		
	（1）	（2）	（3）	（4）	（5）	（6）
JCR_{it-1}	0.105 ***	0.118 ***	0.118 ***	0.021	0.010	0.010
	（0.024）	（0.030）	（0.030）	（0.023）	（0.019）	（0.020）
JDR_{it-1}	0.071 **	0.062 **	0.070 **	0.160 **	0.161 **	0.164 **
	（0.029）	（0.026）	（0.030）	（0.075）	（0.076）	（0.079）
$\widehat{Y}_{it}$	0.022 ***	0.048 ***	0.022 ***	0.019 *	0.003	0.002
	（0.006）	（0.007）	（0.005）	（0.011）	（0.010）	（0.009）
$\widehat{W}_{it}^{*}$	0.876	0.761	0.829	－0.911	－0.776	－0.844
	（1.287）	（1.229）	（1.349）	（0.944）	（0.956）	（0.968）
$\widehat{TFP}_{it}$	－0.015 ***	－0.016 ***	－0.015 ***	0.008 *	0.003	0.007 *
	（0.003）	（0.003）	（0.004）	（0.004）	（0.003）	（0.004）
$\widehat{Y}_{it} * EXS_{it-1}$	0.067 ***			－0.102 **		
	（0.025）			（0.046）		
$\widehat{W}_{it}^{*} * EXS_{it-1}$	－0.279 **			0.301 **		
	（0.116）			（0.121）		
$\widehat{TFP}_{it} * EXS_{it-1}$	0.023 *			－0.014		
	（0.014）			（0.015）		
$\widehat{Y}_{it} * IMS_{it-1}$		－0.033 **			－0.025	
		（0.014）			（0.031）	
$\widehat{W}_{it}^{*} * IMS_{it-1}$		－0.049			－0.213	
		（0.168）			（0.198）	
$\widehat{TFP}_{it} * IMS_{it-1}$		0.026 **			0.016	
		（0.011）			（0.013）	
$\widehat{Y}_{it} * FDIS_{it-1}$			0.291 **			－0.100
			（0.116）			（0.118）
$\widehat{W}_{it}^{*} * FDIS_{it-1}$			－0.887 *			1.041 *
			（0.457）			（0.531）
$\widehat{TFP}_{it} * FDIS_{it-1}$			0.079			－0.014
			（0.054）			（0.055）
时间虚拟变量	是	是	是	是	是	是

续表

被解释变量	就业创造率（JCR）			就业损失率（JDR）		
	（1）	（2）	（3）	（4）	（5）	（6）
观测值	3264	3264	3264	3264	3264	3264
行业数	409	409	409	409	409	409
AR2（概率值P）	0.567	0.689	0.680	0.498	0.286	0.349
Hasen（概率值P）	0.233	0.151	0.221	0.130	0.029	0.023

注：1. 括号内为经过校准后 Windmeijer（2005）的稳健性标准误差，＊＊＊、＊＊、＊分别表示在1%、5%、10%水平上显著；2. 所有的估计方中均加入了出口开放度、进口渗透率、外资渗透率单独项变量，同时控制了行业中企业平均年龄、平均规模、集中度指数、存货产出比重、国有企业数量比重，篇幅所限这里未列出；3. 内生变量设定为就业创造率和就业损失率的滞后一期项。

表4－9中第5—6列中外资渗透率变量的估计参数也至少在10%的水平上为显著正值，同样表明外资渗透率上升会显著地增加行业的内部就业转换率，估计系数显示，行业的外资渗透率每增加10%，就业的内部转换率就会上升大约0.6个百分点。对比表4－9中的第1—3列和第4—6列回归系数可以发现，外资渗透率总体上对净就业增长率的影响作用要高于对就业内部转换率的影响作用，但出口开放度的变化对净就业和就业转换率的影响大小总体上并无显著的差别。

显然，尽管表4－7中基准的回归结果显示，出口开放度和外资渗透率变化并不会对就业的内部转换产生显著影响，但表4－9中控制了滞后变量的内生性基础上的估计结果却稳健地显示：无论是出口开放度、还是外资渗透率同样会对就业的内部转换率产生显著的影响作用，表明出口开放度和外资渗透的变化不仅会引起劳动要素在产业之间的流动和配置（净就业水平变化），同时也会对劳动要素在产业内部的流动和再配置产生显著的影响作用。这同时也表明传统的以比较优势为基础的要素禀赋理论以及新新贸易理论都能够在不同程度上用来解释中国对外贸易开放和外资渗透与劳动要素转换配置之间的关系。

在表4-9的稳健性回归结果中，其他控制变量的回归结果显示：行业中企业平均年龄、平均规模、市场集中度、存货率以及国有企业比重都会与就业增长和转换存在显著的相关关系。国有企业的比重和存货率的增加不仅会显著地降低行业的净就业增长率而且同样会显著地降低行业就业内部的转换率，而行业中企业的平均年龄、规模、市场集中度对就业增长和转换的影响作用刚好相反。控制变量的回归结果总体上都符合理论预期，同时对表4-8和表4-9中GMM估计方法误差项滞后二阶项回归检验和Hansen J过度识别检验结果总体上也都表明上述的回归结论具有较好的稳健性和一致性特征。

三　贸易开放、外资渗透对就业转换影响机制的进一步检验

前面主要分析了贸易开放和外资渗透对就业增长和转换的总体效应。正如本书引言和理论分析部分强调的一样，贸易开放和外资渗透可以同时通过影响产出规模、生产效率以及劳动要素的价格弹性三种主要方式对就业市场产生影响作用，因此为了进一步明确贸易开放和外资渗透率变化通过不同渠道对工业部门就业增长和转换的影响作用。本书同样基于第二节扩展后的经验方程（13）检验了贸易开放度和外资渗透率通过不同渠道对就业增长和转换率的影响。对于扩展后的经验方程回归，本书同样基于固定效应OLS的基准回归和控制变量内生性基础上的GMM两步法回归进行了稳健性检验识别。篇幅所限，并且由于控制了滞后变量的内生性的回归方法总体上结果较为稳健可靠，这里主要基于系统GMM两步法的回归结果进

行分析。[①]

　　表 4 - 10 给出了在控制了行业的产出增长率、全要素生产率增长率以及外部行业工资率的基础上，分别通过出口开放度、进口渗透率和外资渗透率变量与上述变量的交叉项估计参数考察了贸易开放和外资渗透对就业创造率和就业损失率产生影响的不同渠道。表中的估计结果显示：产出增长率提升会对就业创造率产生十分显著的促进作用，但对就业损失率的影响总体上不显著；其他行业工资增长率上升会对本行业就业创造产生正面促进作用，对本行业就业损失率产生负面影响作用，但相关的估计系数均不显著；全要素生产率增长率上升会对就业创造率产生十分显著的负面影响作用，对就业损失率回归系数总体为不显著的正值。显然上述核心控制变量的估计结果都符合理论预期。

　　这里主要关注贸易开放度和外资渗透率与上述核心控制变量交叉项的估计结果。表 4 - 10 中的第 1 列和第 4 列基于出口开放度与核心控制变量的交叉项分别考察了出口开放度变化通过不同渠道对就业创造率和损失率的影响作用。第 1 列对就业创造率的回归结果显示：出口开放度与产出增长率的交叉项在 1% 的水平上为显著正值，出口开放度与外行业工资增长率的交叉项在 5% 的显著性水平上为负值，与全要素增长率的交叉项同样在 10% 的显著性水平上为正值，表明行业出口开放度的增加会通过提升产出弹性、降低对其他行业工资

---

　　① 采用固定效应 OLS 估计方法的结果与采用系统 GMM 两步法控制滞后变量内生性的估计方法，变量的估计参数方向完全一致，只是在变量的显著性水平上存在较小的差别。由于在扩展的经验方程中，加入了产出规模变化率、全要素生产率增长率以及行业的工资变化率变量，这些变量同样可能存在内生性问题，在估计检验过程中发现如果将上述单个或者多个变量同时设定为内生变量之后，估计结果并不稳定而且在很多情况下估计结果与理论预期差别较大，并且大多数的估计都无法通过 AR2 检验和 Hansen J 检验，表明将上述变量设定为内生变量估计总体上并不合理，基于上述原因，本书最终采用了只将滞后变量设定为内生变量的估计结果。

表4-11　　　　　　　贸易开放、外资渗透对就业转换的机制检验

（稳健性检验二：SYS_ GMM2）

被解释变量	净就业增长率（JNT）			就业内部转换率（JER）		
	（1）	（2）	（3）	（4）	（5）	（6）
JCR_{it-1}	0.071**	0.118***	0.119***	0.007	0.012	0.010
	(0.032)	(0.034)	(0.036)	(0.023)	(0.028)	(0.028)
JDR_{it-1}	-0.124*	-0.154*	-0.151**	0.024	0.001	0.006
	(0.075)	(0.082)	(0.076)	(0.024)	(0.025)	(0.025)
$\widehat{Y}_{it}$	0.007	0.034***	0.023**	0.033***	0.030***	0.013
	(0.014)	(0.012)	(0.011)	(0.008)	(0.005)	(0.008)
$\widehat{W}^*_{it}$	2.055	1.911	2.064	0.529	0.637	0.711*
	(2.308)	(1.897)	(1.996)	(0.386)	(0.389)	(0.372)
$\widehat{TFP}_{it}$	-0.026***	-0.018***	-0.021***	-0.004	-0.007	-0.006
	(0.006)	(0.005)	(0.006)	(0.006)	(0.004)	(0.006)
$\widehat{Y}_{it}*EXS_{it-1}$	0.185***			-0.043**		
	(0.065)			(0.018)		
$\widehat{W}^*_{it}*EXS_{it-1}$	-0.590***			0.044		
	(0.203)			(0.131)		
$\widehat{TFP}_{it}*EXS_{it-1}$	0.041*			0.008		
	(0.025)			(0.020)		
$\widehat{Y}_{it}*IMS_{it-1}$		0.012			-0.044***	
		(0.032)			(0.016)	
$\widehat{W}^*_{it}*IMS_{it-1}$		-0.009			-0.083	
		(0.232)			(0.198)	
$\widehat{TFP}_{it}*IMS_{it-1}$		0.008			0.016	
		(0.017)			(0.013)	
$\widehat{Y}_{it}*FDIS_{it-1}$			0.265			0.078
			(0.173)			(0.085)
$\widehat{W}^*_{it}*FDIS_{it-1}$			-1.547**			0.381
			(0.788)			(0.451)
$\widehat{TFP}_{it}*FDIS_{it-1}$			0.084			0.035
			(0.074)			(0.088)
时间虚拟变量	是	是	是	是	是	是

续表

被解释变量	净就业增长率（JNT）			就业内部转换率（JER）		
	（1）	（2）	（3）	（4）	（5）	（6）
观测值	3264	3264	3264	3264	3264	3264
行业数	409	409	409	409	409	409
AR2（概率值 P）	0.970	0.592	0.565	0.284	0.241	0.750
Hasen（概率值 P）	0.075	0.095	0.099	0.038	0.066	0.062

注：1. 括号内为经过校准后 Windmeijer（2005）的稳健性标准误差，＊＊＊、＊＊、＊分别表示在 1%、5%、10% 水平上显著；2. 所有的估计方中均加入了出口开放度、进口渗透率、外资渗透率单独项变量，同时控制了行业中企业平均年龄、平均规模、集中度指数、存货产出比重、国有企业数量比重，篇幅所限这里未列出；3. 内生变量设定为就业创造率和就业损失率的滞后一期项。

增长弹性以及削弱全要素生产率增长的对就业创造产生负面影响的三种渠道同时也会对就业创造率产生显著影响作用。第 4 列对就业损失率的回归结果显示：出口开放度与产出增长率交叉项回归系数在 5% 水平上为负值，与其他行业平均工资增长率的交叉项回归系数在 5% 水平上为正值，与全要素生产率的交叉性估计系数为不显著的负值，表明出口开放度的扩大同样会通过降低产出增长率弹性和增加对其他行业工资增长率的弹性对就业损失率产生显著影响。显然出口开放度与产出增长率、其他行业工资增长率以及全要素生产率交叉项对就业创造率和损失率的估计参数方向刚好相反，这也预示出口开放度变化同样会通过改变产出增长弹性和外行业工资增长弹性的方式对净就业增长率产生显著的影响作用。表 4 – 10 中的第 2 列和第 5 列基于进口渗透率变量与核心控制变量交叉项考察了进口渗透率变化通过不同渠道分别对就业创造率和损失率产生的影响。第 2 列对就业创造率的回归结果显示：进口渗透率与产出增长率的交叉项回归系数在 5% 的显著性水平上为负值；与其他行业工资增长率的交叉性回归系数为不显著的负值，与全要素生产率的交叉项在5%显著性水平上为正值，表明进口渗透率的增加会显著地降低产出对就业创造率的弹性，同时也会显著改变全要素生产率变化对就业创造率的影响。第5列的所有交叉项回归系数均不显著，表明进口渗透率的变化总体上并不会对通过上述方式对就业损失率产生显著的影响作用。值得一提的是：对比第2列和第5列交叉项的回归结果不难发现，进口渗透率交叉项的回归系数对就业创造率和损失率的影响方向完全一致，这也在很大程度上揭示了为什么进口渗透率变化更可能对就业内部转换率而不是净就业增长率产生显著的影响。

表4-10中第3列和第6列分别考察了外资渗透率变化通过不同渠道对就业创造率和损失率的影响作用。第3列的回归结果显示：外资渗透率增加会通过提升产出弹性的方式以及降低其他行业工资弹性的方式对就业创造率产生显著的影响作用，但外资渗透率变化并未通过改变全要素生产率的方式对就业创造率产生影响作用。第6列回归结果显示：外资渗透率分别与产出增长率和全要素生产率增长率的交叉项回归系数不显著，与其他行业工资增长率交叉项在10%的显著性水平上为正值，表明总体上外资渗透率会通过改变工资弹性的方式对就业损失率产生影响作用，但通过产出增长率和全要素生产率的渠道对就业损失的影响作用并不显著。同时，外资渗透率通过三种不同渠道对就业创造率和损失率的影响作用刚好相反，同样预示着外资渗透率通过三种不同渠道更可能对净就业增长而不是就业转换率产生影响。

表4-11进一步检验了出口开放、进口渗透率以及外资渗透率变化通过不同渠道对净就业增长和就业内部转换率的影响。表4-11中第1列的回归结果显示：出口开放度变化同时会通过增加产出弹性，降低其他行业工资弹性以及改变全要素生产率的方式对净就业

增长产生显著的影响作用；而第 4 列的回归结果显示，出口开放度的扩大通过改变产出增长的弹性的方式同样会对就业的内部转换率产生显著影响，但通过改变其他行业工资弹性以及全要素生产率的方式对就业的内部转换率并无显著的影响作用。表 4－11 中的第 2 列与进口渗透率变量交叉项变量所有的回归系数均不显著，表明行业进口渗透总体上并不会通过上述三种渠道对净出口产生显著的影响作用，显然这一经验结论不仅与进口渗透率总体上不会对净就业增长产生显著影响的经验结论一致，也与表 4－10 中对就业创造率和损失率对应的经验回归结果逻辑具有一致性；第 5 列进口渗透率与产出增长率的回归系数同样在 5% 的水平上显著，进口渗透率与全要素生产率和其他行业工资增长率的交叉项的回归系数不显著，表明进口渗透率主要通过改变产出弹性的方式对就业的内部转换率产生显著的影响作用，这也与进口渗透率变化总体上对就业的内部转换率产生更为显著的影响经验结论一致。表 4－11 中第 3 列交叉项变量的回归经验结果显示：外资渗透率变量分别与产出增长率、全要素生产率增长率的交叉项回归系数不显著，但与其他行业工资增长率交叉项变量的回归系数在 5% 水平上为显著负值，表明控制了其他变量后，外资渗透变化主要是通过改变就业对其他行业的工资弹性，进而对就业、净就业增长产生作用；第 6 列所有交叉项的回归系数均不显著，表明外资渗透率变化总体上通过改变产出增长弹性、工资弹性以及全要素生产率三种主要方式对就业内部转换率的影响不显著。

综上所述，贸易开放度和外资渗透率通过改变产出增长弹性、就业的工资弹性以及全要素生产率的方式对就业创造率的影响作用要远高于对就业损失率的影响作用，这也与表 6－9 的经验结果表明贸易开放和外资渗透总体上对就业创造率的影响要高于对就业损失率的影响的经验结论一致。同时，出口开放度相对于进口和外资渗透率对就业增长和转换的影响机制更为多元化，出口开放度变化同时改变产出增长弹性、就业的工资弹性以及全要素生产率方式对净就业增长产生显著影响；而进口渗透主要是通过改变产出增长的弹性对就业的内部转换产生显著的影响作用，对净就业并无显著的影响；外资渗透率变化则主要是通过改变劳动要素对工资变化的相对弹性对净就业增长率产生显著的影响作用。

第四节　小结与政策评论

本章基于中国规模以上工业企业数据库，在分析中国工业部门就业创造率和就业损失率变化和分布特征的基础上，同时考察了贸易开放度和外资渗透变化对细分工业行业的就业创造、就业损失、净就业增长以及就业内部转换率的影响作用。本章的研究主要得到以下几个主要结论：首先，中国工业部门总体上在不同时期同时存在很高的就业创造率和损失率，就业创造率和损失率的持续性走低，就业的内部转换率显著高于净就业增长率，就业内部转换率占就业总体再配置的比重超过85%以上，同时就业创造率和损失率变化特征随着企业的年龄、规模、所有制、所在地区、行业等因素呈现显著的差异性和规律性变化趋势。其次，出口开放度增加不仅会通过提升就业创造率和降低就业损失率的方式对净就业增长产生显著的促进作用，而且同样会促进就业内部转换率的显著提升；进口渗透率变化对就业创造率和损失率的影响作用总体上不显著，对净就业增长的影响同样不显著，但进口渗透率的增加会显著降低就业的内部转换率；外资渗透率的增加会显著促进就业创造率提升同时也会显著地降低就业损失率，本章并未发现外资渗透率增加会提升就业损失率，外资渗透率增加不仅显著地促进了净就业的增长，同时也显著促进了就业内部转换率的提升。最后，出口开放度变化会同时改变产出弹性、工资弹性以及全要素生产率的方式对就业创造和净增长率产生显著的影响作用；进口渗透率变化会显著地改变产出弹性的方式对就业的内部转换率产生显著影响，而外资渗透率的增加对就业的工资弹性影响作用更为显著。

本章经验结论具有以下几方面的政策含义：首先，出口开放度和外资渗透的扩大不仅显著促进了净就业的提升，而且同时也促进了就业在产业内部的转换率提升，由于生产要素在产业内部的转换和再配置本身是提高生产率的重要渠道之一，出口开放度的扩大不仅直接通过改变产出规模和工资弹性的方式促进了中国工业部门就业水平的提升，同样也带动了劳动要素在产业内部的重新配置，提升了生产要素总体的配置效率，从而对中国工业部门的竞争力提升产生了重要作用；同时本章的经验研究也表明基于比较优势基础的要素禀赋理论和基于产业内部要素重新配置角度的新贸易理论都能够在不同程度上解释贸易开放和外资渗透变化对中国工业部门就业市场的影响作用；提高出口开放度对于促进工业部门就业，推动生产要素重新合理配置具有重要的现实意义。其次，外资渗透率增加在促进就业创造率提升的同时也显著降低了就业的损失率，总体来看外资的进入在创造更多就业机会的同时并未对内资产业部门的产生显著的就业挤出效应，特别是在20世纪90年代开始的国有企业大规模改革重组造成工业部门就业损失率显著上升的时候，外资大规模进入显著地缓解了国有部门改革对工业部门就业市场造成的严重冲击，对稳定就业市场起到了十分重要的作用，而且外资渗透率还显著地改变了就业对工资的弹性，这同时也表明继续稳定或者扩大外资利用水平不仅能够创造更多就业机会，对于促进工业部门就业市场化程度的不断提高，提升要素配置效率也会发挥重要作用。最后，进口渗透率变化总体上并不会对净就业增长产生显著影响作用，并且还会显著降低就业的内部转换率，这与很多研究贸易自由化的文献总体上支持的进口最终产品上升会通过加剧市场竞争的方式显著提升资源配置效率的结论并不一致。产生这一现象的主要原因在于：本章这里的进口渗透率包括了中间投入要素的进口和最终产品的进口，这两种渠道对就业市场的影响作用方向刚好相反，存在互相抵消的问题，因此需要进一步区别进口中间产品和最终产品进口竞争渠道对就业增长和转换的不同影响作用，这也是本章需要进一步深入研究的问题。

第五章

劳动力供给、生产率与外商直接投资工资外溢效应

　　基于 FDI 对东道国经济发展存在众多潜在的外部经济效应，无论是多数的发展中国家还是发达国家都将吸引 FDI 作为一项重要的经济发展战略。从 20 世纪 90 年代中期以来，中国一直是吸引 FDI 规模最大的发展中国家，巨额 FDI 的持续进入在很多方面对于中国经济都产生了深远的影响作用。围绕 FDI 与东道国经济发展之间存在的紧密互动关系，大量研究从不同角度考察了 FDI 对东道国经济发展的影响作用，其中一个关注重点集中于探讨 FDI 对东道国劳动力市场的影响作用。特别是近 30 年以来，伴随全球贸易和投资自由化的快速发展，无论是发达国家还是发展中国家都存在劳动力收入差距开始扩大的趋势和现象，FDI 对于东道国工资收入水平的影响成为学术界重点关注的课题之一。

　　已有的一些研究表明（Lipsey，1994；Feliciano and Lipsey，1999；Aitken et al.，1996；Lipsey and Sjoholm，2004；Girma and Görg，2007；Heyman et al.，2007；杨泽文和杨全发，2004；许和莲等，2009）：跨国公司相对于东道国企业，即使在同样的行业对同样技能的劳动

力也会支付更高的工资水平，原因在于：首先，跨国公司相对于东道国企业具有显著的技术和生产率优势，能够获取较高的利润水平；其次，跨国公司会普遍采用效率工资手段防止自己的专有技术通过劳动力流动的方式转移到其他东道国企业，同时也能够确保从东道国吸引到更多理想的劳动力；再次，跨国公司相对于东道国企业对东道国劳动力市场的信息掌握较少，并且在劳动力市场上受到更多的管制和约束，需要支付更高的工资来鉴别不同质量的劳动力；最后，同样的劳动力在东道国企业就业相对于在跨国公司就业可能更为稳定且风险较小，跨国公司需要支付更高工资来弥补其劳动力市场较大波动带来的不利影响。

基于上述的原因，FDI 在支付较高工资的情况下可以通过两种渠道对东道国企业的工资水平产生外部效应。首先，由于 FDI 对同样的劳动力支付更高的工资水平会直接促进东道国企业的劳动力向 FDI 企业流动，一方面促进东道国企业提高工资水平以维持劳动力供给水平的稳定；另一方面同样有可能导致一些东道国企业劳动力流失严重，削弱其市场竞争力从而对东道国企业的平均工资水平产生负面影响；其次，FDI 相对于东道国企业具有技术和生产率优势，FDI 企业在整个行业渗透率的增加会通过增强产品和要素市场竞争等方式对东道国企业生产率产生外溢效应，进而间接对东道国企业的工资水平产生影响作用。同样，FDI 通过生产率外溢的方式一方面可能会促进东道国企业的生产率提升；另一方面市场竞争也可能导致部分东道国企业被迫退出市场，因此 FDI 通过生产率外溢方式同样可能对东道国企业的工资水平产生负面影响作用。

由于 FDI 对东道国企业工资水平影响存在不确定性，一些学者主要从两个不同角度在经验层面探讨 FDI 对东道国企业的工资外溢效应，一方面主要是验证 FDI 能否对东道国企业产生显著的工资外溢效应，（Lipsey，Sjoholm，2001）利用印尼 1996 年制造业企业调查数据研究发现 FDI 的进入无论在产业还是地区层面都显著地提高了当地企业的工资水平；（Driffield，Girma，2003）利用 1980—1992 年英国电子行业的相关数据研究同样发现，FDI 的进入在地区和产业层面通过多种渠道对技能劳动力和非技能劳动力都产生了显著的正向外溢效应。Ge（2005）利用中国 1990—1998 年 231 个城市面板数据考察了 FDI 在地区层面的工资外溢效应，发现 FDI 的进入会显著促进中国城市地区工资水平的提升；与上述研究结论不同的是，Atiken，et al.（1996）利用企业调查数据同样考察了 FDI 对美国、委内瑞拉、墨西哥的工资外溢效应，研究发现 FDI 进入对美国企业会产生显著的正向工资外溢效应，但是对委内瑞拉和墨西哥企业并不存在显著的外溢效应。原因在于这两个国家的企业与 FDI 企业之间的生产率差距较大，限制了 FDI 的工资外溢效应；Barry，et al.（2005）利用爱尔兰 1990—1998 年企业层面的数据研究发现，FDI 对当地出口企业和非出口企业的工资外溢效应存在显著的差别，对当地出口企业会产生显著的负向工资外溢效应，但对当地的非出口企业不存在工资外溢效应。Heyman，et al.（2007）利用瑞典 1990—2000 年企业层面数据研究发现，FDI 企业对当地企业的并购不但不能够促进工资水平的提升，反而会降低并购后企业的工资水平。

另一方面，一些研究表明 FDI 对东道国企业的工资影响作用与劳动力的技能特征存在显著的相关关系（Feenstra，Hanson，1997）利用 1975—1988 年墨西哥产业层面的数据研究表明 FDI 进入会显著增加技能型劳动力的需求，从而会导致技能型和非技能型劳动力的收入差距的扩大；（Taylor，Driffield，2005）利用英国 1983—

1992 年 101 个产业层面数据研究同样表明 FDI 的进入会显著的扩大技能型和非技能型劳动力的收入差距；（Driffield，Girma，2003）利用英国企业层面的数据同样发现了上述现象。Zhao（2001）利用 1996 年中国调查数据研究表明即使 FDI 不存在技能偏向型劳动需求效应，由于劳动力市场存在分割效应，FDI 对技能型劳动也会比内资企业支付更高的工资，从而加大技能型和非技能型劳动力的工资收入差距。（Hale，Long，2008）利用 2002 年中国企业调查数据的研究同样表明 FDI 对技能型劳动力的工资会产生显著的促进作用，但是对非技能型劳动的工资水平没有显著的影响作用。与此相反，一些学者认为 FDI 进入发展中国家更有利于发挥劳动密集型部门的比较优势，有利于缩小技能型劳动密集部门的工资差距（Das，2009），而（Fajnzylber，Fernandes，2010）对墨西哥 2001 年和中国 2003 年企业数据的研究表明 FDI 的进入会增加墨西哥对技能劳动力的需求，但对中国技能劳动力的相对需求并不会产生显著的促进作用。显然，无论在发展中国家还是发达国家关于 FDI 能否对东道国企业工资产生显著的外溢作用，以及关于 FDI 对不同技能劳动力工资差距的影响作用都没有明确一致的结论。

　　具体到中国的现实情况和已有相关研究，需要强调以下几点：首先，尽管一些研究从微观角度探讨了在 FDI 对内资企业的工资影响作用（Zhao，2001；Hale，Long，2008），但基于微观企业层面考察 FDI 对中国内资企业工资的影响通常采用特定时间点的横截面数据或者时间跨度很短且涵盖数量有限的企业面板数据进行经验分析。由于 FDI 无论是通过直接影响内资企业劳动力供给的方式，还是通过间接的生产率外溢方式对内资企业的工资影响都需要经历一定的时间，而且工资的决定本身又是一个动态的过程，因此需要采用涵盖范围更全面且时间跨度更长的微观数据考察 FDI 对中国内资行业工资的影响作用。其次，国有行业和其他内资行业的工资决定机制和市场化程度存在显著的差异性，探讨 FDI 对中国内资行业的工资外溢效应，需要考察行业的劳动力市场制度因素对 FDI 工资外溢的影响作用。最后，已有的研究主要从劳动力技能角度区分 FDI 对东道国劳动力工资影响作用的差别，一方面由于技能型和非技能型劳动本身较难进行准确的界定；另一方面工资的决定具有显著的行业特征，相同技能水平的劳动力在不同劳动生产率行业的工资水平会存在显著的差异性。FDI 对工资的影响作用不仅体现在劳动力性质上的差别，更重要的是对整个行业的工资决定水平产生影响作用（Onaran，Stockhammer，2008），比如技术水平、资本密集度及生产率很高的 FDI 企业同样可能在东道国集中从事劳动密集程度很高的加工组装生产活动。这一点对于大量进入中国工业行业从事加工贸易的 FDI 尤其明显，该种类型的 FDI 在劳动密集型行业对东道国非技能和技能劳动力工资的影响作用都可能会显著地高于在资本和技术密集型行业的影响作用，因此同样有必要从行业特征角度探讨 FDI 对内资行业的工资影响差别。

第一节　研究方法和分析框架

正如前文所述，FDI 可以通过两种重要方式对内资行业的工资产生外溢效应，一是 FDI 行业工资水平的变化会直接对内资行业的劳动力供给产生影响，进而对内资行业的工资水平产生影响作用；二是 FDI 在整个行业渗透率的增加会通过间接的方式对内资行业的生产率生产外溢效应，进而也会对内资行业的工资水平产生影响。此外，内资某一行业工资决定不仅取决于本行业的劳动力供求关系和生产率变化状况，还很大程度上取决于相关联产业工资水平的变化状况，因此 FDI 同时会在产业内部和产业之间通过不同方式对内资行业的工资水平产生影响作用。为了全面评估 FDI 对内资行业工资水平的影响作用以及内资行业在产业之间工资水平的相互影响关系，这里假设内资行业的产出水平遵循通常的 Cobb—Douglas 生产函数形式，即

$$Q_{it} = A_{it}K_{it}^{\alpha}L_{it}^{\beta}$$

其中 Q_{it} 表示内资行业 i 在时间 t 的产出水平，K、L 分别表示资本和劳动生产要素，A 表示全要素生产率，α、β 分别表示资本和劳动要素对产出的贡献比重。在产品和要素市场完全竞争的假设条件下，可以得到内资行业 i 的市场均衡工资水平为[①]：

$$W_{it} = p_{it} \times MP_{L,it} = p_{it} \times \frac{\partial Q_{it}}{\partial L_{it}} = p_{it}\beta A_{it}K_{it}^{\alpha}L_{it}^{\beta-1} \tag{1}$$

其中 W 表示内资行业的平均工资水平，p 表示产品市场的价格水平。显然内资行业工资决定不仅取决于劳动需求方面，同时需要考虑工资变化对劳动力供给的影响，即 $L = L_S(W, W^*)$，某一特定内资行业的劳动力供给水平 L_S 不仅取决于内资行业自身的工资水平 W，还取决于其他行业的平均工资水平（W^*），主要包括：

---

① 由于国有垄断行业的存在，基于完全竞争的假设条件考察内资行业的工资决定可能并不完全符合中国的现实情况，感谢审稿人指出这一点。这里基于完全竞争市场假设条件进行分析主要有以下几个原因：（1）根据本书分析的样本时间跨度来看（1999—2007 年）计算分析得出，国有行业占中国工业行业比重（用就业比重来度量）平均低于 20%，特别是 2004 年国有企业改制转型全部完成之后，2005—2007 年国有行业在整个中国工业行业的就业比重已经下降到 15% 左右，因此国有垄断行业的工资决定水平远不能代表整个中国工业行业工资决定的机制。（2）事实上，除了少数国有大型垄断行业之外，大多国有行业利润水平也远低于私营和外资行业，同样在劳动力市场上面临激烈的竞争。（3）本书基于完全市场竞争的假设条件进行分析，主要目的是简化分析和论证的过程，只要在市场经济行为的条件下，即使在非完全竞争的市场结构条件下，FDI 也可以通过劳动力供给和生产率外溢方式对内资行业的工资水平产生影响作用，其影响机制和方式并不会随着市场竞争结构的变化而发生根本性的改变。

1. 内资行业在产业间的平均工资水平 $W_{2d,it}$，对每一个细分的内资四位码行业劳动力供给水平的决定不仅取决于自身的工资水平，也取决于其他内资四位码行业的平均工资水平。参照已有的相关研究（Driffield, Girma, 2003；Lipsey, Sjoholm, 2004），这里采用扣除四位码产业内部的工资影响后对应的两位码行业的平均工资来表示每一个四位码行业对应的产业间平均工资水平，可以表示为：

$$W_{2d,it} = \frac{TDW_{2d,it} - TDW_{it}}{TDL_{2d,it} - TDL_{it}}$$

$W_{2d,it}$ 表示扣除了自身产业内部的工资影响后对应的内资两位码行业平均工资水平，用来表示其他内资行业的工资水平在产业间对特定内资行业劳动力供给的影响作用。其中 $TDW_{2d,it}$，$TDL_{2d,it}$ 分别表示将各内资四位码行业加总后对应内资两位码行业的工资总额和总从业人员数；TDW_{it}，TDL_{it} 分别表示相应内资四位码行业的工资总额和总从业人员数。[①]

2. 控制了内资行业工资水平对劳动力供给水平会产生影响作用之外，显然还需要考察相应四位码 FDI 行业内部的平均工资水平以及 FDI 在四位码产业间的平均工资水平对内资行业的劳动力供给影响作用。这里 FW_{it} 表示 FDI 四位码行业的平均工资水平用来表示 FDI 在同一产业内部对内资行业劳动力供给的影响作用。$FW_{2d,it}$ 表示扣除了 FDI 四位码行业平均工资水平后，FDI 在两位码行业的平均工资水平用来表示 FDI 在产业之间对内资行业劳动力供给的影响。同样 $FW_{2d,it}$ 可以表示为：

---

① 公式中 $TDW_{2d,it} - TDW_{it}$ 表示扣除了对应的产业内部工资水平后，每一个内资四位码行业对应的内资两位码行业总工资水平，$TDL_{2d,it} - TDL_{it}$ 表示扣除了对应的产业内部从业人数后，每一个内资四位码行业对应的内资两位码行业总从业人数，二者的比值表示扣除了四位码行业自身产业内部的影响之后，对应的内资两位码行业平均工资水平，即内资四位码产业之间的平均工资水平。

$$FW_{2d,it} = \frac{TFW_{2d,it} - TFW_{it}}{TFL_{2d,it} - TFL_{it}}$$

其中 $TFW_{2d,it}$，$TFL_{2d,it}$ 分别表示两位码 FDI 行业的工资总额和总从业人员数；TFW_{it}，TFL_{it} 分别表示 FDI 在四位码行业的工资总额和总从业人员数。

如果同时考虑到内资行业均衡工资水平决定的劳动力需求和供给的影响因素，内资行业工资方程（1）取对数后可以表示为：

$$Ln\ (W)_{it} = \varphi_0 + \varphi_1 LnA_{it} + \alpha Ln\ (\frac{K}{L})_{it} + \delta_1 Ln\ (W)_{2d,it} + \delta_2 Ln\ (FW)_{it}$$

$$+ \delta_3 Ln\ (FW)_{2d,it} + \delta_4 Ln\ (p)_{it} + \omega_{it} \tag{2}$$

除此之外，FDI 在工业行业渗透率的增加还可以通过间接影响内资行业的全要素生产率 A，从而对内资行业的工资水平产生影响作用，同样 FDI 对内资行业的生产率外溢效应也可以同时出现在产业内部和产业之间，即

$$A_{it} = X_{it}^{\beta_0} FS_{it}^{\beta_1} FS_{2d,it}^{\beta_2} \tag{3}$$

其中，FS_{it} 表示 FDI 在四位码行业层面在中国工业行业的渗透率（这里用每个 FDI 行业从业人员占整个行业从业人员的比重来表示），$FS_{2d,it}$ 表示 FDI 在中国两位码工业行业的渗透率（扣除四位码行业影响因素后）。用来表示 FDI 在产业间对内资行业的生产率外溢效应，同样参照上述方法，$FS_{2d,it}$ 可以表示为：

$$FS_{2d,it} = \frac{TFL_{2d,it} - TFL_{it}}{TL_{2d,it} - TL_{it}}$$

其中 $TL_{2d,it}$，TL_{it} 分别表示两位码和四位码各工业行业总的从业人数。X_{it} 表示影响内资行业全要素生产率的其他因素。参照已有的研究（Lipsey，Sjoholm，2004；Barry et al.，2005；Taylor，Driffield，2005；Alvarez，López，2008；Onaran，Stockhammer，2008 等）和数据的可获得性同时控制了行业平均规模（SCALE）

及出口开放度（$EXPO$），通过影响全要素生产率进而对内资行业工资的影响作用。将（3）带入（2）式后，内资行业的工资方程可以扩展为：

$$Ln\,(W)_{it} = \alpha_0 + \alpha_1 Ln\,(\frac{K}{L})_{it} + \alpha_2 Ln\,(W)_{2d,it} + \alpha_3 Ln\,(FW)_{it} + \alpha_4 Ln\,(FW)_{2d,it} + \alpha_5 Ln$$

$$(p)_{it} + \lambda_0 Ln\,(SCALE)_{it} + \lambda_1 Ln\,(EXPO)_{it} + \beta_1 Ln\,(FS)_{it} + \beta_2 Ln\,(FS)_{2d,it} + \varepsilon_{it} \qquad (4)$$

内资行业的工资决定是一个动态的过程，当期的工资水平很大程度上受到前期工资水平的影响，需要考虑内资行业滞后期的平均工资影响作用，同时也需要控制产业的个体特征以及宏观经济变化对工资的影响的时间固定效应。

其他内资行业工资和 FDI 通过不同渠道对特定内资行业的工资影响作用都存在一定的时滞，并且特定内资行业的工资变化对 FDI 和其他内资企业的工资水平以及 FDI 在行业的渗透率也可能会产生影响作用，因此考虑到上述工资外溢变量存在时滞和内生性问题，对不同工资外溢变量都做了滞后一期处理。综合上述因素，内资行业工资决定的最终经验方程可以表示为：

$$Ln(W)_{it} = \gamma_0 + \sum_{j=1}^{2} \gamma_j Ln(W)_{it-j} + \gamma_3 Ln(SCALE)_{it} + \gamma_4 Ln(EXPO)_{it} + \gamma_5 Ln(\frac{K}{L})_{it} +$$

$$\gamma_6 Ln(W)_{2d,it-1} + \gamma_7 Ln(FW)_{it-1} + \gamma_8 Ln(FW)_{2d,it-1} + \gamma_9 Ln(FS)_{it-1} + \gamma_{10} Ln(FS)_{2d,it-1} +$$

$$\gamma_{11} Ln(p)_{it} + f_i + f_t + \mu_{i,t} \qquad (5)$$

其中，i 表示对应的四位码内资行业，t 表示时间，$SCALE$ 表示内资行业平均规模，用内资行业的总产出规模与企业个数之比来表示，$EXPO$ 表示内资行业的出口开放度，用出口交货值占工业总产值的比重来表示，f_i 表示各行业不随时间变化的个体固定效应，f_t 表示时间虚拟变量，μ 表示残差项，p 表示内资行业面对的产品市场价格水平。由于没有四位码行业对应产品市场价格数据，这里采用对应的二位码行业工业品出厂价格指数来替代。根据样本数据的时间特征，对内资行业的平均工资变量选择了二阶滞后期。[①]

表 5 - 1　　　　　　　　　　样本数据描述性统计值

财务指标	行业所有制形式	样本数	均值	最大值	最小值	标准差
企业个数 （个）	国有行业	3680	50	2063	0	107.77
	其他内资行业	3793	331	9113	0	597.26
	港澳台及外资企业	3741	101	5750	0	244.68
从业人数 （人）	国有行业	3680	23143	1340410	0	68582.08
	其他内资行业	3793	65118	2262267	0	138303.90
	港澳台及外资企业	3741	32872	2035058	0	95836.14
固定资本净值 （千元）	国有行业	3680	2729859	$2.84E+08$	0	$1.19E+07$
	其他内资行业	3793	5063093	$3.73E+08$	0	$1.55E+07$
	港澳台及外资企业	3741	3340331	$1.13E+08$	0	8028033
工资总额 （千元）	国有行业	3680	304039	$2.55E+07$	0	1122454
	其他内资行业	3793	811955	$3.13E+07$	0	1868842
	港澳台及外资企业	3741	605185	$3.95E+07$	0	1729672
工业销售值 （千元）	国有行业	3680	4842261	$5.77E+08$	0	$2.33E+07$
	其他内资行业	3793	$1.93E+07$	$1.34E+09$	0	$5.73E+07$
	港澳台及外资企业	3741	$1.27E+07$	$7.74E+08$	0	$4.00E+07$
出口销售值 （千元）	国有行业	3680	379884	$8.71E+07$	0	2242563
	其他内资行业	3793	2039947	$1.10E+08$	0	5682047
	港澳台及外资企业	3741	5425256	$6.61E+08$	0	$2.51E+07$

---

　① 这里选择滞后二阶的主要原因是：（1）本书采用 GMM 估计方法，结果显示：如果在经验方程中只加入内资行业平均工资的一阶滞后项和其他解释变量，检验结果均表明误差项存在显著的二阶自相关性，回归参数存在不一致性问题，加入二阶滞后项能够更全面地反映和刻画工资决定的动态效应，同时也能确保估计参数的一致性和有效性。（2）同时，所有的估计参数结果都表明三阶滞后工资变量都不显著，由于本书的样本和时间跨度有限，随着加入滞后变量增加，估计样本数量也会大幅下降，从而增大估计参数的误差。因此，在具体的回归中本书同时选取工资变量的一阶和二阶滞后项能够确保估计参数的一致性，同时也能全面刻画工资决定的动态效应。

表 5 – 2　　　　　　　　　不同行业工资和劳动生产率变化对比

	人均工资水平（千元/人）			劳动生产率（千元/人）		
	1999	2003	2007	1999	2003	2007
全部行业						
港澳台及外资行业	13.17	16.80	28.73	274.06	370.88	608.80
内资行业	7.27	11.03	19.51	110.57	213.18	437.18
资本密集型行业						
港澳台及外资行业	14.82	19.35	31.98	342.44	502.36	807.88
内资行业	7.75	12.10	21.35	132.52	268.34	543.50
劳动密集型行业						
港澳台及外资行业	11.63	14.49	24.81	210.14	251.41	369.32
内资行业	6.78	9.96	17.68	88.01		

第二节　数据来源、描述性统计与模型识别

一　数据说明及描述性统计

本书采用 1999—2007 年四位码中国工业行业面板数据全部来自《中国统计数据应用支持系统》中的工业行业统计数据库，该样本数据在不同年份行业种类存在一定区别，这里选取时间连续性较为完整的 441 个行业作为样本分析数据，由于 441 个行业中少部分行业中一些年份的数据缺失，这里采用的总体样本数据仍然是一个非平衡面板数据。表 5 – 1 给出了按照不同所有制形式分类的四位码行业的主要财务指标原始样本数据的描述性统计值。经验回归分析中，利用消费者价格指数将平均名义工资都调整为以 2000 年为基期的不变价格值；利用固定资产价格指数将固定资产净值调整为以 2000 年为基期的不变价格值；利用两位码行业分类的工业品出场价格指数将工业总产值调整为以 2000 年为基期的不变价格值。消费者价格指数和固定资产价格指数都来自历年的《中国统计年鉴》，两位码分类的工业品出厂价格指数来自亚洲经济数据库 CEIC。

为了区分 FDI 对不同劳动生产率的产业部门工资的影响作用，这里通过计算每个行业 1999—2007 年的资本和劳动要素比率的平均值，将 441 个内资行业和 FDI 行业总体上分别划分为资本密集度最高的 220 个行业和劳动密集度最高的 220 个行业。表 5 - 2 给出了在全部行业以及按照要素密集度平均水平划分后的内资行业与 FDI 行业在人均工资和劳动生产率对应的变化状况，数据显示：在全部行业和不同要素密集度的行业，FDI 行业无论在人均工资水平还是平均劳动生产率方面都显著高于内资行业相应指标值，但差距呈现快速缩小的趋势；在不同时间区间，FDI 在资本密集型行业与内资行业的工资和劳动生产率差距总体上高于在劳动密集型行业的相应差距。1999 年在 220 个资本密集型行业中，FDI 支付的平均工资高于内资行业平均工资 91.2%，而相应的劳动生产率高于内资行业 158.4%，到 2007 年相应的指标分别下降到 49.8% 和 48.6%；1999 年在 220 个劳动密集型行业中，FDI 支付的平均工资高于内资行业平均工资 71.5%，相应的劳动生产率高于内资行业 138.8%，到 2007 年相应的指标分别下降到 40.3% 和 14.0%。显然内资行业劳动生产率的提升速度明显高于 FDI 行业，并且劳动密集型行业劳动生产率的提升速度显著快于资本密集型行业。

二　模型识别方法

本书采用广义系统矩估计（GMM）方法来解决动态面板数据由于变量内生性问题对估计参数造成的偏差。（Arellano，Bond，1991）提出利用一阶差分 GMM 方法来估计动态面板数据，（Arellano，Bover，1995）；（Blundell，Bond，1998）建议采用系统 GMM 方法解决变量的内生性对估计参数造成的偏差，系统 GMM 的方法同时估计水平方程和一阶差分方程，利用差分内生变量的滞后项作为水平内生变量的工具变量，同时利用水平内生变量的滞后项作为差分内生变量的工具变量，分别对水平和差分方程进行识别，由于系统 GMM 估计方法同时能够利用水平和差分变量的信息，相对于差分 GMM 估计方法，工具变量的有效性会更强且估计参数更为有效。

　　本书采用系统 GMM 估计方法对经验方程（5）进行回归，分别利用水平内生变量和差分内生变量滞后二阶及其以后的变量作为工具变量对方程进行识别。除了行业平均工资滞后项存在内生性问题之外，行业平均规模、资本劳动比、出口开放度、产出价格水平都可能与行业平均工资之间存在相互作用关系，但是将上述变量分别作为内生变量估计时，无论采用系统 GMM 还是差分 GMM 的估计方法，行业平均规模和资本劳动比变量的估计参数结果都与理论结论完全相反，而出口开放度和产出价格水平变量的估计参数没有显著差异，采用面板工具变量估计方法后对（5）进行回归，对上述变量的内生性检验同样拒绝了上述四个变量相对于产业平均工资水平是内生变量的假设条件，因此这里我们将上述四个变量作为外生变量采用系统 GMM 方法进行估计。系统 GMM 方法包括一步法和两步法估计，两步法采用的权重矩阵相对于一步法估计更能有效解决样本数据异质性对参数估计的干扰，但在有限样本条件下两步法 GMM 估计参数对应的标准误会严重偏低（Weidmeijer，2005），需要采用稳健性标准误差进行修正，因此本书采用系统 GMM 两步法估计参数的显著性判断都基于 Weidmeijer 校正后的稳健性标准误。GMM 估计结果有效性同时要求误差项不存在二阶自相关，并且需要对工具变量选取的有效性进行检验，因此在回归结果中分别报告了误差项二阶自相关检验结果，以及对工具变量的 Sargan 和 Hansen J 过度识别检验结果。

第三节　经验结果分析及稳健性检验

一　FDI 对内资行业总体工资外溢效应的分析

从变量的回归参数结果来看，表 5 - 3 中所有的回归结果都显示内资行业平均工资滞后一期和二期的估计参数在 1% 的显著性水平上为正值，表明内资行业的工资决定具有显著的滞后效应，当期的工资水平会受到前期工资水平的显著影响。同样内资产业平均规模变量（SCALE）和资本劳动比（K/L）变量的估计参数都在 1% 的显著性水平上为正值，估计结果显示内资产业平均规模每增长 10%，内资行业的平均工资在短期增加为 0.52%—0.55%，在长期增加为 0.94%—1.07%；资本劳动比率每增长 10%，内资行业的平均工资在短期增加为 0.44%—0.53%，长期增加为 0.81%—1.03%。上述变量的回归结果都与基本的理论预期是一致的。出口开放度变量的所有估计参数都不显著，表明出口开放度的变化并没有通过提高生产率的方式显著促进内资行业工资水平的增加。

这里重点关注工资外溢变量的回归结果。表 5 - 3 回归结果显示：变量 W_{2d} 在所有的回归结果中都为显著的正值，参数估计的结果显示：扣除内资四位码行业自身工资影响之后的内资两位码行业平均工资每增加 10%，内资四位码行业的平均工资在短期会相应上涨 1.3%—1.8%，在长期相应会上涨 2.4%—3.5%。表明通过改变劳动力供给的方式内资部门之间同样会产生显著的正向工资外溢效应。控制了内资行业之间相互的工资影响之后，表 5 - 3 中的第 1 列单独考察了 FDI 在产业内部通过直接影响内资行业的劳动供给（ FW ）和间接影响生产率（ FS ）方式对内资行业工资的影响作用，第 2 列单独考察了 FDI 在产业间通过不同方式对内资行业工资的影响作用（FW_{2d}，FS_{2d}），第 3 列同时控制了 FDI 通过不同渠道在产业内部和产业之间的工资外溢变量。估计结果显示：通过直接影响劳动力供给方式，在四位码行业 FDI 平均工资增加 10%，会促进内资行业工资相应上升约 0.83%，在两位码行业 FDI 平均工资（扣除了四位码行业影响之后）增加 10%，相应地会促进内资行业工资上升约 0.47%，表明 FDI 通过劳动力供给方式在产业内部对内资行业的工资外溢效应更大；通过间接生产率外溢方式，FDI 在四位码行业渗透率增加 10%，会促进内资行业平均工资增加 0.15%—0.20%，FDI 在两位码行业渗透率（扣除了四位码行业影响之后）增加 10%，内资行业平均工资水平相应会上涨 0.17%—0.3%，表明 FDI 通过生产率外溢方式对内资行业的工资外溢效应在产业之间更大，这一经验结论与 FDI 在产业之间相对于产业内部生产率外溢效应更大的相关经验研究结论是一致的（Kurger，2005；陈丽丽，2009）。同时，内资行业之间的工资外溢效应要显著高于 FDI 对内资行业的工资外溢效应，FDI 通过直接改变劳动力供给方式对内资行业的工资外溢效应高于 FDI 通过间接改变生产率方式对内资行业的工资外溢效应。

为了考察 FDI 通过不同渠道对国有内资行业和其他内资行业在产业内部和产业之间工资外溢效应的区别，在经验方程（5）的基础上加入国有行业占内资行业的比重（SOE，用国有行业的就业比重来表示）与 FDI 不同外溢变量的交叉项变量，通过交叉项变量的估计参数来考察国有行业的比重变化与 FDI 对内资行业工资外溢效应之间的关系。表 5-3 中的第 4 列考察了国有行业比重（SOE）变化对 FDI 在产业内部通过不同渠道对内资行业工资外溢的影响作用，第 5 列考察了国有比重增加与 FDI 在产业之间对内资行业的工资外溢影响作用的关系，第 6 列和第 7 列在控制了更多变量的基础上加入了 FDI 渗透率变量与国有行业比重变量（SOE）产生的交叉项变量。

表 5 – 3 FDI 对内资行业工资外溢效应

解释变量	1	2	3	4	5	6	7
W_{t-1}	0.3533***	0.3729***	0.3603***	0.3471***	0.3832***	0.3515***	0.3748***
	(0.100)	(0.074)	(0.099)	(0.092)	(0.071)	(0.091)	(0.093)
W_{t-2}	0.1078***	0.0999***	0.1085***	0.1079***	0.1021***	0.1075***	0.1124***
	(0.039)	(0.034)	(0.038)	(0.036)	(0.034)	(0.036)	(0.038)
$SCALE$	0.0551***	0.0544***	0.0548***	0.0525***	0.0522***	0.0528***	0.0516***
	(0.015)	(0.013)	(0.015)	(0.014)	(0.013)	(0.014)	(0.015)
K/L	0.0443***	0.0529***	0.0465***	0.0511***	0.0532***	0.0522***	0.0470***
	(0.015)	(0.015)	(0.016)	(0.015)	(0.015)	(0.016)	(0.015)
EXS	0.0592	−0.0166	0.0636	0.0323	−0.0196	0.0393	0.0548
	(0.067)	(0.068)	(0.065)	(0.069)	(0.069)	(0.067)	(0.066)
$W_{2d,t-1}$	0.1764**	0.1822***	0.1636**	0.1663***	0.1550**	0.1521**	0.1272*
	(0.070)	(0.063)	(0.072)	(0.063)	(0.066)	(0.066)	(0.070)
FW_{t-1}	0.0854***		0.0820***	0.0431		0.0394	0.0785***
	(0.026)		(0.026)	(0.026)		(0.027)	(0.026)
$FW_{2d,t-1}$		0.0474*	0.016		−0.0165	0.0222	−0.067
		(0.025)	(0.027)		(0.046)	(0.026)	(0.043)
FS_{t-1}	0.0196**		0.0149**	0.0610***		0.0575***	0.0150**
	(0.008)		(0.007)	(0.017)		(0.017)	(0.007)
$FS_{2d,t-1}$		0.0304**	0.0166		0.0727**	0.0127	0.0737**
		(0.013)	(0.011)		(0.032)	(0.011)	(0.030)
$(FW*SOE)_{t-1}$				0.0164***		0.0162**	
				(0.006)		(0.006)	
$(FW_{2d}*SOE)_{t-1}$					0.0195#		0.0268**
					(0.013)		(0.013)
$(FS*SOE)_{t-1}$				−0.0144***		−0.0142***	
				(0.004)		(0.004)	
$(FS_{2d}*SOE)_{t-1}$					−0.0109#		−0.0156**
					(0.007)		(0.007)
样本数	2649	2693	2649	2649	2693	2649	2649

解释变量	1	2	3	4	5	6	7
行业数	437	441	437	437	441	437	437
时间虚拟变量	是	是	是	是	是	是	是
AR（2）（p_ value）	0.162	0.208	0.184	0.157	0.226	0.179	0.202
Sargan（p_ value）	0.750	0.626	0.754	0.743	0.594	0.756	0.770
Hansen（p_ value）	0.749	0.691	0.746	0.745	0.653	0.757	0.760

说明：＊＊＊，$p < 0.001$；＊＊，$p < 0.05$；＊，$p < 0.1$；#，$p < 0.15$，表中均为取对数后的变量，括号内为稳健性标准误，工业出厂价格指数 [Ln（P）] 在所有估计参数都不显著，这里未列出工业品出场价格指数变量、常数项、时间虚拟变量的参数估计结果。

　　交叉项变量参数估计结果表明：国有行业在内资行业比重的增加无论在产业内部还是产业之间都会显著促进 FDI 通过直接的劳动力供给方式对内资行业的工资外溢效应，但会阻碍 FDI 通过间接的生产率外溢方式对内资行业的工资外溢效应。综合考虑表 5－3 中第 4—7 列交叉项变量估计参数的大小可知：内资行业国有比重增加 10%，FDI 在产业内部通过直接的劳动力供给方式对内资行业的工资外溢作用会上升 1.6%，通过间接的生产率外溢方式对内资行业的工资外溢作用会下降 1.4%；FDI 在产业之间通过直接的劳动力供给方式对内资行业的工资外溢作用会上升 2.0%—2.7%，通过间接的生产率外溢方式对内资行业工资外溢作用会下降 1.1%—1.6%。

　　内资行业国有比重的提高会促进 FDI 通过直接影响劳动力供给的方式对内资行业的工资外溢，但会阻碍 FDI 通过间接影响生产率的方式对内资行业产生工资外溢，可以从两个方面对上述的经验结果作出解释，一方面国有行业相对于其他内资行业，劳动力市场化程度较低，国有行业的工资水平和从业人员数量会受到更多政府政策性管制措施的影响，国有行业劳动力的技能和受教育水平总体上要高（Hale，Long，2008），但受制于工资水平管制的影响，不同技能和受教育程度的劳动力工资差别较小，FDI支付高工资对国有行业劳动力的调整和流动会产生更大的激励作用，国有行业相对于其他内资行业面对更大的劳动力供给压力，因此需要支付更高的工资或福利水平来维持其劳动力市场的稳定，因此会促进FDI通过劳动力供给的方式对国有行业产生更大的工资外溢效应。另一方面，制度约束同样会对FDI的技术外溢产生显著影响（张宇，2009），国有行业相对于其他内资行业受到政策方面的支持和鼓励较多，同时也需要承担更多的非市场经济行为的社会责任，通过参与市场竞争从FDI企业学习模仿的积极性和动力相对于其他内资企业较弱，FDI的进入更可能通过市场竞争和其他方式对非国有内资行业产生较大的生产率外溢效应（Buckley et al.，2007）。因此国有行业比重的增加同时也会减弱FDI通过间接影响生产率的方式对内资行业产生工资外溢效应。

二　FDI对不同劳动生产率行业的工资外溢效应

考虑到工资决定的行业特征因素，同样技能的劳动力在不同劳动生产率部门工资也可能存在显著差距，这里分别考察FDI通过不同方式在产业内部和产业之间对不同要素密集度行业工资外溢效应的区别。表5-4给出了FDI对不同要素密集度内资行业工资方程的参数估计结果，第1—3列考察了FDI在四位码产业内部以及产业之间通过不同渠道对220个资本密集型内资行业的工资外溢效应，回归结果显示：FDI在资本密集型行业平均工资（FW）每增加10%，相应的内资行业平均工资大约会上升0.6%；但在产业之间FDI对内资资本密集型行业没有显著的工资外溢效应，扣除四位码行业工资的两位码行业FDI平均工资（FW_{2d}）的估计参数都不显著；并且回归结果同样显示 FDI 无论在产业内部还是产业之间都没有通过间接生产率外溢方式对资本密集型内资行业的工资产生显著的外溢效应。FDI 在资本密集型产业内部的渗透率变量（FS）和产业间渗透率变量（FS_{2d}）所有的回归参数都不显著。

表 5 - 4 中第 4—6 列考察了 FDI 在产业内部和产业之间通过不同渠道对 220 个劳动密集型行业的工资外溢效应，参数估计结果显示 FDI 在劳动密集型行业无论在产业内部还是产业之间都通过影响劳动供给方式对内资相应行业产生了显著的正向工资外溢效应；FDI 在劳动密集型四位码行业平均工资上升10%，内资相应行业的平均工资会上升0.87% —0.92%，FDI 在相应两位码行业平均工资上升10%，内资相应行业的工资会上升0.63% —0.98%。参数估计结果表明 FDI 在劳动密集型行业无论在产业内部还是产业之间都通过影响生产率方式对内资行业产生了显著的正向工资外溢效应，回归参数都在5%的显著性水平上为正值。FDI 在劳动密集型四位码行业的渗透率每增长10%，内资相应行业的平均工资水平会上升0.27% —0.34%；FDI 在劳动密集型两位码行业的渗透率每增加10%，内资相应行业的平均工资水平会上升0.35% —0.56%。

表 5 - 4　　　　FDI 对内资不同劳动生产率行业的工资外溢效应

解释变量	资本密集型行业			劳动密集型行业		
	1	2	3	4	5	6
W_{t-1}	0.5124***	0.5721***	0.5186***	0.2742***	0.3225***	0.2664***
	(0.063)	(0.067)	(0.063)	(0.104)	(0.073)	(0.100)
W_{t-2}	0.1356***	0.1417***	0.1382***	0.1207**	0.1111***	0.1139**
	(0.036)	(0.036)	(0.036)	(0.052)	(0.043)	(0.051)
$SCALE$	0.0294**	0.0315***	0.0279**	0.0670**	0.0526***	0.0659***
	(0.012)	(0.010)	(0.012)	(0.020)	(0.019)	(0.021)

	资本密集型行业			劳动密集型行业		
K/L	0.0430 **	0.0334 *	0.0431 **	0.1076 ***	0.1166 ***	0.1124 ***
	(0.020)	(0.019)	(0.020)	(0.027)	(0.028)	(0.028)
EXS	0.0860	0.0544	0.0840	-0.0463	-0.0595	-0.0200
	(0.085)	(0.079)	(0.085)	(0.085)	(0.083)	(0.084)
$W_{2d,t-1}$	0.1012 **	0.0653	0.1052 **	0.1514 **	0.1016 *	0.1052#
	(0.040)	(0.044)	(0.044)	(0.069)	(0.061)	(0.069)
FW_{t-1}	0.0580 ***		0.0604 ***	0.0915 ***		0.0868 ***
	(0.022)		(0.023)	(0.027)		(0.026)
$FW_{2d,t-1}$		0.0187	-0.0168		0.0979 **	0.0630#
		(0.019)	(0.023)		(0.047)	(0.047)
FS_{t-1}	0.0003		0.0004	0.0342 ***		0.0268 ***
	(0.006)		(0.007)	(0.010)		(0.010)
$FS_{2d,t-1}$		-0.001	-0.004		0.0556 ***	0.0347 **
		(0.010)	(0.011)		(0.017)	(0.018)
观测值	1347	1363	1347	1303	1331	1303
行业数	222	223	222	220	222	220
时间虚拟变量	Yes	Yes	Yes	Yes	Yes	Yes
AR (2) (p_ value)	0.172	0.154	0.164	0.279	0.368	0.344
Sargan (p_ value)	0.000	0.000	0.000	0.678	0.44	0.757
Hansen (p_ value)	0.381	0.376	0.417	0.789	0.608	0.824

说明：同表 5 - 3。

　　显然无论在产业内部还是产业之间，无论通过直接的劳动力供给方式还是间接的生产率外溢方式，FDI 对内资劳动密集型行业的工资外溢效应都高于资本密集型行业，也高于对 FDI 对全部内资行业的工资外溢作用。可以从以下几个方面解释 FDI 对不同要素密集度行业的工资外溢效应的显著区别：首先，大量且持续进入中国工业行业的 FDI 的主要目的是利用中国低成本的劳动力优势，集中在劳动密集型行业从事较简单的加工组装生产环节,因而在劳动密集型行业 FDI 对劳动力的需求相对于资本密集型行业会更大,并且与内资行业在劳动力需求和市场竞争方面的关系也较为激烈,同时与内资劳动密集型行业的上下游产业关联状况也同样会更为紧密,因而 FDI 在劳动密集型行业无论是通过影响内资行业的劳动力供给,还是通过市场竞争促进内资行业提升生产率方面,对内资劳动密集型行业产生工资外溢效应的可能性和作用都会更大且更为显著。近年来,伴随 FDI 大量进入中国制造行业,中国劳动密集型工业行业出现的数次"民工荒"问题,以及制造业劳动力成本的显著快速上升也从一个侧面反映了上述现象的现实状况。其次,从 FDI 生产率外溢的角度来看,FDI 与内资行业的生产率差距相对较大,FDI 对内资行业的生产率外溢需要跨越生产率差距的最低门槛,或者内资企业需要具有促使生产率外溢发生的最低技术吸收能力(Girma,Sourafel,2005)。因此在生产率差距相对较大的资本密集型行业也可能阻碍 FDI 通过生产率方式对内资行业的工资外溢。不仅如此,在劳动密集型行业,FDI 的生产活动倾向于使用标准化的、成熟的通用性生产技术,一方面通用性的生产技术(generic technology)便于在行业内部和行业之间扩散及应用,另一方面跨国公司通常也有将标准化的、成熟的技术转移到上游和下游的内资行业的积极性,提升关联内资行业中间产品的质量;而在资本技术密集程度较高的行业,FDI 多采用专有性较强的技术(specific technology),一方面专有性较强的技术不利于在产业之间扩散和应用;另一方面跨国公司也会极力采取各种方法避免其专有性生产技术在产业内部扩散到东道国企业,削弱其市场竞争力(Kulger,2005)。因此无论在产业内部还是产业之间,FDI 都同样可能在劳动密集型行业通过间接影响生产率的方式对内资行业的平均工资产生更大且更为显著的作用。

三 稳健性检验

表5-4中工资方程估计结果表明内资行业的资本密集度特征或者劳动生产率特征可能是影响 FDI 对内资行业工资外溢的重要因素，但同样有可能是其他行业的特征因素（比如内资行业的出口开放度或者内资行业与 FDI 的工资差距等行业特征）导致了 FDI 在不同要素密集度的产业部门工资外溢效应上存在显著区别，因此需要对表5-4中的经验结论做稳健性检验。

在经验方程（5）的基础上考察资本劳动比率与 FDI 工资外溢变量产生的交叉项变量回归结果，观察 FDI 通过不同渠道对内资行业的工资外溢效应是否会随着内资行业资本劳动比率的变化而产生显著的改变。表5-5中的第1列和第2列考察了内资行业资本密集度的变化与 FDI 通过直接影响劳动力供给方式对内资行业工资外溢效应的关系；控制其他变量之后，交叉项变量 $FW \times K/L$ 和 $FW_{2d} \times K/L$ 的估计参数都在1%的显著性水平上为负值，表明无论在产业内部还是产业之间，随着内资行业资本密集度的提升，FDI 通过改变劳动供给方式对内资行业工资的外溢效应都会出现显著下降。第3列和第4列考察了内资行业资本密集度与 FDI 通过间接影响生产率的方式对内资行业工资外溢之间的关系。交叉项变量 $FS \times K/L$ 和 $FS_{2d} \times K/L$ 的估计参数同样表明无论在产业内部还是产业之间，内资行业资本密集度的上升都会显著降低 FDI 通过生产率外溢的方式对内资行业工资的影响作用。第5列和第6列在控制了更多变量的基础上分别考察资本密集度变化与 FDI 在产业内部和产业之间同时通过两种不同方式对内资行业工资外溢的影响作用，所有的交叉项变量仍然在1%的显著性水平上为负值，表明内资行业资本密集度的增加会显著降低 FDI 在产业内部和产业之间对内资行业工资外溢作用具有很好的稳健性。经验结论同时表明 FDI 在产业内部和产业之间对内资行业的工资外溢效应与内资行业的资本密集度或者劳动生产率都存在显著的系统性关系，随着内资行业劳动生产率的提升，FDI 对其工资外溢效应会显著地减弱。

本书同时在经验方程（5）的基础上检验了内资行业的出口开放度变量，以及内资行业和外资行业平均工资差距变量分别与 FDI 工资外溢变量产生的交叉项变量的估计结果，但回归结果表明[①]：所有交叉项变量的回归参数均不显著，表明内资行业的出口开放度、内外资行业的工资差距与 FDI 对内资行业的工资外溢效应并不存在显著的系统性关系。

表 5 - 5　　　　　　　　　　　稳健性检验

解释变量	1	2	3	4	5	6
W_{t-1}	0.3687 ***	0.3767 ***	0.4096 ***	0.4026 ***	0.3891 ***	0.3997 ***
	(0.098)	(0.093)	(0.088)	(0.082)	(0.091)	(0.085)
W_{t-2}	0.0961 ***	0.0842 **	0.1089 ***	0.0972 ***	0.0990 ***	0.0884 **
	(0.036)	(0.036)	(0.035)	(0.034)	(0.035)	(0.035)
$SCALE$	0.0558 ***	0.0615 ***	0.0575 ***	0.0568 ***	0.0628 ***	0.0625 ***
	(0.012)	(0.013)	(0.015)	(0.014)	(0.013)	(0.014)
K/L	0.1408 ***	0.1552 ***	0.1254 ***	0.1510 ***	0.1480 ***	0.1666 ***
	(0.024)	(0.024)	(0.021)	(0.022)	(0.024)	(0.024)
EXS	0.0935	− 0.0357	− 0.1424 *	− 0.1135	− 0.096	− 0.066
	(0.075)	(0.075)	(0.073)	(0.076)	(0.072)	(0.076)
$W_{2d,t-1}$	0.1787 ***	0.1923 ***	0.1761 **	0.1779 ***	0.1586 **	0.1567 **
	(0.068)	(0.073)	(0.071)	(0.068)	(0.063)	(0.067)

---

① 具体的回归结果在这里省略，如需要，可向作者索取。

续表

解释变量	1	2	3	4	5	6
FW_{t-1}	0.2689***				0.1939***	
	(0.035)				(0.039)	
$FW_{2d,t-1}$		0.2335***				0.1641***
		(0.045)				(0.052)
FS_{t-1}			0.1602***		0.1062***	
			(0.024)		(0.031)	
$FS_{2d,t-1}$				0.1876***		0.1314***
				(0.028)		(0.035)
$(FW*K/L)_{t-1}$	-0.0433***				-0.0260**	
	(0.010)				(0.012)	
$(FW_{2d}*K/L)_{t-1}$		-0.0474***				-0.0245**
		(0.010)				(0.012)
$(FS*K/L)_{t-1}$			-0.0349***		-0.0212***	
			(0.006)		(0.007)	
$(FS_{2d}*K/L)_{t-1}$				-0.0399***		-0.0247***
				(0.007)		(0.008)
观测值	2649	2682	2649	2682	2649	2682
行业数	437	441	437	441	437	441
时间虚拟变量	是	是	是	是	是	是
AR2	0.225	0.475	0.307	0.365	0.242	0.523
Sargan	0.642	0.770	0.835	0.850	0.780	0.851
Hansen	0.644	0.734	0.811	0.809	0.781	0.811

说明：同表 5 - 3。

第四节　小结与政策评论

本章利用细分的中国工业行业数据探讨了 FDI 通过不同渠道对内资行业在产业内部和产业之间的工资外溢效应，经验研究的结果发现无论在产业内部还是产业之间，内资行业的劳动力市场制度特征和劳动生产率特征都会对 FDI 的工资外溢效应产生显著的影响作用。尽管总体上 FDI 对整个内资行业具有显著的正向工资外溢效应，但内资行业国有比重的提高会促进 FDI 通过劳动力供给的方式对内资行业产生工资外溢，也会阻碍 FDI 通过生产率外溢的方式对内资行业产生工资外溢效应；同时随着内资行业资本密集度或者劳动生产率的提升，FDI 对内资行业的工资外溢会显著地降低；内资行业的出口开放度特征及与 FDI 工资差距特征对 FDI 的工资外溢效应没有显著的影响作用。

经验结论一方面表明 FDI 大规模进入中国工业行业，总体上对于提升内资行业的平均工资水平和生产率产生了显著的促进作用，但由于劳动力市场制度的差异，FDI 对不同内资行业的工资外溢方式存在显著的差别，进一步推动国有行业劳动力市场的市场化导向改革，减少劳动力市场的制度性扭曲，对于增强国有行业的劳动力市场弹性，提升国有行业生产效率以及保持劳动力市场的稳定，促进整体内资行业劳动力平均工资和福利水平的提高都会产生积极的影响作用。另一方面，由于资本密集型行业的劳动生产率和平均工资水平显著高于劳动密集型行业的劳动生产率和平均工资水平，FDI 对内资劳动密集型行业相对于资本密集型行业的正向工资外溢效应更为显著性且作用更大，表明 FDI 的进入显著地促进了中国工业行业劳动力要素禀赋优势的发挥，有利于缩小不同劳动生产率部门之间的工资收入差距，因此 FDI 在中国工业行业的平稳发展对于进一步充分利用中国劳动力的比较优势，促进低劳动生产率行业劳动力工资收入的增加和保持劳动力市场的稳定仍然具有特别重要的现实意义。当然，本章的研究假设仍然是基于完全竞争市场条件下考察 FDI 对内资行业的工资外溢效应，由于国有行业的工资并非完全的市场化，本章的分析可能与现实的情况存在一定偏差；同时，由于条件所限，本章的研究基于细分产业层面的面板数据，分析的角度仍然不够全面。更为理想的研究是基于具有代表性的微观企业层面的面板数据，探讨 FDI 对中国不同技能水平劳动力工资外溢效应的差别，同时考察 FDI 企业在中国不同地区和产业层面工资外溢效应的作用及其影响因素，这些也是今后有待进一步深入研究的问题。

第六章

人民币实际汇率变化对工业行业
就业的影响研究

伴随着中国与主要贸易伙伴国际收支不平衡问题的凸显，人民币汇率调整和走势也引起了广泛的关注和争论，特别是 2005 年 7 月汇率形成机制改革以来，人民币名义汇率和实际汇率都出现了显著的调整和波动幅度，大量的研究开始关注人民币汇率调整对实体经济的影响作用，而关于人民币汇率调整对中国就业市场影响作用的探讨变得尤为突出。中国工业行业作为国民经济吸纳就业的重要产业部门，产出和就业水平不仅对于国际贸易的依赖程度高，并且作为吸收非熟练劳动力就业的主要产业部门，更可能受到汇率调整的直接冲击。人民币实际汇率的变化究竟能在多大程度上对中国工业行业的净就业水平产生显著的影响作用？汇率调整通过何种渠道和方式对就业市场产生影响？汇率调整对就业市场的影响方式和大小主要取决于哪些行业特征和市场竞争因素？明确上述问题对于系统评估人民币汇率调整对就业市场的具体影响作用和方式、调整产业政策降低汇率调整对就业市场的负面冲击以及进一步完善人民币汇率调整策略和形成机制都具有重要的现实意义。

从理论层面来看，汇率调整通过直接的贸易渠道对就业水平会产生两方面影响作用，一方面汇率调整通过价格传递效应影响国内销售价格和出口产品价格，进而对国内产出和就业规模产生影响；另一方面，汇率调整同样会影响进口中间产品成本和进口最终产品价格，由于进口中间产品和最终产品对国内的产出和生产要素既可能产生竞争替代效应也可能产生互补效应，因此汇率调整可以同时通过影响进口竞争和进口中间产品投入从而对国内的产出和就业水平产生不同的影响作用。需要特别强调的是：多数已有的理论分析框架关于汇率调整通过进口渠道对劳动力市场的影响分析只强调了汇率调整通过进口中间产品成本以及进口渗透对国内价格的传递效应对就业和工资的间接影响，而忽略了汇率调整直接对进口最终产品价格和收入的影响通过直接的进口竞争方式对国内劳动力市场调整的影响，相关的经验研究结论也同时表明随着进口中间产品率的提升汇率升值对就业的负面影响会显著下降，即进口中间产品的投入与国内的产出和就业水平主要表现为互补关系，汇率升值通过降低进口中间产品成本会对就业产生促进作用（Goldberg，Tracy，2001；Campa，Goldberg，2001；Nucci，Pozzolo，2010），但并没有强调和检验汇率调整通过影响进口中间产品成本和进口最终产品对净就业水平产生的总体效应。而 Grourinchas（1999）的经验研究却表明汇率调整对净就业的负面影响作用主要来自进口竞争渠道。与已有的理论分析框架不同：本书的理论分析框架同时考虑了汇率调整通过影响国内价格、出口产品价格、进口最终产品价格、进口中间产品成本从而对就业的影响。经验研究系统考察了人民币实际汇率调整通过行业总体的进口渗透渠道对净就业水平的影响作用。研究发现人民币实际汇率升值通过总体的进口渗透渠道同样会对工业行业净就业水平产生显著且重要的负面影响作用，即工业行业总体的进口渗透与国内产出水平主要体现为竞争替代关系而非互补关系。

汇率调整同样可以通过间接的方式对非贸易品部门的就业产生影

响作用，汇率调整对于非贸易品部门的净就业水平的影响作用同样具有不确定性。一方面汇率升值会导致贸易品部门进口中间产品成本下降，非贸易品部门同样会从中受益，降低生产成本，促进非贸易品部门就业的增加。不仅如此，汇率升值还会引起生产要素的重新配置，非贸易品部门的相对价格和利润水平会上升，导致生产要素从贸易品部门向非贸易品部门转移，同样可能会促进非贸易品部门产出和就业水平的增加（Goldberg, et al., 1999; Moser, et al., 2010）。另一方面，由于贸易品和非贸易品部门之间存在显著的产出关联效应，汇率升值导致贸易品部门产出水平的显著下降同样也可能导致非贸易品产出和就业水平的显著下降（Chen, Dao, 2011）。显然汇率调整无论对于贸易品部门还是非贸易品部门就业的影响作用，都同样取决于汇率调整能在多大程度上对国内价格水平、贸易品的价格和成本产生传递效应。已有的研究主要从贸易开放、市场竞争结构、制度因素、市场分割通过影响汇率对价格的传递效应以及劳动力市场的刚性和调整成本角度探讨了汇率调整对就业可能产生的影响作用（Campa, Goldberg, 2001; Alexandre, et al., 2009; Nucci, Pozzolo, 2010; Alexandre, et al., 2010）。具体到中国工业行业的现实状况，由于中国国有、私营和外商直接投资工业行业对贸易依赖的程度、产品和要素市场竞争结构、劳动力市场刚性或者调整成本方面都可能存在显著的差异性：首先，国有行业和私营行业对贸易的依赖度远低于外商直接投资行业，并且国有工业部门中相对于私营和外资工业部门可能存在更多的非贸易品部门[①]。其次，从市场

---

① 尽管无法获取所有制行业进口数据，但对 2001—2009 年中国 456 个四位码国有、私营及外商直接投资工业行业的出口统计结果显示，国有行业的平均出口开放度为 9.7%，其中 258 个行业存在出口值为零的现象，私营行业平均出口开放度为 12.7%，共有 101 个行业存在出口值为零的现象，外商直接投资行业的平均出口开放度为 35.2%，仅有 36 个行业存在出口值为零的现象。

竞争结构状况来看，绝大多数国有行业的平均利润水平要远低于私营和外商直接投资的工业部门①；另外，由于国有行业相对于私营行业正规就业的比重可能更高，就业和工资决定的市场化程度相对于私营部门较低，劳动力市场的刚性和调整成本可能会更高（Buckley, et al., 2007；Hale, Long, 2008）。因此从市场竞争角度来看，国有工业部门对实际汇率的调整应该更为敏感，但从劳动力市场刚性和调整成本来看，国有行业就业对于汇率的调整敏感性应该相对较低。基于上述因素考虑，本书通过影响汇率的价格传递效应和劳动力市场调整成本将行业的所有制结构纳入了理论分析框架，检验了实际汇率调整对净就业的影响作用与行业所有制结构之间的系统性关系。同时本章的经验结论稳健地显示：国有行业就业市场对于汇率调整并未呈现显著的刚性特征，其净就业水平同样受到了人民币实际汇率调整的显著影响，不仅如此，实际汇率升值对国有工业行业净就业水平的负面影响作用要显著高于私营工业行业。

从经验分析层面来看，关于实际汇率变化能否对总体的净就业水平产生重要且显著的影响作用，已有的相关研究对不同的国家进行了多角度的研究，结论存在显著的差异性。（Branson, Love, 1988）；Revenga（1992）；Dekle（1998）；Galindo et al.（2007）；（Leung, Yuen, 2007）从产业层面对发达和发展中国家的相关经验研究表明实际汇率变化会对净就业水平产生显著且重要的影响作用，而（Goldberg, Tracy, 2001）；（Campa, Goldberg, 2001）的理论分析和经验研究都表明考虑到汇率调整同时会对劳动需求和劳动供给产生影响作用，虽然汇率调整对净就业水平的影响很有限，但会引起

---

① 对 2001—2009 年不同所有制四位码工业行业的平均净利润水平统计结果显示：中国国有、私营、外商直接投资行业的平均净利润水平分别为：-1.40%，5.32%，6.09%。

工资水平更大的调整。同时，由于劳动力流动问题的存在，实际汇率调整在产业内部可能同时会引起就业创造和就业损失效应，从而造成实际汇率调整对行业层面的净就业效应并不显著（Klein et al.，2003），但在企业层面汇率调整仍然会对其净就业效应产生显著的影响作用（Nucci, Pozzolo, 2010）。尽管如此，Colantone（2006）；Alexandre et al.（2009）；Moser et al.（2010）基于企业层面数据对其他发达国家一些相关研究却表明汇率调整对就业市场的影响主要体现为较强的就业创造或者就业损失效应，实际汇率调整仍然会对产业部门总体的净就业水平产生重要的影响作用。近年来，国内外学者同样对人民币汇率调整对中国就业市场的影响进行了有限的分析和研究（万解秋和徐涛，2004；Hua Ping, 2007；Chen, Dao, 2011），但已有人民币汇率调整对中国就业市场影响的相关研究主要在国家和地区总的行业层面分析宏观汇率调整对就业市场总体的影响作用，缺乏较为严格的理论分析框架和基于微观企业或者细分的行业角度探讨汇率调整对产业部门净就业水平影响作用的研究。同时由于不同行业产品贸易来源地存在显著的差异性，直接采用单一的宏观实际有效汇率指数无法较为准确地反映和刻画不同行业产品在国内外相对价格的变化状况，而上述基于企业和行业层面分析的多数相关研究文献都强调了采用产业层面实际有效汇率指数的重要性。与已有的主要基于宏观层面分析人民币实际汇率变化对中国总体就业影响的相关研究不同，本书构建了人民币在三位码产业层面的月度实际有效汇率指数，结合中国详细的四位码的工业行业数据，从细分产业层面评估了人民币实际汇率调整通过不同渠道对中国工业行业净就业水平在短期和长期的动态影响作用，考察了实际汇率调整对不同特征产业部门净就业水平影响作用的差异性。

第一节　理论分析框架

正如前文的分析一样，汇率调整不仅可以通过直接改变贸易品部门的国内销售和出口销售收入和价格，也可以通过改变进口最终产品价格以及进口中间产品成本的方式对贸易品和非贸易品部门的产出和净就业水平同时产生影响作用。与已有的理论分析不同，本书同时考虑了汇率调整通过影响进口最终产品价格对国内产出和就业水平产生的进口竞争效应，这里基于产业部门中一个具有代表性的贸易厂商，假设不考虑劳动力调整成本的条件下，汇率调整通过不同渠道对厂商最大化利润函数（π）的影响可以表示为：

$$\pi(e) = \max_{q^d, q^x, q^m, L, Z, M} \left\{ \begin{array}{l} p^d(e, q^d) \times q^d + \dfrac{p^x(e, q^x)}{e} \times q^x - \dfrac{p^m(e, q^m)}{e} \times q^m - w \times L \\[2ex] - r \times Z - \dfrac{s(e)}{e} \times M \end{array} \right\}$$

$$\tag{1}$$

约束条件：$q^d + q^x = Q^D = Q - q^m = L^\alpha Z^\beta M^{1-\alpha-\beta}$ 　　（2）

厂商利润最大化函数（1）式中，q^d、q^x、q^m 分别表示厂商国内市场销售、出口销售以及进口最终产品的数量；p^d、p^x、p^m 分别表示国内市场价格、出口到国外市场的产品价格以及从国外进口最终产品的价格水平，显然上述价格水平都可能会受到实际汇率调整的影响；L、Z、M 分别表示国内劳动要素、国内其他非劳动生产要素以及从国外进口中间生产要素的投入水平；w、r、$s(e)$ 分别表示上述各生产要素的价格水平，同样汇率调整会对进口中间产品价格（或成本）$s(e)$ 产生直接的传导效应。e 表示东道国的间接实际汇率水平，实际汇率上升（下降）表示升值（贬值）。利润最大化函数同时满足约束条件（2）式，即最终产品水平（Q）为国内产出（$q^d + q^x$）和进口最终产品（q^m）之和，而国内产出水平遵循一般形式的 Cobb-Douglas 生产函数，α、β、$1-\alpha-\beta$ 分别表示各生产要素投入对产出的贡献比重。基于不完全垄断竞争市场假设条件和拉格朗日函数，可以得到厂商的利润最大化的一阶条件为：

$$\frac{\partial \pi(e)}{\partial q^d} = \frac{\partial p^d(e,p^d)}{\partial q^d} \times q^d + p^d - \lambda = 0 \tag{3}$$

$$\frac{\partial \pi(e)}{\partial q^x} = \frac{1}{e}\left(\frac{\partial p^x(e,p^x)}{\partial q^x} \times q^x + p^x\right) - \lambda = 0 \tag{4}$$

$$\frac{\partial \pi(e)}{\partial q^m} = -\frac{1}{e}\left(\frac{\partial p^m(e,p^m)}{\partial q^m} \times q^m + p^m\right) - \lambda = 0 \tag{5}$$

$$\lambda = p^d\left(1 + \frac{1}{\eta^d}\right) = \frac{p^x}{e}\left(1 + \frac{1}{\eta^x}\right) = -\frac{p^m}{e}\left(1 + \frac{1}{\eta^m}\right) \tag{6}$$

上述（3）—（6）表达式中，η^d、η^x、η^m 分别表示国内市场、出口国外市场、进口国外市场的最终产品的价格需求弹性，显然在垄断竞争市场条件下，厂商的最终产品价格需求弹性取决于厂商的市场势力强弱，也同时决定了厂商具有不同的平均利润水平。

$$\frac{\partial \pi(e)}{\partial L} = -w + \lambda \frac{\partial Q}{\partial L} = 0 \tag{7}$$

$$\frac{\partial \pi(e)}{\partial Z} = -r + \lambda \frac{\partial Q}{\partial Z} = 0 \tag{8}$$

$$\frac{\partial \pi(e)}{\partial M} = -\frac{s(e)}{e} + \lambda \frac{\partial Q}{\partial M} = 0 \tag{9}$$

基于一阶条件（6）—（9）式和欧拉定理（Euler Theorem）可以求解得到厂商的最优劳动需求水平为：

$$L = \frac{Q^D}{w}\left\{p^d\left(1 + \frac{1}{\eta^d}\right)(1-\theta) + \frac{p^x}{e}\left(1 + \frac{1}{\eta^x}\right)\theta - r\beta\left(\frac{\partial Q}{\partial Z}\right)^{-1} - \frac{s}{e}(1-\alpha-\beta)\left(\frac{\partial Q}{\partial M}\right)^{-1}\right\} -$$

$$\frac{Q}{w}\frac{p^m}{e}\left(1 + \frac{1}{\eta^m}\right)\rho \tag{10}$$

表达式（10）中，θ 表示出口销售收入占厂商全部销售收入的比重，ρ 表示进口最终产品渗透率，即进口最终产品占全部最终产品产值的比重。

由此依据最优劳动需求表达式（10），可以得到最优劳动力需求相对于实际汇率调整的弹性表达式，即

$$\frac{\partial L}{\partial e}\frac{e}{L} = \frac{Q^D}{wL}\left\{ \begin{matrix} p^d\left(1+\frac{1}{\eta^d}\right)\eta^{d,e} + \theta\left[\frac{p^x}{e}\left(1+\frac{1}{\eta^x}\right)(\eta^{x,e}-1) - p^d\left(1+\frac{1}{\eta^d}\right)\eta^{d,e}\right] \\ + \frac{s}{e}(1-\alpha-\beta)\left(\frac{\partial Q}{\partial M}\right)^{-1}(1-\eta^{s,e}) \end{matrix} \right\} + \frac{Q}{wL}$$

$$\frac{p^m}{e}\left(1+\frac{1}{\eta^m}\right)\rho(1-\eta^{m,e}) \tag{11}$$

同时利用表达式（6）和（9），劳动需求对实际汇率弹性表达式可以简化为：

$$\frac{\partial L}{\partial e}\frac{e}{L} = \frac{c}{\alpha\mu}\left\{ \begin{matrix} \eta^{d,e} + \theta(\eta^{x,e} - \eta^{d,e} - 1) + (1-\alpha-\beta)(1-\eta^{s,e}) \\ -\rho(1-\eta^{m,e})(1+k) \end{matrix} \right\}$$

$$\tag{12}$$

表达式（12）中 c、k 均为常数，$\mu = \frac{\eta}{1+\eta}$ 表示厂商在不同市场价格的平均加成系数（markup），反映厂商的市场势力强弱水平。显然上述的方程表明劳动需求对汇率的弹性主要取决于以下几个因素：厂商的市场势力强弱（$0 < \mu < 1$）；产出结构中劳动要素的投入比例（$0 < \alpha < 1$）；汇率调整对国内市场价格的传递效应（$-1 < \eta^{d,e} < 0$）；汇率调整对出口价格的传递效应（$0 < \eta^{x,e} < 1$）；厂商对出口的依赖度（$0 < \theta < 1$）；进口中间产品投入比率（$1-\alpha-\beta$），以及汇率调整对进口中间要素价格的传递效应（$0 < \eta^{s,e} < 1$）；进口最终产品的渗透率（$0 < \rho < 1$）；以及汇率调整对进口最终产品价格的传递效应（$0 < \eta^{m,e} < 1$）[1]。由于汇率调整对国内价格和出口产品价格、

---

[1] 这里的出口价格、进口中间要素价格以及进口最终产品价格均为以外币表示的价格。

进口产品和中间要素价格的传递效应与不同市场的进口渗透率都成正比例关系（Dornbusch，1987；Campa，Goldberg，1995，1999，2001），因此表达式（12）中 $\theta(\eta^{x,e} - \eta^{d,e})$，$(1 - \alpha - \beta)\eta^{s,e}$，$\rho\eta^{m,e}$ 均可以表示为比例系数之间的乘积，可以看作数值很小的值，为了简化分析这里可以近似忽略不计，因此劳动需求对汇率调整弹性的关系式可以简化的表述为：

$$\frac{\partial L}{\partial e}\frac{e}{L} = \frac{c}{\alpha\mu}(\eta^{d,e} - \theta + (1 - \alpha - \beta) - \rho) \tag{13}$$

已有的相关理论和经验分析研究表明：汇率调整对国内价格水平的传递效应（$\eta^{d,e}$）除了与进口渗透率成比例关系之外，还取决于劳动力市场制度和其他因素，结合中国工业行业的具体特征，我们这里主要考查行业的所有制结构特征对汇率调整的国内价格传递效应的影响进而对行业劳动力需求产生的影响。假设行业的进口渗透率和所有制结构对汇率的国内价格传递效应之间同样都存在线性的比例关系，即：$\eta^{d,e} \propto c_0 M + c_1 Own$，其中 c_0、c_1 分别表示比例系数，M、Own 分别表示行业的总体进口渗透率和所有制结构。因此，关系式（13）进一步可以表达为：

$$\frac{\partial L}{\partial e}\frac{e}{L} = \frac{c}{\alpha\mu}(c_0 M + c_1 Own - \theta + (1 - \alpha - \beta) - \rho) \tag{14}$$

表达式（14）明确的显示：（1）出口开放度（θ）和最终产品进口渗透率（ρ）的增加，汇率升值对劳动需求的负面影响作用会提升。（2）进口中间产品投入比例（$1 - \alpha - \beta$）增加，汇率升值对劳动需求的正面促进作用会提升。（3）总体的进口渗透率 M 与汇率调整对就业的影响之间的关系不明确，取决于进口渗透与国内的产出是竞争替代还是互补关系；同样基于前面相关的理论分析行业的所有制结构与汇率调整对劳动力需求影响之间同样具有不确定性。（4）随着行业劳动密集度（α）的增加，汇率升值对劳动需求的负

面影响作用会下降，原因在于：随着劳动密集度的增加，汇率升值
会导致国内资本品相对于进口资本品的相对价格显著上升，促使厂
商更多地采用进口中间资本品替代国内资本品的投入，降低进口中
间资本品对劳动生产要素的替代。（5）随着厂商市场势力（或者平
均利润）的增强（$\bar{\mu}$），实际汇率升值对劳动需求的负面影响作用会相
应下降。

显然，汇率升值除了通过影响进口中间产品投入率 $(1 - \alpha - \beta)$ 和最
终产品进口竞争 ρ 直接对劳动需求产生影响之外，还可以通过总体
的进口渗透渠道对 c_0M 国内价格产生传递效应间接对劳动需求产生
影响，由于总体的进口渗透渠道同时涵盖了进口中间产品和进口最
终产品的渗透，同样可以采用进口渗透率来反映汇率调整通过总体
进口渠道对劳动需求总体的直接影响作用，即 $(1 - \alpha - \beta) - \rho \propto$
k_0M，表达式（14）可以进一步表示为：

$$\frac{\partial L}{\partial e} \frac{e}{L} = \frac{1}{\alpha \bar{\mu}} (\beta_1 \theta + \beta_2 M + \beta_3 Own) \qquad (15)$$

这里行业总体的进口渗透率 M 同时考虑了汇率调整通过间接影
响国内价格水平、直接影响进口中间投入比例和最终产品进口竞争
效应对劳动需求的影响作用。

考虑到劳动力在不同部门和厂商之间的流动，同样需要引入劳
动力的供给决定方程来求解劳动力市场均衡条件下的净就业水平。
为了简化问题的分析，这里主要参照相关已有的研究（Klein et al.，
2003；Campa, Goldberg, 2001），假设行业的劳动力供给水平随着本
行业工资水平的增加而递增，但与其他行业的工资变化成反比例关
系，即

$$L_s = \left(\frac{w}{W^* \varepsilon} \right)^{\vartheta} \qquad (16)$$

表达式（16）中，W^* 表示其他部门的工资水平，ε 表示劳动供

给对不同部门工资变化在产业之间的弹性系数，ϑ 表示劳动供给对相对工资变化总体的弹性系数。

同时结合表达式（10）（15）（16）可以得到在劳动力市场达到均衡条件下的劳动需求与实际汇率调整之间的简约表达式为：

$$L = \alpha_0 + \alpha_1 Y + \frac{1}{\alpha \mu} (\alpha_2 \theta + \alpha_3 M + \alpha_4 Own)e + \alpha_5 W^* + \alpha_6 r + \alpha_7 s \quad (17)$$

其中 Y 表示总销售收入水平，$\alpha_0 — \alpha_7$ 为变量对应的系数。

第二节 经验方程、数据来源与描述性统计

一 经验方程和变量的定义

依据前面的理论分析框架，同时考虑到劳动需求的动态调整过程，可以确定如下的动态劳动需求经验回归方程：

$$\Delta LnL_{i,t} = \gamma_0 + \gamma_1 \Delta Ln Y_{i,t} + \gamma_2 (v_1 EXS_{i,t-1} + v_2 IMS_{i,t-1} + v_3 OWN_{i,t-1}) \Delta LnREER_{i,t} +$$
$$\gamma_3 \Delta Ln W^*_{i,t} + \gamma_4 \Delta LnL_{i,t-1} + \lambda_i + \sigma_t + \xi_{i,t} \quad (18)$$

与已有的相关经验研究一致，考虑到实际汇率变化和其他变量在时间上可能存在的非平稳性和异质性特征，因此这里对变量取对数并且采用了差分形式的经验回归方程，表达式（18）中，i、t 分别代表工业行业和年份，$Y_{i,t}$ 表示工业行业的总销售额，$EXS_{i,t-1}$ 表示行业的出口开放度，这里采用出口销售产值占全部销售产值的比重来表示；$IMS_{i,t-1}$ 表示行业总体的进口渗透率，这里采用行业全部进口额占行业国内产值和进口产值之和的比重来表示；$OWN_{i,t-1}$ 表示行业的所有制结构特征，这里分别采用各工业行业国有企业（SOE）、私营企业（PRT）、外商直接投资企业（FDI）产值占总产值的比重来表示。由于行业的出口开放度、进口渗透率以及所有制结构都可能会受到汇率调整的显著影响，为了避免实

际汇率变量和上述变量之间存在的内生性（同时响应）问题给估计带来的偏差（Simultaneity Bias），对上述变量都做了时间上的滞后一阶处理。

$REER_{i,t}$ 表示以贸易加权方式计算的产业层面的实际有效汇率指数，这里参照较为常用的定义方式 Goldberg（2004），构建了人民币产业层面的月度实际有效汇率指标：

$$REER_{im} = \sum_{j=1}^{k} \omega_{jt}^{i} RER_{jm}$$

$$\omega_{jt}^{i} = 0.54 \times \frac{\sum_{c=t-2}^{t-1} ex_{jc}^{i}}{\sum_{j=1}^{k} \sum_{c=t-2}^{t-1} ex_{jc}^{i}} + 0.46 \frac{\sum_{c=t-2}^{t-1} im_{jc}^{i}}{\sum_{j=1}^{k} \sum_{c=t-2}^{y-1} im_{jc}^{i}}$$

其中，RER_{jm} 表示中国与 j 国的在月度 m 的双边实际汇率指数（以 CPI 计算），ω_{jt}^{i} 表示中国与 j 国在产业 i 的双边贸易的年度加权系数，ex_{jc}^{i}、im_{jc}^{i} 分别表示中国与 j 国在中国工业行业 i 在年度 c 的双边进口和出口贸易额，同样由于双边实际汇率 RER_{jm} 变化本身会影响 ex_{jc}^{i}、im_{jc}^{i} 的大小，因此同样为了避免贸易权重和汇率变化的同时响应问题（内生性问题），这里 ex_{jc}^{i}、im_{jc}^{i} 分别采用相对于月度 t 所在年份之前两年的平均值作为加权值，1997—2010 年中国平均货物出口占全部货物贸易的比重为 0.54，货物进口占全部货物贸易比重为0.46；k 表示加权国家和地区总数。

需要强调的是：由于厂商就业水平和其他生产要素的投入不仅取决于当期和之前的汇率变化情况，还可能受到未来预期汇率变化的影响。通常情况下，实际汇率的变化可以分解为持久性随机变化和周期非随机变化部分，这里只考虑实际汇率的持久性随机变化对劳动需求的影响作用，原因在于：本书第二节的理论分析框架其实是对一般情况下多时期、随机厂商最优化问题的简化表述，其内涵的基本假设条件是：理论模型中实际汇率为唯一的不确定性变量，并且实际汇率的变化服从随机性。而在假设汇率变化服从随机游走的情况下，当前汇率变化是未来汇率变化最佳预测值，因此所有的汇率变化均可以看作是持久性变化。因此，为了确保本书的经验分析与理论分析框架的内涵假设条件的一致性，需要关注实际汇率的持久性随机变化对劳动需求的影响作用，这里不考虑实际汇率的周期性非随机变化对工业行业净就业水平的影响作用。为了得到人民币在不同产业层面实际汇率的持久性随机变化，与已有的相关研究一样（Campa, Goldberg, 2001; Nucci, Pozzolo, 2010; Chen, Dao, 2011），同样采用 Hodrick-Prescott 方法对不同产业层面的月度实际有效汇率指数进行滤波处理，剔除掉实际汇率指数中的周期性非随机变化部分。因此，这里的变量 $Ln\,REER_{i,t}$ 表示根据不同行业月度实际有效汇率指数的持久性随机变化部分计算得到的产业层面不同年份的平均实际汇率变化指标。

$W_{i,t}^{*}$ 表示扣除工业行业 i 之后，其他工业行业的实际平均工资水平[①]。λ_i 表示行业变量差分后仍然可能存在的个体效应，σ_t 表示时间虚拟变量，用来控制不随产业特征变化的宏观经济变量，例如表达式（17）国内资本品和进口资本品的价格变量（r,s）。

由于经验回归方程（18）式中存在出口开放、进口渗透、行业所有制特征与汇率的交叉项变量，同时第二节的理论分析也明确显示行业的市场势力强弱（或利润水平高低）同样会对厂商的劳动需求产生影响，为了更为明确的评估实际汇率调整通过不同渠道对劳动需求的影响以及考察市场势力强弱与工业行业就业之间的关系，

---

① $w_{i,t}^{*} = \dfrac{TW - TW_{it}}{TL - TL_{it}}$，其中 TW, TL 分别表示所有四位码工业行业的实际工资总额和从业人数总额；$TW_{it}\,and\,TL_{it}$ 表示每一个四位码工业行业 i 的实际工资总额和从业人数总额。

这里同时单独控制了上述影响因素对就业的影响，即经验回归方程进一步扩展为：

$$\Delta LnL_{i,t} = \beta_0 + \beta_1 \Delta Ln\, Y_{i,t} + \beta_2 \Delta Ln\, W_{i,t}^* + \beta_3\, EXS_{i,t-1} + \beta_4\, IMS_{i,t-1} + \beta_5\, OWN_{i,t-1} + \beta_6\, PRO_{i,t-1} + (\beta_7\, EXS_{i,t-1} + \beta_8\, IMS_{i,t-1} + \beta_9\, OWN_{i,t-1})\, \Delta LnREER_{i,t} + \beta_{10}\, \Delta LnL_{i,t-1} + \gamma_i + \delta_t + \varphi_{i,t} \tag{19}$$

$PRO_{i,t-1}$ 表示滞后一期行业净平均利润率水平；β_0—β_{10} 为回归参数；$\varphi_{i,t}$ 表示误差项。

二 数据说明和描述性统计

本书采用 2001—2009 年中国 456 个四位码工业行业面板数据来自《中国统计数据应用支持系统》中的工业行业统计数据库，包括全部、国有、私营、港澳台及外商直接投资等 7 种所有制形式分行业的相关数据，每个行业对应 65 个相应的财务指标和统计数据[①]。本书计算产业层面实际有效汇率指数采用了中国与 51 个贸易伙伴[②] 1997—2010 年的双边产品贸易数据（按海关协调制度 HS 分类的四位码共 1250 种产品）全部来自联合国贸易统计数据库（Comtrade）和国际贸易统计数据库（ITS），为了将进出口贸易产品层面数据归类到中国工业行业对应的进出口数据，本书参照中国国民经济行业分类标准与国际产业标准分类对照表，国际产业标准分类与海

---

① 由于工业行业分类标准在 2003 年前后发生了较大改变，这里按照国家统计局 1994 年和 2002 年行业分类标准对照表对 2003 年之前的工业行业指标进行了重新归类整理，统一调整为以 2002 年行业分类标准，并且剔除掉了极少数无法归类的行业。

② 51 个贸易伙伴包括：澳大利亚、奥地利、比利时、巴西、加拿大、智利、中国台湾、丹麦、埃及、芬兰、法国、德国、希腊、中国香港、匈牙利、印度、印度尼西亚、伊朗、爱尔兰、以色列、意大利、日本、韩国、中国澳门、马来西亚、墨西哥、蒙古、摩洛哥、荷兰、新西兰、挪威、巴基斯坦、菲律宾、波兰、葡萄牙、罗马尼亚、俄罗斯、沙特阿拉伯、新加坡、南非、西班牙、瑞典、瑞士、泰国、土耳其、阿拉伯联合酋长国、英国、乌克兰、美国、委内瑞拉、越南，中国对上述国家和地区在 1997—2010 年的货物出口占中国全部货物出口的平均比重超过 90%，相应的进口比重超过 85%。

关协调制度贸易分类对照表（Jon Haveman）①，2007 年中国投入产出表中给出的 HS 贸易产品分类和中国工业行业分类标准对照表，将四位码分类的 HS 进出口贸易产品编码和 163 个三位码工业行业编码进行了对照归并②，由此得到了中国与不同贸易伙伴在不同工业行业的双边进出口贸易额。中国和 51 个贸易伙伴 2001—2009 年双边名义汇率数据、消费者价格指数均来自国际金融统计数据库（IFS）和亚洲经济统计数据库（CEIC）。将合并计算得到的三位码产业层面总体的进口贸易值、进口渗透率、实际有效汇率等指标按照行业编码分别合并匹配到相应的四位码行业。利用消费者价格指数将平均工资折算为 2005 年基期的不变价格值，利用两位码行业工业品出厂价格指数将工业销售收入折算为 2005 年基期的不变价格值。

表 6 - 1 给出了本章经验分析采用的中国工业行业相应变量和计算指标在 2001—2009 年描述性统计结果，表中的描述性统计结果明确显示：不同所有制形式的工业行业在从业人数和销售收入规模、平均实际工资、资本密集度、利润率和出口开放程度都存在非常显著的差异性。不同变量指标的平均值、中间值以及分位值都显示：外资工业行业在资本密集度、平均实际工资水平、净平均利润率以及出口开放度指标相对于国有和私营工业行业都显著较高。而国有工业行业的平均净利润率、出口开放度都低于私营工业行业，但国有行业的资本密集度、平均实际工资水平等指标相对于私营行业总体上仍然具有明显的优势。

---

① http：//www. macalester. edu/research/economics/page/haveman/Trade. Resources/tra-deconcordances. html.

② 详细的 HS 四位码贸易产品分类编码和三位码工业行业编码对照表可以向作者索取。

表 6 – 1　　　　　　回归样本描述性统计值 2001—2009 年

指标	所有制	样本数	均值	标准差	中间值	1/4 分位值	3/4 分位值
从业人数 （人）	全部	3893	139290	324297	60891	23372	147314
	国有	3710	21361	111400	3641	974	13557
	私营	3856	37781	90624	14441	4540	36488
	外资	3811	38369.7	112148	12481	3303	35302
销售收入 （千元）	全部	3893	5.5E+7	1.5E+8	1.7E+7	5512022	4.6E+7
	国有	3710	6398240	3.3E+7	497599	109212	2387121
	私营	3856	1.4E+7	3.7E+7	3755699	1104966	1.1E+7
	外资	3811	1.7E+7	4.6E+7	4696424	1186896	1.4E+7
人均净 资本 （千元/人）	全部	3892	95.30	89.07	70.32	48.39	108.97
	国有	3535	115.64	246.15	78.35	50.37	128.86
	私营	3822	64.30	84.79	50.99	35.16	75.47
	外资	3741	166.23	449.89	98.17	58.44	168.00
实际工资 （千元/人）	全部	3892	16.68	8.80	14.78	11.08	19.92
	国有	3535	16.21	11.01	13.35	9.16	20.04
	私营	3822	13.24	5.58	12.00	9.35	16.34
	外资	3741	22.48	33.93	19.06	14.11	25.75
净利润率 （百分比）	全部	3893	5.57	4.04	5.21	3.67	6.99
	国有	3704	– 1.40	35.82	0.69	– 2.42	4.18
	私营	3856	5.32	3.12	5.03	3.76	6.48
	外资	3811	6.09	5.81	5.39	3.21	8.39
出口 开放度	全部	3892	0.214	0.205	0.136	0.055	0.331
	国有	3526	0.097	0.158	0.026	0.000	0.120
	私营	3821	0.127	0.156	0.062	0.017	0.177
	外资	3739	0.352	0.257	0.307	0.133	0.560
其他	进口渗透率	1446	0.177	0.198	0.106	0.025	0.253
	实际汇率	1446	109.57	36.32	105.52	100.89	112.69
	实际汇率变化	1285	0.10	18.36	– 0.35	– 3.34	3.28

注：表中各统计指标依据中国工业行业应用统计数据系统数据库、联合国 COMTRADE 及 ITS 贸易统计数据库、IMF—IFS 统计数据库相关数据计算得到；实际汇率指标以 2005 年 = 100 表示。

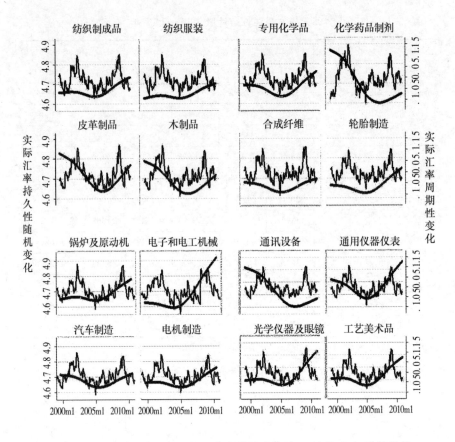

图 6 - 1　按行业分类的人民币实际有效汇率指数 Ln（REER）变化状况

（月度：1999：1—2010：12）

　　为了明确人民币实际有效汇率在不同工业行业持久性变化和周期性变化的差异性，图 6 - 1 选取了 16 个三位码工业行业月度实际有效汇率经过滤波后不同组成部分的变化状况。图中的平滑曲线（持久性随机变化）清晰地显示：不同行业的人民币实际有效汇率大致在 2005 年 7 月汇率改革前后变化趋势都出现了较为明显的逆转，但汇率改革前后不同的行业的实际汇率变化幅度呈现出非常显著的差异性，显然采用行业层面的实际有效汇率指数相对于单一的宏观实际有效汇率指数更能够准确地刻画不同行业相对价格变化状况的差异性。尽管本书研究采用的样本时间跨度较短，但不同行业的人民币实际汇率在样本期内却都发生了非常显著地调整和逆转，因此基于细分产业层面的在不同时间的实际有效汇率指数同样对于系统考察和评估人民币汇率调整对工业行业净就业水平的影响作用提供了很好的经验分析基础。图 6-1 和统计分析计算结果同样明确地显示：不同行业月度实际有效汇率的组成绝大部分体现为实际汇率持久性的随机趋势部分，在不同行业实际汇率的周期性非随机性部分占总体实际汇率指数的平均比重均低于 3%。

第三节　经验回归结果分析与解释

由于经验回归方程中劳动需求滞后变量以及其他可能的内生变量与误差项之间存在的相关性从而会对变量估计系数识别带来偏差，通常采用动态面板广义矩估计（GMM）方法对动态面板数据回归方程进行经验识别，同时考虑到系统 GMM 估计方法相对于差分 GMM 估计方法工具变量具有较强的有效性（Arellano，Bover，1995；Blundell，Bond，1998），这里采用系统 GMM 估计方法对经验方程的参数进行识别，由于不同行业之间存在显著的异质性特征，这里采用较为稳健的 Hansen 过度识别方法来检验工具变量的有效性，为了明确系统 GMM 动态面板估计方法参数估计是否具有一致性特征，同时需要对误差项的二阶自相关性做检验。在经验方程识别过程中，对内生变量和外生变量设定的有效性同样分别作了 Hansen 和差分检验[1]。

---

① 这里的估计采用了软件 Stata（版本 12.1）命令 xtabond2，具体估计方法的原理和参数检验的相关详细说明请参见 Roodman，David（2009），"How to do xtabond2：An introduction to difference and system GMM in Stata." The Stata Journal（2009）9，No. 1，pp. 86 – 136。

表 6 – 2　　　人民币实际汇率变化对工业行业净就业水平影响估计

解释变量		1	2	3（高利润）	4（低利润）
ΔLnL_{it-1}		0.2992 **	0.2901 **	0.0244	0.2837 **
		(0.136)	(0.126)	(0.123)	(0.096)
ΔLnY_{it}		0.6209 ***	0.4025 ***	0.4535 ***	0.4218 ***
		(0.082)	(0.042)	(0.094)	(0.107)
ΔLnW_{it} *		0.049	0.1667	0.1484	0.2699 ***
		(0.104)	(0.064)	(0.121)	(0.132)
$EXS_{it-1}(\overline{EXS}_i)$		0.0487 *	0.0453 *	0.0577	0.0557 **
		(0.028)	(0.027)	(0.026)	(0.040)
$IMS_{it-1}(\overline{IMS}_i)$		– 0.0122	0.022	– 0.0042	0.0582 **
		(0.024)	(0.014)	(0.021)	(0.028)
$PROFIT_{it-1}$		0.3985 ***	0.2668 **	0.2343 *	0.8365 ***
		(0.202)	(0.152)	(0.131)	(0.132)
$\Delta LnREER_{it} \times EXS_{it-1}(\overline{EXS}_i)$		– 0.8290 ***	– 0.6879 ***	– 0.6676 *	– 0.6528 **
		(0.295)	(0.240)	(0.243)	(0.381)
$\Delta LnREER_{it} \times IMS_{it-1}(\overline{IMS}_i)$		– 0.4005	– 0.6189 *	– 0.0479	– 0.7531 *
		(0.409)	(0.258)	(0.329)	(0.276)
$\Delta LnREER_{it}$	短期弹性		0.266	0.113	0.303
	长期弹性		0.375	0.113	0.425
观测值		2960	2960	1474	1507
行业数		456	456	229	230
AR2		0.553	0.936	0.644	0.824
过渡识别：Hansen J		0.991	0.564	0.396	0.196
外生变量设定 Hansen Test			0.432	0.351	0.096
Difference			0.693	0.488	0.696

　　注：所有估计均控制了个体固定效应和时间虚拟变量，表中的第 1 列和第 6 列仅控制了劳动滞后变量的内生性，其他回归同时控制了劳动需求滞后变量、销售收入和行业外平均工资变量的内生性；常数项和时间虚拟变量估计值未列出；＊＊＊，$p < 0.01$，＊＊，$p < 0.05$，＊，$p < 0.1$；括号内为回归系数对应的标准误；表中的检验值均为概率值 p。

一　出口开放、进口渗透及市场竞争结构与实际汇率调整对净就业水平影响估计

表 6 - 2 给出了人民币汇率调整直接通过总体的出口开放、进口渗透对全部以及不同利润水平工业行业净就业影响作用的估计。表 6 - 2 的估计的结果显示：劳动需求滞后于变量。

表 6 - 3　　人民币实际汇率变化对工业行业净就业水平影响估计

解释变量	5	6	7	8
ΔLnL_{it-1}	0.2916 **	0.3185 **	0.3017 **	0.3022 **
	(0.119)	(0.124)	(0.125)	(0.119)
ΔLnY_{it}	0.4017 ***	0.6240 ***	0.3750 ***	0.3728 ***
	(0.101)	(0.094)	(0.043)	(0.100)
ΔLnW_{it} *	0.1656	0.0546	0.1737	0.1756
	(0.128)	(0.120)	(0.063)	(0.128)
$EXS_{it-1}(\overline{EXS}_i)$	0.0459 *	0.0754 ***	0.0641 ***	0.0641 ***
	(0.019)	(0.025)	(0.017)	(0.019)
$IMS_{it-1}(\overline{IMS}_i)$	0.0223	- 0.0254 **	0.003	0.0032
	(0.015)	(0.021)	(0.012)	(0.015)
$PROFIT_{it-1}$	0.2670 **	0.4155 ***	0.3175 **	0.3178 **
	(0.129)	(0.130)	(0.157)	(0.129)
$\Delta LnREER_{it} \times EXS_{it-1}(\overline{EXS}_i)$		- 0.9415 ***	- 0.8639 ***	
		(0.278)	(0.288)	
$\Delta LnREER_{it} \times IMS_{it-1}(\overline{IMS}_i)$		- 0.5638 **	- 0.7824 **	
		(0.284)	(0.349)	
$\Delta LnREER_{it} \times EXS_{it-1}(\overline{EXS}_i) \times (1 - PROFIT_{it-1})$	- 0.7037 ***			- 0.8943 ***
	(0.252)			(0.298)
$\Delta LnREER_{it} \times IMS_{it-1}(\overline{IMS}_i) \times (1 - PROFIT_{it-1})$	- 0.7296 **			- 0.8656 **
	(0.363)			(0.369)
$\Delta LnREER_{it}$ 短期弹性	0.274	0.301	0.323	0.325
长期弹性	0.387	0.440	0.461	0.464

续表

解释变量	5	6	7	8
观测值	2960	2960	2960	2960
行业数	456	456	456	456
AR2	0.941	0.537	0.964	0.96
过渡识别：Hansen J	0.56	0.994	0.616	0.610
外生变量设定 Hansen Test	0.426		0.557	0.567
Difference Test	0.680		0.572	0.554

注：同表6-2。

除了在高利润行业回归参数不显著之外，其他回归参数均在5%显著性水平上呈现正值，表明劳动需求具有显著的滞后性特征。工业行业总销售收入的增加会对劳动需求产生显著的促进作用。与理论预期一致，其他工业行业（行业之外）工资增加会对本行业的劳动需求产生正面促进作用，但多数的估计参数都不显著。出口开放度变量多数估计参数呈现正值，表明出口开放度的增加会促进净就业的增长，但进口渗透率变量的估计参数多数均不显著且对净就业的影响作用不明确。平均净利润率的增加同样会对行业的净就业产生显著的正面促进作用。显然，上述控制变量的估计结果与理论预期结论都具有较好的一致性。

这里重点考察实际汇率分别与出口开放度、进口渗透率产生的交叉项变量估计结果。表6-2第1列的估计只控制了劳动需求滞后变量的内生性问题，实际汇率与出口开放度交叉项变量的回归参数为显著负值，表明随着行业出口开放度的增加，实际汇率升值对工业行业净就业的负面影响作用会显著的增加，实际汇率与进口渗透率交叉项的估计参数同样为负值但不显著。由于行业的劳动需求同样可能对行业总销售收入和行业之外的平均工资水平产生显著地影响，表 6 - 2 第 2 列对回归方程的估计同时控制了劳动需求滞后、行业总销售收入以及其他行业工资变量的内生性问题，交叉项参数的估计结果均为显著的负值，表明汇率升值除了通过出口开放渠道对工业行业净就业产生显著的负面影响作用之外，汇率升值通过总体进口渗透渠道同样对净就业会产生显著的负面进口竞争效应，依据交叉项估计参数以及出口开放和进口渗透滞后变量均值，可以估算得到：控制其他变量之后，人民币产业层面实际有效汇率升值 10%，直接通过出口开放和进口渗透渠道对工业行业当期净就业的负面影响作用约为 2.66%（短期效应），考虑到劳动需求在长期的滞后调整影响，实际汇率升值 10% 对净就业的负面影响作用约为 3.75%[1]，其中通过出口开放渠道对净就业的负面影响约为 2.15%，通过进口竞争渠道对净就业的负面影响约为 1.60%。

依据第三节的理论分析，厂商的市场势力强弱同样可能与汇率调整对就业的影响之间存在密切关系，为了检验实际汇率调整对不同市场势力强弱产业净就业水平影响的差异性，首先按照不同行业在 2001—2009 年产品销售净利润率的平均值大小，将全部 456 个工业行业均分为高平均利润行业和低平均利润行业，表 6 - 2 中的第 3 列和第 4 列分别考察了实际汇率调整对高利润和低利润行业净就业的影响，所有交叉项的回归结果仍然显示实际汇率升值无论通过出口开放还是进口渗透都会对就业产生负面影响作用，但在低利润工业行业汇率升值对就业的负面影响更为显著且作用更大，特别是通过进口渗透渠道汇率升值对低利润部门的净就业负面影响要显著高于高利润产业部门，显然这与第三节的理论分析结论是一致的，根据估计参数的结果和不同利润部门的出口开放度和

---

[1]　依据第三节经验回归方程的表达式（19），计算实际汇率调整对净就业的当期影响作用可以表示为：$\beta_7 EXS_{i,t-1} + \beta_8 IMS_{i,t-1}$，考虑劳动需求滞后调整的长期影响作用为：$(\beta_7 EXS_{i,t-1} + \beta_8 IMS_{i,t-1})/(1 - \beta_{10})$，$EXS_{i,t-1}$；$IMS_{i,t-1}$ 分别取平均值。

进口渗透率,同样可以估算得到:控制其他变量后,在低利润率部门,实际汇率升值 10% 对当期净就业负面影响约为 3%,考虑到就业的滞后调整,在长期相应的负面影响约为 4.25%;而在高利润率部门,估计参数显示就业没有显著的滞后调整效应,汇率调整在短期和长期对净就业的影响并无显著区别,实际汇率升值 10%,高利率部门的净就业水平约会下降 1.13 个百分点。为了更明确检验行业的市场竞争结构与汇率调整对净就业水平影响作用之间是否存在显著的系统性关系,参照第三节理论推导的表达式(17),构建反映市场竞争结构(或者利润率变化)的反向指标($1 - profit_{i,t-1}$),同时与贸易开放变量及实际汇率共同产生的交叉项变量,考察汇率升值对就业的负面影响是否会同时随着市场竞争加剧(利润率降低,$1 - profit_{i,t-1}$ 上升)和贸易开放度的增加而显著增强。表 6-2 中的第 5 列给出了相应的回归结果,交叉项变量的估计参数同时都至少在 5% 的显著性水平上为负值,经验结果进一步明确了汇率调整对工业行业就业的影响与行业的出口开放、进口渗透以及市场竞争结构存在显著的系统性关系,汇率升值对就业的负面影响会随着出口开放度扩大、进口渗透率增加以及行业竞争加剧而显著的增强,上述的经验结论同时也表明行业的总体进口渗透与国内的产出主要表现为替代竞争而非互补的关系。

为了进一步检验上述回归结果的稳健性,将采用全部样本回归的经验方程(表 6-2 和表 6-3 中的第 1、2、5 列)中滞后的出口开放度和进口渗透率变量全部相应的替换为不随时间变化的行业平均出口开放度(EXS_i)和平均进口渗透率变量(IMS_i)分别再进行回归检验,表 6-3 中的第 6、7、8 列分别给出了对应的回归结果,相关的经验结论仍然明确稳健地显示:汇率升值同时会通过出口开放和进口渗透对就业产生显著的负面影响,随着行业平均利润率的下降,汇率升值对净就业的负面作用会显著上升。依据估计参数估算:控制其他变量后,人民币实际汇率

升值10%，工业行业净就业水平大约会下降3%—4.6%。同时表6－2
中对估计结果的检验表明所有回归方程误差项均不存在显著的二阶自相
关性，不能拒绝工具变量和外生变量的设定都具有有效性的原假设，表
明上述的估计参数都具备有效性和一致性特征。

二　所有制结构与人民币实际汇率调整对工业行业净就业水平的影响

正如前文的分析，不同所有制工业行业在劳动力市场调整成本、平
均净利润率、贸易开放程度、资本密集度等影响汇率调整对就业市场的
关键因素方面存在显著的差异性，基于第二节的理论分析框架和第三节
相关的经验方程，本书同样在经验层面考察了行业的所有制结构差异与
实际汇率调整对工业行业净就业影响作用之间的系统性关系。表6－3经
验回归在表6－2相关回归的基础上同时加入了行业所有制结构的单独变
量，以及行业所有制结构与实际汇率变化的交叉项变量。表6－3中贸易
开放度、行业平均净利润率水平、行业销售收入、劳动需求滞后变量的
回归结论与表6－2相应的回归结论具备较好的一致性，表明了上述变量
对中国工业行业净就业水平的影响具有较好的稳健型特征。

这里重点考察所有制变量及相关交叉项变量的回归结果。表6－
3中的第1—3列主要考察工业行业国有比重的变化与实际汇率调整
对就业影响之间的关系，回归结果显示：工业行业中国有比重
（SOE）增加本身会对工业行业的净就业水平产生非常显著的负面影
响，这可能与国有企业的市场化改革和重组造成大量国有企业逐步
退出市场存在密切关系。第1列和第2列交叉项变量的回归结果显
示：工业行业国有比重的增加会显著增强汇率升值对就业的负面影
响作用；第2列和第3列同时控制了行业出口开放、进口渗透、国
有比重分别与实际汇率之间更多的交叉项变量，回归结果仍然表明

实际汇率升值对净就业的负面影响作用会随着出口开放度、进口渗透率以及国有比重的增加而提升，但由于交叉项变量之间存在一定程度的相关性问题，进口渗透率与实际汇率的交叉项变量估计参数并不显著①。表6-3中第4—6列考察了私营企业比重变化与汇率调整对工业行业就业的影响，控制了在其他变量基础上，私营企业比重变量（PRT）本身的回归参数均不显著，表明工业行业中私营企业比重的变化本身并不会对工业行业的净就业水平产生显著的影响作用；交叉项变量的估计显示：出口开放度、进口渗透率分别与实际汇率的交叉项估计参数都呈现为显著的负值，与表6-2相应的回归结论完全一致，仍然表明出口开放和进口渗透增加会显著地提升汇率升值对就业的负面影响作用，但私营企业比重与实际汇率交叉项所有的估计参数均不显著，表明私营企业在工业行业比重的变化与汇率调整对就业的影响之间并没有显著的系统性关系，同时也意味着实际汇率调整对全部工业行业和私营工业行业净就业水平的影响作用并没有显著的差别。表6-3中的第7—9列考察了外商直接投资企业比重变化与汇率调整对工业行业净就业影响作用之间的关系，回归结果显示：在控制其他变量后②，外资企业在工业行业比重（FDI）的增加本身会对工业行业的净就业水平产生非常显著的促进作用；第7列和第8列同时控制了进口渗透率、外资企业比重分别与实际汇率的交叉项变量，其中外资企业比重和实际汇率交叉项变量的回归系数均为显著的负值，表明随着外资企业在工业行业比重的提升，汇率升值对工业行业的负面影响作用同样会显著的提升。

---

① 表6-3中交叉项变量 $\Delta LnREER \times IMS$ 与 $\Delta LnREER \times SOE$ 之间存在显著且较高的相关性，相关系数为0.5。

② 由于出口开放度变量（EXS）和外资企业在工业行业的比重（FDI）之间存在较高的相关性，相关系数为0.657，为了避免共线性问题的干扰，这里在考察外资企业在工业行业比重变化对净就业的影响作用时未控制出口开放度变量。

第9列同时控制了出口开放度、进口渗透率、外资比重与实际汇率更多的交叉项变量后，外资企业比重与实际汇率的交叉项变量并不显著，显然这与交叉项变量之间存在较高的相关性和共线性问题有密切关系[①]。

表6-4　　　所有制结构、人民币实际汇率变化对工业行业

就业影响估计（被解释变量：ΔLnL_{it}）

解释变量	1	2	3	4	5
ΔLnL_{it-1}	0.1723	0.2387 *	0.1846	0.3057 **	0.3079 ***
	(0.133)	(0.138)	(0.130)	(0.119)	(0.116)
ΔLnY_{it}	0.4075 ***	0.3951 ***	0.4184 ***	0.3626 ***	0.3821 ***
	(0.082)	(0.098)	(0.095)	(0.091)	(0.097)
ΔLnW_{it}^*	0.2191 *	0.1995	0.2041	0.1951 *	0.1674
	(0.121)	(0.123)	(0.126)	(0.111)	(0.119)
EXS_{it-1}	0.036	0.0530 *	0.0322	0.0359	0.0442 *
	(0.025)	(0.028)	(0.026)	(0.024)	(0.023)
IMS_{it-1}		0.0148	0.0196		0.0138
		(0.025)	(0.025)	(0.017)	
SOE_{it-1}	-0.1539 ***		-0.1622 ***		
	(0.037)		(0.037)		
PRT_{it-1}				-0.0447	
				(0.034)	
$PROFIT_{it-1}$	0.3698 **	0.3155 **	0.3457 ***	0.2029	0.2045 *
	(0.145)	(0.135)	(0.129)	(0.127)	(0.124)
$\Delta LnREER_{it} * EXS_{it-1}$	-0.7266 ***	-0.7895 ***	-0.6836 ***	-0.8452 ***	-0.7919 ***
	(0.272)	(0.267)	(0.264)	(0.243)	(0.232)
$\Delta LnREER_{it} * IMS_{it-1}$		-0.4061	-0.3573		-0.6288 **
		(0.301)	(0.267)		(0.307)

---

①　交叉项变量 $\Delta LnREER \times EXS$ 与 $\Delta LnREER \times FDI$ 之间存在显著且很高的相关性，相关系数为0.858。

续表

解释变量	1	2	3	4	5
$\Delta LnREER_{it} * SOE_{it-1}$	-0.5495**	-0.4970*	-0.382		
	(0.275)	(0.255)	(0.243)		
$\Delta LnREER_{it} * PRT_{it-1}$				-0.0335	0.1834
				(0.261)	(0.252)
Observations	2836	2836	2836	2943	2943
行业数	456	456	456	456	456
AR2	0.504	0.468	0.505	0.953	0.901
过度识别：Hansen J	0.35	0.209	0.372	0.451	0.452
外生变量设定检验：Hansen Test	0.300	0.147	0.276	0.267	0.333
Difference Test	0.488	0.503	0.565	0.768	0.625

注：所有估计均控制了个体固定效应和时间虚拟变量，表中的所有回归同时控制了劳动需求滞后变量、销售收入和行业外平均工资变量的内生性；常数项和时间虚拟变量估计值未列出；＊＊＊，$p<0.01$，＊＊，$p<0.05$，＊，$p<0.1$；括号内为回归系数对应的标准误；表中的检验值均为概率值 p。

　　为了进一步检验表 6 - 3 中经验回归结果的稳健性，这里将表 6 - 3 中影响汇率调整对就业影响的贸易开放度、行业所有制结构滞后变量及其相应的交叉项变量全部替换为不随时间变化的行业平均值进行回归分析，同时在表 6 - 3 的基础上同时控制更多的所有制结构变量来检验回归结果的稳健性，表 6 - 4 给出了相应的回归稳健性检验结果。表 6 - 4 中的第 1—6 列将滞后变量替换为不随时间变化相应的行业平均值变量，交叉项的回归结果仍然明确地显示：在国有企业和外资企业比重较高的工业行业，实际汇率升值对净就业的负面影响作用也显著较高，私营企业在工业行业的比重与实际汇率调整对净就业的影响并没有显著的关系；同时在平均出口开放度和进口渗透率较高的工业行业，实际汇率升值相应的就业负面影响也更为显著且作用更大；单独的所有制变量回归结果显示：国有企业平均比重较高的行业净就业水平存在显著的下降趋势,外资企业平均比重较高的行业净就业水平存在显著的上升趋势,私营企业比重的变化与净就业水平变化不存在显著的关系。表 6 - 4 中的第 7—9 列仍然采用相应的滞后项变量回归,但同时控制了多个所有制结构变量,交叉项回归结果与第 1—6 列相应的回归结果仍然保持了很好的一致性。同时上述变量的回归结论与表 6 - 2 和表 6 - 3 相应变量的回归结论都同样保持了较高的一致性,表明本章的回归结果都具有良好的稳健性特征。

表 6 - 5　　　所有制结构、人民币实际汇率变化对工业行业就业

影响估计（被解释变量: ΔLnL_{it} ）

解释变量	6	7	8	9
ΔLnL_{it-1}	0.3287 ***	0.1676	0.2025 *	0.2110 *
	(0.125)	(0.133)	(0.122)	(0.119)
ΔLnY_{it}	0.3625 ***	0.4879 ***	0.4716 ***	0.4870 ***
	(0.092)	(0.110)	(0.106)	(0.108)
ΔLnW_{it}^{*}	0.1808	0.1098	0.1016	0.0958
	(0.111)	(0.112)	(0.105)	(0.108)
EXS_{it-1}	0.0325		- 0.0371	- 0.0377
	(0.026)		(0.030)	(0.031)
IMS_{it-1}	0.0114	- 0.0176	- 0.0139	- 0.0153
	(0.017)	(0.020)	(0.019)	(0.021)
PRT_{it-1}	- 0.0448			
	(0.035)			
FDI_{it-1}		0.1073 ***	0.1317 ***	0.1344 ***
		(0.025)	(0.033)	(0.034)
$PROFIT_{it-1}$	0.1988 *	0.4774 ***	0.4430 ***	0.4415 ***
	(0.120)	(0.104)	(0.103)	(0.103)
$\Delta LnREER_{it} * EXS_{it-1}$	- 0.8097 ***			- 0.7329 *
	(0.236)			(0.395)

续表

解释变量	6	7	8	9
$\Delta LnREER_{it} * IMS_{it-1}$	− 0. 6690 **	− 0. 341	− 0. 4441 *	− 0. 4781 *
	(0. 305)	(0. 280)	(0. 268)	(0. 268)
$\Delta LnREER_{it} * PRT_{it-1}$	0. 1688			
	(0. 256)			
$\Delta LnREER_{it} * FDI_{it-1}$		− 0. 4135 *	− 0. 4687 **	0. 0607
		(0. 217)	(0. 215)	(0. 371)
观测值	2943	2910	2910	2910
行业数	456	452	452	452
AR2	0. 871	0. 575	0. 559	0. 526
过度识别 .: Hansen J	0. 526	0. 815	0. 878	0. 829
外生变量设定检验: Hansen Test	0. 324	0. 697	0. 712	0. 661
Difference Test	0. 758	0. 767	0. 88	0. 828

注：同表 6 - 2。

表 6 - 3 和表 6 - 4 的回归结果都明确显示：在国有企业和外资企业比重较高的工业行业，人民币实际汇率升值对净就业的负面影响作用更大，而私营企业在工业行业比重的变化与人民币实际汇率对净就业的影响之间并没有显著的关系。显然，与之前一些相关的研究（Buckley, et al., 2007; Hale, Long, 2008）认为国有企业劳动力市场存在较高的劳动力调整成本和就业刚性的假设相反，本书的经验研究表明国有企业的就业市场相对于人民币实际汇率的调整同样呈现显著的弹性特征，人民币实际汇率升值不仅会对国有行业的就业产生显著的负面影响作用，而且国有行业相对于私营行业对于实际汇率的调整反应更为敏感，呈现出更强的弹性。产生这一现象主要有以下两方面的原因：一方面，国有企业经过大规模的市场化改革和重组，就业的市场化程度本身越来越高，同时由于大多数国有工业行业的平均利润水平和经营业绩明显低于私营行业，而私营

表 6 - 6　　　　　回归结果稳健性检验（被解释变量：ΔLnL_{it}）

解释变量	1	2	3	4
ΔLnL_{it-1}	0.2330 **	0.2372 **	0.2763 **	0.2956 **
	(0.113)	(0.115)	(0.115)	(0.118)
ΔLnY_{it}	0.4154 ***	0.3817 ***	0.4119 ***	0.3730 ***
	(0.094)	(0.097)	(0.093)	(0.099)
ΔLnW_{it}^{*}	0.1647	0.1944	0.156	0.1727
	(0.120)	(0.123)	(0.121)	(0.127)
EXS_{it-1}（$\overline{EXS}_i$）	0.0489 ***	0.0454 ***	0.0660 ***	0.0650 ***
	(0.015)	(0.015)	(0.018)	(0.019)
IMS_{it-1}（$\overline{IMS}_i$）		0.014		0.0042
		(0.016)		(0.016)
SOE_{it-1}（$\overline{SOE}_i$）	− 0.0815 ***	− 0.0865 ***		
	(0.025)	(0.025)		
PRT_{it-1}（$\overline{PRT}_i$）			0.0075	0.0076
			(0.024)	(0.025)
$PROFIT_{it-1}$	0.3520 **	0.3466 ***	0.2920 **	0.3144 **
	(0.137)	(0.133)	(0.128)	(0.123)
$\Delta LnREER_{it} * EXS_{it-1}$（$\overline{EXS}_i$）	− 0.9293 ***	− 0.8691 ***	− 0.9193 ***	− 0.9087 ***
	(0.311)	(0.295)	(0.267)	(0.261)
$\Delta LnREER_{it} * IMS_{it-1}$（$\overline{IMS}_i$）	− 0.5535 *		− 0.8133 **	
		(0.332)		(0.334)
$\Delta LnREER_{it} * SOE_{it-1}$（$\overline{SOE}_i$）	− 0.5852 **	− 0.3968 *		
	(0.258)	(0.233)		
$\Delta LnREER_{it} * PRT_{it-1}$（$\overline{PRT}_i$）			− 0.0774	0.1413
			(0.314)	(0.300)
观测值	2960	2960	2960	2960
行业数	456	456	456	456
AR2	0.955	0.957	0.849	0.958
过渡识别：Hansen J	0.681	0.685	0.575	0.594
外生变量设定：Hansen Test	0.532	0.524	0.457	0.454
Difference Test	0.739	0.738	0.655	0.677

注：所有估计均控制了个体固定效应和时间虚拟变量，表中的回归同时控制了劳动需求滞后变量、销售收入和行业外平均工资变量的内生性；常数项和时间虚拟变量估计值未列出；* * *，$p < 0.01$，* *，$p < 0.05$，*，$p < 0.1$；括号内为回归系数对应的标准误；表中的检验值均为概率值 p。

行业相对于国有行业的通过调整生产结构应对市场竞争的空间和灵活性更强，实际汇率升值通过加剧市场竞争的方式本身会导致更多生产效率低下的国有企业退出市场，从而会造成国有工业行业净就业水平出现显著下降。事实上，近年来国有企业在工业行业的比重呈现快速下降的趋势也反映了上述现象。另一方面，正如本章第三节描述性统计结果显示，国有行业产出投入的资本密集度要显著高于私营行业，按照本章第二节的理论分析，实际汇率升值会对资本密集型行业就业产生更大的负面影响作用，主要原因在于：在资本密集型行业，劳动要素相对于国内资本品要素的相对价格较高，汇率升值会降低进口中间资本品价格，更可能导致厂商采用进口资本品替代劳动生产要素；相反，在劳动密集型工业行业，汇率升值更可能导致厂商采用进口资本品替代相对价格较高的国内资本品，减少对劳动生产要素的替代。外商直接投资行业相对于私营行业的净就业水平相对于实际汇率调整同样更为敏感，一方面外商直接投资行业的贸易开放度远高于私营行业，实际汇率升值通过出口开放和进口渗透会对外资工业行业的净就业水平产生更大的负面影响作用；另一方面，外商直接投资行业产出的资本密集度也远高于私营行业，因此从汇率调整引起要素替代的角度来看，实际汇率升值同样会对外资工业行业净就业水平产生更大的负面影响作用。上述经验回归结果同样表明：尽管私营和外资行业相对于国有行业都具有较高的利润水平，但人民币实际汇率调整会在更大程度上引起外商直接投资企业就业市场的调整，私营企业更可能通过调整产出结构和非劳动要素投入应对人民币实际汇率调整的冲击。

表6－7　　　　　　回归结果稳健性检验（被解释变量：ΔLnL_{it}）

解释变量	5	6	7	8	9
ΔLnL_{it-1}	0.2686**	0.2699**	0.1706	0.1640	0.2178*
	(0.109)	(0.111)	(0.106)	(0.108)	(0.124)
ΔLnY_{it}	0.3940***	0.3912***	0.3665***	0.3729***	0.3989***
	(0.105)	(0.105)	(0.093)	(0.091)	(0.101)
ΔLnW_{it}^{*}	0.1895	0.1848	0.1712	0.1658	0.1289
	(0.120)	(0.120)	(0.110)	(0.111)	(0.106)
$EXS_{it-1}(\overline{EXS}_i)$		0.0062	−0.0250	−0.0237	−0.0333
		(0.018)	(0.027)	(0.027)	(0.027)
$IMS_{it-1}(\overline{IMS}_i)$	0.0009	0	0.0056	0.0066	−0.0117
	(0.015)	(0.015)	(0.021)	(0.020)	(0.016)
$SOE_{it-1}(\overline{SOE}_i)$			−0.1413***	−0.1413***	
			(0.033)	(0.033)	
$PRT_{it-1}(\overline{PRT}_i)$					0.0317
					(0.041)
$FDI_{it-1}(\overline{FDI}_i)$	0.0846***	0.0793***	0.0792**	0.0807**	0.1238***
	(0.021)	(0.028)	(0.034)	(0.034)	(0.033)
$PROFIT_{it-1}$	0.3507***	0.3419***	0.4428***	0.4500***	0.3727***
	(0.123)	(0.123)	(0.107)	(0.104)	(0.101)
$\Delta LnREER_{it} * IMS_{it-1}(\overline{IMS}_i)$	−0.7340**	−0.7260**		−0.2982	−0.4774*
	(0.356)	(0.359)		(0.245)	(0.256)
$\Delta LnREER_{it} * SOE_{it-1}(\overline{SOE}_i)$			−0.4968**	−0.3752*	
			(0.234)	(0.225)	
$\Delta LnREER_{it} * PRT_{it-1}(\overline{PRT}_i)$					0.2707
					(0.193)
$\Delta LnREER_{it} * FDI_{it-1}(\overline{FDI}_i)$	−0.4175*	−0.4239*	−0.5542**	−0.4757**	−0.5063**
	(0.252)	(0.252)	(0.233)	(0.229)	(0.216)
观测值	2949	2949	2792	2792	2895
行业数	453	453	451	451	452
AR2	0.874	0.869	0.940	0.946	0.685
过度识别 Hansen J	0.86	0.836	0.645	0.630	0.777
外生变量设定：Hansen Test	0.697	0.678	0.553	0.483	0.632
Difference Test	0.87	0.832	0.626	0.689	0.758

注：同表6－4。

第四节　结论及政策含义

本章的研究表明：人民币实际汇率调整会对中国工业行业的就业市场产生显著且重要的影响作用，实际汇率升值不仅会直接通过出口开放渠道对中国工业行业净就业水平产生显著的负面影响作用，同时由于行业整体的进口与国内产出表现为竞争替代关系，实际汇率升值同样会通过直接的进口竞争渠道对中国工业行业的净就业水平产生显著的负面影响，控制其他影响因素后，人民币实际有效汇率升值 10%，中国工业行业净就业水平会下降 2.6—4.6 个百分点。人民币实际汇率调整对工业行业净就业水平的影响同样与行业的市场竞争结构存在显著的系统性关系，随着工业企业市场势力水平的增强（或者工业行业的净利润率水平的提升），实际汇率升值对工业行业的净就业水平的负面影响作用会显著下降。与基于国有企业劳动力市场存在较强的刚性和较高的劳动力调整成本相关的理论假设和分析结论不同，本章的经验研究发现人民币实际汇率升值对国有工业行业净就业水平的负面影响作用要显著高于对私营工业行业相应的负面影响作用，国有和外商直接投资工业行业的净就业水平对于人民币实际汇率调整的反应更为敏感。

上述的理论和经验分析结果表明：维持人民币汇率政策的相对稳定性本身对于保持中国工业行业就业市场的稳定具有重要的现实意义；同时，促进国有工业行业市场竞争力水平提升，扩大国内市场需求水平，降低工业行业产出水平（主要是制造业）对国际市场的依赖程度，逐步引导出口导向型 FDI 逐步转向国内市场导向型投资都会有效地降低人民币实际汇率升值对工业行业就业市场直接和间接的负面冲击作用。另外，促进工业行业产业结构升级和技术水平的提升尽管会引起实际汇率升值对劳动要素就业替代效应的增强（行业的资本密集度增加），但在长期也同样有助于工业企业的市场竞争力的提升，因此一方面仍然需要继续积极促进劳动密集型工业行业稳步发展，这不仅直接有助于促进大量非熟练劳动力就业水平的增长，而且本身也会有效降低实际汇率调整通过要素替代方式对工业行业就业市场产生的负面冲击效应；另一方面，努力推动工业企业产出结构的多样化和产品技术附加值的逐步提升，增强国内工业企业在国际市场的竞争力及产品的市场定价能力，不仅可以有效抵消人民币实际汇率升值对就业市场的负面冲击效应，而且对于保持就业市场总体的稳定和促进就业机会增加也将发挥重要的作用。

第三编

人民币汇率调整与贸易
投资的相互关系

第七章

人民币实际汇率不确定性与外商
直接投资择机进入

近年来，随着中国国际收支不平衡问题日益凸显，人民币汇率面临前所未有的调整压力。长期以来，大量外商直接投资（FDI）进入不仅直接推动了中国资本项目顺差的累积，同时由于70%以上的FDI都进入了中国制造行业（1999—2008年），出口导向特征十分明显，FDI进入同样对中国的经常项目顺差产生了重要的推动作用。尽管FDI持续进入对于推动中国经济持续快速增长发挥了重要作用，但大量出口导向型FDI企业长期依赖于中国廉价的生产要素从事简单的加工贸易，同样在长期会导致中国产业和贸易结构陷入低端化，资源环境负担加重等一系列问题。当前，中国正面临经济转型和产业结构调整的关键时期，如何引导和调整FDI的投资导向，推动FDI进入结构和质量的提升，充分利用FDI企业技术优势，推动国内产业技术进步和创新能力提升，促进经济发展方式转变仍然具有特别重要的现实意义。汇率调整是引导FDI投资导向和结构的重要政策措施，由于FDI在国民经济中仍然发挥着重要的作用，人民币汇率调整一方面需要确保不会对大量的出口导向型 FDI 造成严重的冲击，进而对实体经济产生显著的负面影响；另一方面汇率政策调整更需要发挥引导和促进新进入的 FDI 企业转变投资策略和市场导向的作用，逐步改变大量进入中国市场的 FDI 严重依赖出口市场的特征，显然这首先需要在理论上明确汇率变化对不同市场导向 FDI 的进入抉择究竟会产生怎样的影响作用。由于人民币汇率未来的走势和价格水平变化受到多种因素影响，都具有较大的不确定性，基于不确定性条件下的投资理论考察人民币实际汇率不确定性对不同市场导向型 FDI 进入抉择的影响作用具有重要的理论和现实意义。

第一节　文献回顾与评述

围绕汇率波动和不确定性对外商直接投资的影响作用，许多学者从理论和经验层面做了大量相关研究，由于不同研究基于的理论基础、FDI 企业的投资动机和市场导向、厂商的风险偏好、汇率的内生性假设等方面存在区别，相关的研究结论存在显著差异。Itagaki（1981）；Cushman（1985）；（Goldberg，Koldstad，1995）基于风险规避理论从不同角度考察了汇率波动对 FDI 进入东道国市场的影响，这些研究都发现了如果贸易和 FDI 是相互替代的关系，汇率波动会促进 FDI 进入东道国市场，原因在于汇率波动增加会促使跨国公司通过 FDI 方式替代出口，增加跨国公司内部交易来规避汇率不确定性对获取利润的负面影响。Benassy-Quere（2001）同样基于风险规避理论考察了汇率波动对 FDI 进入发展中国家的影响，研究表明汇率波动对出口导向型 FDI 会产生显著的负面影响。基于风险规避理论考察汇率不确定性对 FDI 的影响有两个前提假设条件：第一，跨国公司是风险厌恶型投资者，跨国公司的利润期望效用与利润的方差成反比关系；第二，跨国公司是在汇率波动之前对生产要素进行配置，而不是在汇率波动之后，即厂商事先预期的汇率波动对其直接投资行为的影响。对于第一个假设条件，一些学者认为随着金融工具的不断创新，跨国公司规避汇率风险的手段越来越多，汇率波动并不能对 FDI 进入东道国市场产生显著影响（Jeanneret，2005）。对于第二个假设条件，（Goldberg，Koldstad，1995）认为基于风险规避理论更适合解释汇率波动在短期对 FDI 进入东道国的影响，而多数的 FDI 进入东道国是一种长期投资行为。

由于基于风险规避理论解释汇率波动对 FDI 的影响作用存在的缺陷，一些学者基于实际期权理论分析汇率不确定性对 FDI 的影响。传统的投资理论认为厂商根据未来收益的净现值与投资成本来确定是否进行直接投资，而 Dixit（1989，1992），Pindyck（1991）认为直接投资的一个显著特征是存在沉淀成本，由此会导致直接投资具有不可逆性（Irreversibility）和迟滞效应（Hysteresis），在不确定条件下厂商可以在当期投资和等待未来投资之间作出选择，不确定性对直接投资的影响关键问题不在于是否要进行投资，而在于何时进行投资，即直接投资的择机问题（Timing of Investment）。Dixit—Pindyck 在不确定条件下的投资理论和模拟结果都显示：即使经济变量在短期一个很小的波动都会对厂商的直接投资进入行为和决策产生显著且重要的影响作用。Camp（1993）；Tomlin（2000，2007）基于 Dixit—Pindyck 理论框架研究发现汇率不确定性会对 FDI 择机进入东道国市场产生显著的负面影响。Darby et al.（1999）同样基于 Dixit—Pindyck 理论框架探讨了汇率不确定性引起直接投资下降的条件，并且经验研究表明汇率的短期波动和偏离长期均衡都会对 FDI 进入东道国产生显著的负面影响。需要强调的是：汇率不确定性对 FDI 影响理论基础的差异，必然会在经验研究中得到体现，基于 Dixit—Pindyck 的投资理论主要从沉淀成本和投资的不可逆性角度强调汇率不确定性对 FDI 进入决策和时机的影响，在经验研究方面需要考察汇率不确定性对首次进入东道国市场的 FDI 影响，汇率不确定性对新进入的 FDI 企业数量和新进入的 FDI 企业规模（用 FDI 投资绝对或相对金额来度量）影响是两个完全不同的概念（Bell，Camp，1997），特别是在采用国家层面和产业层面的宏观数据进行经验分析时，新进入的 FDI 企业规模可能同时包括了首次进入的 FDI 投资金额和已经进入的 FDI 企业新追加的投资金额，显然这两种新进入的 FDI 在沉淀成本和投资的可逆性方面存在显著的差异，这也是很多考察汇率不确定性对 FDI 进入规模影响的经验研究较难得到与理论分析相一致结论的重要原因之一。

多数采用 Dixit—Pindyck（1994）理论框架分析汇率不确定性对 FDI 择机进入的研究都基于厂商是风险中性，且只考虑了汇率不确定性对东道国市场导向型 FDI 择机进入的影响作用。尽管跨国公司规避汇率风险的手段越来越多，但无论哪一种金融工具都不能完全规避汇率风险，并且利用金融工具规避汇率风险也需要付出较高的成本，因此仍然需要在理论分析时考虑厂商的风险特征。同时，一些研究表明跨国公司进入东道国的市场导向同样是决定汇率不确定性对 FDI 进入影响的关键因素之一（Cushman，1985；Aizenman，Marion，2001），基于上述两方面因素考虑，Lin et al.（2010）在 Dixit—Pindyck 理论框架基础上考虑了厂商风险特征，考察了中国台湾对中国的双边实际汇率不确定性对出口替代型 FDI 和市场寻找型 FDI 择机进入中国大陆市场的影响作用，并且理论和经验研究都发现当风险规避倾向较大时，实际汇率波动增加和预期升值都会促进出口替代型 FDI 进入中国大陆市场。

结合已有的研究文献并考虑中国的实际情况，本书主要对相关的研究在以下几个方面进行了扩展：（1）在理论方面，本书在 Dixit-Pindyck（1994）不确定投资理论分析框架基础上，同时考虑厂商的风险偏好特征（Chen et al.，2010），首次在宏观层面扩展了人民币实际汇率不确定性与 FDI 进入抉择之间的关系，尽管国内一些研究同样从理论层面考察了人民币汇率波动与 FDI 之间的关系，但已有的相关理论研究主要基于风险规避角度考察人民币汇率波动与 FDI 进入规模之间的关系（周华，2006；于津平，2007；王自峰，2009）。基于风险规避理论的研究认为是汇率波动对 FDI 进入产生影响的前提条件是 FDI 厂商具有风险规避特征。事实上，汇率波动同样会对风险中性的 FDI 进入东道国市场产生显著的影响作用，汇率不确定性与 FDI 的关系，不仅仅在于汇率波动对 FDI 进入规模的影响作用，更为重要的是汇率波动会对 FDI 是否选择进入的抉择产生显著影响。（2）在对 FDI 市场导向分析方面，本书的理论框架主要考察人民币实际汇率不确定性对出口导向型 FDI 和东道国市场导向型 FDI 的影响作用，已有的相关研究多数从发达国家的角度考察汇率不确定性对出口替代型 FDI 和东道国市场导向的 FDI 影响作用，由于基于出口替代型 FDI 的相关理论分析并不适用于解释汇率不确定性对进入发展中国家 FDI 的影响作用（Benassy-Quere，2001），原因在于进入发展中国家的 FDI 和出口不是替代关系，而主要是互补关系，FDI 的出口导向特征明显，进入中国大量的 FDI 同样具有十分明显的出口导向特征（Xing，2006；Xing，Zhao，2008；Dennis，et al.，2008），虽然近年来一些研究考察了汇率变化与出口导向的 FDI 之间的关系，但相关的理论分析仍然是基于风险规避视角单纯考察汇率波动对出口导向 FDI 进入规模的关系，本书则同时结合不确定性投资理论和风险规避理论在宏观层面扩展了人民币汇率不确定性和预期变化对出口导向型 FDI 择机进入的影响作用。（3）从理论结论来看，本书与已有的研究主要差别体现在以下几个方面：单纯基于风险规避理论以及综合不确定条件下的投资理论与风险规避理论的研究都表明：随着厂商风险规避偏好的增加，汇率波动增加会促进出口替代型 FDI 进入东道国市场；而本书对出口导向型 FDI 的理论扩展研究却表明汇率波动增加无论对于风险中性还是风险规避的 FDI 进入东道国都会产生显著的负面影响，并且对于风险规避较大的 FDI 会产生更大的阻碍作用，显然这与汇率波动对出口替代型 FDI 的理论结论存在显著的区别。另外，单纯基于不确定条件下的投资理论分析结论表明：汇率升值预期增加会促进东道国市场导向型 FDI 选择进入东道国市场，综合了风险规避理论和不确定条件的投资理论分析已有的结论表明：在风险规避系数较大的情况下，汇率预期升值同样会阻碍东道国市场导向型 FDI 选择进入东道国市场；汇率预期升值会阻碍风险中性的出口替代型 FDI 选择进入东道国市场，但在风险规避系数较大时，汇率预期升值同样会促进出口替代型 FDI 选择进入东道国市场。而本书将理论分析扩展到出口导向型 FDI 后，结论却表明：无论对于风险中性还是风险规避性 FDI，汇率预期升值都会对出口导向型 FDI 进入东道国市场产生阻碍影响作用，并且对于风险规避性 FDI 会产生更大的阻碍作用，显然，汇率预期变化对东道国市场导向、出口替代、出口导向的 FDI 影响的理论结论同样会存在十分显著的区别。（4）在实证分析方面，本书主要做了以下几个方面扩展：首先，本书的理论强调的是汇率不确定性对 FDI 进入抉择的分析，与多数已有的研究考察汇率波动对 FDI 进入规模不同，本书实证考察的是汇率不确定性变化对新进入 FDI 数量的影响作用。其次，已有相关研究主要关注和侧重于分析中国与不同国家双边实际汇率水平和波动对 FDI 进入规模的影响作用，多数采用简单的标准差方法来度量双边实际汇率的波动情况，由于各国之间双边实际汇率变化较大且情况较为复杂，基于双边实际汇率的经验分析结果并不能够全面把握实际汇率的变化状况对 FDI 进入在宏观层面的影响作用，因此本书基于产业层面考察了人民币实际有效汇率变化对不同市场导向 FDI 新进入数量的影响作用，同时为了能够更准确地反映和度量实际汇率的变化状况在产业层面对 FDI 的影响作用，本书利用中国和 22 个相关国家的高频度时间序列数据，计算了基于 PPI 的月度人民币实际有效汇率指数，采用 GARCH 模型较为精确地度量了人民币实际汇率的波动和预期变化状况，同时考察了实际汇率水平、实际汇率波动、实际汇率预期变化对 FDI 择机进入中国市场的影响作用。最后，由于不同的理论分析表明汇率波动在短期和长期可能会对 FDI 进入产生不同的影响作用，本书对比考察了人民币实际汇率变化对 FDI 择机进入中国市场的短期和长期影响作用。

第二节　理论模型

基于 Dixit—Pindyck（1994）的理论分析框架，假设实际汇率变化为外生变量且服从几何布朗运动[①]，即：

$$\frac{dR}{R} = \mu dt + \sigma dz \tag{1}$$

---

① 这里假设实际有效汇率变化为几何布朗运动主要原因有两点：（1）基于不确定条件下的投资理论，假设随机变量变化遵循更为复杂的微分形式并不会对结论产生根本性影响（详细的讨论过程请参见 Dixit and Pindyck, 1994），但会大幅增加求解过程的困难，假设实际汇率变化遵循几何布朗运动相对于其他变化形式更方便对问题的讨论和分析。（2）任何连续随机变量总可以分解为随机波动部分和趋势变化两个部分，几何布朗运动很好地刻画了连续随机变量的这一特征，对于本书基于 PPI 实际有效汇率指数的连续随机变化同样是能够适用的。

其中 R 表示实际汇率，μ 表示实际汇率的预期增长率，σ 表示实际汇率的波动程度，t 为实际汇率变化遵循的时间路径，z 表示一个维纳过程（Wiener process），即 $dz = \varepsilon_t \sqrt{dt}$，$\varepsilon_t$ 表示服从均值为 0，方差为 1 的正态分布，不存在序列自相关的随机变量。

进入东道国的跨国公司经营目标以获取以本国货币度量的利润期望效用现值最大化，同时考虑厂商的风险特征，借鉴风险规避理论众多研究采用的分析框架，利用均值方差模型来表示跨国公司获取利润的期望效用，在实际汇率不确定条件下，跨国公司利润期望效用的函数可以表示为：

$$EU\{\pi[R(t)]\} = E\{\pi[R(t)]\} - \frac{\gamma}{2}Var\{\pi[R(t)]\} \tag{2}$$

$EU\{.\}$ 表示厂商利润的期望效用函数，$\pi[.]$ 表示厂商的利润函数，γ 表示绝对风险规避系数。$E\{.\}$，$Var\{.\}$ 分别表示利润函数的期望值和方差值，依据几何布朗运动的数学特征可知：$E\{\pi[R(t)]\} = f(.)R_0 e^{\mu t}$，$Var\{\pi[R(t)]\} = g(.)R_0 e^{2\mu t}(e^{\sigma^2 t} - 1)$，$f(.)$，$g(.)$ 均为利润 π 的函数，其中 $f(.) > 0$，$g(.) > 0$，R_0 为实际汇率的初始值。

一　实际汇率不确定性与东道国市场导向型 FDI 择机进入

东道国市场导向型 FDI 主要特征表现为：跨国公司利用东道国生产要素或者从母国及其他第三国进口中间产品，生产的最终产品在东道国市场销售，以占领东道国市场并获取最大利润为目的直接投资形式。由于东道国市场导向型 FDI 进口中间产品的来源地不确定，而本书的经验研究主要基于产业层面分析，为了不失一般性，可以在宏观层面假定进入东道国某一行业众多的 FDI 都来自一个加权国家，同时从加权国进口中间产品。在完全竞争市场假设条件下，跨国公司在东道国市场的销售收入为 Y_h ，采用东道国市场生产要素需要支付的成本为 C_h ，从加权国进口中间产品支付的成本为 C_w ，某一行业完全的东道国市场导向型 FDI 以加权国货币度量的利润函数可以表示为：

$$\pi_m = RY_h - RC_h - C_w \tag{3}$$

π_m 表示东道国市场导向型 FDI 的利润水平，R 表示东道国货币对加权国的间接实际汇率（东道国货币的实际有效汇率）[①]。同时利用方程（2）（3）可知，东道国市场导向型 FDI 利润的期望效用可以表示为：

$$EU(\pi_m) = E(R)(Y_h - C_h) - C_w - \theta(Y_h - C_h)^2 e^{2\mu t}(e^{\sigma^2 t} - 1) \tag{4}$$

其中 $\theta = \dfrac{1}{2}\gamma R_0^2$ ，由（4）式可以得到东道国市场导向型 FDI 利润期望效用的现值 $F_0(R)$ ：

$$F_0(R) = \int_0^\infty EU(\pi_m)e^{-\rho t}dt = \frac{(Y_h - C_h)R}{\rho - \mu} - \frac{C_w}{\rho} - \theta(Y_h - C_h)^2\delta \tag{5}$$

其中 $\delta = \dfrac{\sigma^2}{(\rho - 2\mu - \sigma^2)(\rho - 2\mu)}$ ，ρ 表示贴现率，这里为确保函数的收敛性需要假设 $\rho > 2\mu + \sigma^2$ 。方程（5）结果显示：东道国相对于加权国实际汇率水平上升（升值），会增加东道国市场导向型 FDI 利润期望效用的现值，促进 FDI 进入东道国市场。

显然，根据方程（5）可知如果 FDI 企业是风险中性投资者（ $\gamma = 0$ ），汇率的不确定性增加并不会对其利润期望效用的现值产生任何影响，也就不可能对 FDI 是否进入东道国产生任何影响，而

[①]　本章从第二节开始提到的实际汇率均表示实际有效汇率。

Dixit—Pindyck 不确定条件下的投资弹性理论认为：由于沉淀成本的存在，直接投资具有不可逆性和迟滞效应两个显著特征，跨国公司可以在时间 t 支付一定的沉淀成本 k（具有不可逆性）进入东道国市场，按照公式（5）所给定的方式获取利润的期望效用现值；在不确定的条件下，跨国公司也可以选择等待未来某一个时间进入获取更多利润期望效用现值，避免当期进入的不利影响。因此在汇率不确定条件下，FDI 企业在任何时间 t 都面临当期进入还是在未来某一个时间进入东道国市场的动态最优化抉择问题，即

$$F(R) = \max_{R_i}\left\{F_0(R) - k, \frac{E[F(R + \Delta R) \mid R]}{1 + \Delta t\rho}\right\} \qquad (6)$$

方程（6）中，$F(R)$ 表示东道国市场导向型 FDI 选择进入东道国市场利润期望效用现值的最大值；Δt 表示相对于当期进入等待其他时点进入的时间间隔；ΔR 表示在时间段 Δt 实际汇率水平发生的变化幅度。$F_0(R) - k$ 表示东道国市场导向型 FDI 在时间 t 进入的利润期望效用现值。$\dfrac{E[F(R + \Delta R) \mid R]}{1 + \Delta t\rho}$ 表示在时间 $t + \Delta t$ 进入利润的期望效用现值。令：

$$F_1(R) = \max_{R_i}\left\{\frac{E[F(R + \Delta R) \mid R]}{1 + \Delta t\rho}\right\} \qquad (7)$$

求解（7）式贝尔曼方程（Bellman Equation），可以得到一般形式的表达式[①]：

$$F_1(R) = AR^{-\alpha} + BR^\beta$$

其中 A、B 均为待定常数。

[①] 详细的求解过程可以参考 Dixit, Pindyck (1994)，pp. 95 – 152；或者向作者索取具体推导过程。

$$\alpha = \frac{(\mu - 0.5\sigma^2) + \sqrt{(\mu - 0.5\sigma^2)^2 + 2\sigma^2\rho}}{\sigma^2} > 0$$

$$\beta = \frac{-(\mu - 0.5\sigma^2) + \sqrt{(\mu - 0.5\sigma^2)^2 + 2\sigma^2\rho}}{\sigma^2} > 1$$

方程（5）表明实际汇率 R 是利润期望效用现值的增函数，由此可知如果 R 很小 FDI 企业选择进入东道国的可能性会很小，即 $\lim\limits_{R \to 0} F_1(R) = 0$。此时要求 $A = 0$，$F_1(R) = BR^\beta$。

方程（6）要达到选择当期进入和选择等待其他时间进入无差别且达到最优化需要满足两个基本条件：第一，选择当期进入和等待其他时间进入的利润的效用现值相等，满足值匹配条件（Value-Matching），即

$$F_0(R) - k = F_1(R) \tag{8}$$

第二，当期进入的利润期望效用现值曲线与等待进入的利润期望效用现值曲线相切，即两条曲线对实际汇率水平 R 的一阶导数相等，满足平滑粘贴（Smooth—Pasting）条件：

$$F'_0(R) = F'_1(R) \tag{9}$$

依据方程（5）（8）（9），可以计算得到 FDI 选择当期进入和等待其他时间进入利润的效用现值无差别且达到最优值时的临界实际汇率水平 R_H，即当 $R > R_H$ 时 FDI 企业会选择当期进入，$R < R_H$ 时 FDI 企业会选择等待其他时间进入。求解得到临界实际汇率水平值：

$$R_H = \frac{\beta}{\beta - 1} \frac{\rho - \mu}{Y_h - C_h} \left[\frac{C_w}{\rho} + \theta (Y_h - C_h)^2 \delta + k \right] \tag{10}$$

因此，FDI 企业在可以选择当期进入和等待其他时间进入情况下，汇率不确定性和预期增长率对 FDI 进入影响取决于二者对临界汇率水平 R_H 的影响，如果汇率不确定性和预期增长率的增加会提高（降低）R_H，表明 FDI 企业选择等待其他时间进入（当期进入）的可能性会增大，因此汇率不确定性和预期增长率增加会阻碍（促进）

FDI 企业选择当期进入。

命题 1：如果东道国市场导向型 FDI 企业可以在当期进入和等待其他时间进入选择，汇率不确定性 σ 增加无论对风险中性还是风险厌恶型 FDI 企业进入东道国市场都会产生阻碍作用，对风险厌恶型 FDI 企业进入东道国市场的阻碍作用更大。

证明：由方程（10）可知：

$$\frac{\partial R_H}{\partial \sigma} = -\frac{R_H}{\beta(\beta-1)}\frac{\partial \beta}{\partial \sigma} + \gamma \frac{R_0^2}{2}\frac{\beta}{\beta-1}(\rho-\mu)(Y_h - C_h)\frac{\partial \delta}{\partial \sigma} > 0$$

$\beta > 1$，$\rho > 2\mu + \sigma^2$，可知 $\dfrac{\partial \beta}{\partial \sigma} = \dfrac{\beta}{\sigma}\left[\dfrac{2\mu + \sigma^2}{2\sqrt{(\mu-0.5\sigma^2)^2 + 2\sigma^2\rho}} - 1\right] <$

0，$\dfrac{\partial \delta}{\partial \sigma} = \dfrac{2\sigma}{(\rho-2\mu-\sigma^2)^2} > 0$，$\dfrac{\partial R_H}{\partial \sigma} > 0$，因此实际汇率不确定性增加会提高东道国市场导向 FDI 选择当期进入和等待进入的临界汇率水平，降低了 FDI 企业选择在当期进入的可能性，对东道国市场导向 FDI 选择当期进入会产生阻碍作用。显然无论对于风险中性还是风险厌恶型 FDI，汇率不确定性增加都会产生阻碍作用，汇率不确定性增加一方面直接提高了选择等待其他时间进入的期权价值，另一方面汇率不确定的增加也同样降低了风险厌恶型 FDI 获取利润期望效用的现值，两方面同时会提高东道国市场导向 FDI 当期进入和等待其他时间进入无差别时的临界汇率水平，从而会对风险厌恶型东道国市场导向 FDI 进入产生更大的阻碍作用。

命题 2：如果东道国市场导向型 FDI 企业可以在当期进入和等待其他时间进入选择，东道国实际汇率预期 μ 升值（贬值）对于风险中性投资者进入东道国会产生促进（阻碍）作用，对风险厌恶型 FDI 进入东道国市场的影响作用不明确，但存在一个临界绝对风险规避系数 $\bar{\gamma}$，当 $\gamma > \bar{\gamma}$ 时，东道国实际汇率预期升值会阻碍风险厌恶型 FDI 企业进入；当 $\gamma < \bar{\gamma}$ 时，东道国实际汇率预期升值会促进风险

厌恶型 FDI 企业进入。

证明：同样由方程（10）可知：

$$\frac{\partial R_H}{\partial \mu} = \Phi_1 + \gamma\Phi_2$$

$$\Phi_1 = \frac{\beta(C_w + k\rho)}{\rho\,(\beta-1)^2(Y_h - C_h)}\left[\frac{\rho-\mu-(\beta-1)\sqrt{(\mu-0.5\sigma^2)^2+2\rho\sigma^2}}{(\rho-\mu)(\beta-1)\sqrt{(\mu-0.5\sigma^2)^2+2\rho\sigma^2}}\right]<0$$

$$\rho-\mu-(\beta-1)\sqrt{(\mu-0.5\sigma^2)^2+2\rho\sigma^2}=-\rho-\mu-$$

$$\frac{\left[(\mu+0.5\sigma^2)\sqrt{(\mu-0.5\sigma^2)^2+2\rho\sigma^2}+(\mu-0.5\sigma)^2\right]}{\sigma^2}<0$$

$$\Phi_2 = \frac{R_0^2}{2}\frac{\beta}{\beta-1}(\rho-\mu)(Y_h-C_h)\left[\frac{\partial\delta}{\partial\mu}+\delta\frac{\rho-\mu-(\beta-1)\sqrt{(\mu-0.5\sigma^2)^2+2\rho\sigma^2}}{(\rho-\mu)(\beta-1)\sqrt{(\mu-0.5\sigma^2)^2+2\rho\sigma^2}}\right]>0$$

$$\frac{\partial\delta}{\partial\mu}+\delta\frac{\rho-\mu-(\beta-1)\sqrt{(\mu-0.5\sigma^2)^2+2\rho\sigma^2}}{(\rho-\mu)(\beta-1)\sqrt{(\mu-0.5\sigma^2)^2+2\rho\sigma^2}}=\frac{\delta}{(\beta-1)(\rho-\mu)}$$

$$\left[(\beta-1)(\frac{4(\rho-\mu)(\rho-2\mu-0.5\sigma^2)}{(\rho-2\mu)(\rho-2\mu-\sigma^2)}-1)+\frac{\rho-\mu}{\sqrt{2\rho\sigma^2+(\mu-0.5\sigma^2)^2}}\right]>0$$

给定 $\rho>2\mu+\sigma^2$，可知 $\frac{4(\rho-\mu)}{(\rho-2\mu)}>1$，$\frac{(\rho-2\mu-0.5\sigma^2)}{(\rho-2\mu-\sigma^2)}>1$

对于风险中性 FDI：$\gamma=0$，$\frac{\partial R_H}{\partial\mu}=\Phi_1<0$，因此东道国实际汇率预期升值会降低东道国选择当期进入和等待其他时间进入的临界汇率水平，增大东道国市场导向 FDI 在当期进入的可能性。

对于风险厌恶型 FDI：$\gamma>0$，$\frac{\partial R_H}{\partial\mu}|_{\gamma=0}=\Phi_1<0$，$\frac{\partial^2 R_H}{\partial\mu\partial\gamma}=\Phi_2>0$。由于 $\frac{\partial R_H}{\partial\mu}$ 是 γ 的线性函数，由此可知必然存在一个临界风险规避系数 $\bar\gamma$，$\gamma>\bar\gamma$ 时 $\frac{\partial R_H}{\partial\mu}>0$，$\gamma<\bar\gamma$ 时 $\frac{\partial R_H}{\partial\mu}<0$。因此对于风险厌恶型东道国市场导向 FDI，预期汇率升值一方面会降低 FDI

选择等待的期权价值，促进 FDI 当期进入东道国市场，另一方面汇率预期升值的风险也同样增加 FDI 企业选择当期进入的获取利润的不确定性，提高 FDI 选择等待的期权价值，对 FDI 进入东道国产生阻碍（促进）作用，因此东道国实际汇率预期升值对风险厌恶型东道国市场导向 FDI 企业择机进入的影响作用不明确，当风险规避系数较大时，实际汇率预期升值同样会阻碍 FDI 企业选择当期进入。

二 实际汇率不确定性与出口导向型 FDI 择机进入

出口导向型 FDI 主要特征体现为：跨国公司进入东道国市场，利用东道国生产要素同时从母国及第三国进口中间生产要素，在东道国从事生产活动，最终产品销售到第三国或母国。对于中国来讲，主要体现为大量进入制造业从事加工贸易的 FDI 企业。同样由于出口导向型 FDI 企业进口中间产品和出口最终产品的国家和地区并不确定，进入中国的某一行业（主要集中在制造业）出口导向型 FDI 企业可能来自不同国家和地区，也同时从多个国家进口中间产品，同时最终产品也同样销售到不同国家和地区，为了不失一般性同样可以在宏观产业层面假设某一行业的众多新进入的 FDI 企业都来自一个加权国家，同时从利用中国的生产要素和从加权国进口中间生产要素，最终产品又销售到加权国家。在完全竞争的市场假设条件下，某一行业完全的出口导向型 FDI 最终产品销售额为 Y_w，利用东道国的生产要素支付的成本为 C_h，从加权国家进口中间生产要素支付的成本为 C_w，因此以加权国家货币度量的完全出口导向型 FDI 的利润水平可以表示为：

$$\pi_x = Y_w - RC_h - C_w \tag{11}$$

π_x 表示某一行业出口导向型 FDI 的利润水平，R 同样表示东道国对加权国家的间接实际汇率（东道国的实际有效汇率），由（2）式可以得到其利润的期望效用水平：

$$EU(\pi_x) = Y_w - C_w - E(R)C_h - \theta C_h^2 e^{2\mu t}(e^{\sigma^2 t} - 1) \tag{12}$$

由（12）式可以得到某一行业出口导向型 FDI 利润期望效用的现值为：

$$X_0(R) = \int_0^\infty EU(\pi_x)e^{-\rho t}dt = \frac{Y_w - C_w}{\rho} - \frac{RC_h}{\rho - \mu} - \theta C_h^2 \delta \tag{13}$$

根据（13）可知，东道国相对于加权国实际汇率水平升值会降低出口导向型 FDI 利润的期望效用水平，因此会阻碍 FDI 进入东道国市场。

同样，如果出口导向型 FDI 可以在当期进入和等待其他时间进入之间进行选择，出口导向型 FDI 可以选择在当期投入一定的沉淀成本 k，按照方程（13）给定的条件获取利润期望效用的现值，也可以选择等待其他更为有利的时机进入获取更多的利润期望效用现值。与前面的分析类似，出口导向型 FDI 在汇率存在不确定的条件下，在任何时间 t 都面临动态最优择机进入的问题，即

$$X(R) = \max_{R_i}\left\{X_0(R) - k, \frac{[X(R + \Delta R) \mid R]}{1 + \Delta t\rho}\right\} \tag{14}$$

$X(R)$ 表示出口导向型 FDI 利润的最大期望效用现值，由方程（13）可知东道国实际汇率水平 R 与出口导向型 FDI 利润的期望效用现值成反比关系，当实际汇率水平 R 很大时，出口导向型 FDI 进入东道国的可能性很小，即：$\lim_{R \to +\infty} X_1(R) = 0$，同样根据方程（7）（8）的求解思路，由此可以得到选择等待其他时间进入的利润期望效用现值一般形式的表达式 $V_1(R)$ 为：

$$X_1(R) = \max_{R_i}\frac{[V(R + \Delta R) \mid R]}{1 + \Delta t\rho} = AR^{-\alpha} \tag{15}$$

同时利用值匹配（Value—Matching）和平滑粘贴（Smooth—

Pasting）条件，可以得到出口导向型 FDI 企业选择当期进入和等待其他时间进入无差别且利润的效用现值达到最优化时的临界汇率水平（ R_L ）：

$$R_L = \frac{\alpha}{1+\alpha}\frac{\rho-\mu}{C_h}\Big[\frac{Y_w - C_w}{\rho} - \theta C_h^2\delta - k\Big] \tag{16}$$

同样在东道国实际汇率不确定条件下，如果 FDI 可以在当期进入和等待其他时间进入之间选择，实际汇率不确定性和预期变化对出口导向型 FDI 企业择机进入东道国市场的影响取决于二者对临界汇率水平 R_L 的影响作用。由方程（13）可知实际汇率水平与利润的期望效用现值成反比关系，如果实际汇率不确定性和预期趋势变化降低（提高）了选择当期和选择等待的临界汇率水平，则表示选择等待其他时间进入相对于选择当期进入会获取更多（更低）的利润期望效用现值，因此会阻碍（促进）出口导向型 FDI 企业当期进入东道国市场。

命题 3：如果 FDI 企业可以在当期进入和等待其他时间进入之间选择，东道国实际汇率不确定性的增加会阻碍出口导向型 FDI 企业进入东道国市场，并且对风险厌恶型出口导向型 FDI 企业进入东道国市场会产生更大的阻碍作用。

证明：由方程（16）可知：

$$\frac{\partial R_L}{\partial \sigma} = \frac{R_L}{1+\alpha}\frac{\partial \alpha}{\partial \sigma} - \gamma\frac{R_0^2}{2}\frac{\alpha}{1+\alpha}C_h(\rho-\mu)\frac{\partial \delta}{\partial \sigma} < 0 \tag{17}$$

$$\frac{\partial \alpha}{\partial \sigma} = -\frac{\alpha}{\sigma}\Big[\frac{2\mu+\sigma^2}{2\sqrt{(\mu-0.5\sigma^2)^2 + 2\rho\sigma^2}} + 1\Big] < 0, \quad \frac{\partial \delta}{\partial \sigma} = \frac{2\sigma}{(\rho-2\mu-\sigma^2)^2} > 0$$

东道国实际汇率不确定性的增加不仅会直接降低出口导向型 FDI 企业选择当期进入和等待进入的临界汇率水平，而且会增加出口导向型 FDI 利润获取的不确定性，进一步降低风险厌恶型出口导向型 FDI 企业选择当期进入和等待进入的临界汇率水平，因此实际汇率不确定不仅会对风险中性出口导向型 FDI 进入东道国产生阻碍作用，而且会对风险厌恶型出口导向型 FDI 进入东道国市场产生更大的阻碍作用。

命题 4：如果进入东道国 FDI 企业可以在当期进入和等待其他时间进入选择，东道国实际汇率预期升值会阻碍出口导向型 FDI 企业进入东道国市场，并且对风险厌恶型出口导向型 FDI 企业进入东道国市场会产生更大的阻碍作用。

证明：由方程（16）可知：

$$\frac{\partial R_L}{\partial \mu} = R_L \left[\frac{1}{\alpha(1+\alpha)} \frac{\partial \alpha}{\partial \mu} - \frac{1}{\rho - \mu} \right] - \gamma \frac{R_0^2}{2} \frac{\alpha}{\alpha+1} (\rho - \mu) C_h \frac{\partial \delta}{\partial \mu} < 0$$

$$其中：\frac{1}{\alpha(1+\alpha)} \frac{\partial \alpha}{\partial \mu} - \frac{1}{\rho - \mu} = \frac{\rho - \mu - (1+\alpha) \sqrt{(\mu - 0.5\sigma^2)^2 + 2\sigma^2 \rho}}{(1+\alpha)(\rho - \mu) \sqrt{(\mu - 0.5\sigma^2)^2 + 2\sigma^2 \rho}}$$

$$\rho - \mu - (1+\alpha) \sqrt{(\mu - 0.5\sigma^2)^2 + 2\sigma^2 \rho} = -\rho - \mu -$$

$$\left[\frac{(\mu + 0.5\sigma^2) \sqrt{(\mu - 0.5\sigma^2)^2 + 2\sigma^2 \rho} + (\mu - 0.5\sigma^2)^2}{\sigma^2} \right] < 0$$

$$\frac{\delta}{\mu} = \frac{2\sigma^2(2\rho - 4\mu - \sigma^2)}{(\rho - 2\mu - \sigma^2)^2 (\rho - 2\mu)^2} > 0, \rho > 2\mu + \sigma^2$$

因此汇率预期升值（贬值）同样会降低（提高）出口导向 FDI 选择当期进入和等待其他时间进入的临界汇率水平，从而对其选择当期进入东道国市场产生阻碍（促进）作用，并且对于风险厌恶型出口导向型 FDI 企业，实际汇率预期升值（贬值）会进一步增加（降低）其获取利润的不确定性，进一步降低临界汇率水平，从而对其选择当期进入东道国市场会产生更大的阻碍（促进）作用。

综上所述，将相关研究理论扩展到出口导向型 FDI 会发现：东道国实际汇率不确定性增加无论对于东道国市场导向 FDI 还是出口导向 FDI 都会产生阻碍作用，并且对于风险厌恶类型的 FDI 会产生更大的阻碍作用。同时，东道国实际汇率预期升值同样会对出口导向型 FDI 产生阻碍作用，并且对风险厌恶型 FDI 进入同样会产生更大的阻碍作用，显然这与众多理论分析框架对出口替代型 FDI 相关分析得到的结论存在显著区别。

第三节　实证检验方法及数据

一　实证检验方法

前面的理论分析基于产业层面考虑了汇率不确定性对完全的东道国市场导向型 FDI 和完全出口导向型 FDI 两种极端情况择机进入东道国市场的影响作用，对于完全的东道国市场导向型 FDI 比较容易区分，该种类型的 FDI 主要集中在中国的服务行业，但在产业层面并不存在完全的出口导向型 FDI，进入中国制造业的 FDI 企业最终产品会同时在中国国内市场和出口方式销售，但可以根据 FDI 在某一行业出口销售占其全部销售产值的比重区分出口导向特征明显的制造行业和中国国内市场导向明显的制造行业。依据前面的理论分析框架和数据可获得性可以确定如下经验分析框架：

$$L(n)_t = f(L(reer)_t, \sigma[\Delta L(reer)]_t, \mu[\Delta L(reer)]_t, L(wage_c/wage_w)_t, L(cgdp)_t, L(wgdp)_t)$$

$L(.)$ 表示回归变量的对数形式[①]。其中 n_t 表示在季度 t 新进入中国某行业 FDI 企业数量，由于无法获取每个季度新进入企业个数的数据，这里我们采用某一行业在季度 t 新签订的企业项目

---

① 由于本书选取的 10 个行业每季度新签订的投资项目数量较多，对其统计分布的检验结果表明都服从正态分布，因此这里可以将新签订的投资项目数当作连续时间序列变量来处理。

数来代替[1]。

　　$reer_t$ 表示人民币实际有效汇率，本书选取的 10 行业主要包括 7 个制造业和建筑业、水及燃气生产、房地产业均为生产性特征十分明显的行业[2]，直接采用国际货币基金组织（IMF）和国际清算银行（BIS）提供的基于 CPI 指数计算的人民币实际有效汇率指数考察汇率不确定性对 FDI 择机进入的影响作用会产生严重偏差，因此本书计算了 1997 年 1 月至 2008 年 12 月中国相对于 22 个样本国家及地区基于生产者价格指数（PPI）的月度实际有效汇率[3]，与多数国际机构采用的方法类似，这里采用几何加权的方法计算实际有效汇率（巴曙松等，2006）：

$$reer_t = \prod_{i=1}^{22} \left[\frac{P_c R_c}{P_i R_i} \right]^{w_i}$$

　　其中，P_c、P_i 分别表示中国和样本国家及地区以 2000 年 = 100 的定基生产者价格指数（PPI），R_c、R_i 分别表示人民币和各样本国家及地区货币对特别提款权（SDR）的名义间接汇率，w_i 表示样本国及地区贸易加权系数：$w_i = \dfrac{M_c}{X_c + M_c} w_i^m + \dfrac{X_c}{X_c + M_c} w_i^x$；$M_c$、$X_c$ 表示中国当期出口额和进口额，w_i^m、w_i^x 表示样本国及地区占中国进口和出口的比重[4]，22 个样本国家及地区贸易加权系数的权重从 1996—2008 年以 4 年为窗口期采用滚动方式调整，这里的实际有效汇率上升（下降）

---

　　① 新签订的 FDI 企业项目数与新进入企业个数概念并不完全一致，但每签订一个新的投资协议都相当于支付了一笔沉淀成本，具有不可逆性的特征，原因在于撤销已经签署的投资协议通常需要付出较高的违约成本和沉淀成本，采用新签订的企业项目数来代替新进入的企业个数并不影响本书研究问题的本质。

　　② 事实上，中国的 CPI 综合价格指数中并不包括房地产、建筑业价格指数。

　　③ 1999—2008 年 22 个国家及地区对华直接投资占中国吸引的 FDI 总额比重约为89.7%，出口所占比重为 80.9%，进口所占比重为 74.6%。

　　④ 由于数据获取所限，这里没有考虑中国香港、新加坡等国家和地区对中国大陆进出口贸易中存在的转口贸易对加权系数产生的影响作用。

表示人民币实际有效汇率升值（贬值）。

$\sigma(\Delta L(reer))_t$、$\mu(\Delta L(reer))_t$ 分别表示人民币实际有效汇率收益率的不确定性和预期变化趋势，绝大多数的相关研究多采用滚动标准差或广义自回归条件异方差（GARCH）模型来度量汇率收益率波动或不确定性，由于基于标准差方法度量汇率波动或不确定性的前提假设条件是汇率的收益率服从正态分布，而本书对计算得到的实际有效汇率收益率的统计分布检验结果发现存在明显的尖峰厚尾特征，拒绝了实际汇率收益率服从正态分布的假设条件。因此本书依据基于 PPI 指数计算得到的 1997 年 1 月至 2008 年 12 月的月度人民币实际有效汇率数据，采用 GARCH（1，1）模型来度量人民币实际有效汇率收益率的不确定性和预期趋势变化状况，即

$$\Delta L(reer)_t = L(reer)_t - L(reer)_{t-1} = \underset{(0.1197)}{0.2459} + \varepsilon_t$$

$$g_t = \underset{(0.057)}{0.1570} - \underset{(0.037)}{0.077}\varepsilon^2 + \underset{(0.033)}{1.046}g_{t-1}$$

括号内的数值表示标准误，根据上述 GARCH（1，1）模型的计算结果，采用滚动的方法得到各季度人民币实际有效汇率收益率的不确定性和预期变化趋势：

$$\sigma_{t,GARCH}(\Delta L(reer)) = \left[\frac{1}{T}\sum_{i=0}^{T}g_{t-i}\right]^{1/2}, \mu_{t,GARCH}(\Delta L(reer)) = \frac{1}{T}\sum_{i=0}^{T}\varepsilon_{t-i}$$

T 表示计算汇率不确定性和预期变化选择的滚动窗口期，这里选择滚动窗口期为 24 个月[①]。

由于无法获取东道国生产成本和进口中间产品的成本数据，这里我们采用中国与样本国家的相对工资水平差距 $(wage_c/wage_w)_t$ 表

---

① 多数的相关研究将汇率波动和不确定性的测算窗口期选择在 24 或 36 个月，由于数据所限，本书最多只能选择 24 个月作为窗口期进行经验研究，本书同时也选择了 18 个月和 12 个月作为窗口期进行研究，发现经验研究的结论基本没有差别。

示中国与样本国家相对生产成本的差异，$wage_c$ 表示中国的季度工资指数，$wage_w$ 表示样本加权国家的季度工资指数；同样由于无法获取各行业的实际需求和外部市场季度需求数据，这里采用中国国内生产总值（$cgdp$）和样本国家的国内生产总值（$wgdp$）季度数据来反映中国和样本国市场总规模的变化对 FDI 企业进入的影响作用，其中：

$$wage_w = \sum_{i=1}^{22} w_i \times wage_i \qquad wgdp = \sum_{i=1}^{22} w_i \times gdp_i$$

从目前已有的大量相关研究结论来看，相对工资的水平上升一方面会反映生产成本的差距，另一方面也可能反映劳动生产率的差距，如果反映相对生产成本的差距，中国相对工资水平上升会阻碍 FDI 企业进入，如果反映劳动生产率的差距，中国相对工资水平的上升同样有可能促进 FDI 企业进入；而东道国市场规模的增长总体上会促进 FDI 进入，而投资来源国市场规模的变化对 FDI 进入影响作用不明确。

首先，需要对回归变量的平稳性做检验，对 10 个行业相关回归变量在 1999 年 1 月至 2008 年 4 月的季度数据 ADF 检验结果表明：回归变量均为一阶单整时间序列 [$I(1)$]；其次，明确各变量之间是否存在稳定的长期均衡关系，需要对回归变量是否存在协整关系进行检验，考虑到本书分析使用的样本较小且变量较多，这里采用 Johansen 方法检验各变量之间是否存在稳定的协整关系，经过小样本调整后的迹统计量和极大似然统计量都在 5% 的显著性水平上表明变量之间至少存在 3 个协整关系。尽管在小样本和多变量的情况下采用 Johansen 确定变量之间的协整个数较为有效，但由于滞后阶数选择的不确定性，采用 Johansen 完全的向量自回归（VAR）估计方法来确定变量的长期协整方程对于小样本却是个严重的问题，而采用 EG 两步法确定变量的长期协整关系具有超一致性和强有效性，但在样本有限的条件下，采用 EG 两步法的估计仍然是有偏差的，样本容量越小偏差越大，并且偏差直接回传导给误差模型中的误差修正项，从而给短期参数的估计也带来较大的偏差，为克服小样本条件下 EG 两步法的不足，Philips，Loretan（1991）建议使用自回归分布滞后模型（ADL）估计变量之间的长期均衡方程，基于本书采用的样本数据较小的特征，首先估计如下的自回归分布滞后模型：

$$L(n)_t = \alpha_0 + \sum_{i=1}^{k} \alpha_i L(n)_{t-k} + \sum_{i=1}^{6} \beta_i L(X_i)_t + \sum_{i=1}^{3} \gamma_i Dum_i + \varepsilon_t$$

Dum_i 表示季节虚拟变量，这里加入三个季节虚拟变量用来控制 FDI 新签订投资项目数可能存在的季节趋势问题。X_i 表示其他回归变量，由于其他回归变量较多且滞后期限的选择难以同时准确把握，同时大量滞后变量的选择本身也会降低样本估计量，对参数的估计造成偏差，因此这里除了对汇率不确定性和预期变量采用了当期和之前的共 24 个月以滚动方式计算得到的平均值作为相应变量之外，对其他变量也同样采用了以当期和之前的共 4 个季度滚动的方式计算得到的平均值作为相应的回归变量，综合考虑各变量当期和滞后期影响。依据上述动态分布滞后模型估计结果，调整参数后可以得到的长期协整均衡方程：

$$L(n)_t = \alpha'_0 + \sum_{i=1}^{6} \beta'_i L(X_i)_t + \sum_{i=1}^{3} \gamma'_i Dum_i + \omega_t$$

其中：$\alpha'_0 = \alpha_0 / (1 - \sum_{i=1}^{k} \alpha_i)$；$\beta'_i = \beta_i / (1 - \sum_{i=1}^{k} \alpha_i)$；$\gamma'_i = \gamma_i / (1 - \sum_{i=1}^{k} \alpha_i)$

同时依据上述的长期均衡结果，依据"一般到特殊"的原则，分别建立不同行业的动态误差修正模型考察汇率不确定性在短期对 FDI 择机进入的影响作用，一般形式表示为：

$$\Delta L\,(\,n\,)_t = \delta_0 + \sum_{i=1}^{l} \delta_i \Delta L\,(\,n\,)_{t-l} + \sum_{i=1}^{k} \lambda_i \Delta L\,(\,X_i\,)_t + \sum_{i=1}^{n} \theta_i Dum_i +$$

$$\varphi ECM_{t-1} + \psi_t$$

其中误差修正项：$ECM_{t-1} = L\,(\,n\,)_{t-1} - \alpha'_0 - \sum_{i=1}^{6} \beta'_i L\,(\,X_i\,)_{t-1} -$

$$\sum_{i=1}^{3} \gamma'_i Dum_i$$

二　数据来源与处理

本研究采用的中国和 22 个样本国家及地区相关季度数据全部来自亚洲经济数据库（CEIC）和国际金融统计（IFS）数据库。分行业季度新签订投资项目统计数据在多数行业时间跨度较短，这里选择了时间跨度最长的 10 个行业作为样本分析数据；中国的 PPI 指数以 1997 年 1 月至 2008 年 12 月的月度同比价格指数和 2003 年 1 月至 2003 年 12 月的月度环比价格指数计算得到以 2000 年 = 100 的定基价格指数；计算分析中部分国家及地区的平均工资价格指数、生产者价格指数、国内生产总值季度数据具有明显的季节性趋势，利用 X12 程序对上述统计数据都作了相应的季节调整处理。同时为统一口径，将上述相关数据的指标和相应变量都调整为 2000 年 = 100 的指数形式。为了明确不同行业 FDI 的市场导向特征，利用《中国工业行业统计数据库》1999—2008 年按两位码行业分类的 FDI 企业的工业销售产值和出口销售产值数据，分别计算了 10 个行业 FDI 的出口平均比重。表 7 - 1 给出了样本数据来源、处理方法及描述性统计值，数据显示：纺织业和通信设备、计算机及电子设备制造业 FDI 相对于其他制造行业 FDI 的出口导向特征最为明显，建筑业和房地产业的 FDI 则是完全的东道国市场导向型行业。

表7-1 样本数据来源、处理方法及描述性统计

数据指标	数据来源	单位	时间跨度	处理方法	均值	中间值	最大值	最小值	标准差	FDI 出口比重（%）（均值）
中国 PPI（月度）	CEIC	2000年=100	1997：1—2008：12	季节调整	107.42	103.53	131.94	95.11	9.88	
22个样本国及地区 PPI（月度）①	IFS, CEIC	2000年=100	1997：1—2008：12	季节调整	110.10	103.70	264.92	79.63	18.44	
人民币对特别提款权（SDR）名义汇率（月度）	IFS	2000年=100	1997：1—2008：12		104.45	105.07	117.95	93.23	5.70	
22个样本国及地区对 SDR 名义汇率（月度）	IFS, CEIC	2000年=100	1997：1—2008：12	季节调整	98.42	98.60	161.15	72.28	14.06	
中国 GDP（季度）	CEIC	2000年=100	1998：1—2008：4	季节调整	168.09	149.70	373.51	75.75	74.49	
22个样本国及地区 GDP（季度）	IFS, CEIC	2000年=100	1998：1—2008：4	季节调整	110.88	107.32	160.88	75.84	14.04	
中国平均工资指数（季度）	CEIC	2000年=100	1998：1—2008：4	季节调整	173.03	145.28	427.95	81.35	82.88	
22个样本国及地区平均工资指数（季度）	IFS, CEIC	2000年=100	1998：1—2008：4	季节调整	113.62	108.15	295.52	75.04	23.01	
22个样本国及地区出口加权比重（%）	CEIC	百分比	1996—2008	4年滚动平均值	3.67	1.44	23.96	0.11	5.75	
22个样本国及地区进口加权比重（%）	CEIC	百分比	1996—2008	4年滚动平均值	3.39	1.41	21.03	0.03	4.58	
新签订的 FDI 投资项目数（季度）（变量代码）										
全部制造业（M）	CEIC	个数	1999：1—2008：4		5398	5383	8167	2505	1828	40.76
纺织业（M_Texitle）	CEIC	个数	1999：1—2008：4		249	237	459	69	110	49.99
化学品及化学原料制造业（M_Chemical）	CEIC	个数	1999：1—2008：4		304	302	523	121	107	18.10
信息通信、计算机及电子设备制造业（M_ICT）	CEIC	个数	1999：1—2008：4		545	532	837	179	198	60.30
医药制造业（M_Medicine）	CEIC	个数	1999：1—2008：4		90	86	164	32	34	13.88
专用设备制造业（M_Speq）	CEIC	个数	1999：1—2008：4		321	316	549	100	139	28.00
通用设备制造业（M_Geneq）	CEIC	个数	1999：1—2008：4		329	351	576	109	136	32.08
建筑业（construction）	CEIC	个数	1999：1—2008：4		82	76	133	37	23	0.00
水及燃气生产业（elwater）	CEIC	个数	1999：1—2008：4		71	76	142	21	34	7.24
房地产业（realestate）	CEIC	个数	1999：1—2008：4		333	346	727	70	175	0.00

① 无法获取中国香港地区的月度 PPI 指数，这里用中国香港季度 PPI 指数做了替代。22个国家及地区包括中国香港地区、印度尼西亚、日本、马来西亚、菲律宾、新加坡、韩国、泰国、中国台湾地区、丹麦、英国、德国、法国、意大利、荷兰、西班牙、奥地利、芬兰、瑞典、瑞士、加拿大、美国。

表7-2　人民币实际有效汇率与FDI择机进入长期协整方程（被解释变量：$L(n)$）

变量	全部制造业		纺织业		化学制造业		信息通信设备制造业		医药制造业	
$L(reer)$	2.382	(0.004)	2.083	(0.007)	2.963	(0.001)	2.992	(0.000)	2.793	(0.005)
$\sigma(\Delta L(reer))$	-0.428	(0.002)	-0.416	(0.006)	-0.432	(0.004)	-0.363	(0.001)	-0.232	(0.034)
$\mu(\Delta L(reer))$	-0.200	(0.006)	-0.313	(0.002)	-0.210	(0.004)	-0.204	(0.032)	-0.347	(0.000)
$L(wage_t/wage_w)$	-9.254	(0.000)	-11.956	(0.001)	-8.163	(0.000)	-10.884	(0.032)	-13.115	(0.000)
$L(cgdp)$	9.137	(0.000)	11.185	(0.001)	7.980	(0.000)	10.549	(0.023)	12.118	(0.000)
$L(wgdp)$	-0.199	(0.834)	0.065	(0.960)	-1.302	(0.133)	-1.089	(0.203)	-0.779	(0.406)
$Adj.R^2$	0.958		0.934		0.942		0.909		0.905	
自相关检验:LM(1)	$F(1,25)=0.358(0.555)$		$F(1,25)=2.657(0.116)$		$F(1,25)=0.068(0.796)$		$F(1,25)=0.352(0.558)$		$F(1,22)=0.582(0.454)$	
LM(4)	$F(4,22)=0.806(0.534)$		$F(4,22)=1.468(0.246)$		$F(4,22)=1.099(0.382)$		$F(4,22)=0.938(0.461)$		$F(4,19)=0.257(0.902)$	
异方差检验:ARCH(1)	$F(1,32)=4.596(0.040)$		$F(1,32)=0.758(0.390)$		$F(1,32)=2.583(0.118)$		$F(1,30)=1.236(0.275)$		$F(1,30)=4.596(0.169)$	
ARCH(4)	$F(4,23)=1.973(0.132)$		$F(4,23)=0.919(0.469)$		$F(4,23)=0.555(0.698)$		$F(4,21)=1.015(0.422)$		$F(4,21)=1.289(0.306)$	
正态性检验:JB值	$JB=0.588(0.745)$		$JB=2.389(0.303)$		$JB=0.1610(0.92)$		$JB=1.042(0.594)$		$JB=0.368(0.832)$	
稳定性检验:RESET	$F(1,25)=4.431(0.046)$		$F(1,25)=0.215(0.647)$		$F(1,25)=2.581(0.121)$		$F(1,25)=0.277(0.604)$		$F(1,22)=1.805(0.193)$	

变量	专用设备制造业		通用设备制造业		建筑业		水及燃气生产业		房地产业	
$L(reer)$	1.642	(0.101)	2.960	(0.000)	2.304	(0.015)	1.410	(0.686)	-1.963	(0.480)
$\sigma(\Delta L(reer))$	-0.622	(0.005)	-0.476	(0.002)	-0.314	(0.021)	-0.435	(0.177)	-0.758	(0.007)
$\mu(\Delta L(reer))$	-0.074	(0.361)	-0.177	(0.029)	-0.179	(0.020)	-0.226	(0.248)	0.004	(0.969)
$L(wage_t/wage_w)$	-8.425	(0.042)	-12.656	(0.014)	-5.449	(0.007)	-6.340	(0.067)	-9.932	(0.003)
$L(cgdp)$	9.501	(0.024)	12.751	(0.012)	5.882	(0.001)	7.709	(0.037)	10.401	(0.002)
$L(wgdp)$	-1.113	(0.371)	-1.610	(0.156)	-1.662	(0.102)	-1.824	(0.670)	3.194	(0.341)
$Adj.R^2$	0.910		0.969		0.715		0.885		0.840	
自相关检验:LM(1)	$F(1,25)=0.001(0.976)$		$F(1,22)=0.083(0.776)$		$F(1,25)=1.153(0.293)$		$F(1,25)=1.121(0.300)$		$F(1,25)=0.004(0.950)$	
LM(4)	$F(4,22)=0.391(0.761)$		$F(4,19)=1.699(0.200)$		$F(4,22)=0.860(0.503)$		$F(4,22)=1.665(0.194)$		$F(4,22)=2.134(0.111)$	
异方差检验:ARCH(1)	$F(1,32)=0.028(0.868)$		$F(1,30)=0.000(0.984)$		$F(1,32)=2.625(0.115)$		$F(1,32)=0.297(0.590)$		$F(1,32)=3.079(0.089)$	
ARCH(4)	$F(4,23)=0.309(0.736)$		$F(4,21)=0.497(0.738)$		$F(4,23)=0.659(0.627)$		$F(4,23)=1.725(0.179)$		$F(4,23)=1.952(0.452)$	
正态性检验:JB值	$JB=1.607(0.448)$		$JB=0.352(0.838)$		$JB=1.140(0.566)$		$JB=1.284(0.526)$		$JB=0.464(0.793)$	
稳定性检验:RESET	$F(1,25)=1.782(0.194)$		$F(1,25)=0.008(0.929)$		$F(1,25)=3.754(0.064)$		$F(1,25)=0.302(0.588)$		$F(1,22)=0.517(0.479)$	

注：1. 参数估计值和残差检验结果［LM（2），ARCH（2）］与一阶和四阶检验值均为概率检验值；2. 篇幅所限这里没有列出季节虚拟变量和常数项参数估计结果；3. 对回归残差自相关和异方差二阶检验与一阶检验结论完全一致，这里未列出。

第四节　实证结果分析与解释

利用第三节确定的实证分析方法和相关行业季度数据，对相关变量参数进行回归估计。为诊断模型估计结果是否有效可靠及模型本身设定是否存在偏误，需要对回归结果残差进行以下检验，(1) 自相关一阶和高阶拉格朗日乘数检验 (LM Test)；(2) 异方差一阶和高阶 ARCH 效应检验；(3) 正态分布 Jarque-Bera 检验；(4) 模型设定偏差稳定性检验 (Ramsey Reset Test)。表 7-2 给出了利用自回归分布滞后模型估计得到的 10 个行业相关变量的长期协整方程，相关回归变量估计结果显示：

第一，人民币实际有效汇率水平变量 [$L(reer)$] 在多数行业相应的估计参数都为显著的正值，表明人民币实际有效汇率升值在长期总体上会促进 FDI 择机进入中国市场，本书的经验结论与 Camp (1993)；(Gorg, Wakelin, 2002)；Tomlin (2000, 2007)；Alba et al. (2005)；Schmidt (2008) 等人基于产业和企业层面考察汇率水平与 FDI 择机进入或 FDI 进入规模的经验研究结论一致，但与 (Froot, Stein, 1991)；(Klein, Rosengren, 1994)；(Kogut, Chang, 1996)；(Kiyota, Urata, 2004)；(Buch, Kleinert, 2008)；Dennis, et al. (2008) 等人考察汇率水平与 FDI 进入的相关经验研究结论相反。按照本书的理论分析结论 [方程 (5) 和方程 (13)]：东道国实际汇率水平升值会促进东道国市场导向型 FDI 进入，但会阻碍出口导向型 FDI 进入。而本书的经验研究却表明汇率水平升值在长期无论对于中国国内市场导向特征明显的 FDI，还是出口导向特征较为明显的 FDI 总体上都会产生促进作用，因此在出口导向特征较明显的行业本书的理论分析和经验结论并不一致，产生这一现象的主要原因在于：首先，尽管 1999—2008 年 FDI 出口占中国全部出口的比重较高，但 FDI 企业出口销售相对于在中国国内市场销售占全部销售产值的比重并没有显著的优势，本书选取的 10 个行业中除了通信设备及计算机制造业的平均出口比重超过 60% 之外，在其他行业的平均出口比重都低于 50%。其次，汇率水平变化本身会导致厂商调整生产要素投入结构和市场导向，东道国实际汇率升值会导致选择进入的 FDI 企业更倾向于采用进口中间生产要素，减少采用东道国市场生产要素投入，抵消东道国实际汇率升值对其生产成本带来的不利影响，同时也可能会从出口市场销售导向转变为更倾向于在东道国市场销售最终产品，获取更多以本币度量的利润，因此如果考虑汇率水平变化对厂商生产要素投入和市场导向调整，东道国汇率升值对于完全东道国市场导向型和非完全的出口导向型 FDI 择机进入东道国市场都可能产生促进作用。

第二，实际有效汇率不确定性变量 $\sigma(\Delta L(reer))$ 在所有行业的估计参数都为负值，除了水及燃气生产行业之外，其他所有行业相应的估计参数都至少在 5% 的水平上显著，表明人民币实际有效汇率不确定性在长期会对 FDI 择机进入中国市场产生显著的负面影响作用，并且无论对于出口导向特征较为明显的纺织业、信息通信及电子设备制造业还是完全东道国市场导向的建筑业和房地产业都会产生显著的负面影响，这里的经验结论与本书基于 Dixit—Pindyck 不确定条件下投资理论扩展后得到的理论结论（命题 1，命题 3）完全吻合，即东道国实际有效汇率不确定性的增加对于不同风险特征的东道国市场导向 FDI 和出口导向 FDI 企业择机进入都会产生显著的负面影响。此外，人民币实际有效汇率的不确定性变量在 10 个行业的估计参数大小表明：人民币实际有效汇率不确定性增加在长期对 FDI 进入中国房地产行业的负面影响作用最大；而对 FDI 进入医药制造行业的负面影响作用最小，按照 Dixit—Pindyck 的理论基础和本书的扩展的理论分析框架可知：除了 FDI 企业的风险规避特征存在差异之外，不同行业的直接投资的沉淀成本和不可逆性差异同样是导致人民币实际汇率不确定性对 FDI 择机进入影响作用大小存在显著不同的重要原因。

　　第三，实际有效汇率预期趋势变量（$\mu(\Delta L(reer))$）估计参数在制造业都为负值，除了专用设备制造业相应的估计参数不显著外，其他制造行业相应的估计参数都在 5% 的水平上显著，表明人民币实际有效汇率预期升值在长期同样会对 FDI 择机进入中国制造行业产生显著的负面影响，由于本书选取的制造行业中同时包括了 FDI 出口导向特征明显的制造业和 FDI 中国国内市场导向明显的制造业，而本书的理论命题 2 显示只有当 FDI 的风险规避系数较大时汇率预期升值才会对东道国市场导向型 FDI 进入产生负面影响，而命题 4 表明汇率预期升值对于完全的出口导向型 FDI 总会产生负面影响，实际汇率预期升值对 FDI 进入多数制造业总体上会产生显著的负面影响的经验研究表明：除了沉淀成本和直接投资的不可逆性和迟滞效应之外，汇率风险同样是影响 FDI 择机进入的重要因素。建筑业相应的估计参数同样为显著负值，而对水及燃气生产相应估计参数为不显著负值，房地产业相应估计参数为不显著的正值，实际汇率预期趋势变量对上述三个东道国市场导向特征明显行业的影响作用存在不确定性也与本书命题 2 的理论分析结论完全吻合，同时也进一步验证了本书的理论假设前提较为合理，即直接投资在时间上的可选择性和厂商的风险规避特征同时会对 FDI 企业择机进入东道国市场产生影响作用，汇率风险并不能完全规避，仍然是 FDI 选择进入东道市场时需要考虑的重要因素。

表 7 - 3　人民币实际有效汇率与 FDI 择机进入误差修正模型（被解释变量：$\Delta L(n)$）

变量	全部制造业	纺织业[2]	化学品制造业[4]	信息通信设备制造业	医药制造业
$\Delta L(n_{t-1})$	1.453 (0.000)	-0.298 (0.004)	0.561 (0.001)	0.259 (0.085)	
$\Delta L(reer)$	-0.225 (0.003)	1.056 (0.020)	1.517 (0.000)	1.569 (0.008)	3.646 (0.000)
$\Delta\sigma(\Delta L(reer))$		-0.283 (0.026)	-0.257 (0.002)		-0.404 (0.015)
$\Delta\mu(\Delta L(reer))$					-0.244 (0.007)
$\Delta L(wage_c/wage_w)$	-4.190 (0.000)	-6.093 (0.000)	-4.174 (0.000)		
ECM_{t-1}	-0.686 (0.000)	-0.938 (0.000)	-0.473 (0.002)	-0.641 (0.005)	-1.300 (0.000)
Adj. R_square	0.855	0.825	0.885	0.586	0.770
自相关检验:LM(1)	$F_{(1,27)}=0.002(0.962)$	$F_{(1,27)}=1.518(0.229)$	$F_{(1,23)}=0.094(0.762)$	$F_{(1,24)}=0.119(0.733)$	$F_{(1,22)}=0.305(0.587)$
LM(4)	$F_{(4,24)}=0.100(0.981)$	$F_{(4,24)}=0.578(0.681)$	$F_{(4,20)}=0.791(0.545)$	$F_{(4,21)}=0.951(0.454)$	$F_{(4,19)}=1.083(0.393)$
异方差检验:ARCH(1)	$F_{(1,30)}=1.181(0.286)$	$F_{(1,30)}=0.001(0.975)$	$F_{(1,28)}=1.759(0.195)$	$F_{(1,24)}=0.853(0.365)$	$F_{(1,28)}=0.816(0.374)$
ARCH(4)	$F_{(4,21)}=0.497(0.738)$	$F_{(4,21)}=0.474(0.754)$	$F_{(4,19)}=0.626(0.650)$	$F_{(4,15)}=0.463(0.762)$	$F_{(4,19)}=0.679(0.615)$
正态性检验:JB值	$JB=3.336(0.189)$	$JB=0.480(0.787)$	$JB=3.767(0.152)$	$JB=0.310(0.856)$	$JB=0.164(0.921)$
稳定性检验:Reset	$F_{(1,27)}=5.887(0.022)$	$F_{(1,27)}=0.447(0.510)$	$F_{(1,23)}=0.128(0.724)$	$F_{(1,24)}=0.002(0.965)$	$F_{(1,22)}=1.172(0.291)$

变量	专用设备制造业	通用设备制造业[2]	建筑业	水及燃气生产业	房地产业
$\Delta L(n_{t-1})$		0.408 (0.003)			
$\Delta L(reer)$		2.444 (0.000)	2.186 (0.017)		2.257 (0.047)
$\Delta\sigma(\Delta L(reer))$	-0.428 (0.001)	-0.145 (0.088)		-0.333 (0.106)	-0.704 (0.015)
$\Delta\mu(\Delta L(reer))$	0.182 (0.025)	-0.065 (0.070)		-8.235 (0.001)	
$\Delta L(wgdp)$	7.645 (0.024)	-3.789 (0.000)	-5.405 (0.000)	-17.545 (0.000)	-4.603 (0.012)
ECM_{t-1}	-0.849 (0.000)	-0.895 (0.001)	-0.940 (0.000)	-0.744 (0.000)	-0.676 (0.010)
Adj. R_square	0.550	0.853	0.691	0.671	0.565
自相关检验:LM(1)	$F_{(1,28)}=0.075(0.786)$	$F_{(1,22)}=0.132(0.719)$	$F_{(1,28)}=0.015(0.903)$	$F_{(1,26)}=2.257(0.145)$	$F_{(1,27)}=0.000(0.989)$
LM(4)	$F_{(4,25)}=0.509(0.729)$	$F_{(4,19)}=0.143(0.964)$	$F_{(4,25)}=0.423(0.791)$	$F_{(4,23)}=1.173(0.349)$	$F_{(4,24)}=0.683(0.610)$
异方差检验:ARCH(1)	$F_{(1,30)}=0.055(0.817)$	$F_{(1,30)}=0.036(0.852)$	$F_{(1,30)}=0.156(0.695)$	$F_{(1,30)}=1.026(0.319)$	$F_{(1,30)}=0.039(0.845)$
ARCH(4)	$F_{(4,21)}=0.560(0.695)$	$F_{(4,19)}=1.145(0.366)$	$F_{(4,21)}=0.505(0.733)$	$F_{(4,21)}=0.210(0.930)$	$F_{(4,21)}=2.950(0.044)$
正态性检验:JB值	$JB=0.238(0.888)$	$JB=0.919(0.631)$	$JB=2.416(0.299)$	$JB=2.720(0.257)$	$JB=0.210(0.900)$
稳定性检验:Reset	$F_{(1,28)}=6.275(0.018)$	$F_{(1,22)}=2.437(0.133)$	$F_{(1,28)}=1.675(0.206)$	$F_{(1,26)}=0.736(0.399)$	$F_{(1,27)}=2.238(0.146)$

注：1. 变量回归系数方括号内整数表示变量滞后的阶数，其他说明同表 2。

　　第四，其他变量的估计参数表明：中国与投资来源国相对工资水平的上升在长期会对所有行业的 FDI 进入产生显著的负面影响，表明相对工资水平的上升主要体现了中国与投资来源国相对生产成本的差异。而中国国内总体市场规模的扩大在长期会对所有行业 FDI 进入产生显著的促进作用，而投资来源国市场规模对 FDI 进入中国不同行业的影响不显著且方向也不明确，上述的经验结论也与多数的考察 FDI 进入东道国决定因素的相关研究结论一致。另外，不同行业长期协整方程的残差自基于不确定条件下的投资理论和风险规避理论都认为汇率不确定性在短期同样会对直接投资产生显著的影响作用，为了考察人民币汇率变化在短期对 FDI 择机进入中国市场的影响作用，本书结合长期协整方程的估计结果，按照"一般到特殊"的原则对建立动态误差修正模型来考察人民币实际有效汇率不确定性在短期与 FDI 择机进入的关系，表 7-3 给出了不同行业误差修正模型相关变量的参数估计结果：首先，人民币实际有效汇率水平的估计参数除了在专用设备制造业和水及燃气生产业不显著之外，在其他所有行业的估计参数都至少在 5% 的显著性水平上为正值，表明人民币实际有效汇率升值在短期无论对于完全的东道国市场导向的行业还是出口导向特征较为明显的制造行业的 FDI 择机进入中国市场都会产生显著的促进作用，这与长期协整方程参数估计的结论相同，也与多数考察汇率水平与 FDI 择机进入东道国市场相关经验研究结论一致，进一步表明人民币实际有效汇率水平升值总体上会促进东道国市场导向 FDI 择机进入的理论和经验研究结论较为稳健。

　　其次，实际汇率不确定性变量在短期的估计参数除了在通信及电子设备制造业和建筑业的不显著之外，在其他所有行业的估计参数都呈现显著的负值，表明实际汇率不确定性的增加在短期同样对于东道国市场导向和出口导向较明显行业的 FDI 择机进入都会产生显著的负面影响，这一经验结论不仅完全符合本书的命题 1 和命题 3 的理论结论，同时也验证了 Dixit—Pindyck 的理论分析结论：经济变量不确定性的增加即使在短期也会对直接投资的决策行为产生显著且重要的影响。同样也进一步表明本书基于不确定条件下的投资理论考察人民币实际汇率不确定性对 FDI 的择机进入的影响作用具备较好的理论基础和解释力。

再次，实际汇率预期趋势变量的估计参数在多数行业的估计参数不显著，在医药制造业和通用设备制造业相应估计参数为显著负值，在专用设备制造业相应估计参数为显著正值。总体来看，经验结论同样与本书的理论命题 2 和命题 4 理论分析结论吻合，实际汇率预期趋势变量在短期对 FDI 的影响作用同样不明确，取决于厂商的风险规避系数大小和市场销售导向特征，也表明实际汇率预期变化在长期对不同类型 FDI 择机进入东道国市场影响作用存在不确定性的经验结论较为稳健，即直接投资的沉淀成本及不可逆性和风险规避特征都是引起汇率不确定性对 FDI 择机进入东道国市场产生影响的重要因素。

最后，相对工资变量的估计参数仍然在多数行业为显著的负值，这与长期协整方程估计的结论相同，相对生产成本的变化在短期同样会对 FDI 择机进入东道国市场产生显著的影响作用；而中国和投资来源国市场规模在多数行业的估计参数都不显著，表明市场总体的规模变化对 FDI 的进入影响主要体现在长期上，在短期对多数行业并不会产生显著的影响作用。误差修正项变量所有估计参数都至少在 5% 的显著性水平上为负值，除了医药制造业相应估计参数绝对值大于 1 之外，其他行业相应估计参数都符合负向反馈调整机制的理论基础。动态误差修正模型的残差自相关、异方差、正态分布、稳定性的检验结果显示：所有行业的估计参数都具备有效性和一致性，除了全部制造业和专用设备制造业的估计残差未通过稳定性之外，其他所有行业的残差都通过了稳定性检验，同样表明误差修正模型的设定对大多数行业是恰当稳健的。

第五节　小结与政策评论

本章从理论和经验层面考察了人民币实际汇率不确定性对东道国市场导向型和出口导向型 FDI 择机进入中国的影响作用，研究结论显示：

第一，理论和经验研究结论都表明人民币实际汇率不确定性的增加对于出口导向型和东道国市场导向型 FDI 择机进入都会产生显著的负面影响，并且理论分析的结论表明实际汇率不确定性的增加对于风险厌恶型 FDI 择机进入东道国市场会产生更大的阻碍作用。由于 FDI 在中国外向型经济发展中占有重要的地位，并且继续有针对性地利用 FDI 对于促进中国产业技术进步和结构升级、实现经济增长方式的转变仍然发挥着重要的作用，上述理论分析和经验研究表明人民币汇率的不确定性无论在短期还是长期对于 FDI 择机进入都会产生显著的影响作用，维持人民币名义汇率和物价水平的稳定，降低人民币实际汇率的不确定性不仅有利于保障出口企业的利益，而且对于进一步有针对性利用 FDI，不断提升利用 FDI 的质量，实现外向型经济发展模式转变，带动国内产业技术进步和创新能力提升，促进经济发展方式转变等都具有重要的现实意义。

第二，对于人民币实际汇率水平变化与出口导向型 FDI 择机进入的理论分析结论和经验结论并不完全一致，但理论和经验研究都表明人民币实际有效汇率升值不仅不会阻碍东道国市场导向型

FDI 进入，反而会促进更多东道国市场导向型 FDI 进入，这也与多数考察汇率对 FDI 择机进入影响的相关理论和经验研究结论一致。与出口导向型 FDI 利用中国廉价的生产要素并将中国作为出口平台的投资动机不同，国内市场导向型 FDI 更专注于东道国市场扩展，相对于出口导向型 FDI，东道国市场导向型 FDI 与东道国当地企业会更容易产生紧密的产业关联效应，促进东道国产业技术进步和市场竞争，上述理论和经验研究结论表明在时机成熟条件下允许人民币汇率平稳适度升值并不会对 FDI 进入中国市场产生显著的负面影响，而且总体上有利于调整和引导跨国公司对华投资的市场导向，吸引更多 FDI 企业进入中国的服务行业，促进利用外商直接投资结构的优化。

第三，对于汇率预期趋势的变化和 FDI 择机进入的理论研究表明汇率预期升值对东道国市场导向型 FDI 择机进入的影响作用总体上不明确，主要取决于厂商的风险厌恶程度，但对于出口导向型 FDI 择机进入会产生显著的负面作用，并且本书的经验研究同样表明人民币实际有效汇率预期升值在长期会对多数制造业 FDI 择机进入产生显著的负面影响。另外，人民币实际汇率预期升值本身会加剧实际汇率的不稳定性，因此上述的理论分析和经验研究结论表明进一步完善人民币汇率形成机制改革，消除人民币汇率升值的强烈预期，总体上有利于维持人民币实际汇率的稳定，同样对于保障出口企业利益，进一步吸引更多的 FDI 进入技术和知识密集型服务行业，实现外向型经济质量和结构稳步转型，促进宏观经济平稳发展都具有重要意义。

当然，鉴于汇率与 FDI 关系问题本身的复杂性，本章基于宏观层面的实证检验仍然有很大的扩展空间，理论研究结论同样需要微观层面的经验证据支持，包括建立基于产业层面的实际有效汇率指数，在微观企业层面更加严格区分 FDI 企业投资的市场导向，采用信息量更大的面板数据分析等，这些也是以后有待进一步深入研究和扩展分析的内容。

第八章

人民币实际汇率变化对出口
转换的影响研究

2005 年 7 月人民币形成机制改革以来，人民币名义和实际汇率总体上出现了较为明显的升值趋势，对于人民币汇率变化如何影响贸易平衡、出口规模及结构变化，国内学者基于时间序列数据以及微观企业数据从多个角度进行了深入研究，但结论存在显著的差异性。首先，在汇率变化如何影响总体出口方面：卢向前、戴国强（2005），张会清、唐海燕（2012）分别基于时间序列和企业层面数据研究表明人民币汇率升值会对出口产生显著的负面影响作用；陈六博、刘厚俊（2007），郭飞等（2014）同样基于时间序列和企业案例数据研究表明汇率升值或贬值并不能对出口产生显著的影响作用。其次，在汇率变化对出口结构的影响方面：余淼杰、王雅琪（2015）从名义汇率变化对企业出口产品转换的角度发现汇率升值会显著的延长核心产品的生产，贬值有助于增加出口产品种类；许家云等（2015）基于企业层面的研究同样发现实际汇率升值有助于企业提高核心产品的生产集中度，淘汰边缘落后型产品，长期来看有助于优胜劣汰，提升出口企业竞争力；陈斌开等（2010），胡冬梅等

（2010）基于高度细分的产品层面从汇率对出口价格的传导方面研究发现，实际汇率升值对纺织服装等低技术和劳动密集型产品会产生更大的压力，而对机电产品资本密集型产品出口价格传导更接近于完全传导，对其竞争力影响有限；但与上述研究不同的是，陈学彬等（2007）从产品层面的汇率对出口价格的传导角度研究表明，劳动密集型行业具有较强的市场盯价能力，升值对劳动密集型行业的出口影响有限；李宏彬等（2011），张会清、唐海燕（2012）同样发现人民币升值对劳动密集型和低技术产品部门的出口影响较少，而对资本和技术密集型企业的影响作用较大，人民币升值并不利于出口结构的改善。最后，有关人民币汇率对贸易平衡的研究方面：刘尧成等（2010）基于时间序列的研究表明汇率变化对中国的贸易平衡具有显著的修正作用，汇率升值会显著降低贸易差额且有逐步加强的趋势；而邢予青（2012）的研究认为中国的贸易顺差主要来自加工贸易，汇率升值在降低出口的同时也会显著地降低进口，汇率升值对贸易平衡的效果有限。

　　造成上述研究结论差异的原因除了研究方法和数据存在差别，一个重要的原因在于已有的研究主要集中于探讨人民币汇率变化对中国出口的直接影响作用，一方面人民币汇率变化不仅会对出口的价格和数量产生直接影响作用，而且还会通过影响进口中间产品成本渠道进而对出口产生影响作用，由于出口企业多数也是进口企业，多数的进口活动都来自出口企业（Amiti, et al.，2014）；尽管一些研究强调并且检验了人民币汇率对加工贸易和一般贸易影响的区别（Ahmed，2009；Marquez，Schindler，2007；Thorbeck，et al.，2010，2011），但由于在一般贸易模式下同样存在进口中间产品的问题，并且汇率变化对出口价格的传递效应与企业参与垂直化分工程度存在密切关系（项后军、吴齐全，2015），显然考察汇率变化对出口的影响作用不仅需要严格区分汇率变化对出口价格和出口数量的不同影响作用,更需要同时控制汇率对出口的直接影响以及汇率通过影响进口中间投入的方式对出口的影响作用;另一方面,已有的研究主要强调了人民币汇率变化对净出口增长的影响,而忽视了汇率变化对不同企业之间的出口转换影响作用,比如行业层面的净出口增长率上升即可以表现为部分企业出口扩张率的上升(正向增长率),其他企业的出口收缩率(负向增长率)不变;也可以表现为部分企业出口收缩率下降,其他企业的出口扩张率不变。或者在行业层面净出口增长率不变的情况下,也可能在企业层面同时存在很高的出口扩张率和出口收缩率,即在行业内部不同企业之间存在显著的出口转换效应。

考察实际汇率变化对产业内部出口转换的重要性在于:首先,正如 Melitz(2003)新新贸易理论所强调的一样,高效率的企业进入出口市场和低效率的企业退出出口市场本身会显著引起产业内部的资源重新配置,而产业内部不同出口企业之间进入和退出以及出口规模的相互转换是促进总体产业生产效率提升的重要渠道。实际汇率变化会造成企业进入和退出的沉淀成本显著的改变,进一步强化汇率调整对企业进入和退出出口市场的选择性,因此考察汇率变化对产业内部不同企业之间出口转换影响作用能够较为直接明确汇率变化通过资源重新配置的渠道对产业总体生产效率的影响作用。其次,汇率变化可以同时对不同企业的出口扩张和出口收缩产生影响,比如汇率升值对净出口产生的负面影响,既可以体现为汇率升值对出口扩张率的负面冲击,也可以体现为汇率升值对出口收缩率的正面冲击,但二者隐含着截然不同的福利经济学含义。出口扩张率的下降意味着出口潜在增长率得到了抑制,并不会对企业已有的经营状况造成直接现实的冲击;而出口收缩率的上升则意味着出口企业被迫降低出口市场份额甚至退出出口市场,企业需要为此付出较高的进入和退出沉淀成本,对企业经营状况的负面冲击是直接现实的。最后,如果汇率变化对企业出口扩张和出口收缩产生同方向的影响情形下,会造成汇率变化对净出口增长率影响很小(或者不显著),但会对产业内部不同企业之间的出口相互转换产生十分显著的影响,仍然表明汇率变化会对企业的出口行为以及行业内部的资源重新配置产生了显著影响。基于上述考虑,本书主要从以下两方面进行了扩展性研究:一是构建了实际汇率变化对出口扩张率和出口收缩率产生影响的理论框架,明确了实际汇率变化对产业内部企业之间出口转换产生影响的渠道和机制;二是基于1998—2009年中国规模以上工业企业数据库,细分行业层面的人民币实际有效汇率指数,同时基于2000—2012年海关细分的HS八位码的产品层面数据,较为准确的界定了行业层面出口产品中进口中间产品的比重,检验了人民币实际汇率变化对四位码细分制造业出口扩张、出口收缩、净出口增长及其出口转换的影响作用。

　　考察汇率变化对出口影响作用需要重点关注的一个问题是:已有的多数相关研究表明汇率升值和贬值条件下对出口的影响可能存在显著的不对称性(Marston,1990;Ohno,1990;Kasa,1992;Kanas,1997;Knetter,1994;Koutmos,Martin,2003;Fang,et al.,2009),导致汇率变化对出口产生不对称影响的原因众多,总体上可以归结为三个主要原因:一是汇率调整会导致出口厂商基于市场定价的行为(Pricing to Market,PTM)存在不对称性,这里又存在两种理论假说,市场瓶颈(Bottleneck Hypothesis)认为一些出口厂商在前期投资不足导致出口供给受限或者出口数量本身受到限制的情形下(比如自动出口限额,进口国的反倾销措施等),本币贬值的情况下并不能有效地促进市场份额的扩张,出口厂商更倾向于在贬值情况下采取市场定价方法提高出口产品价格来获取更高的利润；而在本币升值的情况下，市场容量并不存在受到限制的问题，汇率对出口价格影响更接近于完全传导；而市场份额假说（Market share hypothesis）则认为从厂商长期经营来看，如果获取更高的市场份额具有显著的投资价值（Knetter，1994），在本币升值的情形下出口厂商为了保持出口市场份额的稳定更倾向于采用 PTM 行为降低出口价格（本币计价），而在本币贬值的情形下，出口厂商同样为了获取更高的市场份额，更倾向于保持出口价格（本币计价）稳定，而不是通过提高出口价格的方式来获取更多的利润，即本币贬值的情况下厂商较少采取 PTM 行为。二是企业进入出口市场存在较高的沉淀成本，会对企业的进入和退出出口市场产生迟滞效应（hysteretic behavior，Baldwin，1988；Baldwin，Krugman，1989；Dixit，1989），在本币汇率贬值的情况下，新企业进入出口市场，导致出口市场竞争加剧，已经进入的出口企业利润和现金流并不会相应增加；相反，在本币汇率升值的情况下，新进入的出口企业由于存在较高的沉淀成本并不会很快地退出出口市场，会导致新进入出口企业和已经进入的出口企业利润和现金流都出现显著下降，因此在升值和贬值的情况下会对企业的经营状况和出口绩效产生显著的不对称影响作用。三是出口厂商对汇率风险规避行为本身存在不对称性，很多出口厂商采用单边套期保值的方法来规避汇率的风险，比如出口厂商如果主要面临的是外币应收账款，只需要规避本币升值的汇率风险，而不需要对本币汇率贬值的风险进行套期保值，厂商对汇率变化风险的规避行为不对称性显然也会造成汇率变化对出口增长影响的不对称性。尽管已有的研究强调了汇率变化对出口可能产生的不对称影响，但对于人民币实际汇率变化对出口变化和转换影响的不对称性尚未有相关研究进行系统的检验和对比，这也可能是导致许多经验结果出现不一致甚至相反结论的一个重要原因，特别是从 1998—2009 年以来人民币实际汇率发生了十分明显的贬值和升值变化，这对于检验人民币实际汇率变化对出口影响的不对称性提供了良好的经验基础，基于上述考虑本书从经验层面系统考察了人民币贬值和升值情形下对出口变化及其转换的不同影响作用。

从经验分析层面，除了考虑汇率变化对出口影响的不对称性之外，还要重点关注以下几个问题：首先，是由于实际汇率变化会同时影响出口价格（本币计价，PTM）和出口数量，并且对二者的影响作用方向并不一致，因此这里强调的出口扩张率和出口收缩率计算均是指消除了出口价格影响之后的指标，主要反映的是出口数量的变化和转换效应。其次，是实际汇率变化对出口数量影响的大小和方向，显然与汇率对出口价格的传导存在密切关系，即二者的关系在很大程度上取决于出口厂商的 PTM 行为，按照已有的汇率传导理论相关研究，行业或者企业的 PTM 行为取决于企业的成本加成系数（Markup）或者生产率，在生产率较高的企业或者利润水平较高的行业可以调整的利润空间更大，企业采取 PTM 行为的现象也更为频繁，因此实际汇率调整对高生产率企业或者高利润率行业的出口的价格影响更大，而对其出口数量的影响作用较小（Knetter，1993；Athukorala，Menon，1994；Campa，Goldberg，2005；Dekle，Ryoo，2007；Berman，et al.，2012；Li et al.，2015）；但是从近年来对多产品企业相关的研究文献来看，由于高生产率企业或者高利润行业更可能是多产品企业，而多产品企业在面对外部竞争或者汇率调整的情况下其产品转换和调整过程更为频繁（Bernard，et al.，2010；Broda，Weinstein，2010；Iacovone，Javorcik，2010；Liu，2010；Chatterjee et al.，2013；Mayer et al.，2014），这同样可能会导致实际汇率调整对高利润产业部门的出口数量转换效应更为显著。基于上述两点分析本书同样考察了人民币实际汇率变化分别对高利润和低利润产业部门出口变化和转换的影响作用。最后，汇率调整对出口市场的影响包括汇率的持久变化以及暂时性变化对出口的影响，持久性变化主要反映了汇率变动的长期性变化特征，具有随机性和事先不可预测性，而暂时性变化主要反映了汇率的周期性变化特征，具有较强的预期性变化特征。已有理论和经验研究表明汇率的暂时性预期变化和持久变化都可能对实体经济和企业行为产生显著的影响作用（Baldwin，1988；Klein et al.，2003；Fung，2008；Tomlin，2014；李艳丽，彭红枫，2014）；不仅如此，由于调整成本或者沉淀成本的存在，汇率的暂时性变化同样可能会对出口企业的 PTM 行为产生显著的影响作用（Dixit，1989；Kasa，1992），当企业认为汇率的调整属于暂时性变化的情况下，企业更倾向于调整出口价格，而不是通过调整产品结构和数量来应对汇率的暂时性变化，因此汇率的持久性变化和暂时性变化同样可能对出口变化和转换产生不同影响作用。基于上述考虑本书分别考察了人民币实际汇率持久性变化以及暂时性变化对出口变化和转换的影响。

第一节 理论分析框架

一 出口需求方程

这里主要参照汇率变化对净出口增长影响以及汇率变化对就业转换（Ahmed，2009；Klein et al.，2003）的理论分析来构建适用于本章经验研究的理论框架。假设外部国家和地区的消费者对行业 K 的产品需求分别来自中国出口产品（X）和其他市场提供的产品（Y），外国消费者的 CES 效用函数可以表示为：

$$U(X_K, Y_K) = [\varphi^{\frac{1}{\sigma}} X_K^{\frac{\sigma-1}{\sigma}} + (1-\varphi)^{\frac{1}{\sigma}} Y_K^{\frac{\sigma-1}{\sigma}}]^{\frac{\sigma}{\sigma-1}} \tag{1}$$

其中 φ 表示消费对产品的偏好系数,σ 表示中国和外部市场产品的替代弹性,外国消费者对行业 K 加总预算约束表示为:

$$P_{X,K}^* X_K + P_{Y,K}^* Y_K = P_K^* C_K^* \tag{2}$$

P^* 表示外国价格,$P_{X,K}^*$ 表示中国行业加总层面出口产品的外国价格,P_K^* 表示行业加总的外国总价格水平,C^* 表示外部市场消费者加总的消费数量。行业加总层面的外国价格指数可以表示为:

$$P_K^* \equiv [\varphi (P_{X,K}^*)^{1-\sigma} + (1 - \varphi)(P_{Y,K}^*)^{1-\sigma}]^{\frac{1}{1-\sigma}} \tag{3}$$

基于消费者效用最大化一阶条件,结合方程 (1) – (3),可以得到外国消费者在行业 K 对中国出口产品的需求数量:

$$X_K = \varphi \left(\frac{P_{X,K}^*}{P_K^*}\right)^{-\sigma} C_K^* \tag{4}$$

人民币在行业 K 的实际汇率指数可以表示为:

$$RER_K = \frac{eP_K}{P_K^*} \tag{5}$$

P_K 表示中国国内价格总水平,结合 (4) 和 (5) 式可得:

$$X_K = \varphi RER_K^{-\sigma} \left(\frac{P_{X,K}}{P_K}\right)^{-\sigma} C_K^* \tag{6}$$

上述 (6) 式只给出了行业加总层面的出口需求,为了得到企业层面的出口需求函数,假设外部市场的消费者对不同企业的出口产品需求遵循嵌套形式的 CES 生产函数,产业内部不同企业出口产品之间的替代弹性为 ρ,产业部门之间产品的替代弹性为 η,企业层面的出口需求函数 $X_{f,d}$ 可以表示为 (Atkeson, Burstein, 2008; Amiti, et al., 2014):

$$X_{f,d} = \varepsilon_{f,K} P_{f,K}^{-\rho} P_K^{\eta-\rho} X_K \tag{7}$$

$\varepsilon_{f,K}$ 表示消费者对企业出口产品的偏好特征,$P_{f,K}$ 表示企业的产品价格,P_K 表示国内行业的价格总水平;假设外国消费者对中国出口产品的偏好特征不变,将公式 (6) 带入公式 (7) 式取对数差分可得:

$$\widehat{X_{f,d}} = -\sigma[(\widehat{RER_K} + (\widehat{P_{X,K}} - \widehat{P_K}))] - \rho(\widehat{P_{f,K}} - \widehat{P_K}) + \eta\widehat{P_K} + \widehat{C_K^*} \tag{8}$$

对于任意的变量 N，定义 $\hat{N} = \Delta LnN$。显然公式（8）显示：企业出口产品的需求数量增长率取决于企业对应行业人民币实际汇率变化（$\widehat{RER_K}$）、本币计价的行业出口价格总体水平与行业整体价格的相对变化率（$\widehat{P_{X,K}} - \widehat{P_K}$）、企业产品价格水平相对于整个行业价格水平的变动率（$\widehat{P_{f,K}} - \widehat{P_K}$），国内行业层面的价格总水平变动（$\widehat{P_K}$），外部市场消费需求总量变化（$\widehat{C_K^*}$）以及中国出口产品与外国产品的替代弹性（$\sigma$）。出口企业之间的产品替代弹性（$\rho$），产业之间产品总的替代弹性（$\eta$）。

二　出口供给方程

为了得到企业层面的出口决定方程，需要同时考虑企业出口产品供给（$X_{f,s}$）。假设企业出口产出方程遵循 C－D 生产函数，即

$$X_{f,s} = A_f L_f^\alpha Z_f^\beta M_f^{1-\alpha-\beta} e^\varepsilon \tag{9}$$

L_f 表示中国企业出口产出的劳动投入，Z_f 表示企业出口产出的国内中间资本产品投入，M_f 表示中国企业出口产出中进口中间产品投入。出口厂商预算约束可以表示为：

$$wL_f + rZ_f + sM_f = I_f \tag{10}$$

由出口厂商利润最大化一阶条件可以得到出口厂商对生产要素的最优需求数量：

$$\alpha\frac{X_{f,s}}{L_{f,d}} = \frac{w}{P_{f,K}}; \beta\frac{X_{f,s}}{Z_{f,d}} = \frac{r}{P_{f,K}}; (1-\alpha-\beta)\frac{X_{f,s}}{M_{f,d}} = \frac{s}{P_{f,K}} \tag{11}$$

为了简单起见，假设生产要素的供给具有弹性，供给数量取决

于生产要素实际价格水平，即

$$L_{f,s} = \left(\frac{w}{P_K}\right)^{\mu} H_L \; ; Z_{f,s} = \left(\frac{r}{P_K}\right)^{\eta} H_Z \; ; M_{f,s} = \left(\frac{s^*}{P_K^*}\right)^{\theta} H_M = RER_K^{\theta} \left(\frac{s}{P_K}\right)^{\theta} H_M$$

$$(12)$$

其中 H_L、H_Z、H_M 分别表示影响要素供给的其他标量（比如要素禀赋和市场规模等），在企业层面要素市场出清的条件下（$\widehat{L_{f,d}} = \widehat{L_{f,s}} \; ; \widehat{Z_{f,d}} = \widehat{Z_{f,s}} \; ; \widehat{M_{f,d}} = \widehat{M_{f,s}}$），可以得到市场均衡情形下生产要素变化率的决定因素：

$$\widehat{L_f} = \frac{\mu}{1+\mu}[\,\widehat{X_{f,s}} + (\widehat{P_{f,K}} - \widehat{P_K})\,]\; ; \widehat{Z_f} = \frac{\eta}{1+\eta}[\,\widehat{X_{f,s}} + (\widehat{P_{f,X}} - \widehat{P_K})\,]$$

$$\widehat{M_f} = \frac{\theta}{1+\theta}[\,\widehat{RER_K} + \widehat{X_{f,s}} + (\widehat{P_{f,K}} - \widehat{P_K})\,] \qquad (13)$$

联立方程（9）和方程（13）可以得到在要素市场均衡情况下，企业出口供给增长决定方程：

$$\widehat{P_{f,K}} - \widehat{P_K} = \left(\frac{1-\lambda}{\lambda}\right)\widehat{X_{f,s}} - \frac{\theta}{\lambda(1+\theta)}(1-\alpha-\beta)\widehat{RER_K} \qquad (14)$$

其中：$\lambda = \frac{\alpha\mu}{1+\mu} + \frac{\beta\eta}{1+\eta} + \frac{(1-\alpha-\beta)\theta}{1+\theta}$

三 出口市场均衡与实际汇率变化

同时基于企业出口需求决定方程［公式（8）］和出口供给决定方程［公式（14）］可以得到企业市场均衡条件下出口增长率的决定方程：

$$\widehat{X_f} = -\Omega\sigma\widehat{RER_K} + \kappa(1-\alpha-\beta)\widehat{RER_K} - \Omega\sigma[\widehat{P_{X,K}} - \varphi\widehat{P_K}] + \Omega\widehat{C_K^*}$$

$$(15)$$

其中 $\Omega = \dfrac{\lambda}{\lambda+\rho(1-\lambda)} > 0$；$\kappa = \dfrac{\rho\theta}{(1+\theta)[\lambda+\sigma(1-\lambda)]} > 0$，

$\varphi = \dfrac{\sigma+\eta}{\sigma}$ 方程（15）表示在出口市场均衡条件下：实际汇率变化通

过直接的渠道会对企业净出口增长率产生影响作用，也同时会通过进口中间品渠道 $(1-\alpha-\beta)$ 对净出口增长率产生影响作用，并且随着进口中间产品比重的增加 $(1-\alpha-\beta)$，实际汇率变化对净出口增长率的负面影响作用会随之减弱，同时企业的净出口增长率还取决于行业出口价格相对于整体价格水平变化以及外部需求增长率的影响。由于本书需要考察的是人民币实际汇率变化对出口转换率的影响作用，实际汇率变化同时可能会对出口扩张（出口的正向增长率）和出口收缩（出口的负向增长率取绝对值）产生不同影响作用。行业层面的出口扩张率和收缩率可以通过对企业的出口扩张和收缩加权平均计算得到，在给定某一时间某一行业内存在出口扩张的企业（$E+$）和出口下降的企业（$E-$）集合表示为：

$$\Phi_+ = \sum_{f \in E+} \varphi_f \quad \Phi_- = \sum_{f \in E-} \varphi_f$$

其中，$\Phi_+ \geqslant 0$，$\Phi_- \geqslant 0$，并且 $\Phi_+ + \Phi_- = 1$，φ_f 表示行业内部每个企业出口所占的权重。产业层面的出口正向增长率（出口扩张率）和出口负向增长率（出口收缩率）可以表示为：

$$ECR = \sum_{f \in E+} \varphi_f (-\Omega\sigma \widehat{RER}_K + \kappa(1-\alpha-\beta)\widehat{RER}_K + \Omega \widehat{C_K^*} - \sigma(\widehat{P_{X,K}} - \varphi\widehat{P_K}))$$

$$= \Phi_+ (-\Omega\sigma \widehat{RER} + \kappa(1-\alpha-\beta)\widehat{RER}) + \sum_{f \in E+} \varphi_f (\Omega \widehat{C^*} - \sigma(\widehat{P_{X,K}} - \varphi\widehat{P_K}))$$

$$(16)$$

$$EDS = \sum_{f \in E-} \varphi_f (-\Omega\sigma \widehat{RER}_K + \kappa(1-\alpha-\beta)\widehat{RER}_K + \Omega \widehat{C_K^*} - \sigma(\widehat{P_{X,K}} - \varphi\widehat{P_K}))$$

$$= \Phi_- (-\Omega\sigma \widehat{RER} + \kappa(1-\alpha-\beta)\widehat{RER}) + \sum_{f \in E-} \varphi_f (\Omega \widehat{C^*} - \sigma(\widehat{P_{X,K}} - \varphi\widehat{P_K}))$$

$$(17)$$

方程（16）和方程（17）表明在行业层面无论是出口扩张率还是出口收缩率主要取决于实际汇率变化、出口产品中进口中间产品投入比重、外部市场需求、出口价格相对于国内总休价格水平变化四个核心变量。控制了其他变量之后，实际汇率变化既可能对出口扩张率也可能对出口收缩率产生影响，并且实际汇率变化对出口扩张和收缩率的影响也取决于汇率变化对进口中间产品投入比重。

第二节 经验方程、数据变量说明 及相关描述性统计

一 经验方程与变量说明

基于理论分析框架和第一节相关论述，本书构建如下经验方程来考察人民币实际汇率变化对制造业出口增长和转换率的影响：

$$EF_{i,t} = \alpha_0 + \alpha_1 ECR_{i,t-1} + \alpha_2 EDR_{i,t-1} + \alpha_3 \Delta LnREER_{i,t} + \alpha_4 \Delta LnREER_{i,t} \times$$

$$IM_{i,t-1} + \alpha_5 \Delta Y_{it}^* + X_{it} + \eta_t + \mu_i + \varepsilon_{ijt} \tag{18}$$

其中 $EF_{i,t} = [ECR_{it}, EDR_{it}, ENT_{it}, ERE_{it}]$，$EF_{i,t}$ 表示在中国四位码制造业 i 在时间 t 的出口转换率，用来全面衡量出口的转换效应，具体包括出口扩张率（ECR_{it}）、出口收缩率（EDR_{it}）、净出口增长率（ENT_{it}）以及出口总的转换率（ERE_{it}）；参照 Davis and Halti-wanger（1992）；Klein et al.，（2003）；Broda and Weinstein，（2010）对产业内部不同企业就业数量（或者企业内部不同产品）的相应的指标的定义和计算方法，本书这里同样可以基于企业层面的出口信息来定义对应行业层面的上述指标，即

$$ECR_{it} = \frac{\sum_{f \in E+} \Delta EX_{fit}}{0.5 \times (EX_{it} + EX_{it-1})} \quad EDR_{it} = \frac{\sum_{f \in E-} |\Delta EX_{fit}|}{0.5 \times (EX_{it} + EX_{it-1})}$$

$$ENT_{it} = ECR_{it} - EDR_{it} \quad ERR_{it} = ECR_{it} + EDR_{it} \tag{19}$$

公式（19）中行业出口扩张率计算采用行业内对应的全部企业的出口扩张额加总后与行业平均出口额相比计算得到；行业的出口收缩率计算采用行业内对应全部企业的出口下降额加总后与行业平均出口额的比值计算得到。为了便于比较，对行业的出口收缩率取了绝对值。由于出

口扩张率和出口收缩率分别采用了行业当期出口增长金额与行业平均出口金额的比值计算，很大程度上消除了出口价格变化的影响，因此这里的出口扩张率和出口收缩率主要反映了出口的数量正向增长率和负向增长率；显然出口净增长率可以表示为出口扩张率和出口收缩率（取绝对值）的差额，而出口扩张率和收缩率之和可以表示出口总的转换率，即产业内部不同企业之间出口的相互转换效应。

由于当期出口市场的转换率变化可能会受到前期出口扩张率和收缩率变化的显著影响，因此在经验方程中对滞后一期的出口扩张率和收缩率都进行了相应的控制。

$\Delta LnREER_{i,t}$ 表示行业层面人民币实际有效汇率的变化率，参照相关研究（Goldberg，2004），行业层面的人民币实际有效汇率指数通过贸易加权的方式计算构建，即[1]

$$REER_{it} = \sum_{j=1}^{k} \omega_{jt}^{i} RER_{jt}$$

$$\omega_{jt}^{i} = \frac{X_i}{X_i + M_i} * \frac{\sum_{t-3}^{t-1} ex_{jt}^{i}}{\sum_{j=1}^{k} \sum_{t-3}^{t-1} ex_{jt}^{i}} + \frac{M_i}{X_i + M_i} * \frac{\sum_{t-3}^{t-1} im_{jt}^{t}}{\sum_{j=1}^{k} \sum_{t-3}^{t-1} im_{jt}^{i}} \quad (20)$$

其中，RER_{jt} 表示中国与 j 国在年度（或者月度）的双边实际汇率指数（以 PPI 计算），ω_{jt}^{i} 表示中国与 j 国在产业 i 的双边贸易的年度加权系数，ex_{jt}^{i}, im_{jt}^{i} 分别表示中国与 j 国在中国四位码工业行业 i 在年度（或者月度）t 的双边进口和出口贸易数量，同样由于双边实际汇率 RER_{jt} 变化本身会影响 ex_{jt}^{i}, im_{jt}^{i} 的大小，为了避免贸易权重和汇率变化的内生性问题（Simultaneity Bias），这里 ex_{jt}^{i}, im_{jt}^{i} 分别采用相对于实际汇率 t 所在年份之前三年的平均值作为加权值，$X_i / (X_i + M_i)$

---

[1] 这里同样可以采用几何加权的方法构建人民币在细分产业层面的实际有效汇率指数，由于几何加权的方法实质是对双边汇率指数取对数之后再进行算术加权，因此二者在本质上的变化趋势应该是完全一致的，本书通过对两种方法的构建的指数进行对比之后也完全验证了这一点。

表示 1997—2013 年对应行业货物出口数量的平均比重，$M_i/(X_i+M_i)$ 表示相应行业货物进口的平均比重；k 表示加权国家和地区总数。

$IM_{i,t-1}$ 表示行业出口产出中进口中间投入所占比重，由于工业企业数据库中并未提供企业的进口统计资料，但海关的企业数据库和海关产品信息数据库提供了 HS 八位码产品的详细的贸易模式，通过合并产品加工贸易模式以及与中间品进口模式分类产品能够较为准确区分的出口产品中包括的进口中间产品数量信息，为了获取行业出口产出中对应的中间进口产品比重，这里首先采用中国海关企业数据库 2000—2006 年和海关产品信息数据库 2004—2012 年，按照贸易模式区分了八位码出口产品中的最终产品和中间进口产品，然后利用八位码产品分类和四位码工业行业分类对照表进行合并对接，可以最终计算得到行业层面出口产品中进口中间产品比重，即

$$IM_{i,t-1} = \frac{\sum_{e=1}^{n} q_{ict-1}}{exq_{it-1}}$$

q 表示行业 i 对应出口产品种类中属于加工贸易性质原料和进口中间品的数量[①]，exq 表示行业全部出口产品的数量。由于实际汇率的变化同时会影响进口中间产品比重的变化，同样为了避免实际汇率和进口中间产品交叉项之间存在的内生性问题，这里对进口中间产品投入比重做了滞后一期处理。

ΔY_{it}^* 行业 i 对应的外国需求增长率，用来控制外部需求变化对出口市场的影响作用，这里同样采用中国与主要贸易伙伴贸易加权方式可以得到相应指标：

---

① 全部八位码出口产品被分类为 35 种贸易模式，本书这里列入出口产品中属于中间产品进口的贸易产品模式主要包括 13 种：加工贸易、来料加工装配贸易、进口加工贸易、加工贸易进口设备、外商投资企业作为投资进口的设备、出口加工区进口设备、进料深加工结转货物、来料深加工结转货物、加工贸易结转设备、进料加工结转预料、来料加工结转余料、进料加工复出口料件、来料加工复出口料件。

$$\Delta Y_{it}^{*} = \sum_{j=1}^{k} \omega_{jt}^{i} GDPG_{jt}$$

ω_{jt}^{i} 表示贸易加权系数，具体表达式请参见公式（20）；$GDPG_{jt}$ 表示中国主要贸易伙伴的 GDP 实际增长率。X_{it} 表示其他控制变量，$X_{it} = [Age_{it-1}, Scale_{it-1}, HHI_{it-1}]$ 除了上述核心解释变量之外，经验方程中还控制了其他可能对出口转换率产生显著影响的变量，主要包括行业中企业的平均年龄 Age_{it-1}，行业的平均规模大小 $Scale_{it-1}$（平均从业人数），行业中企业的市场集中度指数 HHI_{it-1}，为了避免出口转换率对上述控制变量的反向影响而产生的内生性问题，对相关变量都做了滞后一期处理。

按照本书的理论分析框架（方程 16 – 17）还应该在经验方程中控制细分行业出口价格相对于国内整个行业价格水平的变化，即 $(\widehat{P_{X,K}} - \varphi \widehat{P_K})$，由于无法获取四位码行业层面的上述价格信息，假设行业价格相对变化与宏观层面的相对价格变化趋势一致，这里采用 η_t 为不随产业变化的时间虚拟变量来控制其影响；同时通过控制了如下宏观时间趋势项进行了相关的基准检验，出口产品价格指数相对于国内工业品价格指数变化率，中国实际工资增长率，以及实际利率变化；μ_i 为不随时间变化的产业固定效应，ε_{ijt} 为误差项。

二　数据来源及处理说明

本章主要基于 1998—2009 年中国规模以上企业数据库来考察实际汇率变化对出口市场的影响作用，规模以上工业企业数据库来自中国国家统计局。由于工业企业在不同年份的法人代码、企业名称、所有制特征、行业分类标准等均可能发生较大变化，因此对于企业数据库的使用首先需要对不同的年份的企业进行分步骤逐层匹配，本书这里对企业数据的清理和匹配主要参照了 Brandt, et al.（2012）

对中国工业数据进行逐步分层匹配的方法[①]，经过数据清理和逐步匹配后，最终构建了1998—2009年12年的工业企业面板数据库，样本总量超过261万条，其中出口企业相应的面板数据样本总量超过94万条。表8-1给出了本书采用的工业企业数据库描述性统计结果。统计结果显示，工业企业的数量和出口企业的数量从1998—2007年总体上呈现逐年上升的趋势，受金融危机影响2009年企业数量相对前期出现了显著的下降。其中出口企业（这里定义为1998—2009年存在出口行为的企业）大约占全部工业企业的1/3以上，企业平均就业人数有逐年下降的趋势，而外资企业比重和平均利润率总体呈现为逐年上升的趋势，企业出口占销售收入比重呈现先上升然后逐步下降的变化趋势。

表8-1 1998—2009年中国工业企业（规模以上）相关样本和变量
统计值（平均值）

年份	企业个数	出口企业个数	就业人数	出口比重	外资企业比重	出口中进口中间品比重	利润率
1998	140085	43346	411	0.139	0.124	—	0.024
1999	161716	49066	358	0.135	0.136	—	0.032
2000	155250	51333	351	0.147	0.154	0.425	0.052
2001	163789	58616	327	0.155	0.173	0.410	0.051
2002	175364	65434	310	0.162	0.192	0.392	0.053
2003	184533	72831	304	0.171	0.222	0.375	0.060
2004	245093	99647	253	0.187	0.271	0.370	0.061
2005	267390	104637	256	0.168	0.276	0.352	0.060
2006	297323	110519	246	0.159	0.289	0.329	0.063
2007	328147	114967	237	0.150	0.300	0.300	0.068
2008	307661	105635	239	0.166	0.310	0.281	0.061

[①] 篇幅所限，详细的数据匹配和清理过程说明较为烦琐，这里未作详细说明，如需要可以直接向作者索取相应的 STATA DO FILE 程序。

续表

年份	企业个数	出口企业个数	就业人数	出口比重	外资企业比重	出口中进口中间品比重	利润率
2009	190550	69309	237	0.148	0.324	0.269	0.063
平均值	218075	78778	294	0.157	0.231	0.350	0.054

注：1. 外资企业包括外国投资企业和港澳台投资企业；2. 制造业出口中进口中间产品的比重通过海关细分产品数据和贸易模式分类界定后，通过 HS 产品六位码分类（v.1996）和工业行业四位码分类（v.2002）对照表合并计算得到。

本书通过贸易加权的方式构建了人民币在四位码制造业层面的实际有效汇率指数，为了获取中国在细分制造业层面对不同贸易伙伴的进出口产品数量作为贸易权重，首先参照 Brandt，et al.，（2012）的方法，将 2002 年前后的制造业四位码进行统一分类重新编码，共保留了 425 个四位码制造行业，然后将 4931 种 HS 六位码海关产品分类标准和 425 个中国制造业四位码产业标准分类进行对接匹配[①]。计算中共选取了中国 47 个主要贸易伙伴的 PPI 月度和年度指数（1999—2014 年），PPI 月度和年度数据主要来自 IFS 统计数据库，部分贸易伙伴 PPI 数据来自 CEIC 数据库。中国与 47 个贸易伙伴的 HS 六位码进出口贸易数据（1998—2013 年）全部来自 CEPII_ BACI 数据库。基于上述数据本书最终构建了 1999—2014 年人民币在 425 个制造业的月度和年度实际有效汇率指数。其他数据包括出口价格指数、GDP 实际增长率年度数据均为 Penn World Table 8.0。为了区别人民币在产业层面实际汇率的持久性和暂时性变化趋势，这里采用常用的 Hodrick-Prescott 方法对不同制造业层面的月度实际有效汇率指数进行滤波处理，分离出不同工业行业实际汇率的持久性和暂时性变化指标。图 8 - 1 给出了 16 个四位码制造业实际

---

① HS 六位码产品分类与四位码制造业分类对照表来自 Lu and Yu（2015）。

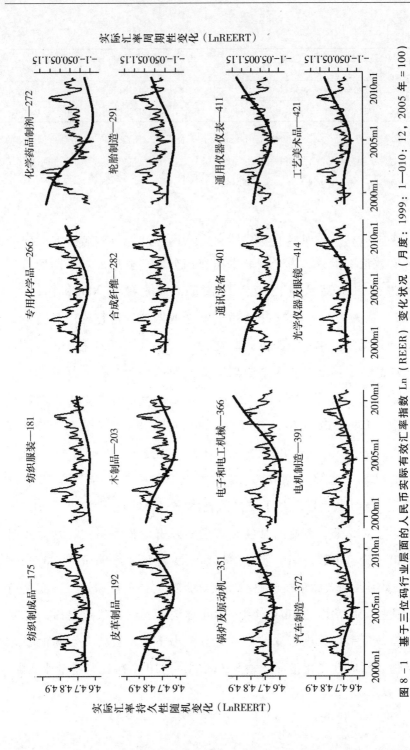

图 8-1 基于三位码行业层面的人民币实际有效汇率指数 Ln（REER）变化状况（月度：1999：1—010：12，2005 年 =100）

汇率的持久性和暂时性变化状况，图中平滑曲线表示实际汇率的持久性变化趋势，而不规则的高频变化曲线表示实际汇率的暂时性预期变化。图8-1的曲线清晰地显示：持久性实际有效汇率指数在不同行业总体上呈现先贬值后升值的变化趋势，大多数的制造业实际汇率持久性变化在2005年7月之前呈现较为显著的贬值趋势，2005年7月以后实际汇率持久性变化趋势均出现了升值趋势，但不同行业实际汇率的贬值和升值幅度呈现非常明显的差异性。

三　工业企业出口市场再配置的特征统计分析

表8-2数据显示，从1999—2009年工业部门的年平均出口扩张率为26.9%，1999—2008年企业的出口扩张率均高于20%以上，受金融危机影响2009年出口扩张率出现了大幅的下降仅为12%；工业企业的出口收缩率年平均值为14.5%，其中2009年出口收缩率最高达到25%，其他年份企业的出口收缩率均显著低于出口扩张率，并且在出口扩张率相对最高的时期（2003—2006年）出口收缩率总体上也处于较低水平；因此除了2009年出口净增长率出现了大幅下降之外（-13%），其他年份的净出口均出现了较明显的增长，其中2004—2006年的净出口增长率平均值超过了20%，样本期内净出口的平均增长率为12.3%；与净出口增长率相比，出口转换率则体现为更为显著的变化特征，样本期内出口转换率平均值高达41.4%，2009年出口转换率最低也达到37%。与已有的研究（Davis et al.，1992；Klein et al.，2003）对就业市场的转换效应的统计结果对比，不同企业的出口转换效应要显著高于就业的转换效应，表明产业内部不同企业之间的出口调整和变动相对于就业市场的变动更为频繁和显著。由于出口的转换率包括了出口产业之间的转换（净出口增长率）和出口产业内部的转换，不同时期出口转换率显著高于净出口增长率表明出口转换效应更多地体现在产业内部不同企业之间的显著调整。

表 8 - 2   工业企业出口的再配置效应：1999—2009

年份	出口扩张率（ECR）	出口收缩率（EDR）	净出口增长率（ENT）	出口转换率（ERR）
1999	0.251	0.201	0.050	0.452
2000	0.303	0.131	0.172	0.434
2001	0.207	0.164	0.043	0.371
2002	0.286	0.125	0.161	0.411
2003	0.315	0.105	0.210	0.419
2004	0.337	0.108	0.229	0.446
2005	0.328	0.153	0.175	0.481
2006	0.309	0.107	0.201	0.416
2007	0.271	0.108	0.163	0.379
2008	0.231	0.146	0.085	0.377
2009	0.120	0.250	- 0.130	0.370
平均值	0.269	0.145	0.123	0.414

注：依据中国工业企业数据库计算。

表 8 - 3   工业企业出口扩张、出口收缩的持续性

年份	P_ ECR (t+1)	P_ ECR (t+2)	P_ EDR (t+1)	P_ EDR (t+2)
2000	0.492	—	0.741	—
2001	0.764	0.326	0.399	0.285
2002	0.421	0.290	0.702	0.291
2003	0.531	0.187	0.526	0.379
2004	0.483	0.224	0.307	0.179
2005	0.574	0.238	0.301	0.100
2006	0.668	0.324	0.669	0.201
2007	0.725	0.382	0.526	0.381
2008	0.711	0.457	0.434	0.226
2009	0.921	0.460	0.403	0.166
平均值	0.629	0.321	0.501	0.245

注：P_ ECR/EDR (t+1)；P_ ECR (t+2) 分别表示出口扩张和收缩分别持续一年和两年所占的比重。

　　表8－3给出了工业企业出口扩张和出口收缩的持续性变化特征，本期出口扩张和收缩的持续性指标采用上一期或者上两期出口扩张或者收缩一直持续到本期所占的比重，比如2005年的出口扩张和出口收缩持续一年的指标是指2004年存在出口扩张的企业在2005年仍然存在出口扩张的企业比重，持续两年的指标是指2003年和2004年均存在出口扩张并且在2005年仍然存在出口扩张企业占出口企业的比重。表8－3的数据显示工业部门出口扩张持续一年的比重较高，平均比重为62.9%，而出口收缩持续一年的比重为50.1%，并且在不同时期出口扩张和出口收缩的持续性呈现显著的差异性，其中出口扩张的持续性在2009年最高达到92.1%，2000年最低仅为49.2%；出口收缩的持续性在2000年最高达到74.1%，2005年最低仅为30.1%；出口扩张和收缩持续两年的比重出现了大幅度的下降，其中出口扩张持续两年的平均比重仅为32.1%，而出口收缩持续两年的平均比重仅为24.5%，对工业企业出口持续性的分析总体上表明工业企业出口的持续性较弱，出口企业的出口数量在不同时间点变化较大或者出口企业进入或者退出市场的行为较为频繁，仍然表明工业企业在出口方面存在十分显著的相互转换效应。

　　图8－2给出了中国工业企业出口扩张和收缩率的分布变化状况，图中的分布显示由企业进入出口市场（出口扩张率为2）和企业退出出口市场（出口收缩率为－2）对于在总体的出口转换过程中占有重要的位置，由于企业进入出口市场对出口扩张的贡献率超过13%，企业退出出口市场对出口收缩的贡献率同样接近12%，即企业进入和退出出口市场对出口的总体转换作用比重贡献了约1/4，出口扩张率和收缩率（取绝对值）介于0—0.5之间对出口的总体转换效应贡献约为1/3，而出口扩张和收缩率（取绝对值）介于0.5—2之间对出口总体转换效应贡献约为42%，同样表明出口扩张和收缩

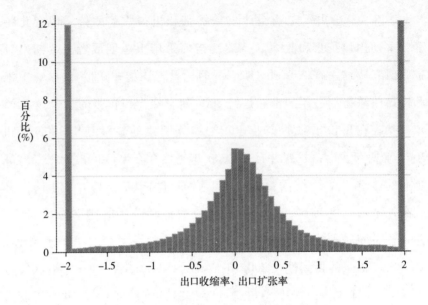

图 8 - 2 工业企业出口扩张、出口收缩分布状况对比

率大于 0.5 对出口总体转换效应贡献了大约 2/3。图 8 - 2 对出口扩张率和收缩率的总体分布变化同样表明不同出口企业之间存在十分显著的出口转换效应。

表 8 - 4 给出 28 个两位码制造业 1999—2009 年出口扩张、出口收缩、净出口以及出口转换率的平均分布和变化状况。统计结果显示，28 个制造业的出口扩张率总体上都处于很高的水平，其中文教体育用品制造业的出口扩张率最低为 19.9%，其他行业的出口扩张率都高于 20%，其中黑色金属冶炼加工行业的年平均出口扩张率最高达到 33.4%，出口扩张率较高的行业还包括有色金属冶炼及加工、交通运输设备制造、专用设备制造、非金属矿物制造、石油加工及化学化工原料制造行业等；出口缩减率方面，所有行业的出口收缩率均低于其出口扩张率，其中黑色金属冶炼及加工行业的年平均出口收缩率同样处于最高水平（23.7%），交通运输设备出口收缩率最低为 10.7%，出口收缩率较高的制造业还包括：烟草制造、有色金

属加工冶炼、石油加工冶炼、饮料制造等行业；从净出口增长率来看，28 个行业中共有 13 个行业出口增长率超过了 10%，其中交通运输设备、专用通用设备、通信设备及计算机制造业都属于净出口增长率最为迅速的行业；尽管不同行业的年平均净出口增长率均低于 20%，但不同行业的年平均出口转换率均处于很高的水平，橡胶制造业的出口转换率最低为 31.9%，黑色金属冶炼及加工制造业出口转换率最高达到 57%，有色金属冶炼加工、石油加工、非金属矿物制造、木制品制造、专用设备制造、造纸、食品及饮料制造行业的出口转换率均超过了 40%。上述统计分析表明不同制造业部门的出口扩张率和出口收缩率存在显著的差异性，同时也表明出口企业在产业内部的转换效应要远高于在产业之间的转换效应。

表 8 - 4　　　　　按两位码制造业分类的出口扩张、出口收缩、

净出口增长率及出口转换率对比

行业名称	出口扩张率	出口收缩率	净出口增长率	出口转换率
	ECR	EDR	ENT	ERE
食品制造业	0.263	0.144	0.118	0.407
饮料制造业	0.259	0.173	0.085	0.432
烟草制造业	0.202	0.186	0.016	0.389
纺织业	0.207	0.151	0.056	0.358
纺织、服装、鞋帽制造业	0.220	0.156	0.064	0.376
皮革、皮毛及羽绒制造业	0.203	0.148	0.055	0.350
木材加工及木、竹、藤制造业	0.280	0.153	0.126	0.433
家具制造业	0.217	0.133	0.084	0.350
造纸及纸制品制造业	0.247	0.155	0.092	0.401
印刷业及记录媒介的复制业	0.240	0.130	0.110	0.371
文教体育用品制造业	0.199	0.130	0.069	0.330
石油加工、炼焦及核燃料加工业	0.269	0.175	0.094	0.444
化学原料及化学品制造业	0.267	0.158	0.110	0.425

行业名称	出口扩张率	出口收缩率	净出口增长率	出口转换率
	ECR	EDR	ENT	ERE
医药制造业	0.222	0.115	0.106	0.337
化学纤维制造业	0.251	0.124	0.126	0.375
橡胶制造业	0.219	0.101	0.118	0.319
塑料制造业	0.227	0.139	0.088	0.366
非金属矿物品制造业	0.270	0.164	0.105	0.434
黑色金属冶炼及压延加工业	0.334	0.237	0.097	0.570
有色金属冶炼及压延加工业	0.309	0.185	0.124	0.494
金属制品业	0.240	0.158	0.082	0.398
通用设备制造业	0.252	0.128	0.124	0.379
专用设备制造业	0.278	0.144	0.134	0.421
交通运输设备制造业	0.287	0.107	0.180	0.393
电气机械及器材制造业	0.229	0.114	0.115	0.344
通信设备、计算机及电子设备业	0.258	0.126	0.132	0.383
仪器仪表及文化办公机械制造业	0.213	0.130	0.083	0.344
工艺品及其他制造业	0.222	0.137	0.085	0.359

注：依据中国工业企业数据库计算。

第三节　经验回归结果及分析

本章基于企业层面数据计算了1999—2009年中国四位码工业行业的出口市场再配置的变化状况，同时基于本章的理论分析框架和第三节的经验方程，从多个角度考察人民币实际汇率变化对工业行业的出口创造、出口损失、出口增长以及出口再配置影响作用。由于经验方程中存在出口创造、出口损失的滞后项，同时考虑到因变量和其他自变量之间的内生性问题，这里主要采用了系统GMM两步法进行估计，考虑到两步法估计会低估参数对应的标准误差（Windmeijer，2005），这里基于修正后稳健性标准误对参数的显著性进行判断，同时考虑到异质性问题，主要基于 Hansen J. 过度识别检验（Over Identification）对滞后和差分工具变量的有效性进行检验，同时报告了误差项二阶自相关系数的显著性检验来判断回归结果的有效性和稳健性[①]。

一 人民币实际汇率变化对出口市场的总体影响作用

表 8 - 5 给出了实际汇率变化对制造业出口转换影响的基准回归结果，经验方程除了核心变量之外还加入了实际工资、实际利率以及出口价格相对国内价格的变动等不随产业特征变化的时间趋势性变量。

表 8 - 5 　　　人民币实际汇率与出口市场再配置效应检验（一）

被解释变量	出口创造率	出口损失率	出口增长率	出口再配置率
	ECR_{it}	EDR_{it}	ENT_{it}	ERT_{it}
ECR_{it-1}	0.0891	0.2610[*]	− 0.2130	0.4174[***]
	(0.110)	(0.155)	(0.230)	(0.137)
EDR_{it-1}	0.4995[***]	− 0.1446	0.6313[***]	0.3625[***]
	(0.149)	(0.111)	(0.227)	(0.137)
AGE_{it}	− 0.0077	− 0.0116	0.0106	− 0.0232
	(0.014)	(0.013)	(0.024)	(0.017)

---

① 这里将出口创造和损失的两个滞后项设定为了内生变量，考虑到进口中间产品比重（IM）、外资比重（FA）、利润率水平（PRO）三个变量与出口转换变量也可能存在互为因果关系，在具体估计过程中作者也同样检验了将上述变量以及汇率变量都设为内生变量进行估计，尽管采用上述估计结果显示实际汇率相关的变量的显著性和符号并未发生根本性改变，但所有的估计结果都通不过 AR2 和 Hansen J. 检验；考虑到行业层面变量之间的内生性本身较弱，这里最终采用了将出口创造和损失滞后项设定为内生变量的估计结果，同时对其他可能产生内生性的变量都做了滞后一期处理；本书同样检验了采用固定效应方法估计的结果，其经验结果与本书这里给出的经验结论并未发生根本性的改变，同样表明经验结果具有较好的稳健性。

续表

被解释变量	出口创造率	出口损失率	出口增长率	出口再配置率
	ECR_{it}	EDR_{it}	ENT_{it}	ERT_{it}
$SCALE_{it}$	0.0226 ***	− 0.0215 ***	0.0405 ***	0.0050
	(0.006)	(0.006)	(0.010)	(0.007)
IM_{it-1}	0.0733 ***	0.0253	0.0542 **	0.0678 ***
	(0.016)	(0.018)	(0.027)	(0.021)
PRO_{it-1}	0.2532	− 0.0863	0.5248 **	0.2646
	(0.215)	(0.114)	(0.257)	(0.186)
FA_{it-1}	0.0449	− 0.1585 ***	0.2245 ***	− 0.0853 **
	(0.031)	(0.028)	(0.042)	(0.041)
HHI_{it}	− 0.0360	0.0638	− 0.0784	− 0.0178
	(0.046)	(0.050)	(0.077)	(0.055)
$\Delta LnREERT_{it}$	− 0.5387 ***	0.0189	− 0.7356	− 0.4634 *
	(0.207)	(0.348)	(0.511)	(0.259)
$\Delta LnREERT_{it} \times IM_{it-1}$	1.0561 *	0.8740	0.6447	1.4623 **
	(0.549)	(0.963)	(1.185)	(0.593)
ΔY_t^*	0.0262 ***	− 0.0124 ***	0.0379 ***	0.0151 ***
	(0.003)	(0.003)	(0.005)	(0.004)
$RWAGE_t$	− 0.0056 ***	0.0082 ***	− 0.0128 ***	0.0024
	(0.002)	(0.002)	(0.003)	(0.002)
$RINTEREST_t$	− 0.0168 **	0.0043	− 0.0207 *	− 0.0106
	(0.007)	(0.008)	(0.012)	(0.008)
观测值	4019	4019	4019	4019
行业数	481	481	481	481
AR2（概率值 P）	0.147	0.366	0.099	0.207
Hansen J（概率值 P）	0.0867	0.277	0.0518	0.560

注：＊＊＊、＊＊、＊分别表示1%、5%、10%的显著性水平，括号内为稳健性标准误差。

表中的第1列和第2列分别检验了在不控制滞后变量的情况下，实际汇率变化对出口扩张率和出口收缩率的影响作用，结果显示：实际汇率变化总体对出口扩张率产生了十分显著的影响作用（回归系数均在1%的水平上显著），同时考虑汇率变化的直接影响和通过进口中间渠道对出口扩张的影响之后，实际汇率变化每增加一个1%，出口扩张的变化率会下降0.6%①。需要说明的是：正如本书强调的一样，由于汇率升值和贬值对出口影响可能存在显著的不对称性，这里不能简单地将上述的经验结果直接解释为贬值（升值）会显著地促进（降低）出口扩张，回归系数只反映了样本期实际汇率平均的变化特征对出口扩张率变化的平均影响作用，在论文的后续部分将对此进行详细的验证和论述。第2列的回归结果显示，实际汇率变化通过进口中间渠道会对出口收缩率产生显著的影响作用，但直接影响作用并不显著，同时考虑直接作用和间接的进口中间投入作用，实际汇率变化仍然对出口收缩的效应不显著，表明实际汇率变化总体上并不会对出口收缩产生显著的影响作用。表8-5中的第3列和第4列同时控制了出口扩张和出口收缩的滞后影响作用，结果没有发生根本变化，同样表明实际汇率变化总体上会对出口扩张率产生显著影响作用，但对出口收缩率的影响总体上并不显著。第5列和第6列分别考察了实际汇率变化对净出口增长率和出口转换率的影响，结果显示，实际汇率变化对净出口增长并没有显著的影响作用，但会对行业的出口转换率变化产生十分显著的影响作用（实际汇率及其交叉项变量均在1%水平上显著），这也与第1—4列回归结果表明实际汇率变化总体上会对出口扩张率和收缩率产生同方向影响的逻辑结论一致。按照第6列的回归系数计算可知，在控制其他变量的基础上，在样本期内（2000—2009年）实际汇率变化每增加1%，出口总的转换率会下降大约0.63%。其他控制变量的结果显示，出口扩张和收缩率都具有显著的滞后效应，相关的滞后变量

---

① 依据第三节的经验估计方程，实际汇率变化对出口转换和再配置当期的影响作用的计算公式为：$\alpha_3 + \alpha_4 * \overline{IM}_{it-1}$；考虑出口创造和损失滞后效应的长期影响作用计算公式为：$(\alpha_3 + \alpha_4 * \overline{IM}_{it-1})/(1 - \alpha_1 - \alpha_2)$，其中 $\overline{IM}_{it-1}$ 表示进口中间投入比重在样本期内的平均值。

多数都在低于 5% 的水平上显著，表明产业内部的出口转换具有显著的滞后性；外部需求变量所有的回归系数都至少在 5% 的水平上显著，表明外部需求变化是影响出口变化和转换的重要因素。实际利率、出口价格相对国内价格总体变动的回归系数在多数情况下同样也具有显著性，其回归结果也与理论预期结果相一致。

表 8 - 6　人民币实际汇率变化对出口转换的影响检验一（基准回归：OLS）

被解释变量	1	2	3	4	5	6
	ECR	EDS	ECR	EDS	ENT	ERE
ECR_{it-1}			0.074 **	0.188 ***	-0.114	0.262 ***
			(0.030)	(0.049)	(0.071)	(0.039)
EDS_{it-1}			0.322 ***	0.148 ***	0.174 ***	0.470 ***
			(0.042)	(0.047)	(0.061)	(0.064)
$\Delta LnREER_{it}$	-0.949 ***	-0.499	-0.830 ***	-0.317	-0.513	-1.148 ***
	(0.258)	(0.341)	(0.220)	(0.292)	(0.340)	(0.389)
$\Delta LnREER_{it} \times IM_{it-1}$	1.098 ***	1.205 **	0.725 **	0.881 **	-0.155	1.606 ***
	(0.403)	(0.466)	(0.338)	(0.389)	(0.503)	(0.527)
$\Delta WGDP_{it}$	0.023 ***	-0.014 ***	0.024 ***	-0.015 ***	0.040 ***	0.009 **
	(0.002)	(0.003)	(0.002)	(0.004)	(0.005)	(0.004)
$\Delta RWAGE_t$	0.001	0.001	0.000	0.001	-0.001	0.001
	(0.002)	(0.002)	(0.002)	(0.002)	(0.004)	(0.003)
$INTEST_t$	-0.048 ***	0.021 **	-0.044 ***	0.018 *	-0.062 ***	-0.026 ***
	(0.007)	(0.010)	(0.007)	(0.010)	(0.014)	(0.009)
RPX_t	-1.778 ***	0.397	-1.693 ***	0.384	-2.076 ***	-1.309 ***
	(0.257)	(0.405)	(0.243)	(0.407)	(0.490)	(0.458)
观测值	3646	3646	3640	3640	3640	3640
行业数	410	410	410	410	410	410
F 值	81.24	20.20	75.61	24.50	59.77	25.18
R2_ Adj.	0.103	0.026	0.186	0.079	0.112	0.171

注：括号内为稳健性标准误，＊＊＊、＊＊、＊分别表示 1%、5%、10% 显著性水平。

由于表8-6的基准回归没有控制滞后变量的内生性问题，并且出口变化同样会引起进口中间产品比重的变化。因此，同样需要控制汇率变化与进口中间投入比重交叉项变量的内生性，为了进一步检验上述基准回归结果的稳健性，这里进一步采用了系统GMM两步法同时控制了滞后变量和交叉项变量内生性基础上对上述的经验方程做稳健性检验，同时为了更严格地控制宏观趋势性变量对回归结果的影响，在稳健性回归检验中加入了时间虚拟变量和其他控制变量来进行检验。表8-7给出了采用系统GMM两步法的回归结果，表8-6中的第1—4列在控制核心变量和时间虚拟变量的情况下，分别考察了实际汇率变化对出口扩张、收缩、净出口以及出口转换的影响作用，相关的回归结果仍然明确地显示，实际汇率变化对出口扩张率会产生显著影响作用，对出口收缩率的影响作用总体上并不显著，汇率变化总体上对出口扩张率和收缩率会产生同方向影响作用，这也造成实际汇率变化对净出口增长率影响并不显著，但对出口的转换率会产生十分显著的影响作用，表8-6的第4列中与汇率相关的回归系数都在低于5%的水平上显著。表8-6中的第5列和第6列同时控制了更多的变量之后，其回归结果仍然稳健地显示，实际汇率变化总体上并不会对净出口增长率产生显著的影响，但会显著地影响出口总的转换率。按照第6列的GMM方法最终的估计系数，控制其他变量之后，实际汇率变化每增加10%，出口总的转换率大约会下降0.5%。其他控制变量的估计结果与表8-5的基准回归结果同样具有一致性，外部需求变化和滞后变量仍然是影响当期出口变化和转换的重要因素。

表 8 - 7　　　　　　人民币实际汇率变化对出口转换的影响检验二

（稳健性检验：SYS_ GMM2）

被解释变量	1	2	3	4	5	6
	ECR	EDS	ENT	ERE	ENT	ERE
ECR_{it-1}	0.180 **	0.265 **	- 0.099	0.460 ***	- 0.123	0.061
	(0.070)	(0.117)	(0.165)	(0.126)	(0.171)	(0.071)
$EXDS_{it-1}$	0.501 ***	0.075	0.464 ***	0.579 ***	0.469 ***	0.176
	(0.084)	(0.086)	(0.114)	(0.112)	(0.116)	(0.110)
$\Delta LnREER_{it}$	- 0.599 **	- 0.457	- 0.556	- 1.065 ***	- 0.647	- 0.792 ***
	(0.240)	(0.291)	(0.400)	(0.368)	(0.409)	(0.283)
$\Delta LnREER_{it} \times IM_{it-1}$	0.675	1.306 *	0.219	1.784 **	0.610	2.268 ***
	(0.539)	(0.712)	(0.960)	(0.836)	(0.976)	(0.586)
AGE_{it-1}					- 0.016	- 0.039 ***
					(0.022)	(0.014)
$SCALE_{it-1}$					0.021 ***	- 0.004
					(0.008)	(0.005)
HHI_{it-1}					0.070	- 0.392 ***
					(0.119)	(0.055)
$\Delta WGDP_{it}$	0.035 ***	- 0.018 ***	0.055 ***	0.018 ***	0.056 ***	0.009 ***
	(0.002)	(0.002)	(0.004)	(0.003)	(0.004)	(0.002)
行业和时间固定效应	是	是	是	是	是	是
观测值	3640	3640	3640	3640	3640	3640
行业数	410	410	410	410	410	410
AR2（概率值）	0.686	0.792	0.424	0.119	0.375	0.191
Hansen J.（概率值）	0.237	0.192	0.313	0.040	0.254	0.181

　　注：1. 括号内为经过调整后的稳健性标准误，＊＊＊、＊＊、＊分别表示1%、5%、10% 显著性水平；2. GMM 估计过程中，将 ECR EDS 的滞后项、汇率与进口中间产品的交叉项均设定为了内生变量。

　　对于实际汇率总体变化会对出口扩张产生显著影响而对出口收缩的影响并不显著，原因可能主要来自以下几个方面：第一，实际汇率升值和贬值的情况下对出口收缩率的影响作用刚好相反会导致总体平均的实际汇率变化对出口收缩率的影响不显著；而实际汇率变化对出口扩张率变化具有较强的不对称和同方向的影响作用；第二，实际汇率变化对企业出口的扩展边际（企业进入和退出出口市场行为）的影响与对持续性出口企业的影响作用同样可能存在显著的区别，也会造成回归结果的显著差异性；第三，这里采用的实际汇率总体的变化特征，并未区分实际汇率暂时性变化和持久性变化对出口变化和转换的影响，而汇率暂时性变化和持久性变化可能对企业的出口行为会产生截然不同的影响作用，比如出口扩张率的下降代表是行业出口数量潜在增长率的抑制，调整成本较低，更可能受到汇率短期调整的影响，而出口损失率的上升更多反映的是对当前出口数量的实际调整，调整成本相对较高，更可能受到实际汇率持久性变化的冲击。至于实际汇率总体变化为什么会对出口扩张和收缩产生同方向的影响作用，也同样可能与上述原因存在较为密切的关系，为了验证上述判断，在本书后续分析中将逐步考察实际汇率变化对出口变化和转换率的不对称影响；在控制不对称影响的基础上，进一步考察实际汇率变化对企业出口的扩展和深度边际影响差异以及实际汇率暂时性和持久性变化对出口转换的影响差异。

二　人民币实际汇率变化对出口市场影响作用的不对称性检验

表8-8给出了实际汇率变化相对其平均变化率升值和贬值情况下的基准回归结果[①]。显然表8-8中的回归结果显示，无论是否控制滞后变量，在实际汇率相对贬值的情况下，实际汇率无论通过直接渠道还是进口中间投入渠道都能够对出口扩张率和出口损失率产生显著的

---

① 这里同样直接检验了实际汇率变化大于零和小于零的情况下，实际汇率变化对出口变化和转换的影响作用，经验结果与表8-3给出的结果完全一致。

同方向影响作用，这同样也导致了在实际汇率贬值情况下，并未对净出口增长率产生显著影响，但会对出口的转换率产生十分显著的负面影响作用，按照表 8 - 8 中的第 6 列回归结果计算，人民币实际汇率贬值幅度扩大 1%，行业出口的转换率会下降大约 1.25%，如果同时考虑滞后变量的调整影响，行业出口的转换率会下降大约 4.5%；而在实际汇率相对升值的情况下，实际汇率变化无论通过直接渠道还是间接进口中间渠道对出口扩张率和损失率均没有显著的影响；显然，上述的基准检验结果表明实际汇率贬值对出口企业的扩张率、收缩率以及出口转换率影响作用更为显著。值得注意的是：表 8 - 8 中的回归结果表明，控制了滞后变量之后，实际汇率升值和贬值对出口扩张率的影响是同方向的，而对出口收缩率的影响方向则刚好相反，这也在一定程度上能够说明表 8 - 5 和表 8 - 6 中没有区分贬值和升值情况下，采用实际汇率平均变化率为什么只会对出口扩张率产生显著的影响，但对出口损失的总体影响不显著。

为了进一步检验表 8 - 8 中基准回归的稳健性，这里通过实际汇率升值和贬值的虚拟变量（升值的情况下：$APR_{DUM} = 1$，贬值的情况下：$APR_{DUM} = 0$）与实际汇率变化的交叉项来揭示汇率贬值和升值情况下对出口的影响是否存在系统性差异，同样为了控制内生性问题，这里采用系统 GMM 两步法对经验方程做进一步的检验。表 8 - 8 中的第 1—4 列回归结果仍然非常稳健地显示，实际汇率在贬值情况下同时对行业出口扩张率和收缩率产生显著的影响，并且在实际汇率贬值情况下会对出口扩张率和收缩率产生同方向的影响作用，交叉项回归结果也同样表明贬值情况下实际汇率变化并不会对净出口增长产生显著影响，但会对行业出口转换率产生非常显著的影响作用；同样升值情况下虚拟变量的交叉项变量回归系数均不显著，表明实际汇率总体升值并不会对出口变化和转换产生显著影响作用。

表 8 - 8 中第 5 列和第 6 列同时加入了更多的控制变量，经验结果仍然表明实际汇率变化对净出口增长并没有显著的影响，但在贬值的情况下会对出口转换率产生十分显著的影响。不仅如此，表 8 - 8 中的回归结果仍然表明实际汇率在贬值和升值情况下对出口的收缩率影响作用刚好相反，而对出口的扩张率影响作用是同方向的，显然表 8 - 8 中的稳健性检验结论与表 8 - 7 中的基准回归结论完全一致，这也表明实际汇率变化对出口的影响存在显著系统的不对称影响。

上述的经验结果可以从以下几个方面给出解释：首先，正如本书引言中强调的一样，实际汇率贬值相对于升值更可能对出口变化和转换率产生显著影响与出口企业基于市场定价行为（PTM）存在不对称性存在密切关系，本书经验结论显然更支持市场份额假说理论的判断，即在汇率贬值的情况下出口企业为了扩张市场份额会保持出口价格的稳定，较少地采取市场定价行为，出口数量的调整相对于出口价格的调整更大；在汇率升值的情况下，企业为了维持出口市场份额的稳定，保持出口竞争力，会更多地通过调整出口价格而不是出口数量来应对汇率升值对出口的冲击，而本书的被解释变量主要体现的是出口数量的变化和转换效应。其次，在实际汇率贬值情况下，表 8 - 7 和表 8 - 8 中的结果都表明实际汇率变化（同时考虑直接和间接中间进口渠道）会对出口扩张率和收缩率产生同方向且显著的负面影响，实际汇率贬值会降低出口的收缩率很容易理解也符合理论分析和直觉，但实际汇率贬值同样会降低出口扩张率的结论并不直观容易理解，一个可能的原因在于：出口扩张率变化包括两个方面：一是新企业进入出口市场或者已经退出出口市场再次进入出口市场的企业带来的出口扩张效应（扩展边际效应），二是持续存在的出口企业本身的出口扩张行为（深度边际效应），人民币实际汇率贬值对持续性出口企业出口扩张行为和对企业新进入出口市

表8-8　人民币实际汇率变化对出口的不对称性检验——（基准回归方法：OLS）

被解释变量	$\Delta LnREER_{it} < MEAN(\Delta LnREER_{it})$						$\Delta LnREER_{it} > MEAN(\Delta LnREER_{it})$					
	ECR	EDS	ECR	EDS	ENT	ERE	ECR	EDS	ECR	EDS	ENT	ERE
ECR_{it-1}			0.080**	0.156**	-0.076	0.236***			0.067*	0.222***	-0.155*	0.290***
			(0.035)	(0.071)	(0.096)	(0.057)			(0.039)	(0.060)	(0.087)	(0.051)
EDS_{it-1}			0.330***	0.156**	0.174**	0.487***			0.300***	0.136***	0.164***	0.437***
			(0.060)	(0.067)	(0.084)	(0.096)			(0.074)	(0.041)	(0.084)	(0.085)
$\Delta LnREER_{it}$	-1.563***	-1.167**	-1.036***	-0.672*	-0.364	-1.708***	0.425	0.815*	-0.443	0.320	-0.762	-0.123
	(0.431)	(0.471)	(0.329)	(0.350)	(0.501)	(0.460)	(0.363)	(0.473)	(0.389)	(0.464)	(0.601)	(0.610)
$\Delta LnREER_{it} \times IM_{it-1}$	1.252***	1.406***	0.592	0.978**	-0.386	1.570***	-0.277	-0.593	0.714	-0.009	0.724	0.705
	(0.475)	(0.509)	(0.366)	(0.400)	(0.561)	(0.524)	(0.657)	(0.771)	(0.686)	(0.749)	(0.992)	(1.038)
$\Delta WGDP_{it}$	0.022	0.056	0.024	0.049	-0.025	0.073	0.037***	-0.030***	-0.044***	-0.027***	0.071***	0.016**
	(0.022)	(0.067)	(0.020)	(0.055)	(0.068)	(0.047)	(0.006)	(0.006)	(0.005)	(0.007)	(0.009)	(0.008)
行业和时间固定效应	是	是	是	是	是	是	是	是	是	是	是	是
观测值	1998	1998	1998	1998	1996	1996	1648	1648	1644	1644	1644	1644
行业数	410	410	410	410	410	410	410	410	410	410	410	410
F值	35.51	11.02	36.68	11.88	28.13	12.97	13.91	6.624	19.20	7.424	14.35	9.935
R2_adj	0.128	0.049	0.212	0.092	0.121	0.212	0.064	0.020	0.136	0.082	0.086	0.142

注：括号内为稳健性标准误差，***、**、*分别表示1%、5%、10%显著性水平。

表8-9 人民币实际汇率变化对出口的不对称性检验二 （交叉项回归验证：SYS-GMM2）

被解释变量	ECR	EDS	ENT	ERE	ENT	ERE
ECR_{it-1}	0.192***	0.221**	-0.021	0.453***	-0.020	0.429***
	(0.062)	(0.107)	(0.153)	(0.114)	(0.158)	(0.115)
EDS_{it-1}	0.454***	0.080	0.411***	0.557***	0.423***	0.528***
	(0.077)	(0.085)	(0.117)	(0.105)	(0.116)	(0.108)
$\Delta LnREER_{it} \times (APR_{DUM}=0)$	-0.775***	-0.647**	-0.388	-1.181***	-0.460	-1.179***
	(0.294)	(0.296)	(0.438)	(0.428)	(0.441)	(0.430)
$\Delta LnREER_{it} \times IM_{it-1} * (APR_{DUM}=0)$	1.342*	2.179***	-0.384	3.005***	0.099	2.932***
	(0.709)	(0.755)	(1.135)	(0.968)	(1.142)	(0.984)
$\Delta LnREER_{it} \times (APR_{DUM}=1)$	-0.011	0.466	-0.899	-0.266	-0.867	-0.257
	(0.448)	(0.781)	(0.999)	(0.940)	(1.008)	(0.914)
$\Delta LnREER_{it} \times IM_{it-1} * (APR_{DUM}=1)$	-1.570	-1.890	0.503	-2.054	0.332	-2.040
	(1.027)	(1.563)	(2.149)	(1.934)	(2.169)	(1.917)
AGE_{it-1}					-0.015	-0.050**
					(0.023)	(0.022)
$SCALE_{it-1}$					0.024***	0.001
					(0.007)	(0.006)
HHI_{it-1}					0.085	0.159
					(0.120)	(0.105)
$\Delta WGDP_{it}$	0.034***	-0.018***	0.054***	0.019***	0.054***	0.022***
	(0.002)	(0.003)	(0.003)	(0.003)	(0.004)	(0.003)
行业和时间固定效应	是	是	是	是	是	是
观测值	3640	3640	3640	3640	3640	3640
行业数	410	410	410	410	410	410
AR2（概率值）	0.472	0.968	0.750	0.123	0.735	0.132
Hansen J.（概率值）	0.299	0.159	0.348	0.0978	0.357	0.110

注：括号内为经过校准后的稳健性标准误差，***、**、*分别表示1%、5%、10%显著性水平。

场可能会产生截然相反的影响作用，比如实际汇率贬值会促进持续性出口企业出口扩张，可能造成持续性出口企业市场份额快速攀升，这同时也会加大企业新进入或者重新进入出口市场的难度和成本，从第三节的图 8 - 2 中可以看出由于企业新进入或者重新进入出口市场导致的出口扩张效应非常显著，因此实际汇率贬值在造成持续性出口企业出口扩张率上升的同时也可能会显著地抑制其他企业进入出口市场，造成总体的出口扩张率出现下降；另一个可能的原因在于：由于出口扩张率主要反映的是企业出口潜在的正向增长率变化状况，更容易受到实际汇率短期变化的影响，汇率持久性变化对出口扩张率的影响不显著，而短期变化具有较强的预期性变化特征，在汇率短期贬值的情况下，会引起汇率进一步贬值的预期，同样会显著降低当期出口扩张的速度，从而造成实际汇率贬值对当期的出口扩张率产生负面影响作用。

为了进一步检验上述的判断和解释是否正确合理，本书同样利用企业层面数据检验了实际汇率在贬值和升值情况下对企业进入、退出出口市场的影响以及持续性出口企业出口扩张概率的影响作用。表 8 - 9 中的第 1—3 列分别考察了实际汇率在贬值和升值的情况下对企业进入、退出及同时进入和退出市场概率的影响作用，回归结果清晰地显示：实际汇率贬值会同时显著地降低企业进入和退出出口市场的概率，而实际汇率升值情况下则会显著增加企业进入出口市场的概率。表 8 - 9 中的第 4—6 列在第 1—3 列检验结果的基础上同时控制了汇率的直接和进口中间渠道对企业进入和退出出口市场的影响，相应的回归结果仍然非常稳健地显示：实际汇率贬值会同时显著地降低企业进入和退出出口市场概率，而实际汇率升值则会同时显著地增加企业进入和退出的概率。表 8 - 9 中的第 7 列和第 8 列检验了实际汇率变化对持续性出口企业出口扩张率的影响，回归结

表8－10　人民币实际汇率变化对企业进入、退出出口市场及对持续性出口企业出口概率的影响（Probit）

被解释变量	1 Probit (Entry=1)	2 Probit (Exit=1)	3 Probit (Entry=1 | Exit=1)	4 Probit (Entry=1)	5 Probit (Exit=1)	6 Probit (Entry=1 | Exit=1)	7 Probit ($\Delta EXP_{INC}>0$) (=1)	8 Probit ($\Delta EXP_{INC}>0$) (=1)
$\Delta LnREER_{it} \times (APR_{DUM}=0)$	-1.740*** (0.132)	-0.937*** (0.139)	-1.715*** (0.114)	-3.675*** (0.377)	-2.946*** (0.393)	-4.259*** (0.323)	0.871*** (0.115)	4.176*** (0.303)
$\Delta LnREER_{it} \times IM_{it-1} * (APR_{DUM}=0)$	1.568*** (0.186)			2.492*** (0.463)	2.686*** (0.486)	3.315*** (0.396)		-4.142*** (0.360)
$\Delta LnREER_{it} \times (APR_{DUM}=1)$		0.261 (0.206)	1.229*** (0.163)	0.094 (0.526)	1.960*** (0.653)	1.104** (0.474)	-1.603*** (0.165)	-5.102*** (0.482)
$\Delta LnREER_{it} \times IM_{it-1} * (APR_{DUM}=1)$				1.863*** (0.631)	-2.135*** (0.815)	0.186 (0.576)		4.543*** (0.584)
AGE_{ft}	-0.122*** (0.002)	-0.061*** (0.002)	-0.115*** (0.002)	-0.117*** (0.002)	-0.065*** (0.002)	-0.116*** (0.002)	-0.072*** (0.002)	-0.066*** (0.002)
$SCALE_{ft}$	-0.074*** (0.002)	-0.085*** (0.002)	-0.098*** (0.001)	-0.074*** (0.002)	-0.087*** (0.002)	-0.099*** (0.001)	0.094*** (0.001)	0.102*** (0.001)
OWN_f	-0.000*** (0.000)	-0.000*** (0.000)	-0.000*** (0.000)	-0.000*** (0.000)	-0.000*** (0.000)	-0.000*** (0.000)	-0.000*** (0.000)	-0.000*** (0.000)
PRO_{ft}	0.063*** (0.003)	-0.012*** (0.003)	0.032*** (0.003)	0.066*** (0.004)	-0.015*** (0.004)	0.034*** (0.003)	0.083*** (0.003)	0.091*** (0.003)
$\Delta WGDP_{it}$	0.130*** (0.003)	-0.119*** (0.003)	-0.000 (0.003)	-0.118*** (0.004)	0.126*** (0.004)	-0.002 (0.003)	0.084*** (0.003)	0.044*** (0.003)
行业和时间固定效应	是	是	是	是	是	是	是	是
观测值	709086	709086	709086	639758	639758	639758	571898	517259
Pseudo R2_ Adj.	0.029	0.022	0.024	0.026	0.021	0.025	0.019	0.014

注：1. 括号内为稳健性标准误差，***、**、*分别表示1%、5%、10%显著性水平；2. 为了避免内生性控制变量对回归结果的干扰，除了外部需求变量采取了实际值，其他变量均按照变量的取值范围划分成若干区间后赋予了不同的离散值后进行了回归。

果清晰地显示，实际汇率贬值会显著地增加持续性企业出口扩张的概率，升值会显著降低持续性企业出口扩张的概率。显然上述的经验结果表明实际汇率变化对企业出口扩张的扩展边际（企业进入出口市场）和持续性出口企业的扩张率的影响作用刚好相反。在贬值的情况下持续性出口企业的出口扩张率显著增加会进一步巩固持续性出口企业的市场份额，但同样也会增加企业进入或者重新进入出口市场的难度，降低企业进入出口市场的概率，由于企业进入或者重新进入出口市场带来的出口扩张效应显著高于持续性企业本身的出口扩张效应，因此在汇率贬值的情况下同样可能会对出口的扩张效应产生负面影响作用。

三 实际汇率暂时性预期变化和持久性变化对出口转换的影响

正如前文强调的一样，除了实际汇率总体变化对企业出口扩张的扩展边际和深度边际产生不同影响会造成实际汇率贬值情况下降低出口扩张率之外，实际汇率的暂时性预期变化和持久性变化对出口扩张率和收缩率的不同影响也可能是导致实际汇率贬值情况下对出口扩张率和收缩率产生同方向影响作用的一个原因。基于人民币在四位码制造业层面的月度（2000m1—2014m12）实际汇率指数，本书分离出了细分制造业实际汇率暂时性变化和持久性变化部分，分别考察了二者对出口变化和转换率影响的差异性。表 8 - 10 的上半部分给出了实际汇率持久性（$\Delta LnREERT$）升值和贬值情况下对出口变化和转换的影响，回归结果清晰地显示：实际汇率持久性变化无论在升值还是贬值情况下对出口扩张率都没有显著影响，但会对出口收缩率产生十分显著的影响作用，实际汇率持久性变化的相关变量对出口收缩率的回归系数都在低于 5% 的水平上显著，且影响作用具有一致性和对称性，即实际汇率持久性升值会显著增加出口的收缩率，贬值会显著地减少行业出口收缩率；不仅如此，在汇率持久性升值情况下还会对净出口增长率产生显著的负面影响，但汇率持久性贬值对净出口增长并没有显著的影响，表明汇率的长期持续性升值仍然会对净出口增长产生显著的负面影响作用。表 8 - 10 中的经验结果同样显示，实际汇率持久性升值会对出口的转换率产生正面影响，但总体的效应并不显著，而实际汇率持久性贬值会对出口的转换率产生十分显著的负面影响作用，相关的回归系数均在低于 1% 水平上显著。表 8 - 10 的下半部分考察了实际汇率暂时性变化（$\Delta LnREERC$）对出口变化和转换率的影响，回归结果同样清晰地显示：实际汇率暂时性变化无论升值还是贬值都不会对出口收缩率产生显著影响，但实际汇率暂时性贬值会显著地降低行业当期的出口扩张率，而实际汇率暂时性升值并不会对出口的扩张率产生显著的影响作用，这也表明实际汇率暂时性变化对出口扩张率的影响具有显著的不对称性。

为了进一步验证表 8 - 10 中的检验结果是否稳健可靠，同样采用虚拟变量分别与实际汇率持久性和暂时性变化的交叉项做进一步的系统 GMM 稳健性检验。表 8 - 11 的上半部分实际汇率持久性变化与虚拟变量交叉项的回归系数仍然明确地显示：实际汇率持久性贬值和升值的情况下都会对出口收缩率产生显著影响，并且实际汇率持久性升值会显著降低出口净增长率，而持久性贬值会显著降低出口转换率。表 8 - 11 的下半部分实际汇率暂时性与虚拟变量交叉性的回归结果显示，暂时性贬值的情况下才会对出口扩张率和转换率产生显著的负面影响，相关的回归系数都在低于 5% 的水平上显著，而暂时性变化对出口缩减率并无显著影响。

表 8 - 10 的基准检验和表 8 - 11 的稳健性检验都一致地显示，实际汇率持久性变化会对出口收缩率产生显著影响，且在贬值和升值情况下影响作用相反，持久性变化对出口收缩率的影响具有较好

表8-11　人民币实际汇率持久性和暂时性变化对出口的影响检验一（基准回归：OLS）

	$\Delta LnREERT_{it} > 0$				$\Delta LnREERT_{it} < 0$			
	ECR	EDS	ENT	ERE	ECR	EDS	ENT	ERE
ECR_{it-1}	0.127***	0.237***	-0.109	0.364***	0.031	0.177***	-0.146*	0.208***
	(0.039)	(0.067)	(0.097)	(0.050)	(0.044)	(0.052)	(0.084)	(0.049)
EDS_{it-1}	0.291***	0.105***	0.186***	0.395***	0.323***	0.101***	0.221***	0.424***
	(0.062)	(0.031)	(0.068)	(0.071)	(0.072)	(0.037)	(0.088)	(0.074)
$\Delta LnREERT_{it}$	-1.030	3.360***	-4.390***	2.330	-0.690	-1.393**	0.703	-2.083**
	(1.009)	(1.163)	(1.573)	(1.506)	(0.609)	(0.575)	(0.840)	(0.834)
$\Delta LnREERT_{it} \times IM_{it-1}$	-0.082	-3.496***	3.414**	-3.577**	0.682	2.078***	-1.396	2.760**
	(0.885)	(1.225)	(1.529)	(1.493)	(0.889)	(0.755)	(1.194)	(1.137)
$\Delta WGDP_{it}$	0.041***	-0.021**	0.062***	0.019***	0.032	0.265	-0.233	0.297*
	(0.003)	(0.004)	(0.005)	(0.005)	(0.025)	(0.178)	(0.203)	(0.154)
行业和时间固定效应	是	是	是	是	是	是	是	是
观测值	1940	1940	1940	1940	1665	1665	1665	1665
行业数	404	404	404	404	369	369	369	369
R2_adj	0.227	0.110	0.168	0.172	0.119	0.0962	0.0771	0.154

	$\Delta LnREERC_{it} > 0$				$\Delta LnREERC_{it} < 0$			
	ECR	EDS	ENT	ERE	ECR	EDS	ENT	ERE
$\Delta LnREERC_{it}$	-0.525	0.389	-0.914	-0.136	-1.900***	-0.048	-1.852*	-1.948***
	(0.482)	(0.360)	(0.701)	(0.483)	(0.627)	(0.693)	(1.119)	(0.704)
$\Delta LnREERC_{it} \times IM_{it-1}$	-0.148	-0.282	0.134	-0.430	0.453	0.883	-0.430	1.336
	(0.623)	(0.817)	(1.115)	(0.933)	(0.845)	(0.819)	(1.295)	(1.046)
$\Delta WGDP_{it}$	0.044***	-0.024***	0.068***	0.020***	-0.001	0.110	-0.111	0.108
	(0.004)	(0.004)	(0.006)	(0.005)	(0.017)	(0.084)	(0.098)	(0.070)
行业和时间固定效应	是	是	是	是	是	是	是	是
观测值	1966	1966	1966	1966	1639	1639	1639	1639
行业数	405	405	405	405	405	405	405	405
R2_adj	0.225	0.0986	0.180	0.163	0.100	0.0843	0.0580	0.140

注：1. 括号内为稳健性标准误差，***、**、* 分别表示1%、5%、10%显著性水平；2. 所有的基准回归均加入ECR EDS的滞后项，篇幅所限这里未列出。

表 8 - 12　人民币实际汇率持久性和暂时性变化对出口的影响检验二

(稳健性检验：SYS - GMM2)

实际汇率持久性变化 i	ECR	EDS	ENT	ERE
ECR_{it-1}	0.155 **	0.116 ***	- 0.042	0.133 ***
	(0.067)	(0.043)	(0.163)	(0.042)
EDS_{it-1}	0.359 ***	0.015	0.303 **	0.196 ***
	(0.078)	(0.034)	(0.147)	(0.052)
$\Delta LnREERT_{it} \times APRT_{DUM} = 0$	- 3.084	- 1.335 ***	- 0.017	- 2.110 ***
	(1.886)	(0.407)	(2.597)	(0.628)
$\Delta LnREERT_{it} \times IM_{it-1} \times APRT_{DUM} = 0$	8.932	2.314 ***	0.118	1.801
	(6.946)	(0.807)	(8.438)	(1.128)
$\Delta LnREERT_{it} \times APRT_{DUM} = 1$	- 0.337	1.281	- 3.446 **	0.319
	(0.879)	(1.102)	(1.465)	(1.543)
$\Delta LnREERT_{it} \times IM_{it-1} * APRT_{DUM} = 1$	- 0.755	- 3.136 **	1.967	- 4.128 **
	(0.852)	(1.244)	(1.704)	(1.628)
$\Delta WGDP_{it}$	0.035 ***	- 0.018 ***	0.045 ***	0.014 ***
	(0.003)	(0.004)	(0.005)	(0.005)
AR2	0.438	0.884	0.964	0.656
Hansen	0.074	0.0414	0.645	0.060
实际汇率暂时性预期变化	EXCR	EXDS	EXNT	EXRE
$\Delta LnREERC_{it} \times APRC_{DUM} = 0$	- 1.634 ***	0.266	- 1.618 *	- 1.270 **
	(0.619)	(0.592)	(0.512)	(0.886)
$\Delta LnREERC_{it} \times IM_{it-1} APRC_{DUM} = 0$	0.285	0.538	- 0.432	0.763
	(0.864)	(0.678)	(1.130)	(1.001)
$\Delta LnREERC_{it} \times APRC_{DUM} = 1$	- 0.009	- 0.081	- 0.110	- 0.168
	(0.461)	(0.443)	(0.745)	(0.500)
$\Delta LnREERC_{it} \times IM_{it-1} APRC_{DUM} = 1$	- 0.671	- 0.258	- 0.556	- 0.817
	(0.630)	(0.736)	(1.043)	(0.828)
$\Delta WGDP_{it}$	0.046 ***	- 0.015 ***	0.049 ***	0.019 ***
	(0.002)	(0.002)	(0.004)	(0.003)
AR2	0.930	0.849	0.733	0.347
Hansen	0.033	0.059	0.048	0.140
行业和时间固定效应	是	是	是	是
观测值	3605	3605	3605	3605
行业数	405	405	405	405

注：括号内为稳健性标准误差，＊＊＊、＊＊、＊分别表示1%、5%、10%显著性水平；表中所有的回归均加入 ECR　EDS 的滞后一期项，同时都控制了行业平均规模（Scale）、行业中企业的平均年龄（AGE）、企业的集中度指数（HHI）。

的一致性和对称性；实际汇率暂时性贬值的情况下会对出口的扩张率产生显著的负面影响，在暂时性升值情况下对出口扩张率的影响不显著，暂时性变化对出口扩张率的影响存在显著不对称性和不一致性。显然上述的经验结果进一步验证了对前面经验结果的判断：由于实际汇率暂时性贬值只会对出口扩张率产生显著负面影响，而持久性变化升值和贬值同时并且只会对出口收缩率产生显著影响，这也会造成总体的实际汇率贬值对出口扩张率和收缩率产生同方向影响作用。

　　暂时性变化更容易对出口扩张率产生影响，持久性则更容易对出口收缩率产生显著影响的原因在于：正如本书引言中强调的一样，出口扩张率代表的是出口潜在正向增长的变化率，而出口收缩率则表示企业的实际出口缩减效应，企业降低出口扩张率的调整成本要显著低于增加出口缩减率相应的成本，因此在汇率暂时性变化的情况下更可能对企业出口扩张率（潜在的正向增长率）产生显著影响。同时实际汇率暂时性变化主要是在暂时性贬值的情况下会对出口扩张率产生显著影响，一方面汇率的暂时性变化很大程度上代表汇率的短期的预期性变化特征，当期暂时性贬值也更可能引起未来的贬值预期的变化，从而会对当期的出口扩张率产生负面影响；另一方面，暂时性变化不仅更容易导致企业采取基于市场定价的方法（PTM）来应对实际汇率暂时性的冲击（Dixit，1989；Kasa，1992；Tomlin，2014），并且在升值的情况下企业更可能采用市场定价（PTM）的行为调整出口价格，保持出口数量和市场份额的稳定；而在贬值的情况下，企业更倾向于稳定出口价格较少采取市场定价行为，从而会造成出口扩张率（数量调整）出现显著的调整，显然这也符合本书对表 8 - 7 和表 8 - 8 中检验结论的解释和判断。

四　实际汇率变化对不同利润产业部门的影响作用分析

　　本书同样检验了实际汇率变化对高利润和低利润产业部门的出

口变化和转换的影响作用，为了避免实际汇率暂时性预期变化对检
验结果的干扰及造成的不确定性影响，这里主要从长期影响的角度，
考察实际汇率持久性变化对不同利润水平制造业出口变化和转换率
影响的差异性。首先将全部制造业区分为高于和低于全行业平均利
润水平的产业部门，在控制了实际汇率持久性变化不对称影响的前
提下，检验了实际汇率变化对高利润和低利润制造业出口变化和
转换率的影响差异。表 8 - 12 的基准回归结果显示：控制其他变量
之后，无论在低利润还是高利润的产业部门，无论在贬值还是升
值的情况下，实际汇率持久性变化对出口扩张率的影响总体上都
不显著。与上述结论形成鲜明对比的是：实际汇率持久性变化无
论在贬值还是升值情形下，都会对低利润产业部门的出口收缩率
产生十分显著的影响，而对高利润产业部门的出口收缩率回归系
数总体上均不显著，并且持久性实际汇率在升值和贬值情况下对
出口收缩率的影响作用刚好相反。对净出口的回归结果显示：同
时考虑实际汇率的直接和进口中间渠道影响作用，实际汇率持久
性在贬值情况下对低利润和高利润产业部门的净出口总体上影响
并不显著，而实际汇率持久性升值则同时会对高利润和低利润部
门的净出口增长产生显著的负面影响。显然上述的检验结果与表
8 - 10 和表 8 - 11 的检验结论是完全一致的。正是由于持久性汇率
变化对不同利润产业部门的出口收缩率影响的差异性同样导致实
际汇率变化对不同部门出口转换率产生了显著差异，表 8 - 12 的回
归结果显示，实际汇率持久性变化在贬值和升值的情况下都会对
低利润产业部门的转换率产生显著的影响，在贬值的情况下会显
著地降低低利润部门的出口转换率，而在升值的情况下则会显著
提升低利润部门的出口转换率，而实际汇率变化对高利润产业部
门的出口转换率所有的回归系数均不显著，表明从长期来看，人

民币实际汇率变化会对低利润产业部门的出口转换率产生显著的影响，但对高利润部门的出口转换率并无显著影响作用。

为了进一步检验表 8 − 12 的基准检验结果是否稳健可靠，在控制了变量内生性的基础上加入更多控制变量，同时引入行业平均利润率高低的虚拟变量和实际汇率持续性升值贬值的虚拟变量，通过更多组合的交叉项变量来进一步检验在贬值和升值情况下，实际汇率持续性变化对出口的影响是否与产业的平均利润水平存在显著的系统性关系。表 8 − 13 给出了利用系统 GMM 两步法相应的估计结果：控制其他变量之后，表中的第 1 列对出口扩张率的回归结果显示与实际汇率所有交叉项变量的回归结果都不显著，仍然表明实际汇率持久性变化并不会对出口扩张率产生显著的影响作用；第 2 列的交叉项的回归结果显示：无论在贬值还是升值的情况下（$APRT_{DUM} = 0$ 或者 $APRT_{DUM=1}$），持久性实际汇率变化都会对低利润部门（$PRO_{DUM} = 0$）的出口收缩率产生显著的影响作用，在贬值的情况下会显著降低出口收缩率，而在升值的情况下则会显著地增加出口收缩率；而持久性实际汇率变化与高利润部门（$PRO_{DUM} = 1$）虚拟变量的交叉项均不显著，表明持久性汇率变化无论在贬值还是升值的情况下都不会对高利润行业的出口收缩率产生显著影响作用；第 3 列对净出口增长率的回归结果显示：与实际汇率持续性升值的虚拟变量（$APRT_{DUM} = 1$）的交叉项回归结果无论在低利润部门还是高利润部门的回归系数均表明，同时考虑实际汇率升值的直接和间接进口中间产品渠道，持久性实际汇率升值会显著地降低净出口的增长率，而持续性汇率贬值对净出口增长率的总体效应并不显著；第 4 列对出口转换率的交叉项回归结果仍然明确地显示：持久性实际汇率变化仍然只会对低利润产业部门的出口转换率产生显著的影响作用，在贬值的情况下会对低利润部门的出口转换率产生显著的负面影响。

表 8 - 13　人民币实际汇率持久性变化对不同利润部门出口的影响检验一　（基准回归：OLS）

被解释变量	PRO < Mean (PRO) 低利润产业部门				PRO > MEAN (PRO) 高利润产业部门			
	ECR	EDS	ENT	ERE	ECR	EDS	ENT	ERE
ECR_{it-1}	0.142***	0.163***	-0.021	0.305***	0.006	0.244***	-0.238**	0.251***
	(0.033)	(0.035)	(0.042)	(0.054)	(0.047)	(0.081)	(0.118)	(0.061)
EDS_{it-1}	0.429***	0.110***	0.319***	0.539***	0.210***	0.099***	0.112	0.309***
	(0.049)	(0.038)	(0.070)	(0.051)	(0.067)	(0.030)	(0.081)	(0.066)
$\Delta LnREERT_{it} \times (APRT_{DUM}=0)$	-0.587	-1.639**	1.052	-2.226***	-1.160	-0.627	-0.532	-1.787
	(0.504)	(0.712)	(0.937)	(0.802)	(1.104)	(0.808)	(1.255)	(1.474)
$\Delta LnREERT_{it} \times IM_{it-1} \times (APRT_{DUM}=0)$	-0.752	3.318***	-4.069**	2.566**	2.280	0.190	2.090	2.470
	(0.901)	(0.998)	(1.606)	(1.017)	(1.958)	(1.389)	(2.234)	(2.555)
$\Delta LnREERT_{it} \times (APRT_{DUM}=1)$	-0.338	3.264***	-3.602**	2.926*	-2.944*	1.982	-4.926**	-0.963
	(1.037)	(1.228)	(1.577)	(1.636)	(1.576)	(2.087)	(2.103)	(3.042)
$\Delta LnREERT_{it} \times IM_{it-1} \times (APRT_{DUM}=1)$	-0.255	-3.558**	3.303*	-3.813**	0.351	-3.726*	4.077	-3.375
	(1.059)	(1.431)	(1.777)	(1.783)	(1.534)	(2.096)	(2.533)	(2.660)
$\Delta WGDP_{it}$	0.047***	-0.019***	0.066***	0.028***	0.037***	-0.020***	0.057***	0.016**
	(0.004)	(0.006)	(0.007)	(0.007)	(0.005)	(0.005)	(0.008)	(0.006)
行业和时间固定效应	是	是	是	是	是	是	是	是
观测值	1774	1774	1774	1774	1831	1831	1831	1831
行业数	199	199	199	199	206	206	206	206
F值	59.00	13.32	23.11	27.49	19.23	11.18	18.45	9.555
R2_ Adj.	0.267	0.091	0.160	0.227	0.127	0.0965	0.117	0.107

注：括号内为稳健性标准误差，***、**、*分别表示1%、5%、10%显著性水平。

　　显然表 8 - 13 在控制了变量内生性基础上，加入更多控制变量的回归结果与表 8 - 12 的回归结果仍然具有高度的一致性，表明从人民币实际汇率变化的长期角度来看，无论是升值还是贬值更容易对低利润产业部门的出口转换率产生显著地影响作用；尽管持久性汇率升值会显著地降低出口的净增长率，但总体上同样会显著地提升出口的转换率，而持久性贬值总体上会显著地降低行业的出口转换率，特别是对低利润部门的出口转换率会产生显著的负面作用。

表 8 - 14　　　　人民币实际汇率持续性变化与行业利润率检验二

(稳健性检验：SYS - GMM2)

被解释变量	ECR	EDS	ENT	ERE
ECR_{it-1}	- 0. 020	0. 129 ***	- 0. 142 *	0. 132 ***
	(0. 036)	(0. 049)	(0. 075)	(0. 045)
EDS_{it-1}	0. 188 ***	0. 010	0. 206 **	0. 203 ***
	(0. 058)	(0. 034)	(0. 080)	(0. 055)
$\Delta LnREERT_{it} \times (PRO_{DUM} = 0) \times (APRT_{DUM} = 0)$	- 0. 284	- 1. 772 ***	1. 226	- 2. 587 ***
	(0. 578)	(0. 453)	(0. 772)	(0. 706)
$\Delta LnREERT_{it} \times IM_{it-1} \times (PRO_{DUM} = 0) \times (APRT_{DUM} = 0)$	0. 598	3. 299 ***	- 3. 227 ***	4. 384 ***
	(0. 996)	(1. 010)	(1. 235)	(1. 218)
$\Delta LnREERT_{it} \times (PRO_{DUM} = 0) \times (APRT_{DUM} = 1)$	- 1. 506	2. 217 *	- 3. 685 ***	0. 135
	(1. 006)	(1. 189)	(1. 395)	(1. 867)
$\Delta LnREERT_{it} \times IM_{it-1} \times (PRO_{DUM} = 0) \times (APRT_{DUM} = 1)$	- 1. 971	- 4. 125 ***	1. 792	- 5. 486 **
	(1. 292)	(1. 493)	(1. 843)	(2. 224)
$\Delta LnREERT_{it} \times (PRO_{DUM} = 1) \times (APRT_{DUM} = 0)$	- 1. 489	- 0. 464	- 1. 191	- 2. 114
	(1. 253)	(0. 521)	(1. 243)	(1. 338)
$\Delta LnREERT_{it} \times IM_{it-1} \times (PRO_{DUM} = 1) \times (APRT_{DUM} = 0)$	- 1. 091	0. 578	- 0. 729	- 0. 726
	(2. 962)	(1. 301)	(2. 645)	(3. 089)
$\Delta LnREERT_{it} \times (PRO_{DUM} = 1) \times (APRT_{DUM} = 1)$	- 1. 708	1. 074	- 2. 853 *	- 1. 476
	(1. 116)	(1. 299)	(1. 598)	(2. 114)
$\Delta LnREERT_{it} \times IM_{it-1} \times (PRO_{DUM} = 1) \times (APRT_{DUM} = 1)$	0. 794	- 2. 879 *	2. 270	- 0. 397
	(1. 542)	(1. 526)	(2. 311)	(2. 370)
$\Delta WGDP_{it}$	0. 029 ***	- 0. 015 ***	0. 048 ***	0. 011 *
	(0. 004)	(0. 004)	(0. 004)	(0. 007)

续表

被解释变量	ECR	EDS	ENT	ERE
AGE_{it-1}	−0.043**	−0.024	−0.009	−0.052**
	(0.020)	(0.015)	(0.026)	(0.023)
$SCALE_{it-1}$	0.015**	−0.007	0.021***	0.008
	(0.007)	(0.005)	(0.008)	(0.008)
HHI_{it-1}	0.112	0.001	0.056	0.075
	(0.089)	(0.058)	(0.116)	(0.109)
行业和时间固定效应	是	是	是	是
观测值	3605	3605	3605	3605
行业数	405	405	405	405
AR2（概率值）	0.968	0.952	0.850	0.637
Hansen J（概率值）	0.061	0.024	0.372	0.003

注：括号内为稳健性标准误差，＊＊＊、＊＊、＊分别表示1%、5%、10%显著性水平。

表8-12和表8-13检验结论都表明：从实际汇率长期变化来看，实际汇率变化更容易对低利润产业部门的变化和转换率产生显著的影响作用，对高利润行业的出口转换率影响不显著，主要原因在于：低利润部门企业的成本加成系数空间有限，更接近于完全竞争市场上的价格接受者，在面对持久性汇率变动的冲击下，从长期来看更可能通过调整出口的数量或者退出出口市场来应对实际汇率持久性变化的冲击，采用调整出口的价格来应对实际汇率持久性冲击的可能性较小；相反，在高利润产业部门企业成本加成系数空间较大，出口企业的自主定价权较高，基于市场定价行为更为频繁，企业更可能通过调整出口产品的价格而不是调整出口产品的数量来应对实际汇率的持久性冲击，保持出口市场份额的稳定，这同时也与许多已有的相关的研究文献的结论一致（Knetter，1993；Athukora-la，Menon，1994；Campa，Goldberg，2005；Dekle，Ryoo，2007；Berman et al.，2012；Li et al.，2015）。本书并未发现汇率变化对高利润部门出口转换率会产生显著影响原因在于：行业高利润和企业高生

产率不是完全对等的概念，从平均利润率水平来探讨实际汇率变化对行业内部出口转换率影响与从企业角度来探讨汇率变化对企业内部的产品转换率影响存在较大区别。

第四节 小结与政策评论

基于 1998—2009 年工业企业样本统计显示：无论从工业企业的出口扩张率还是出口收缩率的总体状况、行业分布、持续性来看，都表明工业企业之间的出口都呈现明显的相互转换效应，产业内部不同企业之间的出口转换率要显著高于产业出口净增长率，企业进入和退出出口市场是导致出口扩张率和出口收缩率的变化的重要因素，对于出口转换率具有显著的影响作用。同时控制了汇率变化的直接影响和通过进口中间渠道对出口影响后的检验结果显示：人民币实际汇率总体变化对出口转换率影响具有显著的不对称性，总体贬值情况下同时会对出口扩张率和收缩率产生显著负面影响，从而会显著降低出口转换率，而在总体升值情况下对出口转换没有显著影响；实际汇率总体变化对企业进入出口市场和对持续性出口企业的出口扩张效应都具有显著影响但其作用方向相反；实际汇率持久性变化会对出口收缩率产生显著影响，而暂时性变化只在贬值情况下会对出口扩张率产生显著影响；尽管总体的实际汇率变化并不会对净出口增长产生显著影响作用，但实际汇率持续性升值会对净出口增长产生显著的负面影响，同时也会对出口的转换率总体上产生正面的影响；实际汇率的暂时性和持久性贬值同时会显著地降低出口转换率；从长期来看，实际汇率持久性变化会对低利润部门的出口转换率产生更为显著的影响作用。

本章检验结果具有以下几方面政策含义：首先，由于工业部门同时存在显著的出口扩张和收缩效应，产业内部不同企业之间具有显著的出口转换效应不仅会对工业部门生产要素的优化重新配置进而对提升生产效率起到重要的促进作用；同时对于充分发挥生产要素比较优势，保持出口竞争力以及促进产业和贸易结构升级都会起到积极的推动作用。其次，在汇率总体贬值的情况下会显著地降低出口的扩张和收缩效应，导致实际汇率贬值并不能显著地促进净出口的增长，虽然持续性的贬值会显著地降低低利润部门的出口收缩率，对于稳定低利润部门的出口具有积极作用，但由于贬值会同时显著地降低企业进入和退出出口市场的概率，不利于新的出口企业或者已经退出出口市场的企业再次进入出口市场，造成不同出口企业（特别是低利润部门）的转换率显著下降，而低效率的出口企业退出，高效率的企业进入出口市场正是促进资源重新配置和生产率提升的重要渠道；显然，从长期来看，采取汇率大幅贬值的政策措施不仅不能有效地促进净出口的增长，而且不利于促进出口企业之间的优胜劣汰，阻碍资源的合理重新配置和出口结构的升级；特别是在当前外部需求严重下滑，低端产业产能严重过剩的背景下，通过汇率贬值不仅无助于改善出口状况，反而不利于低端无效率企业退出出口市场，延缓淘汰落后产能和贸易升级的步伐。最后，短期暂时性升值并不会对净出口和出口转换率产生显著的影响作用，但持续性升值仍然会显著地降低净出口的增长率，但升值会促进新的出口企业进入出口市场，同时也会增加已有的出口企业退出出口市场的概率，持续性的升值总体上有助于提升不同企业之间的出口转换率，因此从长期来看，持续性升值对净出口产生负面影响的同时也更有利于促进资源重新配置和不同企业之间出口转换，促进整个行业出口效率的提升。本章的研究结论同样意味着继续完善人民币汇率形成机制改革，推动以市场为基础的汇率决定机制深入发展具有重要的现实意义。

第九章

总结及相关政策选择

作为最大的发展中国家，中国近 40 多年来经济发展的成功经验无疑对于其他发展中国家具有重要的借鉴意义。奉行积极的对外开放政策是中国经济发展道路最为突出的特征，通过引入大规模的外商直接投资企业，坚持出口导向的对外贸易政策是驱动中国经济持续高速增长最为重要的动力之一。近年来，随着国内外经济环境的深刻变化，对外经济政策也亟待调整。从外部市场环境来看，自从 2008 年金融危机爆发以来，全球经济总体上陷入了长期低迷的增长阶段，外部市场的需求增长乏力导致中国出口不可能继续维持过去的高速增长；从内部经济转型的现实背景来看，一方面近年来随着国内劳动力和土地等生产要素成本的快速提升，基于劳动力低成本优势的出口扩张也开始逐步失去原有的优势，这也导致了中国的出口结构逐步从劳动密集型产业快速向资本和技术密集型转变，同时许多从事加工贸易性质的外商直接投资企业也开始将劳动密集型的加工生产环节逐步转向了生产成本更低的周边发展中国家，这同样导致了外资进入中国市场的规模增长出现下降趋势；另一方面，长期以来中国依赖劳动力低成本优势和出口补贴政策来促进出口快速扩张虽然显著地带动了经济增长和就业的增加，但同时也导致了大量低效率生产企业进入出口市场，不同出口企业产品的同质化也加剧了市场的恶性竞争，导致中国大量的劳动密集型出口产品价格持续偏低，贸易条件不断恶化，长期基于低成本低价格参与市场竞争也导致产品质量提升缓慢，贸易福利偏低，同时也对国内的资源消耗和环境改善造成了严重的压力；不仅如此，从20世纪90年代中期以来，虽然外资企业大规模地进入会在不同程度上带动国内企业生产率的提高，但也有效地促进了中国出口规模和就业的增长，但由于进入中国市场的大量外资企业主要集中在中国制造业部门从事简单的加工组装生产活动，主要的投资导向和目的在于充分利用国内的劳动力和其他生产要素低成本优势，进入中国的来自台湾、香港和澳门地区的外资企业又占据了较为明显的优势，这造成了主要从事加工组装生产的外资企业和内资企业技术差距不大，外资企业技术外溢的空间有限，特别是随着国内企业技术水平的不断进步，外资企业对国内企业的技术进步的带动作用会显著下降。同时，来自发达国家的跨国公司同样主要是利用国内生产要素成本优势，其核心的技术不仅很难被国内企业所获取，具有显著技术优势的外资企业还可能凭借其独特的技术优势在东道国不断扩张市场份额，侵占国内企业的市场，形成新的市场垄断优势，降低资源配置效率，不利于国内企业竞争力的提升，特别是长期以来各级地方政府为了吸引外资进入促进当地经济的发展，采取了一些超国民待遇的优惠措施，这进一步扭曲了资源的配置阻碍了不同企业的公平参与市场竞争。同时，大量港澳台企业和跨国公司把一些高能耗、高资源消耗以及高污染生产环节转移到国内市场从事低端的加工生产不仅大量消耗了国内的资源，同时也给国内的生态环境造成了严重的破坏，损害了经济发展的质量和经济长期增长的潜力。

　　当前中国正面临经济转型的关键时期，经济转型的一个关键任务是从传统的高能耗、高污染、高排放、低效率且主要注重数量扩张的粗放型增长方式逐步向高效节能、生态环境友好、更加注重产品质量提升的增长方式转变。实现经济发展方式的根本性的转变，必然伴随着对外贸易和利用外资方式的结构转型。尽管随着国内外经济环境的深刻变化，中国经济已经进入相对低速增长的"新常态"发展阶段，出口增速明显回落，沿海地区制造业部分外资企业也开始出现退出中国市场的现象，但不可否认的是，继续推动对外贸易结构升级和稳步增长、转变利用外资的方向仍然会对中国经济发展产生十分重要的影响作用，也只有继续稳步推动对外开放水平的不断提升，充分利用外部市场的新机遇和应对新挑战，不断引入外部市场竞争才能有效地推动国内经济和产业结构的升级和转型，实现经济增长和发展质量的稳步提升。通过本书前面关于对外贸易、外商直接投资以及人民币汇率调整对经济发展影响的多方面理论和经验研究分析，明确了外商直接投资企业进入对东道国产生的企业技术外溢效应、产业结构升级的影响作用和方式；明确了中国出口产品质量升级变化趋势特征、中国出口产品的质量与外资渗透变化的关系、中国出口产品质量与主要国家产品质量的相对差距和变化特征；明确了外资进入、对外贸易以及人民币汇率调整对就业增长、工资增长、就业岗位转换的影响作用；明确了人民币汇率变化对出口增长及转换以及对外资进入和退出的影响作用和方式。基于上述多方面的研究结论，从转变对外贸易结构、调整对外贸易政策以及利用外资政策转变、人民币汇率形成机制进一步改革和完善来推动中国经济发展方式和结构转型来看，提升对外经济开放水平需要做如下的政策调整和选择。

　　首先，从对外贸易增长方式转变及其结构调整的角度来看。目前转变对外贸易增长方式和结构首先应该转变出口增长方式和结构，即从传统数量规模扩张向提升产品质量和出口企业生产效率的方向转变，从依赖低成本低价格参与国际竞争向依赖产品质量和品牌的方向转变。正如前面所强调的一样，由于国内外经济环境发生了较为明显的改变，中国出口产品继续保持持续高速增长的态势已经很难为续，近几年来出口不仅没有出现显著增长还呈现明显下滑的趋势，作为全球第一货物贸易大国，尽管数量快速扩张的优势逐步丧失，但中国的经济发展仍然高度依赖出口的现实情况并没有发生改变，近年来出口增速的大幅下滑甚至转变为负向增长不仅对国内出口企业生存产生了显著压力，导致大批企业被迫退出市场或者转移到成本更低的地区进行生产，同时也显著地影响了总体经济的增长速度，加大了就业压力。虽然内外经济环境的改变给高度依赖出口开放的中国经济增长造成了巨大挑战，但也为出口结构的转变和升级提供了良好的机遇。一方面，在出口数量增长显著下滑的态势下，迫使更多的出口企业为了生存加快产品结构的调整和质量升级，通过提升出口产品的技术水平和质量来维持市场竞争力，正如在第二章的经验分析中强调的一样，出口产品的数量扩张和质量升级存在相互替代的关系，数量的过度扩张通常会以降低产品质量为代价，在外部市场需求严重萎缩的现实背景下，也会倒逼中国出口企业通过不断淘汰落后低质量产品，加快产品更新速度，提升产品质量，开拓新的市场作为竞争手段，促进出口企业市场竞争力的逐步增强；另一方面，外部需求下降和国内生产成本显著上升也会导致低效率的出口企业被迫退出，而大量低效率出口企业的退出会促使资源从低效率企业向高效率出口企业转移，促进资源的重新合理配置，有助于提升整个行业市场竞争力的提升，因此从出口结构转型和升级的角度来看，内外经济环境的变化本身为出口企业转变增长方式提供了新的机遇。

需要强调的是，长期以来导致出口持续高速增长，大量低效率的企业能够进入出口市场的一个重要原因在于大量的出口企业能够得到出口补贴和享受出口退税政策，尽管通过大量的出口补贴和出口退税显著地刺激了中国出口规模的快速增长，但这也同样导致出口企业相对于非出口企业总体的生产率较低，大量的补贴和出口退税不仅无助于提升出口企业的生产效率和实际市场竞争力，严重扭曲了资源配置效率，导致中国出口价格水平长期偏低，引发了一系列的贸易摩擦和争端，也刺激了出口企业之间的价格恶性竞争，导致多数出口企业的获利空间非常有限，加剧了出口的粗放式扩张，同时也对国内资源消耗和生态环境造成了显著负面影响。因此，转变出口增长方式促进出口转型升级一个特别重要的改革方向是降低和取消对出口企业大量的补贴和退税政策，让更多的企业通过公平的方式来参与国际市场竞争，利用外部和内部市场环境的变化来倒逼企业转变发展模式，通过市场竞争的方式对企业进行优胜劣汰的选择，促进企业生产效率提高和产业结构的升级。

另外，从中国出口产品质量特征和升级变化趋势来看。国际比较的横向对比结果表明，中国在出口规模增长最快的阶段，出口产品质量的相对质量总体上呈现逐年下降的态势，而在 2008 年金融危机之后，其相对产品质量开始出现稳步上升的态势，出口产品质量升级变化趋势总体上与出口数量规模扩张变化趋势呈现非常显著的负相关关系。同时，中国出口产品质量如果不考虑外资企业的增加值贡献因素，总体的质量仍然处在较低的水平，甚至低于大多数新兴市场经济体国家，外资的中间品投入对中国出口产品质量的高低发挥着关键性的作用，这也进一步表明中国本土的出口企业主要是以低成本、低价格参与竞争，从国际比较的角度来看，总体产品质量并未得到显著的提升，作为全球第一贸易大国本土产品的质量优势仍然与发达国家存在巨大的差距，在出口产品质量提升方面仍然有巨大的空间和潜力。

转变对外贸易增长方式和结构调整，除了重点关注出口增长方式的转变以及出口政策措施的调整之外，同样重要的是关注进口增长和结构的调整。虽然中国在 2001 年加入 WTO 之后，显著地降低了关税和非关税等其他贸易壁垒，也在积极推动贸易自由化进程的深入发展，但横向对比的结果显示：总体来看中国的贸易自由化进程并不顺利，进口关税水平不仅显著地高于多数的发达国家，即便与多数的发展中国家相比也并没有优势，总体的贸易壁垒仍然处于较高的水平，这也导致中国的进口增长速度长期滞后于出口增长速度，贸易顺差规模持续积累。近年来，虽然出口规模出现了非常显著的下滑，但贸易顺差仍然在快速地增长，表明进口规模的下滑速度同样超过了出口增速的下降，这也进一步表明了中国的贸易自由化进程严重滞后的现实情况。虽然贸易自由化的过快推进会对国内产业造成显著的进口竞争冲击，不利于国内产业持续稳定的发展，但长期将进口关税维持在较高的水平并不利于国内产业竞争力水平的提升，原因在于逐步推动贸易自由化进程不断向深入发展，会引入更多的外部竞争，推动国内企业增强市场竞争意识，加快产品换代和技术更新步伐，积极应对外部市场竞争，更有利于促进资源的合理有效配置，提升国内产业总体的市场竞争力；不仅如此，贸易自由化的深入发展也会有效地推动进口中间产品的增加，高质量和进口中间产品替代是提升本国产品质量和竞争力的重要渠道，同时进口中间产品和国内中间产品的相互竞争和替代同样有助于提升本国相关产业上下游市场竞争能力的提升，因此从长期来看贸易自由化的稳步推进是促进资源配置效率改善、提升产业结构升级以及转变经济增长方式非常重要的渠道之一。同时，贸易自由化逐步推进会显著地改善消费者的福利水平，随着外部市场竞争的加剧，国内市场的价格水平会随之显著下降，有助于降低国内企业的市场垄断行为，长期以来国内产品价格相对国际市场价格水平高居不下，显著降低了国内消费者的福利水平，这也与贸易自由化推进水平过于缓慢存在密切的关系。综上所述，从对外贸易增长方式的转变来看，不仅仅是对出口增长方式的转变，更需要转变原来过度注重出口扩张而忽视进口增长的发展思维，进一步加快推动贸易自由化进程，显著降低进口贸易的关税和壁垒，通过引入更多的外部市场竞争来促进国内产业结构升级和资源的重新合理配置，把大力促进进口作为转变贸易增长方式的重要措施加以推行。

其次，从利用外资方式转变及结构调整的角度来看。目前中国已经从外商直接投资的主要流入国家开始转变为对外直接投资的主要输出国家，外汇储备位居全球第一。显然，中国利用外资的主要目的已经从改革开放之初的缓解资金紧张不足转变为通过利用外资加速国内经济发展，促进国内企业技术进步和产业升级为主要导向。正如前面强调的一样，长期以来中国大规模的利用外资主要存在两方面的问题，一是利用外资同样存在过度注重数量忽视质量的问题，大量的外资企业进入中国主要集中在制造业从事加工贸易生产活动，随着国内企业技术水平的不断进步，外资企业的技术外溢空间和可能性越来越低，大量的从事简单加工生产活动的外资企业在消耗东道国大量资源，给生态环境带来严重压力的同时并不能有效地促进国内产业技术升级以及资源的合理配置。二是外资利用的结构不合理，外资企业过度集中于制造业，而在服务业领域外资进入的壁垒很好，大多数服务业并未真正向外资企业开放，这也是导致国内服务业领域相对制造业垄断程度较高，缺乏充分的市场竞争。目前，中国经济已经进入相对缓慢的增长阶段，随着劳动力成本的不断提升以及对外资优惠政策的取消，部分主要从事简单加工生产的外资企业开始逐步撤离中国市场，但这并不意味着中国市场对跨国公司失去了吸引力，与多数发展中国家和新兴市场国家相比，中国广阔的国内市场、完善的基础设施以及良好的劳动力素质仍然对跨国公司具有足够的吸引力，大量从事低端生产活动的外资企业退出本身也是市场竞争的结果，从长期来看有助于促进中国利用外资总体水平的提高。另外，正如前面的经验分析结论一样，继续积极有选择地利用外资无论对促进经济发展还是创造就业机会，促进劳动力流动和资源再配置方面都发挥着不可或缺的重要作用。通过积极利用外资促进产业结构升级和经济转型需要从以下几个方面转变利用外资的方式：一是在制造业领域经过几十年的积累，中国制造业目前已经拥有良好完备的基础条件，国内本土制造业已经具备较强的技术吸收能力，在利用外资方面主要应该重点吸引高端的制造业企业进入，强调中国本土制造业与跨国公司高端制造业的相互配套和融合，通过给实力雄厚的跨国公司提供中间产品过程中不断提升产品的质量和标准，延长跨国公司在国内企业的生产链条，通过深度融入先进跨国公司的全球生产链体系促进垂直和水平形式的技术外溢效应；二是促进本土企业与外资企业的合作研发力度，虽然众多的跨国公司在国内设立了众多的研发部门，但这些研发部门由于设计跨国公司的核心技术，与国内制造企业的联系并不紧密，国内企业也很难参与跨国公司的研发活动，这一方面需要本土企业不断增强自身的研发能力，加速市场竞争促进跨国公司采用更先进的技术，同时在政策引导方面也需要强调跨国公司的技术转移力度，在开放国内市场的同时要求跨国公司在不同程度上出让技术，推动国内企业参与跨国公司的研发活动；三是转变吸引外资的重点，加大开放银行金融、邮政电信、公共社区服务、医疗卫生、旅游文化、交通及基础设施建设等领域市场力度，吸引更多的外资企业进入中国的服务型行业。目前，中国在服务型行业利用外资严重滞后于制造业，相对于制造业，服务业领域充分利用外资主要有几方面的优势，一是服务业领域的外资都是东道国国内市场导向型，与制造业领域的出口导向型外资不一样，国内市场导向型外资更专注于东道国市场的开拓，更容易与国内企业产生紧密的产业关联效应，促进国内服务业领域企业技术水平和效率的提升。二是服务业领域相对于制造业对就业的吸收能力更强，由于制造业的机械化程度越来越高，大量的先进的跨国公司进入对就业的吸纳能力越来越低，而大量的服务业主要是劳动密集型行业，引入外资进入中国的服务型行业在促进本土企业技术进步的同时也更容易创造较多的就业机会，提高服务业部门劳动力市场的弹性和人员流动性，有助于降低服务业部门的市场垄断程度，促进资源配置效率的改善。三是更多的外资进入中国的服务业领域本身也会促进中国经济加快从出口依赖型经济向国内消费型经济的转型，为实现经济持续的发展提供新的动力。

最后，从人民币汇率调整及其汇率形成机制改革角度来看。人民币汇率调整和形成机制改革是对外经济政策调整的重要措施。汇率调整不仅会直接影响经常项目下的贸易收支，同样会对资本的流入和流出产生显著影响，同时也会对通过出口、进口以及进口中间品渠道对国内的就业和资源重新配置产生显著的影响。多数发展中国家的经济发展经验表明，维持汇率的稳定对于保持经济的健康发展具有重要的作用，汇率崩溃或者巨幅调整通常是经济金融危机的重要体现之一。由于中国长期以来对资本项目自由兑换采取逐步推进的谨慎措施，很大程度上确保了宏观经济政策的独立性和人民币汇率的稳定，为经济健康稳定发展提供了重要的保障。由于人民币汇率在 2005 年 7 月改革之前，长期以来事实上采取了盯住美元的汇率体制，这一汇率体系在很大程度上促进了中国对外贸易的持续快速增长，但随着中国与主要贸易伙伴的不平衡问题日益凸显，人民币汇率盯住美元的做法受到了来自多方面的压力和挑战，为了缓解中国与主要贸易伙伴的贸易摩擦问题，人民币汇率于 2005 年 7 月开始推行盯住一揽子货币的汇率形成机制改革措施，从 2005 年汇率改革 10 年以来，虽然人民币的名义汇率和实际汇率相对于改革初期最低点都升值了 30% 以上，但中国的贸易顺差并未因为人民币汇率升值而显著的降低，这也在一定程度上表明人民币汇率本身不是影响中国贸易失衡的根本性原因，正如作者的研究结论显示的一样，由于中国出口中加工贸易占据了重要的地位，同时出口企业也是中间品进口的主要企业，无论是名义汇率还是实际汇率变化并不能显著地影响企业净出口的增长率，因此通过调整汇率的方式来解决贸易平衡问题并不是有效的办法；尽管如此，实际汇率调整仍然会引起同一产业内部不同企业之间出口的转换和资源的重新配置，因此人民币汇率调整对出口企业的影响更重要的是引起企业的进入和退出以及资源在不同企业之间的重新配置，而不是对出口总体规模的影响，这一点具有重要的政策价值。一方面，通过汇率贬值的方法并不能有效地促进出口的增长，但却会显著地降低高生产率企业进入，低生产率企业退出出口市场，降低资源的配置效率，不利于企业的优胜劣汰，特别是在当前外部市场需求低迷，国内低端产能过剩严重的情况下，通过汇率贬值的方法不仅不能有效地促进出口，还会进一步加剧资源的错配，不利于淘汰落后产能和促进资源重新配置。相反，汇率升值总体上会促进低生产率企业退出市场，高生产率企业进入市场，加速资源在不同企业之间的重新配置和市场竞争，有助于淘汰落后产能和低效率企业，从长期来看也有助于促进整体产业竞争力水平提升。

从人民币汇率变化对外资企业进入东道国的影响来看，汇率升值对外资企业的进入和退出与外商直接投资企业的市场导向存在密切关系，如果外商直接投资是出口导向型投资，汇率升值（贬值）会显著地降低（增加）外资企业进入的概率；如果外商直接投资主要是出口替代型投资或者东道国国内市场导向型目的投资，汇率升值则有助于外资进入东道国市场。正如前面强调的一样，中国长期依赖于制造业领域出口导向型的外商直接投资企业并不利于促进产业和经济结构转型，而促进东道国市场导向型的外资企业进入是调整利用外资方向和推动产业经济结构转型的重要方向，因此从汇率变化对外资投资结构转变的角度来看，人民币汇率升值相对于贬值同样有助于推动经济结构调整和转型；但是从人民币汇率变化对就业市场的影响作用来看，汇率升值总体上会通过出口开放和进口竞争渠道对净就业增长产生显著的负面影响，而贬值则会促进就业的增长。因此上述的研究结论表明无论是大幅的升值还是贬值都不利于经济的稳定健康发展，虽然升值相对于贬值能够促进市场竞争和资源重新配置，但汇率的快速升值同样会加剧低效率企业的退出，对就业市场产生显著的负面影响，不利于经济的稳定发展；持续的贬值显然也同样不利于企业竞争力的培育和资源配置效率的改善。因此，继续推动人民币汇率形成机制市场化深入发展，维护人民币汇率的稳定仍然是促进中国经济可持续发展的重要政策选择。

参考文献

Ahmed, S. , "Are Chinese exports sensitive to changes in the exchange rate, Board of Governors of the Federal Reserve System", International Finance Discussion Paper, No. 987, 2009.

Aitken, B. , A. Harrison and R. E. Lipsey, "Wages and Foreign Ownership, A Comparative Study of Mexico, Venezuela, the United States. " *Journal of International Economics*, 40, 345 – 371, 1996.

Aitken, Brian J. and Ann E. Harrison, "Do domestic firms benefit from direct foreign investment? evidence from Venezuela. " *American Economic Review*, 89 (3), 605 – 18, 1999.

Aitken, B. ; Hanson, G. , & Harrison, A. , "Spillovers, Foreign Investment and Export Behaviour. " *Journal of International Economics*, 43, 103 – 132, 1997.

Aizenman, J. and Marion, N. , "The Merits of Horizontal versus Vertical FDI in the presence of Uncertainty. " NBER working paper No. 8631, 2001.

Alba, J. , Wang, P. and Park, D. , "The impact of exchange rates on

FDI and the interdependence of FDI over time. " Available from URL: http: //nt2. fas. nus. edu. sg/ecs/res/seminar-papers /09012007. pdf, 2005.

Albaek, Karsten and Bent E. Sorensen, "worker flows and job flows in Danish manufacturing. " 1980 – 91. *The Economic Journal*, 108 (451), 1750 – 71, 1988.

Alexandre, F. , P. Bacao, J. Cerejeira and M. Portela, "Employment, Exchange rate and Labor Market Rigidity", IZA Discussion Paper No. 4891, 2010.

Alfaro, L. , Chanda, A. , "How does foreign direct investment promote economic growth? Exploring the effects of financial markets on linkages. " NBER Working papers w12522, 2006.

Alvarez, R. and López R. A. , "Is Exporting a Source of Productivity Spillovers. " *Review of World Economics*, 144 (4), 723 – 749, 2008.

Amiti, M. AND A. K. Khandelwal, "Import competition and quality up-grading", NBER working paper w15503, 2009.

Arellano, M. and O. Bover, "Another Look at the Instrumental Variable Estimation of Error-Components Models. " *Journal of Econometrics*, 68, 29 – 51, 1995.

Arellano, M. and S. Bond, "Some Tests of Specification for Panel Data: Monte Carlo Evidence and An Application to Employment Equations. " *Review of Economic Studies*, 58, 277 – 297, 1991.

Arpita, C. , R. Dix-Carneiro and J. Vichyanond, "Multi-Product firms and exchange rate fluctuations. " *American Economic Journal: Economic Policy*, 5 (2), 77 – 110, 2013.

Athukorala, P. and J. Menon, "Pricing to Market Behavior and Exchange Rate Pass-Through in Japanese Exports." *Economic Journal*, 104 (423), 271 – 281, 1994.

Audretsch, D., "Agglomeration and the location of innovative activity." *Oxford Review of Economic Policy*, 14, 18 – 29, 1998.

Balassa, Bela., " Trade Liberation and Revealed Comparative Advantage." *The Manchester School of Economic and Societal Studies*, Vol. 33, 99 – 123, 1965.

Baldwin, R. and P. Krugman, "Persistent Trade Effects of Large Exchange rate shocks." *Quarterly Journal of Economics*, 104, 635 – 654, 1989.

Baldwin, R., "Hystersis in Import Prices: The Beachhead Effect." *American Economic Review*, 78, 773 – 785, 1988.

Baldwin, R. E. and T. Ito, "Quality competition versus price competition goods: an empirical classification." *Journal of Economic Integration*, 26 (1), 110 – 135, 2011.

Baltagi, B. H.; Griffin, J. M., "Pooled estimators versus their heterogeneous counterparts in the context of the dynamic demand for gasoline." *Journal of Econometrics*, 77, 303 – 327. 1997.

Banga, R., "Do productivity spillovers from Japanese and US FDI differ?" *Mimeo. Delphi School of Economics*, 2003.

Barrios, Salvador, Gorg, Holger and Strobl, Eric, "Explaining Firm's Export Behaviour: R&D, Spilloversand the Destination Market." *Oxford Bulletin of Economics and Statistics*, 65, 4, 475 – 496, 2003.

Barrios, Salvador, Gorg, Holger and Strobl, Eric, "Foreign Direct Investment, Competition and Industrial Development in the Host Country." *European Economic Review*, 49, 1761 – 1784, 2005.

Barrios, Salvador; Strobl, Eric, "Foreign Direct Investment and Productivity Spillovers: Evidence from Spanish experience. " *Weltwirtschaftliches Archiv*, 138, 3, 459 – 481, 2002.

Barry, F. , H. Gorg and E. Strobl, "Foreign Direct Investment and Wages in Domestic Firms in Ireland: Productivity Spillovers versus Labor-Market Crowding out", 12 (1), 67 – 84. 2005.

Battese, George E. and Coelli, Timothy J. , "A Model for Technical Inefficiency Effects in a Stochastic Frontier Production Function for Panel Data. " *Empirical Economics*, 20 (2), 325 – 332, 1995.

Bell, G. K. and Campa, J. M. , "Irreversible investment and volatile markets: a study of the chemical processing industry. " *Reviews of Economics and Statistics*, 79 (1), 79 – 87, 1997.

Bénassy-Quéré, A. , Fontagné, L. and Lahrèche-Révil, A. , "Exchange rate strategies in the competition for attracting FDI. " *Journal of Japanese and International Economics*, 15, 178 – 198, 2001.

Berman, N. , P. Martin and T. Mayer, "How do different exporters react to exchange rate changes. " *Quarterly Journal of Economics*, 127, 437 – 492, 2012.

Bernard, A. ; Wagner, J. , "Exports and Success in German Manufacturing. " *Weltwirtschaftliches*, 1997.

Bernard, A. ; Jensen, J. B. , "Why Some Firms Export. " *Review of Economics and Statistics*, 86, 2, 628 – 639, 2004.

Bernard, A. B. , S. J. Redding and P. K. Schott, "Multiple product firms and product switching. " *American Economic Review*, 100 (1), 70 – 97, 2010.

Berry, S. T. , "Estimating discrete choice models of product differentiation. " *The RAND Journal of Economics*, 25 (2), 242 – 262, 1994.

Berry, S. T. , J. Levinsohn and A. Pakes, "Automobile prices in market equilibrium. " *Econometrica*, 63 (4), 841 – 890, 1995.

Bhagwati, J. , "Anatomy and consequences of exchange control regimes. " *New York: Balinger Publishing*, 1978.

Blomstrom, M. , Globerman, S. , and Kokko, A. , "The determinants of host country spillovrs from foreign direct investment. " CEPR discussion paper 2350. *London: Centre for Economic Policy Research*, 2000.

Blomstrom, M. ; Kokko, A. , "Multinational coporations and Spillovers. " *Journal of Economic Survey*, Vol. 12, 247 –277, 1998.

Blomstrom, M. ; Sjoholm, F. , "Technology Transfer and Spillovers: Does Local Participation with Multinational Matter? " NBER Working Paper, No. 6816, 1998.

Blonigen, B. , "Firm specific assets and the link between exchange rates and foreign direct investment. " *American Economic Review*, 87, 448 – 465, 1997.

Blundell, Richard and Bond, Stephen, "Initial conditions and moment restrictions in dynamic panel data models. " *Journal of Econometrics*, Vol. 87, 115 – 143, 1998.

Braconier, H. , Ekholm, K. , and Midelfart-Knarvik, K. , " In search of FDI—transmitted R&D spillovers: A study based on Swedish data. " *Weltwirtschaftliches Archiv*, 137, 4, 644 – 655, 2001.

Brambilla, I. , D. Lederman and G. Porto, "Exports, export destinations and skills", NBER working paper w15995, 2010.

Brandt, Loren, Johannes V. Biesebroeck and Yifan Zhang, "Creative accounting or creative destruction? firm level productivity growth in Chinese manufacturing. " *Journal of Development Economics*, 97 （2）, 339 – 51, 2012.

Branson, W. and J. Love, "United States Manufacturing and the Real Exchange Rate. " In: *Marston*; R. （Ed. ）, "Misalignment of Exchange Rates: Effects on Trade and Industry. " *University of Chicago Press*, *Chicago*, *Illinois*, 1988.

Broda. C, and D. E. Weinstein, "Product creation and destruction: evidence and price implications. " *American Economic Review*, 100 （3）, 691 – 723, 2010.

Brown, David J. and John S. Earle, "Gross job flows in Russian industry before and after reforms: has destruction become more creative?" *Journal of Comparative Economics*, 30 （1）, 96 – 133, 2002.

Buch, C. M. and Kleinert, J. , "Exchange rates and FDI: goods versus capital market frictions. " *The World Economy*, doi: 10. 1111/j. 1467 – 9701. 2008. 01124. x. 2008.

Buckley, P. , C. Wang and C. Jeremy, "The Impact of Foreign Ownership, Local Ownership and Industry Characteristics on Spillover Benefits from Foreign Direct Investment in China. " *International Business Review*, Article in press, doi: 10. 1016/j. ibusrev. 2006. 12. 006, 2007.

Buckley, Peter J. , Chengqi Wang and Clegg, Jeremy, "The Impact of Inward FDI on the Performance ofChinese Manufacturing Firms. " *Journal of International Business Studies*, 33 （4）, 637 – 655, 2002.

Burgess, S. M. and M. M. Knetter, "An International Comparison of Employment Adjustment to Exchange Rate Fluctuations. " *Review of International Economics*, Vol. 6 （1）, 151 – 163, 1998.

Bustos, P. , "Trade liberation, exports, and technology upgrading: evi-

dence on the impact of MERCOSUR on Argentinian firms", 101 (1),
304 – 340, 2011.

Bwalya, M. S. , "Foreign Direct Investment and Technology Spillovers:
Evidence from Panel Data Analysis of Manufacturing Firms in Zambia. "
Journal of Development Economics, 81, 514 – 526, 2006.

Caballero, Ricardo J. , Eduardo M. R. A. Engel and John C. "Haltiwan-
ger, Aggregate employment dynamics: building from microeconomic Ev-
idence. " *American Economic Review*, 87 (1), 115 – 37, 1997.

Campa, J. and L. Goldberg, "Employment versus Wage Adjustment and
the U. S. Dollar. " *Review of Economics and Statistics*, Vol. 83 (3),
477 – 489, 2001.

Campa, J. , "Entry by foreign firms in the United States under exchange
rate uncertainty. " *Review of Economics and Statistics* , 75, 614 – 622,
1993.

Campa, J. , and L. Goldberg, "Investment, Exchange Rates and External
Exposure. " *Journal of International Economics*, Vol. 38, 297 – 320,
1995.

Campa, J. , and L. Goldberg, "Investment, Pass-Through and Exchange
Rates: A Cross-Country Comparison. " *International Economic Review*,
Vol. 40 (2), 287 – 314, 1999.

Campa, J. M. and L. S. Goldberg, "Exchange rate pass-through into im-
port prices. " *The Review of Economics and Statistics*, 87 (4), 679 –
690, 2005.

Cardell, N. S. , "Variance components structures for the extreme value
and logistic distributions. " *Mimeo, Washington State University*,
1991.

Chen, Ruo and Dao, Mai, "The Real Exchange Rate and Employment in China", IMF Working Paper, WP/11/148.

Christev, Atanas., Olga Kupets, and Hartmut, Lehmann, "Trade liberalization and employment effects in Ukraine." *Comparative Economic Studies*, 50, 318 – 40, 2008.

Colantone, I., "Trade openness, Real exchange rate and Job reallocation: Evidence from Belgium, mimeo." *LICOS, Katholiek University*, Leuven, 2006.

Crespo, N.; Fontoura, P.M., "Determinant Factors of FDI Spillovers—What Do We Really Know?" *World Development*, Vol. 35, No. 3, 410 – 425. 2006.

Crino, R., and P. Epifani, "Productivity, quality and export behavior." *The Economic Journal*, 122, 1206 – 1243, 2012.

Crozet M., K. Head and T. Mayer, "Quality sorting and trade: firm-level evidence for French wine." *The Review of Economic Studies*, doi: 10. 1093/restud/rdr030, 1 – 36, 2011.

Cushman, D. O., "Real exchange rate risk, expectations, and the level of foreign direct investment." *Review of Economics and Statistics*, 67, 297 – 308, 1985.

Dani Rodrik., "What's So Special About China's Exports?" NBER Working Paper w11947, 2006.

Darby, J., Hallet, A. H., Ireland, J. and Piscitelli, L., "The impact of exchange rate uncertainty on the level of investment." *The Economic Journal*, 109, 55 – 67, 1999.

Das, S. P., "Foreign Direct Investment and the Relative Wage in a Developing Economy." *Journal of Development Economics*, 67, 55 –

77, 2002.

David Hummels, Peter J. K. , "The Variety and Quality of a Nation's Exports. " *The American Economic Review*, Vol. 95, No. 3, 704 – 23, 2005.

David Roland Holst, John Weiss, "ASEN and China: Export Rivals or Partners in Regional Growth?" *The World Economy*, Vol. 27, 1255 – 1274, 2004.

Davis, Steven J. and John C. Haltiwanger, "On the driving force behind cyclical movements in employment and job reallocation. " *American Economic Review*, 89 (5): 1234 – 58, 1999.

Davis, Steven J. and John C. Haltiwanger and Scott, Schuh, "Job creation and job destruction. Cambridge. " *MA: MIT Press*, 1996.

Davis, Steven J. and John C. , Haltiwanger, "Gross job creation, gross job destruction and employment reallocation. " *Quarterly Journal of Economics*, 107 (3), 819 – 63, 1992.

De Loecker, J. , "Product differentiation, multi-product firms and estimating the impact of trade liberalization on productivity. " *Econometrica*, 79 (5), 1407 – 1451, 2011.

Dekle, R. , "The Yen and Japanese Manufacturing Employment. " *Journal of International Money and Finance*, 17, 785 – 801, 1998.

Dekle, R. and H. H. Ryoo, "Exchange rate fluctuations, financing constraints, hedging and exports: evidence from firm level data. " *International Financial Markets, Institution and Money*, 17, 437 – 451, 2007.

Dennis, Benjamin N. , Laincz, Chiristopher A. , and Lei Zhu, "Which exchange rates matter for FDI? Evidence for Japan. " *Southern Econom-*

ic Journal, 75 (1), 50 – 68, 2008.

Dimelis, S. , "Spillovers from Foreigh Direct Investment and Firm Growth: Technical, financial and market structure effects. " *International Journal of the Economics of Bussiness*, 12, 1, 85 – 104, 2005.

Dixit, A. and Pindyck, R. , "Investment under Uncertainty. " *Princeton University Press, Princeton, NJ.* 1994.

Dixit, A. , "Investment and Hystersis. " *The Journal of Economic Perspectives*, 6 (1), 107 – 132, 1992.

Dixit, A. , "Entry and Exit Decision under Uncertainty. " *Journal of PoliticalEconomy*, 97, 620 – 638, 1989.

Dixit, A. , Hystersis, "Import Penetration and exchange rate passthrough. " *Quarterly Journal of Economics*, 104 (2), 205 – 228, 1989.

Djankov, S. ; Hoekmen, B. , "Foreign Investment and Productivity Growth in Czech Enterprise. " *World Bank Economic Review*, 14 (1) 49 – 64, 2000.

Donnenfeld, S. and M. Wolfgang, "The quality of export products and optimal trade policy. " *International Economic Review*, 28 (1), 159 – 174, 1987.

Dornbusch, R. , "Exchange Rates and Prices. " *American Economic Review*, Vol. 77, 93 – 106, 1987.

Driffield, N. and K. Taylor, "Wage Inequality and the Role of Multinationals: Evidence from UK Panel Data. " *Labor Economics*, 12, 223 – 249, 2005.

Driffield, N. and S. Girma, "Regional Foreign Direct Investment and Wage Spillovers: Plant Level Evidence from the UK Electronics Industries. " *Oxford Bulletin of Economics and Statistics*, 65 (4), 453 – 474, 2003.

Driffield, N. , Love, J. , "Foreign direct investment, technology sourcing and reverse spillovers. " *The Manchester School*, 71, 6, 659 – 672, 2003.

Dunning, J. H. , "Multinational Enterprise and Global Economy. " *Workingham: Addison-Wesley Publishing Company*, 1993.

Fajgelbaum, P. , G. M. , "Grossman and E. Helpman, Income distribution, product quality and international trade. " *Journal of Political Economy*, 119 (4), 721 – 765, 2011.

Fajnzylber, P. and A. M. Fernandes, "International Economic Activities and Skilled Labor Demand: Evidence from Brazil and China. " *Applied Economics*, 41: 5, 563 – 577, 2009.

Fang, W. , Y. Lai and S. M. Miller, "Does exchange rate risk affect export asymmetrically? Asian evidence. " *Journal of International Money and Finance*, 28, 215 – 239, 2009.

Feenstra R. C. , "New Product Variety and the Measurement of International Prices. " *The American Economic Review*, Vol. 84, No. 1, 157 – 77, 1994.

Feenstra R. C. , "Advanced International Trade: Theory and Evidence. " *University of California, Davis, National Bureau of Economic Research*, 2002.

Feenstra R. C. , Kee, H. L. , "Export Variety And Country Productivity. " NBER working paper, No. 10830, 2004.

Feenstra, R. C. and G. H. Hanson, "Foreign Direct Investment and Relative wages: Evidence from Mexico's Maquiladoras. " *Journal of Inter-*

national Economics, 42, 371 – 393, 1997.

Feenstra, R. C. , "Quality change under trade restraints in Japanese auto." *The Quarterly Journal of Economics*, 103 (1), 131 – 146, 1988.

Fernandes, A. M. , C. Paunov, "Does trade stimulate product quality upgrading." *Canadian Journal of Economics*, 46 (4), 1232 – 1264, 2012.

Flach, Lisandra, " Quality upgrading and price heterogeneity: evidence from Brazilian exporters." *Journal of International Economics*, 102, 282 – 290, 2016.

Flores, R. , Fontoura, M. , and Santos, R. , "Foreign direct investment and spillovers: additional lessons from a country study." *Ensaios Economicos da EPGE* 455, 2002.

Fosfuri, A. , Motta, M. , "Multinationals without advantages." *Scandinavian Journal of Economics*, 101, 4, 617 – 630, 1999.

Fosfuri, A. , Motta, M. , and Ronde, T. , "Foreign direct investment and spillovers through workers' mobility." *Journal of International Economics*, 53, 1, 205 – 222, 2001.

Froot, K. and Stein, J. , "Exchange rates and FDI: an imperfect capital markets approach." *Quarterly Journal of Economics*, 106, pp. 1191 – 1127, 1991.

Fu, Xiaolan and V. N. Balasubramanyam, "Export, foreign direct investment and employment: The case of China." *The World Economy*, 28, 607 – 25, 2005.

Fung, L. , "Large real exchange rate movements, firm dynamics and productivity growth." *Canadian Journal of Economics*, 41 (2), 391 –

424, 2008.

Galindo, A. , A. Izquierdo, and J. M. Montero, "Real Exchange Rates, Dollarization and Industrial Employment in Latin America. " *Emerging Markets Review*, Vol. 8, 284 – 298, 2007.

Gaulier, G. and S. Zignago, "BACI: International Trade Database at the Product-level: The 1994 – 2007 Version. " CEPII working paper N. 2010 – 23, 2010.

Ge, Y. , "The Effect of Foreign Direct Investment on the Urban Wage in China: An Empirical Evidence. " *Urban Studies*, 43 (9), 1439 – 1450, 2006.

Girma, S. and H. Gorg, "Evaluating the Foreign Ownership Wage Premium using a Difference-in-Differences Matching Approach. " *Journal of International Economics*, 72, 97 – 112, 2007.

Girma, S. , "Absorptive Capacity and Productivity Spillovers from FDI: A Threshold Regression Analysis. " *Oxford Bulletin of Economics and Statistics*, 67, 281 – 306, 2005.

Girma, S. , Wakelin, K. , "Are there regional spillovers from FDI in the UK?" GEP Research Paper 2000/16. Univertisty of Nottingham. 2000.

Girma, S. , Wakelin, K. , "Regional underdevelopment: Is FDI the solution? A semi-parametric analysis. " GEP Research paper 2001/ 11. University of Nottingham. 2001.

Girma, S. , "Absorptive Capacity and Productivity Spillovers from FDI: A Threshold Regression Analysis. " *Oxford Bulletin of Economics and Statistics*, 67, 281 – 306, 2005.

Girma, Sourafel and Gong, Yundan, "Putting People First? Chinese State-Owned Enterprises Adjustment to Globalization. " *International*

Journal of Industrial Organization, Vol. 26, 573 – 585, 2008.

Girma, Sourafel. Wakelin, Katharine, "Local productivity Spillover from Foreigh Direct Investment in the UK Electronic Industry." *Regional Science and Urban Economics*, 37, 399 – 412, 2007.

Goldberg, L. and J. Tracy, "Exchange Rates and Wages." NBER working paper w8137, 2001.

Goldberg, L. , "Industry Specific Real Exchange Rate for the United States." *Economic Policy Review*, 10 (1), 1 – 16, 2004.

Goldberg, L. , J. Tracy and S. Aaronson, "Exchange Rates and Employment Instability: Evidence from Matched CPS Data." *American Economic Review*, Vol. 89 (2), 204 – 210, 1999.

Goldberg, L. S. and Kolstad, C. D. , "Foreign direct investment and demand uncertainty." *International Economic Review*, 36, 855 – 873, 1995.

Goldberg, P. , A. Khandelwal, N. Pavcnik and P. Topalova, "Multiproduct firms and product turnover in the developing world: evidence from India." CEPR Discussion Papers, No. 6881, 2008.

Görg, H. and Wakelin, K. , "The impact of exchange rate variability on US direct investment." *The Manchester School*, 70, 380 – 397, 2002.

Gorg, H. ; Greenaway, D. , "Much Ado About Nothing? Do Domestic Firms Really Benefit from Foreign Direct Investment?" *World Bank Research Observer*, 19, 2, 171 – 197, 2004.

Gorg, H. ; Strobl, E. , "Mutinaltional Companies and Productivity Spillovers: A Meta-Analysis." *The Economic Journal*, Vol. 111, No. 475, pp. F723 – F739, 2001.

Gourinchas, P. O. , "Exchange Rates and Jobs: What Do We Learn from

Job Flows? . " NBER Macroeconomics Annual 1998, Vol. 13, 1999.

Greenaway, D. , Sousa, N. and Wakelin, K. , "Do Domestic Firms Learn to Export from Multinationals?", *European Journal of Political Ecomomy*, 20, 4, 1027 – 1043, 2004.

Greenaway, D. ; Kneller, R. , "Exporting and Productivity in the UK. " *Oxford Review of Economic Policy*, 20, 358 – 371, 2004.

Greenaway, David, Robert Hine and Peter Wright, "An empirical assessment of the impact of trade on employment in the United Kingdom. " *European Journal of Political Economy*, 15, 485 – 500, 1999.

Haddad, M. ; Harrison, A. , "Are There Positive Spillover from Direct Foreign Investment? Evidence from Panel Data for Morocco. " *Journal of Development Economics*, 42 (1), 51 – 74, 1993.

Hale, G. and C. Long, "Did Foreign Direct Investment Put an Upward Pressure on Wages in China. " Federal Reserve Bank of San Francisco Working Paper Series 2006, 25, 2008.

Hall, B. H. ; Jacque, M. , "Exploring the relationship between R&D and Productivity in French Manufacturing Firms. " NBER Working Paper, No. 3956, 1992.

Hallak, J. C. and P. K. Schott, "Estimating cross-country differences in product quality. " *The Quarterly Journal of Economics*, 126, 417 – 474, 2011.

Hallak, J. C. , "A product quality view of the Linder-Hypothesis. " NBER working paper w12712, 2006.

Hallak, Juan C. , "Product quality and the direction of trade. " *Journal of International Economics*, 68, 238 – 265, 2006.

Haltiwanger, John C. and Milan Vodopivec, " Gross worker and job flows in a transition economy: An analysis of Estonia. " *Labor Economics*, 9 (5), 601 – 30, 2002.

Hans-Peter Brunner, Massimiliano Cali, "Dynamics of Manufacturing Competitiveness in South Asia: Analysis Through Export Data. " ERD working paper series, No. 77, 2005.

Haouas, Ilham and Yagoubi, Mahmoud, "Trade Liberalization and Labor-Demand Elasticities: Empirical Evidence from Tunisia. " IZA Discussion Paper Series, No. 1084, 2004.

Haskel, J. E. ; Pereira, S. C. ; Slaughter, M. J. , "Does inward foreign direct investment boost the productivity of domestic firms?" NBER Working Paper, No. 8724, 2002.

Hausmann, R. , J. Hwang and D. Rodrik, "What you export matters, *Journal of Economic Growth.* " 12 (1), 1 – 25, 2007.

Helpman, E. , Melitz, M. and Yeaple, S. , "Export Versus FDI with Heterogeneous Firms. " *American Economic Review*, 94, 1, 300 – 316, 2004.

Henn, C. , C. Papageorgiou and N. Spatafora, "Export quality in developing countries. " IMF working paper, WP108, 2013.

Hermes, N. , Lensink, R. , "Foreign direct investment, financial development and economic growth. " *Journal of Development Studies*, 40, 1, 142 – 163, 2003.

Heyman, F. , F. Sjoholm and P. G. Tingvall, "Is There Really a Foreign Ownership Wage Premium? Evidence from Matched Employer-Employee Data. " *Journal of International Economics*, 73, 355 – 376, 2007.

Hine, R. and P. Wright, "Trade with low wage economies, employment and productivity in UK manufacturing. " *The Economic Journal*, 108

(450), 1500 – 10, 1998.

Hsiao, C. , "Analysis of Panel Data. " *Cambridge*: *Cambridge University Press*, 2003.

Hummels, D. and A. Skiba, "Shipping the good apple out? An empirical confirmation of the Alchian-Alan conjecture. " *Journal of Political Economy*, 112 (6), 1384 – 1402, 2004.

Iacovone, L. and B. S. Javorcik, " Multi-product exporters: product churing, uncertainty and export discoveries. " *Economic Journal*, 120, 481 – 499, 2010.

Imbriani, C. , Reganati, F. , "Productivity spillover and regional difference: some evidence on the Italian manufacturing sector. " *Discussion paper* 48. *Centro di Economia del Lavoro e di Politica Economica*, 1999.

Irving B. Kravis, Robert E. Lipsey, "Sources of Competitiveness of the United States and of its Multinational Firms. " The *Review of Economics and Statistics*, Vol. 74, No. 2, 193 – 201, 1992.

Itagaki, T. , "The theory of multinational firms under exchange rate uncertainty. " *Canadian Journal of Economics*, 14, 276 – 297, 1981.

Javorcik, B. S. , "Does Foreign Direct Investment Increase the Productivity of Domestic Firms? In Search of Spillovers Through Backward Linkages. " *American Economic Review*, 94 (3), 605 – 627, 2004b.

Javorcik, B. S. , "The composition of foreign direct investment and protection of intellectual property rights: Evidence from transition economies. " *European Economic Review*, 48, 1, 39 – 62, 2004a.

Javorcik, B. S. , Saggi, K. , and Spatareanu, M. , "Does it matter where you come from? Vertical spilloversfrom foreign direct investment and the nationality of investors. " World Bank Policy research working paper,

3449, Washington, DC: The World Bank, 2004.

Javorcik, B. S. ; Spatareanu, M. , "To Share or Not to Share: Does Local Participation Matter for Spillovers from Foreign Direct Investment?" *Journal of Development Economics*, 85, 194 – 217, 2008.

Jeanneret, A. , "Does exchange rate volatility really depress foreign direct investment in OECD countries?" International Centre for Financial Asset Management and Engineering, University of Lausanne, Switzerland, Working Paper, September, 2005.

Jenkins, Rhys and Sen, Kunal "International Trade and Manufacturing Employment in the South: Four Country Case Studies. " *Oxford Development Studies*, Vol. 34 (3), 299 – 322, 2006.

Johnson, R. C. and G. Noguera, "Accounting for Intermediates: Production Sharing and Trade in Value Added. " *Journal of International Economics*, 86 (2), 224 – 236, 2012.

Kambourov, G. , "Labor market regulations and the sectoral reallocation of workers: The case of trade reform. " *Review of Economic Studies*, 76 (4), 1321 – 58, 2009.

Kanas, A. , "Is economic exposure asymmetric between long-run depreciations and appreciations? Testing using cointegration analysis. " *Journal of Multinational Financial Magagement*, 7, 27 – 42, 1997.

Karpaty, P. , Lundberg, L. , "Foreign direct investment and productivity spillovers in Swedish manufacturing. " FIEF Working Paper Series, 194, 2004.

Kasa, K. , "Adjustment costs and pricing to market: Theory and Evidence. " *Journal of International Economics*, 32, 1 – 30, 1992.

Kathuria, V. , "Liberalization, FDI and Productivity Spillovers—An analysis of Indian Manufacturing Firms. " *Oxford Economic Papers*, 54, 688 – 718, 2002.

Kathuria, V. , "Productivity Spillovers from Technology Transfer to Indian Manufacturing Firms. " *Journal of International Development*, Vol. 12, 343 – 369, 2000.

Keller, W. ; Yeaple, S. R. , "MultinationalEnterprises, International Trade and Productivity Growth: Firm LevelEvidence from the United States. " NBER Working Paper, No. 9504, 2003.

Khandelwal, A. K. , "The long and short (of) quality ladders. " *Review of Economic Studies*, 77 (4), 1450 – 1476, 2010.

Kinoshita, Y. , "R&D and technology spillovers through FDI: innovation and absorptive capacity. " CEPR discussion paper, No. 2775, 2001.

Kiyota, K. and Urata, S. , "Exchange rate, exchange rate volatility and foreign direct investment. " *The World Economy*, 27, 1501 – 1536, 2004.

Klein, M. W. and Rosengren, E. S. , "The real exchange rate and FDI in the United States: relative wealth versus relative wage effects. " *Journal of International Economics*, 36, 373 – 389, 1994.

Klein, M. W. , S. Schuh and R. K. Triest, "Job creation, Job destruction and the Real Exchange Rate. " *Journal of International Economics*, Vol. 59, 239 – 265, 2003.

Kneller, R. , Pisu, M. , "Industrial Linkage and Export Spillovers from FDI. " *The World Economy*, Vol. 30, No. 1, 105 – 134, 2007.

Knetter, M. M, "Is Export Price Adjustment Asymmetric?: Evaluating the market share and marketing bottlenecks hypothesis. " *Journal of International Money and Finance*, 13, 55 – 77, 1994.

Knetter, M. M. , " International Comparison of Pricing to Market Behavior. " *The American Economic Review*, 83 (3), 473 – 486, 1993.

Kogut, B. and Chang, S. J. , "Platform investments and volatile exchange rates: direct investment in the U. S. by Japanese electronics companies. " *Review of Economics and Statistics*, 78, 221 – 231, 1996.

Kogut, B. , Chang, S. , " Technological capabilities and Japanese direct investment in the United States. " *Review of Economics and Statistics*, 73 (3), 401 – 413, 1991.

Kohpaiboon, A. , "Foreign Direct Investment and Technology Spillover: A Cross-Industry Analysis of Thai Manufacturing. " *World Development*, Vol. 34 (3), 541 – 556, 2006.

Kokko, A. , Blomstrom, M. , "Policies to encourage inflows of technology through foreign multinationals. " *World Development*, 23 (3), 459 – 468, 1995.

Kokko, A. , Zejan, M. , and Tansini, R. , "Trade regimes and spillover effects of FDI: Evidence from Uruguay. " *Weltwirtschaftliches Archiv*, 137, 1, 124 – 149, 2001.

Kokko, A. , "Technology, Market Characteristics and Spillovers. " *Journal of Development Economics*, 43 (2), 279 – 293, 1994.

Kokko, A. ; Tansini, R. ; Zejan, M. , "Local Technological Capability and Productivity Spillovers from FDI in the Uruguayan Manufacturing Sector. " *Journal of Development Studies*, 32 (4), 602 – 611, 1996.

Kongings, Jozef; Kupets, Olga and Lehmann, Hartmut, "Gross job flows in Ukraine: Size, Ownership and Trade Effects. " *Economics of Transition*, Vol. 11 (2), 321 – 356, 2003.

Konings, Jozef and Vandenbussche, Hylke, "The Effect of Foreign Competition on UK Employment and Evidence from Firm Level Panel Data." *Review of World Economics*, Vol. 131 (4), 655 – 672, 1995.

Konings, J. , "The effects of foreign direct investment on domestic firms: evidence from firm-level panel data in emerging economics." *Economics of Transition*, Vol. 9, No. 3, 619 – 633, 2001.

Koopman, R. , Z. , Wang, and S. J. , Wei, "Tracing value added and double counting in gross export." *American Economic Review*, 104 (2), 459 – 494, 2014.

Koutmos, G. and A. D. Martin, "Asymmetric exchange rate exposure: theory and evidence." *Journal of International Money and Finance*, 22, 365 – 383, 2003.

Krishna, P. , M. Devashish and S. Chinoy, "Trade Liberalization and Labor Demand Elasticities: Evidence from Turkey." *Journal of International Economics*, 55, 391 – 400, 2001.

Krugman, Paul R. "Growing World Trade: Causes and Consequences." *Brookings Papers on Economic Activity*, Vol. 1995, No. 1, 25th Anniversary Issue, 327 – 377, 1995.

Kugler, M. , "Spillovers from Foreign Direct Investment: Within or Between Industries?" *Journal of Development Economics*, 80 (2), 444 – 477, 2006.

Kumbhakar, Subal C. , Ghosh, Soumendra and McGuckin, Thomas J. , 1991. "A Generalized Production Frontier Approach for Estimating Determinants of Inefficiency in U. S. Dairy Farms." *Journal of Business & Economic Statistics*, 9 (3), 279 – 286.

Lall, S. , Weiss, J. and Zhang, J. , "The 'Sophistication' of Exports: A

New Measure of Product Characteristics. " ADB Institute Discussion Paper, No. 23, 2005.

Landsmann, M. , Poeschl, J. , "Balance of Payments Constrained Growth in Central and Eastern Europe. " In M. Knell, ed. , *Economics of Transition*. Cheltenham, UK: Edward Elgar, 1996.

Leamer, Edward E. "Trade, Wages and Revolving Door Ideas. " NBER Working Paper w4716, 1994.

Lee, J. , Mansfield, E. , "Intellectual property protection and US foreign direct investment. " *Review of Economics and Statistics*, 78, 2, 181 – 186, 1996.

Leichenko, Robin M. "Export, Employment, and Production: A Causal Assessment of U. S. States and Regions. " *Economic Geography*, Vol. 76 (4), 303 – 325, 2000.

Li, X. , Liu, X. , and Parker, D. , "Foreign direct investment and productivity spillovers in the Chinese manufacturing sector. " *Economic Systems*, 25, 305 – 321, 2001.

Lin, C. , Chen, M. and Rau, H. , "Exchange Rate Volatility and the Timing of Foreign Direct Investment: Market Seeking Versus Export-Substituting. " *Reviews of Development Economics*, 14 (3), 466 – 486, 2010.

Lipsey, R. E. and F. Sjoholm, "FDI and Wage Spillovers in Indonesian Manufacturing. " *Review of World Economics*, 140 (2), 321 – 332, 2004.

Lipsey, R. , Sjoholm, F. , "Foreign direct investment, education and wages in Indonesian manufacturing. " *Journal of Development Economics*, 73, 415 – 422, 2004.

Liu, R. , "Import competition and firm refocusing. " *The Canadian Journal of Economics*, 43 (2), 440 – 466, 2010.

Liu, X. , et al. , "Productivity Spillover from Foreign Direct Investment: Evidence from UK Industry Level Panel Data. " *Journal of International Business Studies*, Vol. 31, No. 3, 407 – 425, 2000.

Liu, Z. , "Foreign Direct Investment and Technology Spillovers: Theory and Evidence. " *Journal of Development Economics*, 1 – 18, 2006.

Liu, Zhuo andLin, P. , "Backward Linkages of Foreign Direct Investment: Evidence from China. " Presented at Workshop on International Trade, FDI and Contract Sponsored by Hong Kong University of Science and Technology. 2005.

Lu Yi and Linhui, Yu, "Trade Liberalization and markup dispersion: Evidence of China's WTO accession. " *America Economic Journal: Applied economics*, 7 (4), 221 – 53, 2015.

Manova, K. and Z. Zhiwei, " Export prices across firms and destinations. " NBER working paper w15342, 2009.

Markusen, J. , "Contracts, Intellectual Property rights, and multinational investment in developing countries. " *Journal of international Economics*, 53, 189 – 204, 2001.

Markusen, J. ; Venables, A. , "Foreign Direct Investment as a Catalyst for Industrial Development. " *European Economic Review*, 43 (2), 335 – 56, 1999.

Marquez, J. , S. John, "Exchange rate effects on China's trade. " *Review of International Economics*, 15 (5), 837 – 853, 2007.

Marsh, I. , Tokarick, S. "An Assessment of Three Measure of Competitiveness. " *Review of World Economics*, 132 (4), 700 – 722, 1996.

Marston, R. C. , "Pricing to Market in Japanese Manufacturing, *Journal of International Economics.* ", 29, 217 – 236, 1990.

Mayer, T. , M. J. Melitz and G. I. P. Ottaviano, "Market size, competition and the product mix of exporters. " *The American Economic Review*, 104 (2), 495 – 536, 2014.

McCannon, B. C. , "The quality-quantity trade-off. " *Eastern Economic Journal*, 34 (1), 95 – 100, 2008.

Melitz, M. J. , "The Impact of Trade on Intra-Industry Reallocations and Aggregate Industry Productivity. " *Econometrica*, 71, 6, 1695 – 1725, 2003.

Milner, Chris and Peter Wright, "Modelling labour market adjustment to trade liberalisation in an industrialising economy. " *The Economic Journal*, 108 (447), 509 – 28, 1998.

Mortensen, D. T. and C. A. Pissarides, "Job creation and job destruction in the theory of unemployment. " *Review of Economic Studies*, 61 (3): 397 – 415, 1994.

Mortensen, D. T. and C. A. Pissarides, "Technological progress, job creation and job destruction. " *Review of Economic Dynamics*, 1 (4): 733 – 53, 1998.

Mortensen, Dale T. and Christopher A. Pissarides, "Job creation and job destruction in the theory of unemployment. " *Review of Economic Studies*, 61 (3), 397 – 415, 1994.

Moser, C. , D. Urban and B. W. Mauro, "International competitiveness, job creation and job destruction—an establishment level study of Germany job flows. " *Journal of International Economics*, 80 (2), 302 – 17, 2010.

Murakami, Y. , "Technology Spillover from Foreign Owned Firms in Japanese Manufacturing Industry. " *Journal of Asian Economics*, 18, 284 – 293, 2007.

Nam, Chong-Hyun, "Does Trade Expansion Still Promote Employment in Korea?" *The World Economy*, doi: 10. 111/j. 1467 – 9701. 2008. 0110 1. x, 720 – 737, 2008.

Narula, R. , Marin, A, "FDI Spillovers, absorptive capacities and human capital development: evidence from Argentina. " *MERIT Research Memorandum*, 2003 – 016. , 2003.

Navaritti, J. B. , Venables, A. J. , " Multinational Firms in the World Economy. " Princeton University Press, 2004.

Neven, D. , Siotis, G. , "Technology sourcing and FDI in the EC: an empirical evaluation. " *International Journal of Industrial Organization*, 14, 5, 543 – 560, 1996.

Nucci, F. and A. F. Pozzolo, "The Exchange Rate, Employment and Hours: What Firm Level Data Say?", *Journal of International Economics*, Vol. 82, 112 – 123, 2010.

Ohno, K. , " Exchange Rate Fluctuations, Pass-through and market share, International Monetary Fund. " Staff papers, 37 (2), 294 – 310, 1990.

Onaran, O. and E. Stockhammer, "The Effect of FDI and Foreign Trade on Wages in the Central and Eastern European Countries in the Post-Transition Era: A Sectoral Analysis for the Manufacturing Industry. " *Structural Change and Economic Dynamics*, 19, 66 – 80, 2008.

Pesaran, M. H. and Smith, R. , 1995, "Estimating long-run relationship from dynamic heterogeneous panels. " *Journal of Econometrics*,

Vol. 68, 79 – 112.

Philips, P. C. B., and Loretan M., "Estimating Long-run economic equilibria." *Review of Economic Studies*, 58, 407 – 436. 1991.

Philips, S. and Ahmadi-Esfahani, F. Z., "Exchange rates and foreign direct investment: theoretical models and empirical evidence." *The Australian Journal of Agriculture and Resource Economics*, 52, 505 – 525, 2008.

Phillips, P., Moon, H. R., "Linear Regression Limit Theory for Nonstationary Panel Data." *Econometrica*, 67 (5), 1057 – 111. 1999.

Picard, P. M., "Trade, economic geography and the choice of product quality." Core Discussion Papers, http: //www. ecore. be/DPs/dp_ 1374238449. pdf. 2013 – 7 – 19, 2013.

Pindyck, R., "Irreversibility, Uncertainty, and Investment." *Journal of Economic Literature*, 29, 1110 – 1148, 1991.

Ping, Hua, "Real Exchange Rate and Manufacturing Employment in China." *China Economic Review*, 18, 335 – 353, 2007.

Piveteau, P. and G. Smagghue, "A new method for quality estimation using trade data: an application to French firms." http: //www. etsg. org/ETSG2013/Papers/010. pdf, 2013.

Ponomareva, N., "Are there positive or negative spillovers from foreign-owned to domestic firms?" Working paper BSP/00/042/. Moscow: New Economic School, 2000.

Proenca, I., Fontoura, M., and Crespo, N., "Productivity spillovers from multinational corporations in the Portuguese case: evidence from a short time period panel data." Working paper 06/2002. ISEG-Technical University of Lisbon, Department of Economics, 2002.

Pula, G., and D. Santabarbara, "Is China climbing up the quality ladder? Estimating cross country differences in product quality using Eurostat's Comext trade database. " ECB working paper series, No. 1310, 2011.

Revenga, A., "Exporting jobs? The Impact of Import Competition on Employment and Wages in U. S. Manufacturing. " *Quarterly Journal of Economics*, Vol. 107 (1), 255 – 284, 1992.

Ricardo Hausmann, Jason Hwang, Dani Rodrik, "What You Export Matters. " NBER working paper, No. 11905, 2005.

Rodik, Daniel "Has Globalization Gone too Far?" *Institute for International Economics*, *Institute of International Economics*, *Washington DC*, 1997.

Roodman, D., "How to do xtabond2: An Introduction to Difference and System GMM in Stata. ", *The Stata Journal*, (2009) 9, No. 1, 86 – 136, 2009.

Roriguez-Clare, A., "Multinational, Linkage, and Economic Development. " *America Economic Review*, 86 (4), 852 – 73. 1996.

Ruane, F., Sutherland, J., "Foreign Direct Investmen and Export Spillovers: How Do Export Platforms Fare?" IIIS Discussion Paper, No. 58, 2005.

Sachs, Jeffrey D. and Shatz, Howard J., "Trade and Jobs in U. S. Manufacturing. " *Brookings Papers on Economic Activity*, Vol. 1994 (1), pp. 1 – 84, 1994.

Sakurai, Kojiro "How Does Trade Affect the Labor Market? Evidence from Japanese Manufacturing. " *Japan and the World Economy*, Vol. 16, 139 – 161, 2004.

Savvides, A.; Zachariadis, M., "International Technology Diffusion and the Growth of TFP in the Manufacturing Sector of Develping Economies." *Review of Development Economics*, 9 (4), 482 – 501, 2005.

Schmidt, C. W. and Broll, U., "The effect of exchange rate risk on U. S. foreign direct investment: An empirical analysis." MPRA paper No. 10713, posted 23. September, Online at http: //mpra. ub. uni-muenchen. de/10713, 2008.

Schoors, K.; van der T., Bartoldus., "Foreign Direct Investment Spillover Within and Between Sectors: Evidence from Hungarian Data." Faculty Economic Working Paper of Ghent University, No. 157, 2002.

Schott, P. K., "Across-product versus within product specialization in International Trade." *The Quarterly Journal of Economics*, 119 (2), 647 – 678, 2004.

Schott, P. K., C. Fuest and K. Rourke, "The relative sophistication of Chinese export." *Economic Policy*, 23 (53), 5 – 49, 2008.

Sgard, J., "Direct foreign investment and productivity growth in Hungarian firms, 1992 – 1999." William Davidson institute working paper, No. 425, 2001.

Sinani, E.; Meyer, K., "Spillovers of Technology Transfer from FDI: the case of Estonia." *Journal of Comparative Economics*, 32, 445 – 466, 2004.

Sjoholm, F., "Technolgy Gap, Competition and Spillovers from Direct Foreign Investment: Evidence from Establishment Data." *Journal of Development Studies*, 36 (1), 53 – 73, 1999a.

Sjoholm, F., "Productivity Growth in Indonesia: the role of regional characteristics and foreign direct investment." *Economic Development and Culture Change*, 47, 3, 559 – 584, 1999b.

Slaughter, M. J. , "International Trade and Labor-Demand Elasticities. " *Journal of International Economics* , 54, 27 – 56, 2001.

Sorger, G. , "Horizontal innovations with endogenous quality choice. " *Economica*, 78, 697 – 722, 2011.

Takii, S. , "Productivity Spillovers and Characteristics of Foreign Multinational Plants in Indonesian Manufacturing 1990 – 1995. " *Journal of Development Economics*, 76, 521 – 542, 2005.

Thorbecke, W. and S. Gordon, "How would an appreciation of the RMB and other East Asian currencies affect China's exports?" *Review of International Economics*, 18 (1), 95 – 108, 2010.

Thorbecke, W. , "Investigating the effect of exchange rate changes on china's processed exports. " *Journal of Japanese International Economics*, 25, 33 – 46, 2011.

Timmer, M. P. , A. Erumban, B. Los, R. Stehrer, and G. J. de Vries, "Slicing up global value chains. " *Journal of Economic Perspective*, 28 (2), 99 – 118, 2014.

Tomlin, K. M. , "The effects of model specification on foreign direct investment models: an application of count data models. " *Southern Economic Journal*, 67, 460 – 468, 2000.

Tomlin, K. M. , "Japanese FDI into U. S. service industries: Exchange rate changes and service tradability. " *Japan and the World Economy*, doi: 10. 1016/j. japwor. 2007. 04. 002. , 2007.

Tomlin, B. , "Exchange rate fluctuations, plant turnover and productivity. " *International Journal of Industrial Organization*, 35, 12 – 28, 2014.

Vandenbussche, H., F. D. Comite, L. Rovegno and C. Viegelahn, "Moving up quality ladder? EU-China dynamics in Clothing." *Journal of Economic Integration*, 28 (2), 303 – 326, 2013.

Verhoogen, E. A, "Trade, quality upgrading, and wage inequality in the Mexico manufacturing sector." *The Quarterly Journal of Economics*, 123 (2), 489 – 530, 2008.

Vollrath, T., "Diagnostic Indexes of U. S. Bilateral Trade." Technical Bulletin, No. 1812, ERS, USDA, 1992.

Wang, J.; Blomstrom, M., "Foreign Investment and Technology Transfer: A Simple Model." *European Economic Review*, 36, 137 – 155, 1992.

Windmeijer, F., "A Finite Sample Correction for the Variance of Linear Efficient Two-Step GMM Estimators." *Journal of Econometrics*, 126, 25 – 51, 2005.

Woodrige, J. M., "Econometric Analysis of Cross Section and Panel Dat." Cambridge, MA: MIT Press, 2002.

Woods, Adrian, "How Trade Hurt Unskilled Workers." *Journal of Economic Perspectives*, Vol. 9, No. 3, 57 – 80, 1995.

Xing, Y. and Zhao, L., "Reverse imports, foreign direct investment and exchange rates." *Japan and the World Economy*, 20, 275 – 289, 2008.

Xing, Y., "Why is China so attractive for FDI? The role of exchange rates." *China Economic Review*, 17, 198 – 209, 2006.

XU, Bin, "The sophistication of export: Is China special?" *China Economic Review*, 21, 482 – 493, 2010.

Zhao, Y., "Foreign Direct Investment and Relative Wages: the Case of

China." *China Economic Review*, 12, 40 - 57, 2001.

巴曙松、吴博、朱元倩:《关于实际有效汇率计算方法的比较与评述——兼论对人民币实际有效汇率指数的构建》,《管理世界》2007 年第 5 期。

陈涛涛:《影响中国外资直接投资溢出效应的行业特征》,《中国社会科学》2003 年第 4 期。

何洁:《外国直接投资对中国工业部门外溢效应的进一步精确量化》,《世界经济》2000 年第 12 期。

江小涓:《中国的外资经济:对增长、结构升级和竞争力贡献》,中国人民大学出版社 2002 年版。

赖明勇、包群:《外商直接投资与技术外溢——基于吸收能力的研究》,《经济研究》2005 年第 8 期。

李宏彬、马弘、熊艳艳、徐嫄:《人民币汇率对企业进出口贸易的影响——来自中国企业的实证研究》,《金融研究》2011 年第 2 期。

李坤望、蒋为、宋立刚:《中国出口产品品质变动之谜:基于市场进入的微观解释》,《中国社会科学》2014 年第 3 期。

刘尧成、周继忠、徐晓萍:《人民币汇率变动对我国贸易差额的动态影响》,《经济研究》2010 年第 5 期。

陆铭、陈钊:《就业体制转轨中的渐进改革措施——国有企业二层次内部劳动力市场效率改进》,《经济研究》1998 年第 11 期。

马弘、乔雪、徐媛:《中国制造业的就业创造和就业消失》,《经济研究》2013 年第 12 期。

毛日昇、魏浩:《所有权特征、技术密集度与外商直接投资技术外溢》,《管理世界》2007 年第 10 期。

毛日昇、郑建明:《人民币实际汇率不确定性与外商直接投资择机进入》,《金融研究》2011 年第 5 期。

毛日昇：《出口、外商直接投资与中国制造业就业》，《经济研究》
　　2009 年第 11 期。

毛日昇：《就业创造、就业损失与就业市场在配置效应的估算——基
　　于中国工业企业数据的分析》，《经济与管理评论》2014 年第
　　4 期。

毛日昇：《劳动力供给、生产率与外商直接投资工资外溢效应》，
　　《南方经济》2012 年第 7 期。

毛日昇：《贸易开放、外资渗透对就业转换的影响研究》，《劳动经
　　济研究》2016 年第 3 期。

毛日昇：《人民币汇率与中国 FDI 流入：基于双边的视角》，《经济
　　与管理评论》2015 年第 4 期。

毛日昇：《人民币实际汇率变化如何影响工业行业就业》，《经济研
　　究》2013 年第 3 期。

毛日昇：《外商直接投资水平与垂直技术外溢研究》，《财贸经济》
　　2008 年第 4 期。

潘文卿：《外商直接投资对中国工业部门的外溢效应：基于面板数据
　　分析》，《世界经济》2003 年第 6 期。

万解秋、徐涛：《汇率调整对中国就业的影响——基于理论和经验的
　　研究》，《经济研究》2004 年第 2 期。

王永进、施炳展：《上游垄断与中国企业产品质量升级》，《经济研
　　究》2014 年第 4 期。

王志鹏、李子奈：《外资对工业企业生产效率的影响研究》，《管理
　　世界》2003 年第 4 期。

王自峰：《汇率水平与波动程度对外国直接投资的影响》，《经济学》
　　（季刊）2009 年第 8 卷第 4 期。

谢建国：《外商直接投资对中国的技术溢出——基于省区面板数据的

研究》,《经济学》(季刊) 2006 年第 5 卷第 4 期。

邢予青:《加工贸易、汇率和中国的双边贸易平衡》,《金融研究》2012 年第 2 期。

许和连、亓鹏、李海峥:《外商直接投资、劳动力市场与工资溢出效应》,《管理世界》2009 年第 9 期。

杨泽文、杨全发:《FDI 对中国实际工资的影响》,《世界经济》2004 年第 12 期。

姚洋、章奇:《中国工业技术效应分析》,《经济研究》2001 年第 10 期。

于津平:《汇率如何影响 FDI》,《世界经济》2007 年第 4 期。

俞会新、薛敬孝:《中国贸易自由化对工业就业的影响》,《世界经济》2002 年第 10 期。

张川川:《出口对工资、就业、收入不平等的影响》,《经济学》(季刊) 2015 年第 14 卷第 4 期。

张海洋:《R&D 两面性、外资活动与中国工业生产率增长》,《经济研究》2005 年第 5 期。

张会清、唐海燕:《人民币升值、企业行为与出口贸易——基于大样本企业数据的实证研究:2005—2009》,《管理世界》2012 年第 12 期。

张杰、郑文平、翟福昕:《中国出口产品质量得到提升了么》,《经济研究》2014 年第 10 期。

张宇:《制度约束、外资依赖与 FDI 技术外溢——基于中国省际工业数据考察》,《南方经济》2010 年第 12 期。

周华:《汇率不确定性与 FDI》,《南方经济》2006 年第 10 期。

周申:《贸易自由化对中国工业劳动需求弹性影响的经验研究》,《世界经济》2006 年第 2 期。